Gestão de custos: ferramentas para a tomada de decisões

SÉRIE GESTÃO EM FOCO

Luiz Fernando Barcellos dos Santos

Gestão de custos: ferramentas para a tomada de decisões

EDITORA
intersaberes

EDITORA
intersaberes

Rua Clara Vendramin, 58 . Mossunguê
CEP 81200-170 . Curitiba . PR . Brasil
Fone: (41) 2106-4170
www.intersaberes.com
editora@editoraintersaberes.com.br

Editora-chefe
Lindsay Azambuja

Supervisora editorial
Ariadne Nunes Wenger

Analista editorial
Ariel Martins

Projeto gráfico
Raphael Bernadelli

Capa
Igor Bleggi

1ª edição, 2013.

Foi feito o depósito legal.

Dados Internacionais de Catalogação na Publicação (CIP)
(Câmara Brasileira do Livro, SP, Brasil)

Santos, Luiz Fernando Barcellos dos
Gestão de custos: ferramentas para a tomada de decisões/ Luiz Fernando Barcellos dos Santos. – Curitiba: InterSaberes, 2013. – (Série Gestão em Foco).

Bibliografia.
ISBN 978-85-8212-607-3

1. Contabilidade de custos 2. Contabilidade gerencial 3. Custos baseados em atividades I. Título. II. Série.

12-09955 CDD-658.1552

Índices para catálogo sistemático:
1. Custos: Gestão: Empresas: Administração financeira 658.1552
2. Gestão de custos: Empresas: Administração financeira 658.1552

Sumário

Apresentação

A utilização dos fatores de produção por uma empresa incorre em custos, que são a REMUNERAÇÃO, já que esses fatores não estão livremente à disposição do empresário. Por outro lado, a sobrevivência de uma empresa está associada à sua capacidade de produzir bens ou serviços a um custo que seja inferior ao preço de venda. Em uma economia competitiva, o empresário não tem muitas possibilidades de modificar os preços de venda. A partir desse fato, nasce, então, a necessidade de exercer um RÍGIDO CONTROLE sobre seus custos (de produção e de comercialização).

As inúmeras possibilidades de utilização dos fatores de produção determinam uma variabilidade quase infinita no comportamento dos custos resultantes. Dessa forma, qualquer tentativa de análise e controle de despesas deverá estar solidamente apoiada num sistema que permita ao administrador conhecer a natureza, a composição e as leis de formação desses custos, bem como os mecanismos através dos quais eles variam em função do tempo, da estrutura de produção e da escala de atividade. A acumulação desse conhecimento e a sua organização em séries históricas constituem para a empresa um patrimônio extremamente valioso, pois concedem uma segurança cada vez maior na formulação de decisões. Dessa forma, é imprescindível para qualquer organização ter um sistema de custos, ainda mais numa economia capitalista e concorrencial como a nossa. É extremamente difícil tomar decisões confiáveis e ter uma margem de segurança satisfatória sem o conhecimento de custos.

Além disso, como consequência do crescimento das organizações empresariais, da intensificação da concorrência e da escassez de recursos, está a necessidade de aperfeiçoar ainda mais os mecanismos de planejamento e de controle das atividades empresariais. Nesse sentido, as informações relativas aos custos de produção e/ou de comercialização, desde que apropriadamente organizadas, resumidas e relatadas, constituem uma FERRAMENTA ADMINISTRATIVA da mais alta relevância. Assim, as informações de custos transformam-se, gradativamente, num verdadeiro sistema de informações gerenciais, de vital importância para a administração das organizações. É importante ressaltar que essas informações constituem um subsídio básico para o processo de tomada de decisões, bem como para o planejamento e para o controle das atividades empresariais.

A proposta principal deste livro é discorrer sobre as ferramentas gerenciais de custos para a tomada de decisões. Do primeiro ao quarto capítulo, discorreremos sobre aspectos conceituais relativos à filosofia, aos métodos e aos sistemas de apuração e apropriação de custos, em que apresentaremos o suporte para a análise e a tomada de decisões.

Continuando nossa proposta, no quinto capítulo trataremos da análise de custo, do volume e do lucro, demonstrando, por meio da aplicação prática do sistema de custeio direto e da margem de contribuição, que esse é um instrumento gerencial, o qual acreditamos ser uma ferramenta fundamental na condução dos negócios empresariais, pois envolve também a análise do ponto de equilíbrio, ou seja, o ponto em que a receita é igual à despesa.

O sexto e o sétimo capítulos apresentarão uma fundamentação téorica sobre a formação de preços e a sua operacionalização. Neles, iremos expor algumas formas de se elaborar o preço de vendas, partindo da lucratividade sobre os diversos tipos de custos. Também ressaltaremos os cuidados que as empresas devem ter em relação ao mercado, pois é ele que, na maioria das vezes, dita o preço dos produtos e serviços, cabendo à organização ajustar-se para ser competitiva. É válido ressaltar que a análise dos custos e dos processos industriais e de gestão são fundamentais nesse processo.

Discorreremos, no oitavo capítulo, sobre o custo invisível, aquele que só aparece quando o prejuízo "bate à porta" da empresa. Em resumo, trata-se do custo que envolve retrabalho, desperdício e incompetência, entre outros. Já o planejamento financeiro – que envolve o orçamento e o fluxo de caixa, sendo fundamental para o acompanhamento e o controle de despesas em toda organização – será contemplado no nono capítulo.

No décimo capítulo, relacionaremos os custos de distribuição e a logística, abordando a importância disso na relação empresa-cliente final. Isso porque a logística, como um todo, não se restringe apenas à distribuição, mas abrange todo o processo empresarial.

Para complementar o assunto, apresentaremos, em anexo, o estudo de caso de uma empresa comercial, em que foram consideradas todas as etapas do processo, ou seja, da compra até a formação do preço, levando em conta o custo finaneiro. Esperamos que os conceitos e os exemplos práticos aqui apresentados auxiliem você a compreender o que é custo e sejam úteis na gestão empresarial.

(1)

Origem e evolução da contabilidade de custos e principais filosofias de custeio de produção

O professor Luiz Fernando Barcellos dos Santos é administrador e técnico contábil, possuindo cursos de pós-graduação em Finanças (1988) pela Pontifícia Universidade Católica do Rio Grande do Sul (PUCRS) e em Estratégia Empresarial (1991) pela Universidade do Vale do Rio dos Sinos (Unisinos) e mestrado em Management *e* Marketing *Estratégico pela Univesidade Luterana do Brasil (Ulbra).*

Luiz Fernando Barcellos dos Santos

A Revolução Industrial mudou e criou novos conceitos em termos de processo de fabricação, mercado, gestão de pessoas e desenvolvimento da teoria clássica da administração – em que temos como precursores Taylor, Fayol, Ford e outras figuras importantes da história – e trouxe consigo a necessidade de CONTROLE DA INFORMAÇÃO.

A contabilidade de custos como tal nasceu com a Revolução Industrial e tinha como objetivos a avaliação dos inventários[a] de matérias-primas e de produtos fabricados e

a. Quando interpretamos o termo *inventário*, devemos considerar a existência de quantidades às quais atribuímos valores.

vendidos ao final de um determinado período de tempo e a verificação dos resultados obtidos pelas empresas, que eram vistos como consequência da fabricação e da venda desses produtos.

Em um primeiro momento, observamos a sua aplicação na indústria. Contudo, paralelamente a esse processo, a contabilidade de custos se desenvolveu também em relação ao comércio e aos serviços. Vale ressaltar que, com o crescimento das organizações, com a intensificação da concorrência e com a crescente escassez de recursos, surgiu a necessidade de aperfeiçoamento dos mecanismos de planejamento e controle das atividades empresariais, nos quais as contabilidades geral e de custos são ferramentas fundamentais para a gestão e o controle.

É importante destacar ainda que as empresas daquela época possuíam processos produtivos ARTESANAIS, em que apenas eram considerados os custos das matérias-primas consumidas e da mão de obra.

(1.1)

Fases da elaboração de um sistema de custos

Em uma visão geral, não podemos apenas somar tudo o que se gasta e o que se consome e acreditar que o resultado dessa soma seja o CUSTO DE UM PRODUTO. Isso porque devemos atribuir ao produto – seja na indústria, no comércio ou nos serviços – somente valores que são atribuídos a ele de forma direta. O que a empresa faz, algumas vezes, é somar todas as despesas, mesmo aquelas que não estão ligadas ao produto, e considerá-las como tal.

Por exemplo: a empresa X produz 10 unidades por hora e gasta 10 unidades de matéria-prima num período normal. Se ela, para produzir essas mesmas 10 unidades, gastar 13 unidades de matéria-prima, as três unidades a mais de consumo de matéria-prima são consequência de incompetência e não devem ser atribuídas ao custo do produto.

Segundo Kliemann Neto (1989), a elaboração de um sistema de custos passa por determinadas fases, que são:

1. A apuração: engloba o levantamento de todos os custos – diretos e indiretos – relacionados com o produto e seu processo de fabricação. Em outras palavras, é a identificação dos custos.
2. A análise: é a tabulação, a aferição e a comparação dos custos. Em outras palavras, nessa fase os custos são identificados, quantificados, qualificados, avaliados e comparados para que haja uma apropriação correta em relação aos produtos e serviços.
3. A divulgação: como o nome já diz, é a divulgação dos custos e dos valores apropriados ao produto para os setores da metodologia adotada.

Na elaboração do processo de custo, todas as fases são importantes, porém, a divulgação é fundamental para que tenhamos parâmetros de acompanhamento na organização.

(1.2)

Definições básicas sobre custos

Para identificarmos a origem do custo, é necessária uma classificação e interpretação de conceitos. Para tanto, notamos que a maioria dos autores – entre eles Cogan (1999), Beulke e Bertó (2006), Ching, Marques e Prado (2007) – concorda com os conceitos formatados sobre gasto, desembolso, custo, despesa e perda.

O GASTO representa o valor dos bens e serviços adquiridos pela empresa, como, por exemplo, uma ferramenta. Esse mecanismo é utilizado para a fabricação de determinado produto, que, por sua vez, não é o item final propriamente dito. Quando ocorrer o pagamento dessa ferramenta, haverá um DESEMBOLSO, que, geralmente, ocorre quando efetuamos o pagamento de um bem ou serviço.

Por outro lado, aqueles produtos e/ou serviços que são consumidos de forma INDIRETA, isto é, que não se relacionam diretamente com o bem – como impostos, despesas administrativas, despesas comerciais etc.–, são considerados como DESPESA. Muitas vezes, em um processo produtivo, para se entregar 10 unidades do produto X, são produzidas 13 unidades deste item, sendo que essas três unidades a mais foram rejeitadas por apresentarem DEFEITO. Trata-se, nesse caso, de uma PERDA irreparável, já que esses produtos não podem mais ser recuperados no processo produtivo. Nesse sentido, o maior problema é que, não raramente, as empresas agregam essa perda como um custo diretamente aplicado ao produto, quando, na realidade, ela é uma consequência de incompetência que não deve ser considerada como custo.

Sendo assim, o que é CUSTO? É O VALOR DOS BENS E/OU SERVIÇOS CONSUMIDOS NA PRODUÇÃO DE OUTROS BENS OU SERVIÇOS, OU SEJA, É A MATÉRIA-PRIMA NECESSÁRIA PARA FABRICAR UM PRODUTO X, ACRESCENTADOS A ISSO A MÃO DE OBRA E OUTROS CUSTOS INDIRETOS – COMO DEPRECIAÇÃO, ÓLEOS ETC. – EM UM PROCESSO PRODUTIVO.

O que ajuda muito na correta definição e classificação dos custos, como veremos mais adiante, é a empresa ter um bom PLANO DE CONTAS – ferramenta utilizada pela contabilidade para processar, classificar, avaliar e divulgar as informações contábeis e financeiras e identificar os custos.

Exemplo

Classificação das contas

3311 –	Custo das mercadorias vendidas
3311.01 –	Estoque inicial (+)
3311.02 –	Compra de mercadorias (+)
3311.03 –	Fretes sem compras (+)
3311.04 –	Seguro sobre compras (+)
3311.05 –	ICMS sem devolução de compras (+)
3311.06 –	ICMS sem compras (-)
3311.07 –	PIS sem compras (-)
3311.08 –	Devolução de compras (-)

FONTE: PLANAD, 2007.

No exemplo anterior, estão identificados o código geral da conta, os subcódigos de abertura da conta, que ainda podem ser desdobrados em várias outras subcontas.

(1.3)

Classificação dos custos

Um dos grandes problemas nas empresas, em geral, é a classificação dos custos e a apropriação adequada destes aos produtos e serviços, principalmente no que concerne ao rateio das despesas fixas. Martins (1998), entre outros autores, classifica os custos considerando os princípios que são explicitados a seguir. Lembramos que essa classificação é muito importante, pois facilita a forma de visualizar as despesas.

Quanto ao grau de medida

A medida é, na verdade, a forma como iremos avaliar o custo de um produto: se pelo conjunto de unidades ou de forma individual.

Quando realizamos a avaliação mediante o valor dos bens ou serviços consumidos na fabricação de determinado conjunto de unidades de um produto, obtemos o CUSTEIO TOTAL. Por outro lado, quando dividimos o custeio total pelo número de unidades produzidas de um bem, obtemos O CUSTO UNITÁRIO.

Quanto à variabilidade

A variabilidade indica como o custo irá se comportar em relação ao produto ou serviço. Essa classificação ocorre de duas formas:

1. CUSTO VARIÁVEL: é constante por unidade, isto é, flutua no total desta de maneira diretamente proporcional ao volume de atividade, como a matéria-prima. Se for produzida uma unidade do produto X, ele irá consumir

uma unidade da matéria-prima Y, mas se a produção for aumentada para 10 unidades do produto X, também serão consumidas 10 unidades da matéria-prima Y.

2. Custo fixo: é aquele que, no curto prazo, permanece constante, independentemente do volume de atividade da empresa. Em termos unitários, ele diminui à medida que o volume de produção aumenta. Considerando as despesas com aluguel de uma fábrica ou mesmo do seguro desta, independentemente do nível de produção ou atividade, esse custo continuará existindo. Supondo que o seguro custa R$ 10.000,00, se forem produzidas 10 ou 100 unidades, o valor desse seguro continua o mesmo. A redução só ocorre no que concerne à variação da atividade em relação ao produto. Em um momento, o custo é de R$ 1.000,00 por unidade, em outro, ele passa a ser R$ 100,00 por unidade.

Quanto à facilidade de atribuição

Entendemos como facilidade de atribuição a forma como identificamos o custo onde ele ocorre. Podemos ver essa despesa de duas formas:

1. Custo direto: é facilmente atribuído a um determinado produto como a matéria-prima e a mão de obra direta. É identificado na origem.
2. Custo indireto: é aquele que apresenta um certo grau de dificuldade para ser atribuído diretamente aos produtos. Como exemplo, podemos mencionar o custo de manutenção das máquinas e equipamentos. Essa manutenção envolve gastos com óleos lubrificantes e com energia elétrica, entre outros.

É importante salientar que os custos, como já vimos anteriormente, podem ser fixos ou variáveis. Normalmente, o custo indireto é fixo, sendo atribuído a todos os produtos fabricados por uma organização, por exemplo. Nesse caso, o estabelecimento da BASE DE RATEIO é fundamental para uma correta apropriação. Mais adiante conheceremos o sistema de custeio ABC ou por atividades, que contempla esse tema com maior abrangência.

(1.4)

Custo de produção ou custo industrial

Conforme as normas e os procedimentos contábeis estabelecidos pelo Conselho de Contabilidade, o custo de produção ou industrial é o valor de todos os bens e serviços consumidos no processo produtivo em um determinado período, sendo formado por três elementos básicos:

1. MATÉRIAS-PRIMAS (MP): são todos aqueles materiais integrantes do produto acabado que podem ser convenientemente atribuídos a unidades físicas específicas.
2. MÃO DE OBRA DIRETA (MOD): é toda mão de obra que se relaciona nitidamente com os produtos e que seja facilmente consignável a um produto específico.
3. CUSTOS INDIRETOS DE FABRICAÇÃO (CIF): são todos os custos de fabricação, exceto as matérias-primas e a mão de obra direta.

Podemos resumir o significado do custo de produção mediante a seguinte equação:

$$Custos\ de\ produção = MP + MOD + CIF$$

Concluindo, o custo de produção representa a SOMA de todos os elementos que são necessários para transformar uma matéria-prima em um produto final.

(1.5)

Custos de transformação

São custos incorridos pela empresa para transformar matérias-primas em produtos acabados. Eles correspondem ao valor agregado (mais-valia) da produção da empresa. Segundo Kliemann Neto (1989), esse é um conceito de extrema importância, pois remete aos verdadeiros custos de produção de uma empresa industrial (pelo fato de que uma empresa industrial vende o seu trabalho, isto é, o valor que ela agrega às matérias-primas utilizadas, que deveriam ser encaradas apenas como objeto de trabalho).

Na realidade, podemos afirmar que os custos de transformação agregam a mão de obra direta e os custos indiretos de fabricação, identificados pela seguinte equação:

$$CTRA = MOD + CIF$$

Em resumo, podemos considerar que o custo de um produto envolve a parcela do esforço de produção absorvida por um produto ou por uma atividade produtiva, sendo que a maior dificuldade no custeio dos bens é saber exatamente qual parcela desses custos (totais) deverá ser alocada a cada produto e a cada atividade produtiva. Quanto mais indiretos forem os custos, mais difícil (e subjetivo) será o processo de alocação.

(1.6)

Principais filosofias de custeio da produção

A filosofia, considerada uma forma de conhecimento que interpreta e cria uma concepção coerente e sistêmica com o objetivo de possibilitar uma ação efetiva em relação ao modo de agir, representa, para os sistemas de custos, um mecanismo de interpretação e de aplicação do custo de produção.

O problema consiste, basicamente, na forma como os estoques são valorizados em relação ao custo dos produtos, ou seja, se os custos fixos são agregados aos estoques ou não. Segundo autores como Martins (1998), Kliemann Neto (1989), Beulke e Bertó (2006), entre outros, existem três filosofias básicas utilizadas para custos:

1. Custeio total: essa filosofia supõe que os custos e as despesas indiretas fixas são incluídas nos estoques e nos custos dos produtos vendidos, sendo considerados custos do produto tanto os variáveis quanto os fixos. O custeio total rateia a totalidade dos custos fixos entre os produtos, independentemente do nível de atividade da empresa.
2. Custeio por absorção: assim como na filosofia do custeio total, o custeio por absorção supõe que os custos e as despesas indiretas fixas são incluídas nos estoques e nos custos dos produtos vendidos, sendo considerados como custos do produto tanto os variáveis quanto os fixos. Porém, o custeio por absorção distribui entre os

produtos apenas uma parcela ideal das despesas fixas, isto é, aquela relativa ao nível de atividade normal da empresa.

A grande diferença entre a filosofia do custeio total e a do custeio por absorção reside no fato de que, enquanto o primeiro rateia a totalidade dos custos fixos entre os produtos (independentemente do nível de atividade da empresa), o segundo distribui entre os produtos apenas uma parcela ideal dos custos fixos, ou seja, aquela relacionada ao nível de atividade normal da empresa.

3. Custeio direto: filosofia que considera que os custos e as despesas indiretas fixas não devem ser incluídos nos estoques e nos custos dos produtos vendidos. Essas últimas são consideradas gastos do período e lançadas diretamente no Demonstrativo de Lucros e Perdas, qualquer que seja o nível de atividade da empresa.

   O custeio direto tem um impacto diferente sobre os lucros e perdas em relação aos custeios total e por absorção, pois os custos fixos de fabricação são interpretados como periódicos (debitados imediatamente à receita), e não como custos do produto (aplicados às unidades produzidas).

Exemplo

Como ilustração, suponhamos a análise de despesas de uma empresa que possui custos fixos na ordem de R$ 10.000,00, com o nível de atividade normal da produção em 1.000 UNIDADES. Nesse caso, o custo fixo por unidade será de R$ 10,00 (R$ 1.0000,00/1.000 un.). Porém, se houver variações na produção, isto é, se ela baixar para 800 UNIDADES ou aumentar para 1.250 UNIDADES, como serão avaliados os custos se considerarmos a filosofia do custeio total e por absorção?

Se o nível de atividade baixar para 800 UNIDADES:

- Custeio total > Custo fixo unitário = R$ 10.000,00/800 = R$ 12,50 POR UNIDADE.

  Nesse caso, o custo unitário do produto aumentou em função da redução do nível de atividade.
- Custeio por absorção > Custo fixo unitário = R$ 10,00 POR UNIDADE.

  No caso do custeio por absorção, o custo unitário do produto continua no mesmo patamar do nível de atividade. Sendo assim, a queda da atividade gerou uma perda de 200 UNIDADES, causando uma despesa de R$ 2.000,00 (R$ 10,00 × 200 un.), que deverá ser lançada como prejuízo.

Se o nível de atividade aumentar para 1.250 UNIDADES:

- Custeio total > Custo fixo unitário = R$ 10.000/1.250 = R$ 8,00 POR UNIDADE.

  Aqui, a situação se inverte, pois há uma redução do custo por unidade que, na verdade, não ocorre em função do nível de atividade estabelecido. Nesse caso, o ganho real não é identificado corretamente.

- Custeio por absorção > Custo fixo unitário = R$ 10,00 POR UNIDADE.

Avaliando essa situação, é possível verificar que o custo unitário também não se modificou em função do nível de atividade estabelecido. Se a produção aumentou em 250 UNIDADES e o custo unitário é de R$ 10,00, teremos uma receita extra de R$ 2.500,00 (R$ 10,00 × 250 un.), que deverá ser lançada como receita no demonstrativo de lucros e perdas.

Dificilmente as empresas irão demonstrar os efeitos observados nos exemplos anteriores com a devida transparência. No entanto, em termos de gerenciamento do custo, essa análise é fundamental, pois possibilita identificar corretamente o que está ocorrendo no processo produtivo ou mesmo nas atividades comerciais em função da estrutura da empresa.

Por outro lado, se avaliarmos as diferenças entre termos contábeis e rentabilidade na demonstração de resultados, utilizando a filosofia do custeio direto em comparação com a do custeio total e avaliando as mesmas variáveis – conforme demonstram os exemplos dados por Kliemann Neto (1989) –, iremos verificar que, pelo custeio total, o resultado aparente é maior em função da absorção total dos custos fixo aos estoques, ao passo que, na filosofia do custeio direto, são apropriados aos estoques apenas os custos variáveis.

Exemplo

Vamos supor que determinada empresa vendeu 1.000 UNIDADES do produto X ao preço unitário de R$ 10,00 e que a produção desse produto no período tenha sido de 1.100 UNIDADES, sendo que os custos variáveis por unidade representam R$ 6,00, e os custos fixos unitários, R$ 2,00. Além desses custos, as despesas de vendas e administrativas somam R$ 900,00, dos quais R$ 400,00 são representados por custos variáveis e os restantes R$ 500,00 por custos fixos gerais.

Análise de custo com base no custeio total

Itens	Custo unitário (R$)	Total (R$)
Vendas de 1.000 unidades	10,00	10.000,00
Produção total de 1.100 unidades		
Custos variáveis por unidade	6,00	6.600,00
Custos fixos por unidade	2,00	2.200,00
Custo derivado de produção	8,00	8.800,00
Estoque final: 100 unidades	8,00	(800,00)
Custo dos produtos vendidos: 1.000	8,00	8.000,00
Margem bruta		2.000,00
Despesas totais de vendas e administrativas, sendo R$ 400,00 as despesas variáveis		(900,00)
Lucro líquido		1.100,00

Repare que o estoque final de 100 unidades foi contabilizado ao custo de R$ 8,00 por unidade e valorizado por R$ 800,00.

As despesas de vendas e administrativas variáveis e fixas foram absorvidas diretamente, sem classificação após a margem bruta, resultando no lucro de R$ 1.100,00.

É importante ressaltar que o exemplo é simples, não considerando aspectos como tributos e demonstrativos formais. A nossa intenção é apresentar o processo de análise e conceituação das filosofias de custeio.

Análise de custo com base no custeio direto

Itens	Custo unitário (R$)	Total (R$)
Vendas de 1.000 unidades	10,00	10.000,00
Produção total de 1.100 unidades		
Custos variáveis por unidade	6,00	6.600,00
Estoque final (100 unidades × 6,00)	600,00	(600,00)
Custos variáveis dos produtos vendidos		6.000,00
Despesas variáveis de vendas		400,00
Custos variáveis totais = CPV + despesas variáveis		(6.400,00)
Margem de contribuição (R$ 10.000,00 – R$ 6.400,00)		3.600,00
Custos fixos de fabricação (R$ 2,20 × 1.100,00)		(2.200,00)
Despesas fixas administrativas e de vendas		(500,00)
Lucro líquido		900,00

Observe que os estoques foram valorizados por R$ 6,00, ou seja, os custos unitários variáveis de produção foram lançados a conta do estoque por R$ 600,00 (100 unidades × R$ 6,00).

Outra diferença é a margem de contribuição que representa as vendas totais MENOS os custos variáveis totais, gerando R$ 3.600,00 de margem para cobrir os custos e as despesas fixas e produzindo um lucro de R$ 900,00.

(1.7) Comparação das cifras de lucros

Os lucros se alteram conforme O VOLUME DE PRODUÇÃO E VENDAS e, dependendo da filosofia de custeio adotada, em função da VALORIAÇÃO DOS ESTOQUES.

Vendas > *Produção = Estoques diminuem*
Vendas < *Produção = Estoques aumentam*
Vendas = *Produção = Não há estoques*

Quando o volume de vendas é constante, mas o de produção oscila, o custeio direto apresenta lucros constantes, pois os lucros não são afetados pelas variações dos estoques. Por outro lado, se o volume de produção é constante, os lucros movem-se harmoniosamente com as vendas, tanto no custeio direto como no custeio total.

(1.8)

Utilização da margem de contribuição para orçamento

Quando usada de forma inteligente, a abordagem da margem de contribuição (custeio direto) apresenta VANTAGENS sobre o custeio total como guia para a tomada de decisões relativas a preços. Entre essas vantagens, estão:

- um maior detalhamento das informações, já que os padrões de comportamento dos custos fixos e variáveis são claramente delineados;
- uma melhor análise relativa dos efeitos a curto e longo prazo, decorrentes da eventual aceitação de pedidos especiais.

Exemplo

Vamos imaginar que um cliente oferece R$ 540,00 por algumas unidades de determinado produto que tenham um custo total de fabricação de R$ 600,00, dos quais R$ 500,00 são de custos variáveis (incluindo despesas administrativas e de vendas variáveis). A oferta poderá ser aceita?

Custeio total

Vendas	R$ 540,00
Custo de fabricação	R$ 600,00
Prejuízo	R$ 40,00

Custeio direto

Vendas	R$ 540,00
Custos variáveis de fabricação	R$ 500,00
Margem de contribuição	R$ 40,00

Pelo custeio total, o encarregado das decisões relativas a preços não tem conhecimento direto das relações de custo-volume-lucro, ou seja, as decisões são tomadas praticamente na base de palpites. Assim, a oferta aparenta ser pouco atraente, pois o preço de R$ 540,00 está R$ 60,00 abaixo dos custos de fábrica.

Já na abordagem da margem de contribuição (custeio direto), o encarregado da decisão vê uma vantagem de curto prazo de R$ 40,00 na aceitação da proposta. Isso significa que os lucros líquidos aumentarão em R$ 40,00, já que os custos fixos não serão afetados por essa decisão.

(1.9)

Vantagens e desvantagens do custeio direto

Aqui, cabe uma reflexão que não considera apenas as vantagens ou desvantagens da filosofia de custeio direto, mas que avalia corretamente se esta trará resultados, seja qual for o ramo de atividade da empresa.

Se considerarmos, numa ponta, o cliente e, na outra, a concorrência, iremos nos deparar com DOIS PROBLEMAS: saber o preço que o cliente deseja e pode pagar por determinado produto X e qual o preço a que o concorrente está vendendo o mesmo bem, além de saber se este está atendendo à(s) necessidade(s) do cliente. Dessa forma, a avaliação dos custos é fundamental e deve partir de FORA PARA DENTRO DA EMPRESA. Se o mercado pagar, a filosofia de custeio não irá importar e, com certeza, a filosofia de custeio total apresentará melhores resultados. Mas se o mercado for disputado, as análises deverão ser mais detalhadas, sendo a filosofia do custeio direto mais precisa na análise para a tomada de decisão sobre custos, margem de contribuição e formação do preço de venda. Diante disso, apresentamos resumidamente as vantagens e desvantagens da filosofia do custeio direto:

- VANTAGENS:
    - permite que se conheça a margem de contribuição por produto ou por linha de produtos;
    - facilita a realização de análises de custo-volume-lucro;
    - facilita o processo de tomada de decisão.

- DESVANTAGENS:
    - a classificação dos custos fixos e variáveis não é muito fácil;
    - a fixação do preço de venda não pode ser baseada no custo;
    - não há um único custo unitário que possa ser usado como guia enquanto o volume de produção for variável;
    - para que o processo de tomada de decisão seja mais efetivo, o custeio direto exige a participação de pessoas mais qualificadas do que o custeio total.

O sistema de custeio direto apresenta, quando bem implementado, uma MELHOR TRANSPARÊNCIA NA IDENTIFICAÇÃO DOS CUSTOS FIXOS, permitindo a identificação da margem de contribuição gerada por produto, pois, na equação PREÇO DE VENDA-CUSTOS VARIÁVEIS, o que sobra é a margem de contribuição, e esta deve ser suficiente para cobrir os custos fixos e o lucro.

(.)

Ponto final

Neste capítulo, procuramos discorrer, de forma simples e direta, sobre o conceito de custos, enfocando aspectos teóricos e práticos na aplicação das filosofias e na definição do conceito gerencial, ou seja, procuramos fazer uma análise simples para a tomada de decisão.

Atividades

1. Aponte uma vantagem para a utilização do sistema de custeio direto.
2. Quais são as fases necessárias para a elaboração de um processo de custos?
3. Qual a diferença entre o custeio direto e o custeio indireto?
4. O que significa *custo variável*?
5. Suponhamos que a empresa A vendeu 1.000 unidades do produto Y por R$ 15,00 a unidade. Sua produção foi de 1.100 unidades, o custo variável por unidade de R$ 8,00 e o custo fixo industrial de R$ 5.200,00. Além desses detalhes, as despesas totais de venda e administrativas somam R$ 2.000,00, das quais R$ 900,00 correspondem a despesas variáveis. Avalie qual é o valor do estoque e o lucro pelo sistema de custeio integral.

(2)

Custeio por atividade

Luiz Fernando Barcellos dos Santos

O sistema de custeio por atividade (*Activity Based Costing* – ABC), conforme Bornia (1995), utiliza a filosofia de custeio por absorção na medida em que não atribui os custos da capacidade ociosa aos produtos, sendo um modelo de consumo de recursos, e não de gastos com recursos.

Vale salientar que um MODELO DE CONSUMO DE RECURSOS indica o que realmente foi utilizado na fabricação de um determinado produto, enquanto o modelo de gastos com recursos apropria ao produto os custos empregados durante o processo de fabricação, sem considerar se estes foram ou não utilizados.

Suponhamos que haja uma diminuição no volume de produção de uma empresa num dado momento. Tomando-se o departamento de Programação e Controle da Produção (PCP), por exemplo, verificamos que sua estrutura permanece a mesma. Pelo MODELO DE GASTOS COM RECURSOS, os custos fixos relacionados ao PCP não se alteram imediatamente, isto é, permanecem constantes, ainda que essa atividade opere com capacidade ociosa. Dessa maneira, o ABC defende que a análise de custos precisa se estender às despesas de estrutura (administrativa, comercial e financeira). Cooper e Kaplan, citados por Bornia (1995) argumentam que, "em muitas empresas, tais despesas ultrapassam a 20% do faturamento, e a não alocação de tais despesas aos produtos, embora requerida pela contabilidade financeira, é inadequada para medir os custos dos produtos".

Ainda conforme Bornia (1995), a não apropriação dos custos e das despesas indiretas fixas aos produtos, defendida pelo custeio direto, não é aceita pelo custeio por atividade. O argumento utilizado é o de que o modelo típico de custos para decisões – no qual os custos fixos permanecem fixos e os custos relevantes são iguais aos custos variáveis devido à mudança no volume de produção –, é muito simplista, não representando adequadamente as situações que ocorrem na realidade. Nesse contexto, é importante mencionar que o custeio direto fornece informações relevantes para a tomada de decisões de curto prazo, mas o impacto das decisões no médio prazo não é mensurado. O modelo de consumo de recursos adotado pelo ABC permite detectar as consequências de decisões a longo prazo.

(2.1)

Importância e utilização do ABC

O sistema ABC não é apenas um mecanismo que dá valor aos estoques, ele também proporciona informações gerenciais que auxiliam os tomadores de decisão. Os custos das atividades, por exemplo, possibilitam aos gestores atribuir obrigações aos responsáveis.

Um diferencial do sistema de custeio por atividade consiste no fato de que sua utilização, por exigir controles pormenorizados, proporciona o acompanhamento e as correções devidas nos processos internos da empresa, ao mesmo tempo em que possibilita a implantação e/ou aperfeiçoamento dos controles internos da entidade.

(2.2)

Custeio por atividade × contabilidade

A contabilidade tradicional divide os custos em FIXOS e VARIÁVEIS, além de considerar que os custos variáveis alteram-se quando há mudanças no VOLUME DE PRODUÇÃO da empresa, enquanto os custos fixos permanecem INALTERADOS NO CURTO PRAZO, podendo variar em DEGRAUS de acordo com o nível das atividades.

Cooper e Kaplan, citados por Bornia (1995),

> *argumentam que muitos itens de custo importantes variam não de acordo com o volume de produção, e sim de acordo*

com mudanças sofridas durante alguns anos no projeto dos produtos, no composto de produção ("product mix"), além do próprio volume de produção. Em outras palavras, o principal determinante do montante destes custos é o grau de complexidade da estrutura de produção da empresa.

(2.3)

Bases de relação

O custeio por atividade pressupõe que atividades geram custos, e que os produtos consomem tais atividades, isto é, utilizam-se destas em maior ou menor grau, ABSORVENDO SEUS CUSTOS.

A primeira fase do processo envolve o cálculo do custo de cada atividade. Isso é feito de forma semelhante aos sistemas tradicionais de duas fases, distribuindo-se os itens de custos entre as atividades por meio de bases de rateio. Desse modo, chega-se a um custo por atividade. Para a alocação dos custos das atividades aos produtos, utiliza-se o conceito de BASES DE RELAÇÃO, as quais podem ser definidas como aquelas atividades ou transações que determinam os custos das ações, ou seja, são as causas principais desses custos.

A base de relação escolhida para atribuir os custos de uma atividade aos produtos deve espelhar a UNIDADE DE MEDIDA do trabalho referente a essa atividade. Uma vez que as ações geram custos, a base de relação deve possuir FORTE RELAÇÃO CAUSAL com as despesas da empresa. Em outras palavras, deve haver uma correlação direta entre a quantidade de trabalho efetuada pela atividade em questão – mensurada pela base de relação – e os custos incorridos.

Portanto, o objetivo da utilização das bases de relação é encontrar os FATORES que geram os custos, isto é, determinar onde se originam os custos de cada atividade para, dessa maneira, alocá-los corretamente aos produtos, considerando as atividades consumidas por estes.

Existem despesas cujos comportamentos são ditados por bases relacionadas apenas ao VOLUME DE PRODUÇÃO. Nessa categoria, estão inseridos os CUSTOS VARIÁVEIS. Para estes, as bases de relação a serem utilizadas também são RELATIVAS AO NÍVEL DE ATIVIDADE, como horas da mão de obra direta, horas/máquina e custo da matéria-prima. Tais bases de relação, no entanto, não são apropriadas para determinar O COMPORTAMENTO da maioria dos custos indiretos fixos, que variam a médio e longo prazo. No decorrer do tempo, esses custos adaptam-se não só à demanda, mas também à estrutura de produção. O fator determinante das despesas desse tipo de atividade é o número de vezes em que é efetuado o serviço básico desta para a fabricação dos produtos (quantidade de transações feitas).

Dessa forma, as bases de relação a serem usadas em tais casos são as transações efetuadas pela atividade de suporte aos produtos a serem fabricados. Segundo Drury, citado por Bornia (1995), essa base de relação pode ser estabelecida como:

- *o número de lotes processados na produção. Essa é a base para uma inspeção de qualidade, a movimentação de materiais, a preparação de máquinas e o sequenciamento da produção;*
- *o número de lotes de materiais recebidos, sendo isso a base de recebimento de materiais;*
- *o número de ordens de compra, o suprimento e a venda. Esses aspectos são as bases para os custos associados a inventários de matéria-prima, a produtos em processo e a produtos acabados.*

De acordo com Bornia (1995), é importante lembrar que:

Para cada direcionador de custo [base de relação] empregado, calcula-se um custo unitário, dividindo-se o custo total associado com a atividade considerada pelo número de transações efetuadas. Por exemplo, se os custos associados com o recebimento de materiais forem de $ 1.000,00 e no período forem recebidos 40 lotes de materiais, o custo associado com cada lote é de $ 25,00 por lote (1.000/40). Em seguida, atribui-se o custo aos produtos, determinando-se quantos lotes estão relacionados com cada produto.

Para determinação das atividades a serem consideradas no sistema, Cooper e Kaplan (1988) recomendam ênfase em recursos dispendiosos, em recursos cujos consumos variem significativamente de produto para produto e em recursos cujos comportamentos não estão relacionados com bases de relações tradicionais (MOD, matéria-prima e unidades processadas).

O exemplo a seguir, formatado por Leone (2000), demonstra como se estabelecem e se apropriam as bases de relação e, consequentemente, num modelo simples, o sistema de custeio por atividade.

Exemplo

A Indústria de Confecção Taquara Ltda. estima, para o próximo semestre, a seguinte projeção de vendas mensais:

Projeção de vendas em unidades

PRODUTO	UNIDADES
Camisetas	18.000
Vestidos	4.200
Calças	13.000

No passo seguinte, após o levantamento dos custos, foram estabelecidas as bases de relação/direcionamento dos custos, conforme a tabela a seguir:

Bases de relação e direcionamento

Direcionamento	Atividades	Custos/R$	Atividades direcionadas
Compras	Comprar materiais	16.000,00	Nº de pedidos
	Desenvolver fornecedores	12.000,00	Nº de fornecedores
	Total	28.000,00	
Almoxarifado	Receber materiais	12.350,00	Nº de recebimentos
	Movimentar materiais	16.000,00	Nº de requisições
	Total	28.350,00	
Administração da produção	Programar a produção	16.000,00	Nº de produtos
	Controlar a produção	13.850,00	Nº de lotes
	Total	29.850,00	
Corte e costura	Cortar	29.000,00	Tempo de corte
	Costurar	28.600,00	Tempo de costura
	Total	57.600,00	
Acabamento	"Acabar"	14.000,00	Tempo de acabamento
	Despachar os produtos	32.200,00	Apontamento de tempo
	Total	46.200,00	

Observe que os processos de fabricação e outras atividades representam CONJUNTOS que se inter-relacionam com seus respectivos custos. Isso permite, como vimos anteriormente, uma análise não só do lucro ou do custo de um produto, mas também a definição de onde estão sendo consumidos os recursos aplicados na empresa.

Uma vez apuradas essas informações, estabelece-se a base de relação propriamente dita entre os produtos e as atividades, conforme a tabela a seguir demonstra:

Direcionadores de custo

DIRECIONAMENTO	CAMISETAS	VESTIDOS	CALÇAS
N° de pedidos de compra	150	400	200
N° de fornecedores	2	6	3
N° de recebimentos	150	400	200
N° de requisições	400	1.500	800
N° de produtos	1	1	1
N° de lotes	10	40	20
Horas utilizadas para o corte	2.160h	882h	2.600h
Horas utilizadas para a costura	3.240h	2.958h	7.800h
Horas utilizadas para o acabamento	2.700h	2.520h	3.900h
Apontamento de tempo	25h	50h	25h

Os direcionadores e/ou o rastreamento indicam a relação do custo com o departamento ou a atividade, que é obtida mediante estudos e pesquisas, não sendo resultado de mera arbitrariedade e subjetivismo.

O custo de cada atividade, conforme Martins (1998), será composto pelos mesmos componentes do custo do departamento.

O cálculo do custo específico de cada produto da confecção, por exemplo: camisetas, sem considerar a matéria-prima, é feito da seguinte forma:

- Custo unitário do direcionador:

$$\frac{\textit{Custo da atividade}}{\textit{N° total de direcionadores}}$$

O custo de "comprar materiais" é de R$ 16.000,00 e o número total de direcionadores é igual a 150 camisetas + 400 vestidos + 200 calças = 750. Portanto, o custo unitário do direcionador é:

$$\frac{\text{R\$ 16.000,00}}{\text{750 direcionadores}} = \text{R\$ 21,33 POR PEDIDO.}$$

- Cálculo do custo unitário atribuído ao produto: custo do pedido × o número de pedidos, ou seja, R$ 21,33 por pedido × 150 pedidos (camisetas) = R$ 3.200,00.

Cálculo do custo da atividade por unidade de produto:

$$\frac{\textit{Custo da atividade}}{\textit{Total de unidades}}$$

Assim, teremos um custo unitário de:

$$\frac{\text{R\$ 3.200,00}}{\text{18.000 un.}} = \text{R\$ 0,1778 POR UNIDADE.}$$

Utilizando a mesma sistemática de cálculos para os demais produtos, teremos os seguintes custos:

Rateio dos custos por atividade direcionados aos produtos

Atividade	Camisetas (R$ por unidade)	Vestidos (R$ por unidade)	Calças (R$ por unidade)	Total
Comprar materiais	0,1778	2,0317	0,3282	2,5377
Desenvolver fornecedores	0,1212	1,5584	0,2517	1,9313
Receber materiais	0,1372	1,5683	0,2533	1,9588
Movimentar materiais	0,1317	2,1164	0,3647	2,6128
Programar a produção	0,2963	1,2698	0,4103	1,9764
Controlar a produção	0,1099	1,8844	0,3044	2,2987
Cortar	0,6168	1,0794	1,0280	2,7242
Costurar	0,3930	1,0699	1,3101	2,7730
Realizar o acabamento	0,2303	0,9211	0,4605	1,6119
Despachar produtos	0,4472	3,8333	0,6192	4,8997
Total	2,6614	17,332	5,3304	25,324

Considere que o custo da matéria-prima por produto somado a outros custos diretos seja de:

- Camisas: R$ 3,75
- Vestidos: R$ 5,75
- Calças: R$ 4,25

e que o preço de venda de cada produto seja de:

- Camisas: R$ 10,00
- Vestidos: R$ 22,00
- Calças: R$ 16,00

Dessa forma, iremos obter o seguinte quadro de resultados:

Margem de lucro por produto

Custos	Camisetas (R$)	Vestidos (R$)	Calças (R$)	Totais (R$)
Custos diretos	3,75	5,75	4,25	13,75
Custos indiretos	2,66	17,33	5,33	25,32
Custo total	6,41	23,08	9,58	39,07
Preço de venda	10,00	22,00	16,00	
Lucro bruto unitário	3,59	-1,08	6,42	
Margem em %	35,90%	-4,91%	40,13%	

(2.4)

Abordagem gerencial e gestão estratégica de custos

O sistema de custeio por atividades (ABC) é, na realidade, uma FERRAMENTA DE GESTÃO DE CUSTOS, muito mais do que de custeio do produto.

Analisado sob esse aspecto, o ABC surgiu como uma nova filosofia de custeio que aperfeiçoava a apropriação do sistema de custos por absorção. A segunda geração do ABC foi concebida de forma a possibilitar a análise de custos sob duas visões: de acordo com a primeira, que é uma visão econômica de custeio de forma vertical, os custos são apropriados aos objetos de custeio por meio das atividades de cada departamento; a segunda, por outro lado, visa ao aperfeiçoamento de processos, ou seja, uma visão horizontal, no sentido de captar os custos dos processos mediante as atividades realizadas nos vários departamentos funcionais.

Sendo assim, são gerados, na visão vertical de custeio, dados idênticos aos considerados na primeira geração do ABC, enquanto na visão horizontal o processo consiste num conjunto de atividades ordenadas, as quais são exercidas por meio de diversos setores da empresa. Essa visão possibilita que, por intermédio de melhoramentos na realização dessas atividades, os processos sejam analisados, custeados e aperfeiçoados. Por esse motivo, a visão horizontal é considerada um mecanismo de aperfeiçoamento de processos, como visto anteriormente.

É de acordo com a estrutura organizacional da empresa – estrutura funcional, na maioria dos casos – que os sistemas tradicionais refletem os custos. Já o ABC, que possui uma visão horizontal, busca custear processos, os quais geralmente são interdepartamentais, ultrapassando a organização funcional. Assim, quanto mais processos interdepartamentais a empresa possuir, maiores serão os benefícios conferidos a ela pelo sistema ABC, sendo este considerado uma ferramenta de análise dos fluxos de custo.

(2.5)

ABC e análise de valor

A análise de valor contempla não só o valor das atividades e dos processos, como também o que chamamos financeiramente de VALOR AGREGADO. Uma vez que o custeio por atividade parte de uma derivação da filosofia de custeio por absorção, pode agregar simultaneamente o conceito de custeio direto. Assim, teremos um dado importante a ser analisado – a MARGEM DE CONTRIBUIÇÃO UNITÁRIA – a qual, na realidade, é o que sobra do preço de venda dos produtos subtraindo-se os custos variáveis, porém com uma diferença: a apropriação do custo gerado pela atividade e/ou partes específicas relacionadas ao produto.

Essa análise de valor deve ser realizada sempre sob a ótica do cliente – interno ou externo – isto é, daquele que recebe e utiliza o bem ou o serviço gerado pela atividade, o qual deve ser considerado o que agrega valor (lucro real menos o custo de capital).

Vamos supor que um produto X custa R$ 10,00 por unidade (investimento) e que cada uma gerou um lucro de R$ 0,10. Se o custo de capital da empresa (investimento) for de 2%, teremos um custo sobre R$ 10,00 de R$ 0,20, ou seja, lucro de R$ 0,10 – R$ 0,20, o que não agregará valor ao produto. Por outro lado, se o lucro unitário for de R$ 0,50 e o custo de capital (2% sobre o investimento de R$ 10,00 – que é o custo do produto) de R$ 0,20, o produto agregará valor de R$ 0,30 por unidade.

(2.6)

ABC e gestão baseada em atividades

A gestão baseada em atividades apoia-se no planejamento, na execução e na mensuração do custo das atividades para obter vantagens competitivas. Além disso, ela utiliza o custeio baseado em atividades e caracteriza-se por decisões estratégicas, como:

- alteração no *mix* dos produtos;
- alterações no processo de formação de preços;
- alterações nos processos;
- redesenho de produtos;
- eliminação ou redução de custos de atividades que não agregam valor;
- eliminação de desperdícios;
- elaboração de orçamentos com base em atividades etc.

Vale ressaltar que o custo de um produto, qualquer que seja, é estabelecido, num primeiro estágio, pela FICHA TÉCNICA, onde deve ser descrito todo o processo de fabricação. A partir desse ponto, com base nas projeções de vendas, devem ser elaborados o planejamento e o orçamento, que, em última instância, estabelecem o rumo da atividade. O planejamento e controle da produção (PCP) é a base de sustentação de qualquer processo de custos, porém, para o sistema ABC, ele é vital, pois avalia o processo por completo, facilitando a tomada de decisão e a correção de rumos, quando necessário.

(2.7)

Definição do sistema de custeio ABC

Estabelecer o objetivo do projeto ABC é essencial. É importante citar que esse projeto pode incluir o custeio de produtos, linhas ou famílias de produtos; gastos com vendas e administração no custo dos produtos, linhas ou famílias; o custeio do processo, de canais de distribuição, de clientes, de mercados e de segmentos de mercado; a análise de lucratividade desses objetos custeados; a utilização de custos históricos ou predeterminados. Além disso, o projeto ABC pode determinar se o sistema será apenas de análise ou também de acumulação de custos, bem como se será será recorrente ou de uso apenas periódico etc.

(2.8)

Principais vantagens e desvantagens do sistema ABC

Nenhum sistema de custos é perfeito, mesmo o ABC apresenta vantagens e desvantagens, assim como acontece com os demais. Entretanto, conforme demonstra a prática, esse é, de longe, O MELHOR SISTEMA A SER ADOTADO POR EMPRESAS MULTIPRODUTORAS.

De acordo com Batista, Andrade e Sousa (2004), como VANTAGENS podemos ressaltar:

- *Formações gerenciais relativamente mais fidedignas por meio da redução do rateio;*
- *Adequa-se mais facilmente às empresas de serviços, pela dificuldade de definição do que seja custos, gastos e despesas nessas entidades;*
- *Menor necessidade de rateios arbritários;*
- *Atende aos princípios fundamentais da contabilidade (similar ao custeio por absorção);*
- *Obriga a implantação, permanência e revisão dos controles internos;*
- *Identifica, de forma mais transparente, onde os itens em estudo estão consumindo mais recursos;*
- *Pode ser empregado em diversos tipos de empresas (industriais, comerciais, de serviços, com ou sem fins lucrativos);*
- *Possibilita a eliminação ou redução das atividades que não agregam valor ao produto.*

Por outro lado, podemos enumerar como DESVANTAGENS:

- *Alto nível de controles internos a serem implantados e avaliados;*
- *Necessidade de revisão constante;*
- *Informações de difícil extração;*
- *Dificuldade de envolvimento e comprometimento dos funcionários;*
- *Falta de pessoal competente, qualificado e experiente para implantação e acompanhamento;*
- *Necessidade de formulação de procedimentos padrões;*
- *Maior preocupação em gerar informações estratégicas do que em usá-las.* (Batista; Andrade; Souza, 2004)

Exemplos

- *Fábrica de canetas esferográficas*

A fábrica 1 produz 1.000.000 de canetas azuis por ano. Já a fábrica 2 produz, anualmente, 100.000 canetas azuis e 900.000 canetas de outras cores, com cerca de 1.000 variedades de cores diferentes, perfazendo um total de 1.000.000 canetas/ano. Esses utensílios utilizam as mesmas matérias-primas, com exceção da tinta, e requerem o mesmo tempo de mão de obra direta e de máquina/horas.

Parece evidente que a fábrica 2 necessitará de mais apoio para a produção do que a fábrica 1. As atividades de planejamento e controle da produção, de controle de qualidade, de administração de materiais, de preparação de máquinas etc. serão consideravelmente mais complexas na fábrica 2, que irá necessitar de uma estrutura maior, o que implica em MAIORES CUSTOS. Embora a produção total seja a mesma nas duas unidades, os custos fixos indiretos da fábrica 2 serão MAIORES do que os da fábrica 1.

Assim, é possível entender que os ditos custos fixos mantêm uma relação com a VARIEDADE DA PRODUÇÃO.

- *Sistema ABC aplicável ao comércio*

Suponhamos que um supermercado utiliza, para a loja, um sistema de custeio que tenha uma única categoria de custo direto (mercadorias compradas para venda) e uma única categoria de custo indireto (suporte ao estabelecimento). Além disso, os custos de suporte são alocados aos produtos a uma taxa de 30% dos custos das mercadorias vendidas. Por exemplo: a um produto que custou R$ 8,80, é alocada uma quantia de custo indireto no valor de R$ 2,64 (R$ 8,80 × 30%), conforme o relatório quantitativo de lucratividade:

Análise pelo sistema de custeio direto/absorção:

Quadro geral de lucratividade

Receitas	R$ 166.800,00
(-) Custos	
CMV	R$ 100.000,00
Suporte à loja (30%)	R$ 30.000,00
Subtotal	(R$ 130.000,00)
Margem de contribuição	R$ 36.800,00
Custos fixos	(R$ 30.000,00)
Lucro operacional	R$ 6.800,00
Lucro em %	4,08%

Para obter melhores informações sobre a lucratividade quantitativa da referida empresa comercial, foi implantado um sistema de custeio por linha de produtos.

Relatório de lucratividade por linha de produtos

	Carnes	Frutas	Grãos	Total
Receitas	36.450,00	80.020,00	50.330,00	166.800,00
Custos				
CMV	(20.000,00)	(50.000,00)	(30.000,00)	(100.000,00)
Suporte à loja (30%)	(6.000,00)	(15.000,00)	(9.000,00)	(30.000,00)
Subtotal	(26.000,00)	(65.000,00)	(39.000,00)	(130.000,00)

(continua)

(conclusão)

Margem de contribuição	10.450,00	15.020,00	11.330,00	36.800,00
% da MC	28,67%	18,77%	22,51%	22,06%

Mesmo tendo a informação detalhada por linha de produto, é duvidosa a precisão dos indicadores de rentabilidade, pois o rateio dos custos indiretos ainda é feito considerando 30% sobre o CMV, de forma aleatória.

Análise pelo ABC

Levando em conta as informações e a análise dos dados, considerou-se que o único centro de custos é o suporte à loja. Esse centro de custos foi subdividido em quatro áreas identificáveis de atividade, tendo sido usados os direcionadores de custos referentes às seguintes atividades:

1. Pedido: refere-se às compras de mercadorias para revenda. O direcionador de custos é o número de ordens de compra no período por grupo de produtos;
2. Entrega: diz respeito à entrega física e ao recebimento da mercadoria. Nessa atividade, o direcionador de custos é o número de entregas por grupo de produtos;
3. Prateleira estocada: refere-se ao estoque de mercadorias por produto nas prateleiras da loja e àquelas que foram retornadas ao estoque, seja em forma de devolução ou qualquer outra movimentação da mercadoria que incorra em custos. Aqui, as direcionadoras de custo são as horas de estoque;
4. Atendimento ao cliente: envolve a assistência fornecida aos clientes, incluindo a checagem e o empacotamento do produto. Nesse caso, o direcionador é o número de itens vendidos.

Após o uso dos direcionadores, com a nova configuração do relatório de lucratividade baseado no ABC, é possível obter resultados de forma QUALITATIVA, ou seja, o produto que, aparentemente, tinha um bom retorno de lucratividade, nessa metodologia passa a ser o de menos lucratividade, evidenciando, assim, a QUALIDADE DO LUCRO.

Relatório por linha de produto de acordo com o sistema ABC

	CARNES	FRUTAS	GRÃOS	TOTAL
Receitas	36.450,00	80.020,00	50.350,00	166.800,00
Custos				
CMV	20.000,00	50.000,00	30.000,00	100.000,00
Compra	2.800,00	1.600,00	1.200,00	5.600,00
Entrega	6.840,00	800,00	1.760,00	8.400,00
Estocagem	3.600,00	360,00	1.800,00	5.760,00
Atendimento ao cliente	4.840,00	2.360,00	2.040,00	10.240,00
Subtotal	38.080,00	55.120,00	36.800,00	130.000,00
Margem de contribuição	(1.630,00)	24.900,00	13.530,00	36.800,00
% de MC	-4,47%	31,12%	26,88%	22,06%

Observamos que, pelo critério convencional, a carne tinha 28,67% de margem de contribuição e, pelo sistema ABC, essa margem ficou negativa, em –4,47%. Essas diferenças na porcentagem de margem de contribuição ocorrem devido à alocação dos custos indiretos, que é feita com base nas atividades desenvolvidas de cada linha de produto, deixando, assim, mais perto da realidade dos valores alocados.

(.)

Ponto final

O custeio por atividade (ABC) é um sistema recente, decorrente de uma série de alterações que ocorreram em termos de mercado, de competição, de exigência dos consumidores – em todos os níveis – e da necessidade das empresas avaliarem seus custos de uma forma mais competente. Com o aprimoramento da tecnologia da informação nos sistemas gerenciais para a tomada de decisão, o custeio por atividade tornou-se uma ferramenta imprescindível para as organizações, já que as atividades consomem recursos, e os produtos, atividades. Diante desse contexto, vale salientar que esse sistema é bem mais analítico do que os demais.

Neste capítulo, desenvolvemos a parte conceitual do sistema de custos por atividade, demonstrando sua aplicação prática e as principais diferenças em relação aos sistemas de custos mais tradicionais.

Atividades

1. O que podemos afirmar a respeito da abordagem gerencial do sistema de custeio por atividade?
2. Relacione uma vantagem do sistema de custeio por atividade.
3. No sistema de custeio por atividade (ABC), como são definidas as bases de relação?
4. O que seria um direcionador de custos?
5. Qual é a característica básica do ABC?

(3)

Sistemas e métodos de apuração de custos

Existem muitas formas de se implementar um sistema de custos. Estes se iniciam desde as ordens de produção, quando normalmente deveriam principiar a partir de um PCP (programa, controle e planejamento da produção) ou mediante processos produtivos, nos quais as despesas são acumulados num centro de custos. Todas essas formas são corretas, porém, independentemente da situação, cada produto deve ter a sua ficha técnica detalhada, a qual informará todas as etapas de fabricação, assim como detalhará os insumos de matéria-prima e de mão de obra alocada, os tempos e os movimentos, além de fornecer um desenho técnico, quando necessário.

O sistema ou o método em si, para a apuração do custo, dependerá do tipo de produto, do *layout* de produção, da disposição das máquinas e equipamentos, enfim, da logística interna da fábrica (desde o fornecedor da matéria-prima até a entrega do produto final ao cliente) ou, em últimas palavras, da melhor maneira de se otimizar o processo produtivo.

Exemplo

Trata-se de um levantamento de custos fixos e da elaboração da ficha técnica e do cálculo de custo para a produção de um móvel para telefone em madeira.

Levantamento dos custos fixos

RELAÇÃO DOS CUSTOS FIXOS	R$
Mão de obra	7.800,00
Total de funcionários	15
Custo por minuto	0,04815
Horas trabalhadas	180
Minutos totais	1.620,00
CUSTOS FIXOS ADMINISTRATIVOS	R$
Pró-labore	3.000,00
Encargos	500,00
Contabilidade	180,00
Telefone	250,00

(continua)

(conclusão)

Aluguel	1.000,00
Luz	200,00
Água	0,00
Seguros	150,00
Despesas com veículos	100,00
Despesas gerais	1.000,00
Depreciação máquinas e equip.	200,00
Total	6.580,00
Custo fixo unitário (R$)	0,0406
Custo minuto (R$)	0,08877

Cálculo dos custos relativos à mão de obra e despesas fixas

Mão de obra	nº func.	Tempo/min.	Custo/min.	Total (R$)
Corte	1	120,0000	0,0888	10,65
Montagem	1	120,0000	0,0888	10,65
Pintura	1	30,0000	0,0888	2,66
Lixamento	1,0000	30,0000	0,0888	2,66
Pintura complementar	1,0000	120,0000	0,0888	10,65
Totais	5,00			37,28

Cálculo dos custos relativos à matéria-prima

30/09/2008	ICMS	C. Financ.		Taxa (US$)	Base prod.	Custo mín.
Móvel para telefone	17,00%	1,03		1	1	0,0888
1	17,00%					
						Custo
			Custo	Custo	Crédito	Matéria-prima
Matéria-prima	Un.	Quant.	Unit. (R$)	Total (R$)	ICMS	R$
Mdf 15 mm	cm^2	10950	0,0011	11,64	1,98	9,6611
Mdf 9 mm	cm^2	5600	0,0007	3,97	0,67	3,2954
Mdf 6 mm	cm^2	6000	0,0006	3,46	0,59	2,8685
Mdf 3 mm	cm^2	5500	0,0004	1,95	0,33	1,6160
Tinta	galão	1	23,0000	20,70	3,52	17,1810
Selador	L	1	5,0000	5,00	0,85	4,1500
Diversos		1	5,0000	5,00	0,85	4,1500
Embalagem		1	5,0000	5,00	0,85	4,1500
Figuras		1	4,0000	4,00	0,68	3,3200
Subtotal					10,32	50,3920
Perda				0,00		0,0000
Custo total matéria-prima	0,00	0,00				50,3920

Custo total do produto

Custo da mão de obra (R$ 37,28) + custo da matéria-prima (R$ 50,39), totalizando R$ 87,67.

Os dados do exemplo desenvolvido pelo autor procuram demonstrar de forma simples como os elementos podem compor uma ficha técnica e, ao mesmo tempo, constituir uma metodologia de custo padrão, em que a base é o custo da mão de obra.

(3.1)

Sistema de custos por ordens de produção (SCOP)

Nesse sistema, os elementos do custo de produção são, inicialmente, acumulados por ordens de produção e, só então, atribuídos aos produtos que foram fabricados nessas ordens.

Adapta-se, especialmente, a empresas que são caracterizadas por uma PRODUÇÃO SOB ENCOMENDA OU NÃO REPETITIVA, nas quais os produtos são fabricados por LOTES DE PRODUÇÃO.

Exemplo: *construtoras, estaleiros, consultorias etc.*

(3.2)

Sistema de custos por processos (SCP)

Nesse sistema, os elementos do custo de produção são, inicialmente, acumulados por processos produtivos (ou departamentos produtivos e/ou centros de custos) e, só então, atribuídos aos diferentes produtos que passaram pelos centros de custos.

Encaixa-se, principalmente, a empresas que possuem uma produção em série de grandes lotes de bens padronizados.

Exemplo: *calçados, ônibus, automóveis, indústrias têxteis etc.*

A figura a seguir diferencia os sistemas de custos por ordens de produção e por processo de produção.

Figura 3.1 – Sistema de custos por ordens de produção e por processo

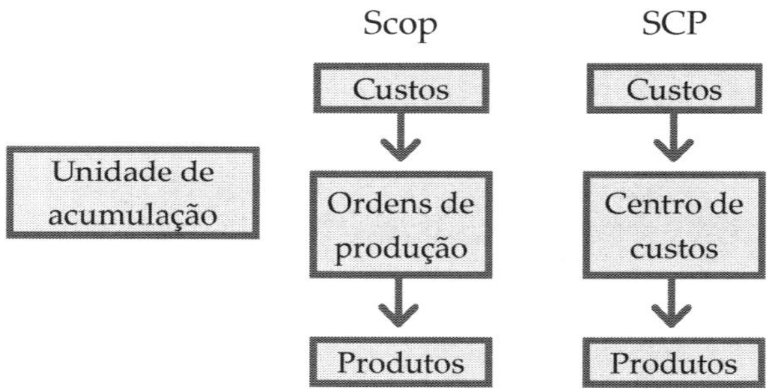

FONTE: KLIEMANN NETO, 1989.

(3.3) Método de apuração de custos

Método significa uma sistemática de apuração de custos que deve ser PADRONIZADA para as diversas etapas do processo de levantamento de custos. Se não existir um método padrão de custo, as informações podem ser distorcidas, não permitindo o estabelecimento correto de um custo.

Método do custo padrão

No método do custo padrão, todo o sistema de apuração do custo será levantado da mesma forma, isto é, se for estabelecido que ele deve ser por ordens de produção, haverá uma padronização das ordens de produção para a fabricação de determinado produto; se for por processo, haverá uma definição do que seja um processo ou um centro de custo para que todas as despesas sejam avaliadas da mesma maneira.

O método do custo padrão deve ser encarado fundamentalmente como um INSTRUMENTO DE APOIO à decisão gerencial. O objetivo desse método é estabelecer medidas de comparação que permitam efetuar o controle e o acompanhamento de eficiência da utilização dos meios de produção em geral e dos custos associados a eles. Essas medidas de comparação denominam-se *padrões*, e são custos predeterminados e cuidadosamente apurados que deveriam ser atingidos dentro de condições operacionais eficientes. A seguir, estão as vantagens e desvantagens do método do custo padrão.

- VANTAGENS:
  - avalia o desempenho por meio do estabelecimento de medidas de comparação, as quais são normalmente relativas a preços, à eficiência e ao uso da capacidade instalada;
  - incentiva um melhor desempenho pela definição de um padrão referencial de comparação;
  - facilita a elaboração de orçamentos confiáveis;
  - permite uma melhor orientação da política de preços;
  - permite uma melhor determinação de responsabilidade, bem como a realização de controles por exceção (pela individualização das variações mais significativas e/ou de maior importância);

- facilita a identificação de oportunidades de redução de custos;
- fornece subsídios para a adoção de medidas corretivas;
- diminui significativamente o trabalho administrativo.

- Desvantagens:
  - a utilização eficiente do método exige constantes correções nos padrões monetários (a simples indexação em dólares ou outra unidade supostamente constante não é suficiente nem confiável para as necessidades do método em questão);
  - muitas vezes, há dificuldade para determinar os valores dos padrões.

As afirmativas anteriores referentes às desvantagens podem ser avaliadas como cuidados e critérios para o estabelecimento de padrões, sendo necessário um constante acompanhamento e gestão mediante indicadores preestabelecidos e um acordo com a padronização instituída.

Tipos de padrões

A grande dificuldade de se estabelecer um padrão está relacionada a indicadores, no que diz respeito à medida de valor e/ou de desempenho, para fins de análise e tomada de decisão.

- Padrão estabelecido com base na produção:
  - Padrão real: é aquele que pode ser atingido nas atuais condições de produção.
  - Padrão normal: é aquele que pode ser atingido em condições eficientes de produção.
  - Padrão ideal: é aquele que só pode ser atingido em condições ideais de produção.

- PADRÃO DE MATÉRIA-PRIMA:

Se:

$$CPMP = QP \times PP$$

Então,

CPMP = Custo padrão unitário de matéria-prima;
QP = Quantidade padrão unitária de matéria-prima;
PP = Preço padrão unitário de matéria-prima.

Ao avaliarmos esses conceitos defendidos por estudiosos – entre eles Kliemann Neto (1989), Cogan (1999), Leone (2000) e Megliorini (2000) – podemos concluir que é muito relativo e subjetivo estabelecer, por exemplo, que o padrão real é aquele que é (ou pode ser) atingido nas condições atuais de produção, pois estas podem ser ótimas e, no entanto, esse padrão pode não estar atingindo o necessário. Nesse sentido, o que pode acontecer, por exemplo, é a empresa estar vendendo acima ou abaixo da capacidade produtiva.

Apesar dessa subjetividade, o estabelecimento de um padrão é fundamental para que tenhamos, no mínimo, um indicador para a comparação.

- PADRÃO ESTABELECIDO COM BASE NAS DETERMINAÇÕES DE PREÇOS: os padrões de preços podem estar relacionados e/ou atrelados a diversos fatores, como:
  - qualidade da matéria-prima;
  - quantidade necessária de matéria-prima;
  - descontos obtidos;
  - expectativas de variações de preços;
  - tipologia dos fornecedores (muitos, poucos, grandes, pequenos etc.);
  - características do processo de transporte e movimentação das matérias-primas.

Em todas essas situações, podem ser estabelecidos PREÇOS-PADRÃO, como em relação à qualidade da matéria-prima. Por exemplo: digamos que a matéria-prima X pode ser fornecida pelo fornecedor A, que possui uma excelente qualidade e cobra R$ 10,00 pela unidade; já o fornecedor B dispõe da mesma matéria-prima, com a mesma qualidade, a R$ 12,00 a unidade. Dessa maneira, o padrão pode ser estabelecido pela qualidade e pelo menor preço. Também podem ser agregados a isso a pontualidade de entrega, as condições de pagamento, a disponibilidade de fornecedores etc.

- PADRÃO ESTABELECIDO EM FUNÇÃO DA QUANTIDADE: o que irá determinar o critério de padronização, num primeiro momento, será a disponibilidade do insumo no mercado e as facilidades de aquisição deste. A partir desse ponto, é possível estabelecer os custos utilizando como padrão:
  - o consumo histórico médio;
  - o consumo teórico;
  - a produção piloto.

  Via de regra, o estabelecimento desse tipo de padrão deve levar em conta fatores importantes – as quebras, o retrabalho e o desperdício no processo produtivo – pois estes são muito relevantes em termos de quantidade de insumos.

- PADRÃO DE MÃO DE OBRA DIRETA: a mão de obra direta é aquela que é de fácil identificação, pois está diretamente alocada ao produto ou transforma a matéria-prima em produto final. De acordo com esse critério, podemos admitir como padrão o tempo de fabricação unitário *versus* o custo por minuto da mão de obra, conforme o exemplo a seguir:

$$CPMOD = HP \times TP$$

Onde,

CPMOD = Custo padrão unitário de mão de obra direta;
HP = Tempo padrão unitário de mão de obra direta;
TP = Taxa salarial padrão unitária de mão de obra.

O estabelecimento de uma mão de obra padrão deve ser bastante criterioso, pois a grande maioria das empresas a considera um custo variável em função da hora trabalhada ou da hora disponível. No entanto, muitas organizações remuneram a mão de obra direta com um salário fixo que independe do volume de produção, fato que dificulta a apropriação correta do custo aos produtos, principalmente se a empresa tiver uma linha diversificada destes. Nessa situação, o sistema de custeio por atividade é fundamental para que o padrão seja estabelecido.

É importante mencionar que, em qualquer caso, para o estabelecimento do padrão de custo com base na mão de obra, devemos considerar, entre outros, os seguintes fatores:

- possíveis variações salariais do período;
- categorias salariais dos operários envolvidos nas atividades;
- possibilidade de pagamentos adicionais (horas extras, prêmios etc.);
- tipologia dos sindicatos (fortes, fracos, muitos, poucos etc.).

Complementando esse critério de padrão de custo, é válido ressaltar um aspecto subjetivo que tem influência em qualquer processo: a capacitação da mão de obra e suas condições de trabalho. Trata-se de um custo adicional que não aparece diretamente, porém influencia no estabelecimento de padrões. Como nos ensina Beulke e Bertó (2006), essa despesa adicional remete ao operário fantasma que tem um custo elevado e não figura na folha de pagamento.

(3.4)

Refugos, unidades defeituosas, desperdícios e sobras

Os sistemas e métodos de apuração de custos procuram reconhecer uma forma padronizada para identificar os custos de forma racional e transparente. No decorrer do processo produtivo, há a incidência de custos que não são avaliados corretamente e, consequentemente, não possuem padrão de comparação.

A maioria dos processos produtivos gera, juntamente com uma produção de boa qualidade, perdas, sendo isso uma consequência inevitável da combinação mais econômica dos fatores de produção. Embora seja tecnicamente possível eliminar todos os prejuízos, em alguns casos pode não valer a pena economicamente fazê-lo, pois os custos de diminuição desses prejuízos serão maiores do que os custos destes. Assim, é normal que os processos produtivos apresentem algumas perdas, desde que elas fiquem dentro de limites (padrão) de eficiência técnico-econômica considerados aceitáveis.

A questão das perdas não é importante apenas para o cálculo dos custos de produção, mas também para o planejamento e controle gerenciais. Os gerentes devem escolher, em primeiro lugar, o método ou o processo de produção mais econômico e depois tomar providências para que as perdas sejam controladas de acordo com os limites escolhidos e predeterminados, de maneira que não ocorram excessos e o processo esteja sob controle.

Cabe ressaltar que, para que possamos estabelecer corretamente os padrões, devemos distinguir o que seria desperdício, sobra, refugo, retrabalho e unidades defeituosas.

O DESPERDÍCIO remete a uma perda que ocorre devido a CARACTERÍSTICAS PRÓPRIAS do processo produtivo, não possuindo valor de revenda, como pó, gases, fumaça, evaporação num processo químico etc. Contudo, dependendo do tipo de produto ou processo produtivo, esses desperdícios devem ser AVALIADOS, pois não raramente precisam ser tratados para só depois serem transferidos ao meio ambiente. Quanto às SOBRAS, estas são decorrentes de resíduos de matéria-prima ou mesmo de insumos provenientes dos processos produtivos, os quais poderão ser eventualmente reaproveitados no próprio processo produtivo, possuindo valor de revenda. São exemplos disso limalhas, serragem, aparas, óleo de refrigeração etc.

Os REFUGOS e as UNIDADES DEFEITUOSAS representam a produção que não satisfaz as especificações técnicas e/ou dimensionais, com uma diferença: o refugo não tem valor de revenda, isto é, não é recuperável, enquanto as unidades defeituosas têm condições de recuperação. Em ambos os casos, em termos de padrões de custo, isso representa um problema.

Vamos supor que, em determinada empresa, durante o estabelecimento do padrão, o responsável admite refugo e unidades defeituosas no processo produtivo de 5% sobre o total das unidades fabricadas. Isso significa que está sendo estabelecido um padrão de INCOMPETÊNCIA PRODUTIVA, cujo custo não deve ser repassado para o consumidor. Na prática, somos vítimas de muitos produtos que consumimos, pois toda essa incompetência é repassada aos custos, que, obviamente, serão agregados ao PREÇO DE VENDA.

Contabilização

A contabilização é a identificação do padrão por meio de INDICADORES.

Exemplo

Imagine uma fábrica que utiliza um processo químico, o qual recebe 2.000 LITROS de matéria-prima e produz apenas 1.900 LITROS de produtos acabados, dos quais 100 LITROS evaporam durante os diferentes tratamentos intermediários. Supondo que esse desperdício seja NORMAL (padrão), 1.900 LITROS produzidos absorverão automaticamente os custos desse desperdício, sendo o custo unitário IGUAL ao custo total dividido por 1.900 litros.

Custo unitário = Custo total/1.900

Se esse desperdício for considerado ANORMAL, isto é, se ele for SUPERIOR à quantidade de ocorrência máxima admissível, a parcela anormal deverá ser lançada diretamente no DEMONSTRATIVO DE LUCROS E PERDAS.

Desperdício anormal = Desperdício total – Desperdício normal

Supondo que a taxa de desperdício normal para a produção do produto químico fosse de 4%, teríamos os seguintes valores:

- Desperdício normal = 2.000 × 4% = 80 LITROS
- Desperdício anormal = 100 – 80 = 20 LITROS
- Custo unitário = Custo total/2.000 litros

Sendo assim, custo do desperdício anormal = Custo unitário × 20 litros, que deverá ser lançado no lucros e perdas.

Custo unitário = (Custo total – custo do desperdício anormal)/1.900.

O processo de contabilização é semelhante para os demais casos, ou seja:

- sobras anormais = sobras totais – sobras normais;
- unidades defeituosas anormais = unidades totais – unidades normais;
- refugos anormais = refugos totais – refugos normais.

Conforme observamos, utilizando-se a filosofia do CUSTEIO POR ABSORÇÃO (Capítulo 1), o processo de contabilização é igual em todos os casos: o que está acima do padrão se contabiliza como LUCRO, e o que está abaixo, como PREJUÍZO. Isso significa que, se o consumo normal do processo é de 1.900 LITROS, incluindo um desperdício de 100 LITROS, ao comprarmos 2.000 LITROS ao custo de R$ 5.000,00, teremos um custo por litro produzido equivalente a R$ 2,63 (R$ 5.000,00/1.900 litros). Se o desperdício anormal for de 20 LITROS (100 litros – 80 litros), teremos um custo de R$ 52,60 (R$ 2,63 × 20 litros), que será lançado como PREJUÍZO no demonstrativo de lucros e perdas, e não como um AUMENTO DE CUSTO, que passaria o custo por litro para R$ 2,66 (R$ 5.000,00/1.880 litros).

(.)

Ponto final

Se, por um lado, o levantamento dos custos é uma importante ferramenta de decisão para a atividade empresarial no tocante a custos propriamente ditos e à formação do preço de venda, por outro, a forma de apuração, ou seja, o sistema ou método, é fundamental para que possamos identificar corretamente o custo e termos informações para a gestão. Neste capítulo, apresentamos, de forma conceitual, os sistemas de custos e suas bases de apuração, incluindo um exemplo de ficha técnica que apresenta um modelo de apuração, assim como um caso de contabilização do desperdício de matéria-prima anormal.

Por meio desses exemplos, procuramos demonstrar os indicadores que podem ser utilizados em um sistema de custo para a tomada de decisão, tanto em termos de produção como em termos de formação de preços.

Atividades

1. Qual é o principal objetivo do método de custo padrão?
2. Descreva uma das principais vantagens do método do custo padrão.
3. O que significa *refugo*?
4. A que se adapta o sistema de custos por ordens de produção?
5. Suponha que a sua empresa comercializa o produto X a R$ 14,00 a unidade. O custo unitário do produto é de R$ 10,00, e a mão de obra, R$ 8,00 por unidade. Além disso, a empresa opera oito horas diárias, sendo esse o tempo

padrão para a produção do produto X de 1 unidade por hora. Considerando que a companhia vendeu 5 unidades do produto e consumiu 6 horas de produção, qual o valor do lucro ou do prejuízo do negócio?

(4)

Metodologia para implementar um sistema de custos

A divisão da empresa em centros de custos, para efeito de apropriação destes, é uma necessidade, pois facilita a distribuição dos gastos. Mesmo que a organização não contabilize a formação dos custos por meio dos diversos departamentos de produção ou serviços, é interessante que ela seja dividida em centros distintos para facilitar a apropriação dos referidos custos. Isso porque é mais simples considerar os gastos de um setor e distribuí-los pelos produtos fabricados no centro de custos do que considerar os gastos da empresa e rateá-los por todos os bens fabricados. Muitos produtos passam por vários setores da fábrica, recebendo a aplicação de materiais e mão de obra, o que torna mais fácil o cálculo desses elementos em cada centro de custo, como nos ensina Leone (2000).

Quanto aos gastos gerais, sua apropriação em cada produto será mais complexa se não for realizada a distribuição antes do rateio por produto fabricado dentro de cada centro. O rateio das despesas é mais simples e correto se for realizado em campos delimitados, como cada setor da fábrica. Em geral, os centros são agrupamentos de custos cuja formação é determinada por motivos de homogeneidade, organização, localização e responsabilidade.

Pelo agrupamento dos centros de custos, é possível definir em que função são causados os custos nos setores de produção, administração, materiais, vendas etc. Da mesma forma como se liga uma unidade ao centro de custos, cria-se o agrupamento dos centros conforme funções e responsabilidades de um nível superior etc. (*vide* o Capítulo 2) –, ou seja, são estabelecidas as BASES DE RELAÇÃO ENTRE AS ATIVIDADES.

(4.1) Agrupamento de centros de custos

Agrupar custos significa identificar os custos que apresentam as mesmas funções em um processo produtivo. A seguir, destacamos como podem ser classificados esses agrupamentos.

Centros comuns

Esses centros não estão diretamente ligados à produção de um item. Sua função é FORNECER SERVIÇOS PARA OUTROS CENTROS DE CUSTOS. O agrupamento em centros comuns é uma variável DEPENDENTE DA ESTRUTURA DA EMPRESA, o que significa que, por meio desses centros, são prestados serviços para todas as atividades comuns da organização. Incluem-se, entre centros comuns: a caixa, a contabilidade, as finanças, a auditoria, a programação e o controle da produção e outras atividades afins.

Seja qual for a composição das funções parciais que se reúnem nos outros centros de custos comuns, a finalidade principal de suas funções é sempre a COORDENAÇÃO DE TODAS AS ATIVIDADES, O CONTROLE DA EXECUÇÃO e O REGISTRO OBJETIVO DO FLUXO DE VALORES. Além disso, a causa dos custos desses centros é uma só: ter uma visão total da empresa, conforme nos ensina Martins (1998).

Centros auxiliares

Os centros de custos auxiliares não recebem fisicamente os produtos. Sua função básica é a EXECUÇÃO DE SERVIÇOS, sendo que eles não atuam diretamente sobre o produto. Além disso, é importante ressaltar que os centros de custos auxiliares facilitam a produção, prestando serviços que beneficiam as operações em geral. Suas despesas são acumuladas por responsabilidade departamental para fins de controle e, em seguida, redistribuídos aos departamentos produtivos para fins de apropriação ao custo do produto. Incluem-se, entre os centros auxiliares, os departamentos de engenharia e de manutenção, as compras, a administração de materiais etc.

Os custos dos centros auxiliares devem ser redistribuídos entre os custos produtivos que foram beneficiados por seus préstimos, sendo o critério mais importante para a seleção da base (vide o capítulo 2) O ATO DE RELACIONAR AS DESPESAS INDIRETAS COM SEU FATOR CASUAL MAIS PRÓXIMO. Em consequência, uma mesma empresa pode usar duas ou mais bases para a aplicação de diferentes tipos de despesas indiretas.

Os critérios para a seleção de uma base incluem, entre outros:

- O USO OU A IDENTIFICAÇÃO FÍSICA: em caso de pedidos de conserto, de requisição e da necessidade de se medir o consumo de energia;
- AS INSTALAÇÕES FORNECIDAS: no caso da área ocupada e da capacidade instalada dos equipamentos;
- FACILIDADE DE REDISTRIBUIÇÃO: no caso do uso do número de empregados ou do número total dos custos diretos, aqueles de fácil identificação, que são agregados ao produto.

A correta identificação dos centros auxiliares, em resumo, irá identificar corretamente os custos que são utilizados na fabricação de determinado produto.

Centros produtivos

Os centros produtivos são aqueles que contribuem diretamente para a produção de um item ou de um serviço e compreendem os setores nos quais ocorrem os processos de transformação. Entre esses centros, podemos citar as operações manuais e de máquinas diretamente desempenhadas sobre o produto manufaturado, conforme afirmam diversos autores, entre eles Lima (1977), Ching, Marques e Prado (2007).

É importante ressaltar que, se um centro de custo é uma unidade de acumulação de custos, o ato de atribuir valores a esses centros não significa que eles sejam atribuídos a um determinado produto. O método utilizado para a alocação de valores de custos aos produtos dependerá exclusivamente das CARACTERÍSTICAS PRÓPRIAS DO PROCESSO PRODUTIVO. O produto pode necessitar de uma usinagem (furação, por exemplo), que seria executada em um centro de usinagem dentro da fábrica, o qual, por sua vez, também poderá ser utilizado na fabricação de outros bens.

Centros de vendas

Os centros de custos de vendas referem-se àqueles setores da organização encarregados exclusivamente da REALIZAÇÃO DAS VENDAS DOS PRODUTOS PRONTOS. Nessa classificação, conforme nos ensina Cogan (1999), podemos citar os departamentos de vendas no país, no exterior, no depósito, na expedição etc. A apropriação dos custos referentes à administração de vendas deverá receber um tratamento diferenciado conforme a estrutura de vendas e as características dos itens comercializados – como custos de distribuição do produto Y para o mercado de São Paulo (SP), por exemplo.

Centros independentes

Existem empresas que possuem vários processos produtivos para a fabricação de produtos diferentes. Nesse caso, poderão ser definidos, dentro do sistema de despesas, alguns centros de custos produtivos que não se relacionem diretamente com o processo principal. Consequentemente, poderão ser empregados centros independentes, como o centro de manutenção de máquinas e equipamentos, por exemplo.

(4.2)

Bases de relação

Uma base de relação corresponde ao ato de RELACIONAR UMA DESPESA A UM DETERMINADO CENTRO DE CUSTO, como, por exemplo, o número de unidades produzidas relacionado ao tempo de programação da produção.

Não é possível estabelecer um critério uniforme para a definição das bases de relação. Algumas espécies de custos deverão ser rateadas de acordo com os salários pagos; outras segundo a matéria-prima empregada; outras, ainda, de acordo com o número de operários, com as horas trabalhadas, com a área ocupada por uma seção, com o número de unidades produzidas etc.

Os custos atribuídos aos centros comuns deverão ser distribuídos pelos diversos centros nos quais incidem. Por outro lado, os custos dos centros auxiliares deverão ser distribuídos pelos centros produtivos que utilizam os seus serviços. Cada uma dessas distribuições definirá, também, uma série de bases de relação, de forma a atribuir a cada centro de custo uma parcela da despesa em questão que mais se aproxime da realidade.

O grande problema em custos é IDENTIFICAR O CUSTO FIXO A SER ATRIBUÍDO A UM PRODUTO. O simples rateio, como R$ 100,00 divido por 200 do produto X quando a empresa produzir um único produto, é um procedimento aceito. Porém, se esses R$ 100,00 estivessem relacionados a um processo de usinagem – utilizado para os produtos x, y, e z – a base de relação deveria ser estabelecida em função do tempo de usinagem que cada produto utilizou para ser produzido, não sendo aceito o procedimento anterior.

(4.3)

Matriz de custo

A matriz de custo é um agrupamento geral de espécies de custos, de centros de custos, de bases de relação e de cálculo que nos dá uma visão do CONJUNTO DE TODOS OS ELEMENTOS QUE FORMAM O CUSTO, sendo distribuída por todos os setores da indústria.

Essa matriz deverá ser composta e/ou distribuída por área, mediante:

- espécie de custo;
- bases de relação;
- despesas contabilizadas;
- centros comuns;
- centros auxiliares;
- centros de vendas;
- centros produtivos.

Além dessa distribuição, a matriz de custo precisa contemplar as bases de relação para a distribuição dos custos comuns e centros auxiliares, bem como o agrupamento dos custos por cálculo conforme os direcionadores e as atividades. Vale ressaltar que cada empresa pode desenvolver suas próprias bases de relação para avaliar as despesas. Por exemplo:

- CUSTO UNITÁRIO DO DIRECIONADOR:

$$\frac{\textit{Custo da atividade}}{\textit{N° total de direcionadores}}$$

- CUSTO DA ATIVIDADE ATRIBUÍDO AO PRODUTO:

Custo unitário do direcionador × número de direcionadores do produto

- Custo da atividade por unidade de produto:

$$\frac{\textit{Custo da atividade atribuído ao produto}}{\textit{Quantidade produzida}}$$

Essa análise de custo, que estabece uma matriz, apropria corretamente o custo da atividade ao produto e estabelece um critério de avaliação conforme o interesse da empresa.

(4.4)

Matriz de custo por atividade

Martins (1998) e Leone (2000) apresentam um exemplo referente à matriz de custos de uma pequena indústria de confecção de roupas.

Exemplo

Matriz de custos

Projeção de vendas em unidades

Produto	Volume de produção mensal
Camisetas	18.000 un.
Vestidos	4.200 un.
Calças	13.000 un.

Fonte: Martins, 1998, p. 88.

Observação:

Como já foi visto no segundo capítulo desta obra, processos são conjuntos de atividades que se inter-relacionam e seus respectivos custos, o que permite uma melhor análise não só do lucro ou do custo de um produto, mas também uma definição de onde estão sendo consumidos os recursos aplicados na empresa.

Levantamento dos custos das atividades e direcionamento

Direcionamento	Atividades	Custos (R$)	Atividades direcionadas
Compras	Comprar materiais	16.000,00	N° de pedidos
	Desenvolver fornecedores	12.000,00	N° de fornecedores
	Total em R$	28.000,00	
Almoxarifado	Receber materiais	12.350,00	N° de recebimentos
	Movimentar materiais	16.000,00	N° de requisições
	Total em R$	28.350,00	
Administração da produção	Programar a produção	16.000,00	N° de produtos
	Controlar a produção	13.850,00	N° de lotes
	Total em R$	29.850,00	
Corte e costura	Cortar	29.000,00	Tempo de corte
	Costurar	28.600,00	Tempo de costura
	Total em R$	57.600,00	
Acabamento	"Acabar"	14.000,00	Tempo de acabamento
	Despachar os produtos	32.200,00	Apontamento de tempo
	Total em R$	46.200,00	

Fonte: Martins, 1999, p. 109.

Podemos analisar, na tabela anterior, o centro de custo "compras", o qual está subdividido em duas atividades: COMPRAR MATERIAIS e DESENVOLVER FORNECEDORES. Essas atividades possuem um custo específico: R$ 16.000,00 e R$ 12.000,00, respectivamente, que somam R$ 28.000,00, representando o total do referido centro de custos. Também observamos a atividade direcionada – ou base de relação. O ato de comprar materiais está relacionado ao número de pedidos, que soma R$ 16.000,00, assim como a atividade referente ao desenvolvimento de fornecedores está relacionada ao número de fornecedores, totalizando R$ 12.000,00.

Vale observar que esses critérios estabelecidos podem variar de empresa para empresa, dependendo do ramo das atividades.

Direcionadores e/ou rastreamento

Direcionamento	Camisetas	Vestidos	Calças	Total
N° de pedidos de compra	150	400	200	750
N° de fornecedores	2	6	3	11
N° de recebimentos	150	400	200	750
N° de requisições	400	1.500	800	2.700
N° de produtos	1	1	1	3
N° de lotes	10	40	20	70
Horas utilizadas para o corte	2.160h	882h	2.600h	5.642h

(continua)

(conclusão)

Horas utilizadas para costurar	3.240h	2.958h	7.800h	13.098h
Horas utilizadas para o acabamento	2.700h	2.520h	3.900h	9.120h
Apontamento de tempo	25h	50h	25h	100h

Fonte: Martins, 1998, p. 100.

Os direcionadores indicam a relação do custo com o departamento ou atividade, que é obtida por meio de estudos e pesquisas, não resultando de mera arbitrariedade e subjetivismo. Essas informações têm como fundamentação o controle estatístico do processo conforme a atividade do centro de custo. Segundo Martins (1998), o custo de cada atividade será composto pelos mesmos componentes do custo do departamento.

É importante observar que o direcionamento está indicado na tabela "Levantamento dos custos das atividades e direcionamento", em "Atividades direcionadas" ou "Bases de relação", as quais são atribuídas a cada produto. O número de pedidos de compras é de 150 para as camisetas, 400 para os vestidos e 200 para as calças, somando, ao todo, 750 pedidos de compras para o centro de custo "compras" (direcionamento). Na tabela a seguir ("Direcionadores de custos"), demonstraremos o cálculo do custo do produto.

Cálculo do custo do produto

Seguindo o exemplo do centro de custo "compras", na atividade "comprar materiais", cuja base de relação é o número de pedidos, iremos obter os seguintes dados para o produto "camiseta":

Exemplo

- Direcionador = $\frac{\text{R\$ 16.000,00 (custo)}}{\text{750 (n° de pedidos)}}$ = R$ 21,33 por pedido.
- Custo unitário atribuído ao produto = R$ 21,33 por pedido × 150 pedidos = R$ 3.200,00.
- Custo da atividade por unidade de produto (camiseta): $\frac{\text{R\$ 3.200,00 do produto}}{\text{18.000 camisetas}}$.

Seguindo o mesmo raciocínio para os demais direcionadores e produtos, obteremos os seguintes custos unitários por produto:

Direcionadores de custos

Atividade	Camisetas (R$ p/un.)	Vestidos (R$ p/un.)	Calças (R$ p/un.)	Total (R$ p/un.)
Comprar materiais	0,1778	2,0317	0,3282	2,5377
Desenvolver fornecedores	0,1212	1,5584	0,2517	1,9313
Receber materiais	0,1372	1,5683	0,2533	1,9588
Movimentar materiais	0,1317	2,1164	0,3647	2,6128
Programar a produção	0,2963	1,2698	0,4103	1,9764
Controlar a produção	0,1099	1,8844	0,3044	2,2987
Cortar	0,6168	1,0794	1,0280	2,7242
Costurar	0,3930	1,0699	1,3101	2,7730
Realizar acabamento	0,2303	0,9211	0,4605	1,6119

(continua)

(conclusão)

Atividade	Camisetas (R$ p/un.)	Vestidos (R$ p/un.)	Calças (R$ p/un.)	Total (R$ p/un.)
Despachar produtos	0,4472	3,8333	0,6192	4,8997
Total	2,6614	17,3327	5,3304	25,3245

Fonte: Martins, 1999, p. 100.

Quadro-resumo: ABC

Custos	Camisetas (R$)	Vestidos (R$)	Calças (R$)	Total (R$)
Custos diretos	3,75	5,75	4,25	13,75
Custos indiretos	2,66	17,33	5,33	25,32
Custo total	6,41	23,08	9,58	39,07
Preço de venda	10,00	22,00	16,00	
Lucro bruto unitário	3,59	-1,08	6,42	
Margem em %	35,90%	-4,91%	40,13%	

Fonte: Martins, 1999, p. 100.

Podemos observar, mediante a tabela "Quadro-resumo: ABC", o quanto é importante alocar corretamente o custo ao produto estabelecendo uma matriz, que institui um padrão para a alocação dos custos ao bem em questão, conforme o nível de atividade. O grande problema em torno da implantação de um sistema de custo nas empresas é identificar e apropriar corretamente o custo fixo ao bem, o que, por meio da filosofia de custeio por absorção, utilizando o método do custeio por atividades, é perfeitamente possível.

(.)

Ponto final

A implantação de um sistema de custo em uma organização requer, antes de tudo, critérios muito claros sobre como classificar o custo e, principalmente, a definição do centro de custo e da base de relação ou direcionamento deste.

O custeio por atividade, que utiliza a filosofia do custeio por absorção, é o sistema de custo mais apropriado para uma empresa multiprodutora, pois, por meio desse método, é possível identificar corretamente os custos de cada produto e, consequentemente, o processo de fabricação e sua rentabilidade.

Neste capítulo, apresentamos, de forma objetiva e sucinta, a metodologia para a implementação do sistema de custeio por atividade. Essa metodologia também pode ser aplicada para o desenvolvimento de outros sistemas de custos. Além disso, ressaltamos que é extremamente importante identificar, classificar e apropriar corretamente o custo ao produto em questão.

Atividades

1. Como se caracterizam os centros de custos independentes?
2. Em que consiste uma matriz de custos?
3. O que são *processos*?
4. O que significa o termo *centros comuns de custos*?
5. Quais são as principais características dos centros comuns?

(5)

Análise de custo, volume e lucro (CVL)

A análise do custo, do volume e do lucro baseia-se na identificação do volume de atividade mínimo (ou faturamento mínimo), no qual a empresa não terá nem lucro nem prejuízo. Esse volume será encontrado a partir da IGUALDADE ENTRE A RECEITA E A DESPESA, sendo considerado também o nível de atividade, que é comumente denominado *ponto de equilíbrio* e representado pela seguinte equação:

Receitas = despesas + custos

Para a utilização do conceito de análise de custo, volume e lucro (CVL), é necessário que utilizemos a filosofia de custeio direto, na qual a identificação e a classificação correta do que seja um custo fixo e um custo variável é fundamental para que se proceda a análise. Isso é bastante importante, já que o ponto de partida é o preço de vendas e/ou faturamento subtraindo-se os custos variáveis, ou seja, aqueles custos que variam conforme o nível de atividade ou que não existiriam se houvesse produção. Dessa subtração, resulta o que chamamos de *margem de contribuição*, que representa, na realidade, o que sobra para cobrir os custos fixos e o lucro do produto.

Segundo Megliorini (2000), esse conceito é de enorme importância para o planejamento e para o processo de tomada de decisão na empresa, pois dá uma ideia da rentabilidade variável dos produtos em questão.

A seguir, discorreremos sobre os procedimentos da referida técnica, que serve de base para a tomada de decisão na gestão de custos.

(5.1) Simbologia adotada e significado

As siglas remetem à aplicação de fórmulas a serem utilizadas em custos, porém cada autor tem as suas siglas específicas para indicar um determinado item. Adotaremos, aqui, a simbologia que mais facilita a interpretação – utilizada por Francisco Kliemann Neto (1989) em sua dissertação de mestrado sobre custos – que resume os principais pontos para a análise do custo, do volume e do lucro.

P = preço de venda unitário
v = custos e despesas variáveis unitários
Q = quantidade produzida e vendida do produto
cf = custos e despesas fixas
Q = quantidade de equilíbrio*
MCu = margem de contribuição unitária
RCu = razão de contribuição unitária
Ro = faturamento de equilíbrio

Os itens discriminados, que fazem parte da metodologia ou dos procedimentos para a avaliação dos custos, são os CUSTOS E DESPESAS VARIÁVEIS (V), OS CUSTOS E DESPESAS FIXAS (CF), a QUANTIDADE PRODUZIDA E VENDIDA DO PRODUTO (Q) e O PREÇO DE VENDA (P). Os demais componentes, como a QUANTIDADE DE EQUILÍBRIO (Q*), a MARGEM DE CONTRIBUIÇÃO (MCU), a RAZÃO DE CONTRIBUIÇÃO UNITÁRIA (RCU) e O FATURAMENTO DE EQUILÍBRIO (Ro), são informações para a análise e a tomada de decisão.

Margem de contribuição (MCu)

A margem de contribuição unitária (MCu) é o preço de venda MENOS os custos e as despesas variáveis do produto. Representa a parcela do preço de venda que poderá ser utilizada para a cobertura dos custos e das despesas fixas e para obtenção do lucro.

Exemplo

Suponhamos que uma empresa disponha de um produto X, o qual será vendido por R$ 12,00 e cujos custos e despesas variáveis (custeio direto) somem R$ 7,00 por unidade. Nesse caso, teremos uma margem de contribuição de R$ 5,00 (Pv – cv = MCu), o que significa que, para cada unidade vendida do produto X, sobram R$ 5,00 para a cobertura dos custos fixos e geração de lucro.

Razão de contribuição unitária (RCu)

A razão de contribuição unitária (RCu) representa a contribuição sobre as vendas em forma de PORCENTAGEM. Continuando com o exemplo do produto X, sabemos que a margem de contribuição unitária foi de R$ 5,00 e que o preço de venda do produto é de R$ 12,00, em que RCu = MCu/Pv representa R$ 5,00/R$ 12,00 = 0,4166 ou 41,66% do preço de venda.

> *Exemplo*
>
> Supondo que os custos fixos dessa empresa sejam de R$ 200,00 no total, quantas unidades do produto X teríamos que vender para cobrir esse custo? A equação é simples:
>
> ---
>
> *R$ 200,00 (custos fixos)/R$ 5,00 (margem de contribuição unitária) = 40 unidades do produto X*
>
> ---
>
> Se sabemos que o preço de venda desse produto é de R$ 12,00 por unidade, qual será o faturamento necessário para "cobrir" esse custo? A solução é simples, ou seja, R$ 12,00 (Pv) × 40 unidades = R$ 480,00 de faturamento. Se calcularmos 41,66% sobre o faturamento, teremos R$ 200,00, que é o valor do custo fixo.
>
> Concluindo, é possível afirmar que o fator 0,4166 é fundamental para a determinação do ponto de equilíbrio de uma empresa, pois se o custo fixo é de R$ 200,00/0,4166, o faturamento necessário para cobrir esses custos será de R$ 480,00.

Análise da margem de contribuição unitária e razão de contribuição unitária

Os exemplos a seguir contemplam uma atividade comercial e industrial.

Exemplos

Empresas com a mesma margem de contribuição

Contas	Empresa A	Empresa B
P	10,00	20,00
v	6,00	16,00
cf	300.000,00	300.000,00
MCu	4,00	4,00
RCu	0,40	0,20
Q*	75.000	75.000
Ro	750.000,00	1.500.000,00

Fonte: Kliemann Neto, 1989.

A empresa A se encontra numa melhor situação do que a B. Apesar de as duas apresentarem a mesma MCu e a mesma Q*, a empresa A possui uma RCu duas vezes maior do que a B, o que lhe confere maior rentabilidade e menor risco.

Indústria automatizada × indústria manufatureira

Contas	Empresa A	Empresa B
Receitas	100.000,00	100.000,00
cf	70.000,00	30.000,00
Q	10.000	10.000
Pv	10,00	10,00
v	2,00	6,00
MCu	8,00	4,00
RCu	0,80	0,40
Q*	8.750	7.500
Ro	87.500,00	75.000,00
	Automatizada	Manufatura

Fonte: Kliemann Neto, 1989.

No exemplo acima, a empresa A possui grandes investimentos fixos, os quais são compensados por pequenos custos variáveis e, consequentemente, por uma grande MCu. Por outro lado, a empresa B possui um investimento fixo relativamente pequeno, mas um custo variável bem maior do que a empresa A, o que lhe proporciona uma MCu bem menor.

Observando-se os resultados da análise, notamos que a empresa A, para ser rentável, necessita de um volume de produção e vendas bem mais significativo do que a empresa B, sendo também mais sensível a eventuais variações nos níveis de atividade. Isso implica uma alavancagem operacional em um nível de risco bem maior para a empresa A em relação à B.

Ponto de equilíbrio

O ponto de equilíbrio envolve a descoberta do faturamento (receitas) necessário para igualar o somatório das despesas e dos custos de uma empresa. Segundo as normas contábeis, o cálculo do ponto de equilíbrio parte da seguinte equação:

$$\text{Ponto de equilíbrio} = \frac{\text{Custos fixos}}{1 - \dfrac{\text{Custos variáveis}}{\text{Faturamento}}}$$

Utilizando a fórmula no caso de empresas com a mesma margem de contribuição, levando em conta o item "Análise da margem de contribuição unitária e razão de contribuição unitária", teremos:

$$\text{Ponto de equilíbrio} = \frac{R\$\ 300.000,00}{1 - \dfrac{R\$\ 6,00}{R\$\ 10,00}} = R\$\ 750.000,00$$

Considerando o faturamento de R$ 750.000,00 e dividindo esse valor pelo preço de vendas, teremos a quantidade de equilíbrio que representa 75.000 unidades.

(5.2)
Ponto de equilíbrio para empresa multiprodutora

Para que possamos averiguar o ponto de equilíbrio de uma empresa multiprodutora, Kliemann Neto (1989) recomendam o cálculo de uma RCu média para a empresa, a qual deverá ser representativa do conjunto de produtos que ela fabrica. Essa RCu média será obtida pela média das RCu dos diversos produtos da organização, ponderada por suas respectivas participações no faturamento. É importante ressaltar que, para a participação dos produtos no faturamento, poderão ser utilizados tanto dados históricos de vendas quanto projeções (ou estimativas) para os produtos futuros que se queira analisar.

Tabela 5.1 – Cálculo da razão de contribuição média

Produto	RCu média	% do Fat.	Ponderação	Pv unitário
P1	0,30	50%	0,15	10,00
P2	0,20	30%	0,06	12,00
P3	0,10	20%	0,02	8,00
		RCu	0,23	

Soma das RCu

Fonte: Adaptado de Kliemann Neto, 1989.

Exemplo

Se o custo fixo soma R$ 460.000,00, então Ro = 460.000,00/ 0,23 = R$ 2.000.000,00, em que:

Participação por produto do faturamento

Produto	% Fat.	Ro Fat. (R$)	Pv/unit. (R$)	Q*
P1	50%	1.000.000,00	10,00	100.000
P2	30%	600.000,00	12,00	50.000
P3	20%	400.000,00	8,00	50.000

Ro = R$ 2.000.000,00 × 50% = R$ 1.000.000,00 para o produto P1 e assim por diante.

Q* = Ro (R$ 1.000.000,00)/Pv (R$ 10,00 do produto P1) = 100.000 unidades.

Supondo que, além dos custos fixos identificados em cada produto, a empresa apresente custos fixos comuns a todas as unidades no valor de US$ 100.000,00, os quais precisam ser rateados entre os três produtos:

Distribuição dos custos fixos

Produtos	P1	P2	P3
Pv	10,00	10,00	10,00
Cv	6,00	5,00	7,50
% fat.	0,50	0,30	0,20
cf	120.000,00	100.000,00	80.000,00
MCu	4,00	5,00	2,50
RCu	0,40	0,50	0,25

Fonte: Kliemann Neto, 1989.

O Ro para cobrir os custos fixos específicos de cada linha seria:

Ro do produto P1 = cf (R$120.000,00)/RCu (0,40) = R$ 300.000,00.

Q* do produto P1 = Ro (R$ 300.000,00)/Pv (R$ 10,00) = 30.000 unidades.

Os demais seguem a mesma fórmula.

- P1 R$ 300.000,00 → Q* = 30.000 unidades
- P2 R$ 200.000,00 → Q* = 20.000 unidades
- P3 R$ 320.000,00 → Q* = 32.000 unidades

Cobertura de custos fixos comuns:

RCu = (0,40 × 0,50) + (0,50 × 0,50) + (0,20 × 0,25) = 0,40

Onde:

US$ 100.000,00/0,40 = R$ 250.000,00 de faturamento adicional para a cobertura dos custos fixos comuns.

- P1 = R$ 250.000,00 × 0,50 = R$ 125.000,00 → 12.500 unidades
- P2 = R$ 250.000,00 × 0,30 = R$ 75.000,00 → 7.500 unidades
- P3 = R$ 250.000,00 × 0,20 = R$ 50.000,00 → 5.000 unidades

Para cobrir a totalidade dos custos fixos da empresa, esta deverá obter o seguinte desempenho:

Análise do ponto de equilíbrio por produto

Rateios	P1 (R$)	P2 (R$)	P3 (R$)
Ro faturamento custos fixos	300.000,00	200.000,00	320.000,00
Ro custos fixos comuns	125.000,00	75.000,00	50.000,00
Ro total	425.000,00	275.000,00	370.000,00
Q* total (unidades)	42.500	27.500	37.000

Fonte: Kliemann Neto, 1989.

Como já foi observado anteriormente, a maior dificuldade de se calcular o custo de um produto é a identificação e a apropriação correta dos custos fixos. Considerando esse fato, com o cálculo do ponto de equilíbrio de uma empresa multiprodutora não seria diferente. No entanto, conforme nos ensina Kliemann Neto (1989), é importante definir qual o PONTO DE PARTIDA para a realização da análise: se ela ocorrerá em função da participação dos produtos no faturamento, considerando a situação atual ou tomando como base dados históricos e participações ou estimativas (projeções) para produtos que se pretenda avaliar futuramente – a fim de elaborar uma estratégia de vendas, por exemplo. Além disso, é interessante verificar as margens de contribuição e estabelecer um *mix* de produtos para melhorar a rentabilidade.

(5.3)
Ponto de fechamento (QF)

O ponto de fechamento indica O NÍVEL DE ATIVIDADE MÍNIMO que justificará o funcionamento da empresa como um todo ou uma linha de produtos em particular. É representado pela quantidade de produção mínima para que a empresa consiga cobrir os custos fixos não elimináveis a curto prazo, isto é, aqueles custos que não existiriam se ela não funcionasse, como aluguéis, seguros, depreciações, parte da mão de obra etc.

Segundo Kliemann Neto (1989), o conceito de ponto de fechamento é especialmente válido para a análise da decisão de eliminar ou não um produto ou uma linha de produtos. Nessa situação, os custos fixos elimináveis seriam os custos fixos específicos do bem (ou da linha de produção), enquanto os custos fixos não elimináveis corresponderiam à parcela dos custos fixos comuns da empresa que seriam alocados (ou absorvidos) a esse item (ou a essa linha de produtos). Se o item em questão cobrisse seus custos fixos específicos e uma parte dos custos fixos comuns que lhe seriam alocados, ele não seria desativado a curto prazo. A longo prazo, a empresa poderia reduzir seus custos fixos totais, fazendo desaparecer a parcela de custos fixos que, supostamente, estaria sendo alocada ao produto analisado.

Para o cálculo do ponto de fechamento (QF), utilizamos a seguinte equação:

$$QF = \frac{cf\ elimin\acute{a}veis}{MCu}$$

Exemplo

cf = R$ 10.000,00, sendo → cf elimináveis = R$ 7.000,00
→ cf não elimináveis = R$ 3.000,00

MCu = R$ 10,00

QF* = 7.000,00/10,00 = 700 unidades

Q* = 10.000,00/10,00 = 1.000 unidades

Nesse exemplo, a empresa só deverá parar de operar se o nível de atividade baixar de 700 unidades. Seu funcionamento para volumes de produção entre 700 e 1.000 unidades (deficitários) fará com que a organização em questão minimize o seu prejuízo total, pois ela conseguirá cobrir parte de seus custos fixos não elimináveis.

(5.4)

Margem de contribuição e os fatores restritivos de produção

A margem de contribuição, por si só, avalia financeiramente a diferença entre o preço de vendas e o custo variável, apresentando a rentabilidade de um determinado produto. O problema surge quando avaliamos no conjunto a produção e as vendas. Isso porque um determinado produto pode ser extremamente rentável, porém, em função de sua complexidade, proporcionar baixa produtividade. Se produzirmos 10 unidades do produto A com uma margem de contribuição de R$ 2,00, teremos, ao final do processo, R$ 20,00 de margem de contribuição no conjunto. Por outro lado, se o produto B, também da mesma linha de produção, gerar uma margem de contribuição de R$ 1,00 por unidade, considerando que serão produzidas 30 unidades deste item no mesmo período do produto A, teremos uma margem de contribuição de R$ 30,00 no conjunto.

Se a empresa der preferência ao produto que gera mais resultado em venda (A), irá reduzir a rentabilidade no conjunto em função de fatores restritivos ao processo produtivo. Vale lembrar que essa análise deve ser constante para que a rentabilidade da empresa possa ser maximizada, ou seja, quanto maior for a margem de contribuição no processo, melhor será a rentabilidade.

Para neutralizar o efeito da restrição do processo, sugerimos a elaboração de um PROGRAMA DE PRODUÇÃO (planejamento e controle) que considere não só os efeitos da margem de contribuição sobre os produtos, como também os ganhos de produtividade.

O problema de formatar os programas mais lucrativos de produção é, essencialmente, a maximização das margens de contribuição diante dos diversos fatores restritivos.

Exemplos

Margem de contribuição com base na estrutura de produção

	Produto A	Produto B
Preço em R$	20,00	30,00
v	14,00	18,00
MCu	6,00	12,00
Produção/hora	3 un.	1 un.
MCu/hora	18,00	12,00

Fonte: Kliemann Neto, 1989.

Margem de contribuição com base na rotação dos estoques

	Loja A	Loja B
Preço em R$	8,00	7,00
v	6,00	6,00
MCu	2,00	1,00
RCu	0,25	0,14
Vendas/ano	20.000 un.	44.000 un.
MCu/ano	40.000,00	44.000,00

Fonte: Kliemann Neto, 1989.

É importante ressaltar que nem sempre a análise da margem de contribuição com base apenas no aspecto financeiro pode ser tomada como base para decisões. Nas tabelas "Margem de contribuição com base na estrutura de produção" e "Margem de contribuição com base na rotação dos estoques", podemos verificar que produtos com uma margem de contribuição menor apresentam melhor desempenho, isto é, agregam maior valor se considerarmos o processo produtivo ou mesmo o giro dos estoques.

(5.5)

Ponto de equilíbrio contábil, econômico e financeiro

Conforme Martins, citado por Kliemann Neto (1989), a classificação e a utilização do ponto de equilíbrio dependerão de quem irá empregá-lo para a tomada de decisão.

a. *Ponto de Equilíbrio Contábil:*

   São levados em conta todos os custos e despesas fixas contáveis relacionados com o funcionamento da empresa. [Quanto utilizamos para cálculo os custos reais da empresa (os custos contábeis), o ponto de equilíbrio contábil representa o referencial da quantidade mínima a ser vendida.]

b. *Ponto de Equilíbrio Econômico:*

   Adiciona-se aos custos e despesas fixas [anteriormente citados] todos os custos de oportunidade, como por exemplo aqueles referentes ao uso de capital próprio, ao possível aluguel das edificações (caso a empresa seja dona do prédio) etc.

Ele mostra a quantidade mínima que a empresa terá de vender para assegurar a rentabilidade real dada pela taxa mínima de remuneração do capital investido.

c. *Ponto de Equilíbrio Financeiro:*

Os únicos custos e despesas fixas a serem considerados são aqueles efetivamente desembolsados no período de análise, isto é, aqueles que onerarão financeiramente a empresa.

O autor informa o quanto a empresa terá de vender para não ficar sem dinheiro e, consequentemente, ter de efetuar empréstimos, prejudicando ainda mais sua lucratividade. Se a organização estiver operando abaixo do seu ponto de equilíbrio financeiro, ela poderá até mesmo cogitar uma interrupção temporária de suas atividades.

Exemplo

Dados gerais

Preço de venda/unidade	R$ 8,00
Custos e despesas variáveis/unidade	R$ 6,00
Custos e despesas fixas ao ano	R$ 4.000,00
Depreciação ao ano	R$ 800,00
Patrimônio líquido da empresa	R$ 10.000,00

Taxa mínima de remuneração do capital investido: 10% ao ano.

- Ponto de equilíbrio contábil:

Q* = 4.000,00/2,00 = 2.000 unidades.

- Ponto de equilíbrio econômico:

Q* = (4.000,00 + 1.000,00)/2,00 = 2.500 unidades.

- Ponto de equilíbrio financeiro:

Q* = (4.000,00 + 800,00)/2,00 = 1.600 unidades.

FONTE: KLIEMANN NETO, 1989.

(.)

Ponto final

No mundo globalizado dos negócios, onde há grande concorrência e os mercados são disputados palmo a palmo, é importante avaliar a atividade ou a operação em si, considerando os custos, o volume de atividade e o lucro. Com um sistema eficiente de custos, a empresa pode gerenciar o processo produtivo e os preços dos produtos, pois, ao utilizar as técnicas de análise, mediante o ponto de equilíbrio, identificará o volume de produção e de vendas, o faturamento, o ponto de fechamento, a margem de contribuição e os custos variáveis. Além disso, ela poderá gerenciar os preços, o lucro, o custo fixo, a margem de lucro por produto e mais uma série de informações para a tomada de decisão.

Vale salientar que, quando essa ferramenta não é utilizada, fica difícil montar e avaliar os negócios que envolvem produtos com prejuízos ou baixa rentabilidade, mas que poderiam ser comercializados se formassem um pacote que englobasse outros produtos.

Atividades

1. O que ocorre no ponto de equilíbrio quando há um aumento de x% nos seus custos e despesas fixas?
2. O que são os custos não elimináveis?
3. Qual é o conceito que envolve a margem de contribuição unitária?
4. Quais são os principais itens que representam, com maior consistência, os custos variáveis de uma empresa?
5. A empresa XP, que produz bombas submersas para utilização em garimpo, efetuou uma revisão de seus custos e despesas e encontrou os seguintes resultados:

   Custos e despesas fixas: depreciação de equipamentos: R$ 100.000,00/ano; mão de obra indireta: R$ 400.000,00/ano; impostos e seguros de incêndio para área industrial: R$ 38.000,00/ano; despesas com vendas: R$ 150.000,00/ano.

   Custos e despesas variáveis por unidade: matéria-prima: R$ 200,00; mão de obra direta: R$ 100,00; embalagem: R$ 70,00; comissão dos vendedores: R$ 20,00; outras despesas: R$ 10,00.

   Sabendo que o preço de venda é de R$ 2.000,00 por unidade, o diretor comercial deseja obter um lucro líquido de 30% sobre as receitas totais. Sendo assim, qual é o faturamento necessário e a quantidade de unidades a serem vendidas e produzidas durante um ano?

(6)

Formação dos preços de venda: fundamentos e base de custo

Luiz Fernando Barcellos dos Santos

Um dos desafios das empresas é a formação dos preços de venda de seus produtos. Isso porque as organizações se deparam com dois problemas: o primeiro está relacionado à base de custo para a formatação do preço de venda; o segundo, e talvez o mais grave, refere-se ao mercado, uma vez que este determina o preço dos bens. Assim, para que possamos "achar" o custo e analisar se a rentabilidade é a desejada, o ponto de partida é o preço estabelecido pelo mercado. Custo e preço andam juntos.

Neste capítulo, analisaremos essas questões e demonstraremos, por meio de métodos, as formas e bases iniciais para o cálculo dos preços de venda.

(6.1)

Fatores que interferem na formação dos preços de venda

Alguns fatores interferem na elaboração do preço de venda de forma subjetiva, como veremos a seguir. Porém, o ponto de partida para qualquer análise é o processo e/ou a metodologia que envolve a apropriação do custo aos produtos. Além disso, também devemos considerar outras variáveis internas nas organizações, como o processo produtivo, a distribuição, o *layout* etc., pois se a empresa tiver problemas com o processo e/ou a metodologia, certamente o cálculo do preço de venda de um produto terá algumas deficiências.

- Condições de mercado:
  - demanda esperada do produto;
  - existência de bens substitutos a preços competitivos;
  - qualidade do produto relativa às exigências do mercado.

Normalmente, quem determina o preço é o mercado, porém, se a demanda é alta, provavelmente o preço de venda deve carregar uma margem de lucro maior. Por outro lado, quando existe competição acirrada, a situação se inverte, ou seja, o preço tende a baixar – considerando a qualidade do produto exigida pelo mercado.

- Níveis de produção e de vendas (pretendidas e realizáveis):
  Em certos casos, a produção é maior do que as vendas e, em função das projeções destas ficarem abaixo do esperado, a tendência dos preços é baixar. Vale ressaltar que o contrário também é verdadeiro.

- Custos e despesas necessários para fabricar, administrar e comercializar o produto:
  Esses custos e despesas deverão refletir no preço de venda, isto é, poderão tornar o produto mais caro para o consumidor.

- Exigências governamentais:
  - controle de preços;
  - impostos;
  - código de defesa do consumidor;
  - proteção/reserva de mercado etc.

  No Brasil, em um passado não muito distante, tivemos proteção e reserva de mercado de vários produtos, sendo que isso teve um custo bastante caro para o desenvolvimento industrial em função do atraso causado pela falta de tecnologia. Contudo, é necessário lembrar que, em alguns setores em que o governo possui interesse, poderá haver novamente uma proteção, como ocorre com algumas *commodities* (suco de laranja, arroz, óleo de soja, entre outros), principalmente em relação a matérias-primas, cuja forma de proteção se dá por meio da tributação elevada, a qual coíbe a compra do produto.

- Remuneração do capital investido a partir das margens de lucro pretendidas:
  O preço de venda dos produtos deverá permitir que a empresa maximize seus lucros, mantendo a qualidade e

atendendo às condições de mercado. Isso significa que o preço deverá ser coerente com o produto, ou seja, dentro das condições que o consumidor exige e pode pagar, de tal forma que otimize a utilização da estrutura de produção da empresa.

Consideremos que uma empresa investiu R$ 100.000,00 na fabricação de um determinado produto, cujo custo base é R$ 2.000,00 por unidade. Serão comercializadas 50 UNIDADES desse produto, e o retorno do capital investido da empresa é de 30%:

$$\text{Preço} = \text{R\$ } 2.000{,}00 + \frac{\text{R\$ } 100.000{,}00 \times 0{,}30}{50} = \text{R\$ } 2.600{,}00$$

(Preço de venda)

Considerando que a empresa deseja essa margem de lucro sobre o capital investido, teremos, ao comercializar 50 unidades a R$ 2.600,00 (50 × R$ 20.600,00), um total de R$ 130.000,00, em que R$ 100.000,00 é o capital investido e R$ 30.000,00 o lucro.

(6.2)

Etapas a serem consideradas na formação dos preços de venda

Nessa fase, há duas análises a serem feitas. A primeira, não suscetível a questionamentos, diz respeito ao fato de O PREÇO DE VENDA SER DEFINIDO PELO MERCADO: ou a empresa adéqua os custos e processos para reduzir o lucro e ainda obter algum benefício ou, então, fica "fora" do mercado. A segunda análise refere-se à CORRETA EXPLORAÇÃO DAS ETAPAS (procedimentos para se identificar os custos) e à FILOSOFIA DE CUSTO ADOTADA

PELA EMPRESA, principalmente para a apropriação correta dos custos fixos comuns ou não aos produtos. Isso é muito importante para que possamos obter PARÂMETROS DE COMPARAÇÃO.

Entretanto, uma avaliação não invalida a outra: ou se parte de dentro para fora (custos e preço de venda), ou de fora para dentro (preço do mercado × custos internos).

Formação do preço base desejado

O preço desejado é aquele que proporciona a maior rentabilidade possível e faz com que o cliente tenha condições de pagar por determinado bem. A empresa dificilmente irá vender o bem para o consumidor final, como acontece com uma confecção, por exemplo: ela venderá seus produtos para um lojista, sendo que este repassará o preço com o lucro desejado para o consumidor final.

Seguindo a mesma lógica, essa confecção deve preocupar-se com o preço nos dois extremos, pois se o consumidor final não tiver condições de pagar pelo produto, o lojista não irá mais comprar a mercadoria. O preço base é, portanto, o que irá satisfazer todos os integrantes do processo: o profissional da confecção, o lojista e o consumidor final.

Crítica do preço base à luz das características do mercado

O termo *crítica do preço*, utilizado pela maioria dos autores sobre o tema, entre eles Leone (2000), deveria ser, na verdade, *análise de preço*, considerando os seguintes fatores:

Preços praticados pela concorrência

A análise busca identificar, junto à concorrência, o preço praticado para um determinado produto que contenha as mesmas características do seu. Muitas vezes, a identificação mostra que o produto do concorrente possui alguns atrativos, como qualidade e um determinado tipo de matéria-prima etc., isto é, um detalhe visível aos olhos do consumidor. É importante citar que esse detalhe – que pode agregar valor ou não – irá ajudar a definir o preço do produto. Suponhamos que seu concorrente venda uma caneta por R$ 2,00 a unidade, porém em uma única cor, e a sua empresa venda um produto semelhante, mas que tenha CINCO CORES DIFERENTES, pelo mesmo valor. Provavelmente, suas vendas serão mais significativas. Se a sua empresa demonstrar um diferencial que for perceptível aos olhos do consumidor, como a variedade de cores, por exemplo, ainda que o produto seja comercializado ao preço de R$ 2,20, é provável que obtenha sucesso.

Volume de vendas

Tecnicamente, quanto maior for o volume de vendas e/ou produção de um determinado produto, maior será a diluição dos custos fixos agregados. Isso se, conforme vimos no primeiro capítulo, a filosofia do custeio total for utilizada.

Como ilustração, vamos imaginar a análise de custos de uma empresa que possua custos fixos na ordem de R$ 10.000,00, com o nível de atividade normal da produção em 1.000 unidades. Nesse caso, o custo fixo por unidade será de R$ 10,00 (R$ 10.000,00/1.000 unidades). Dessa forma, se ocorrerem variações na produção, isto é, se a produção aumentar para 2.000 unidades, será que isso poderá interferir no PREÇO DE VENDA?

Suponhamos que o preço de venda por unidade seja de R$ 20,00. Com a produção normal, o faturamento somaria R$ 20.000,00 – R$ 10.000,00 de custo fixo, sobrando R$ 10.000,00. Se o cliente solicitar 2.000 unidades e negociar o preço a R$

15,00 a unidade, o faturamento será R$ 15,00 × 2.000 unidades = R$ 30.000,00 – R$ 10.000,00 de custo fixo, sobrando R$ 20.000,00. Mesmo que, no limite, o cliente pague R$ 10,00 por unidade, o faturamento seria (R$ 10,00 × 2.000 unidades) de R$ 20.000,00 – R$ 10.000,00 de custo fixo, sobrando, ainda assim, R$ 10.000,00.

É muito importante ressaltarmos que, nessa análise sobre a influência do volume em termos de preço, estão sendo considerados apenas os custos fixos, para que tenhamos um exemplo mais contundente. Outros fatores também irão interferir no preço de venda, como os custos variáveis, os impostos, a distribuição, o processo produtivo, a mão de obra etc.

Prazos, qualidade e aspectos promocionais

Em termos de análise de preços, esses itens são muito perigosos numa negociação, principalmente no que diz respeito à relação pequeno fornecedor *versus* grande comprador (cliente). Deixando de lado nomes, muitas empresas pequenas almejam uma oportunidade de abrir mercado junto a uma grande loja, como um supermercado, por exemplo. Normalmente, para que um novo fornecedor entre na rede, além de baixar o preço, reduzindo drasticamente suas margens de lucro, e atender às exigências em termos de qualidade, prazos de entrega, apresentação do produto etc., ele terá que disponibilizar verba para promoções e, ainda, financiar o grande comprador com prazos de 30 e 60 dias.

Se não tiver uma estrutura de custo adequada, o pequeno fornecedor não terá condições de avaliar o preço de venda, que, normalmente, é imposto pelo mercado. Assim, se esse profissional não avaliar corretamente o preço de venda, poderá ter um grande prejuízo. Geralmente, o pequeno fornecedor se encanta com o volume, mas deixa de avaliar o que realmente interessa: a RENTABILIDADE DO NEGÓCIO.

No entanto, isso não vale só para os pequenos, mas para TODAS AS EMPRESAS, pois os pontos discutidos influenciam muito na FORMAÇÃO CORRETA DOS PREÇOS DE VENDA.

TESTE DO PREÇO PRATICADO DIANTE DAS REAIS CONDIÇÕES DO MERCADO

Consideremos um município que dependa exclusivamente da agricultura em termos de geração de investimentos, de emprego e de renda. Se, por exemplo, a agricultura vai mal em razão de problemas de quebra de safra ou mesmo de preços, os reflexos incidirão diretamente na comunidade. Dessa forma, seja qual for o produto, com exceção dos gêneros alimentícios básicos, os demais sofrerão as consequências, não por problemas relacionados ao preço, e sim pelo poder de compra do consumidor.

Se o mercado estiver COMPRADOR, isto é, com a demanda maior do que a oferta, o preço será influenciado pela lei da OFERTA E DA PROCURA, isto é, na falta de determinado produto, aumenta-se o preço. O contrário também é verdadeiro: com muita oferta, o preço tende a baixar.

Um exemplo clássico é o preço dos combustíveis. Suponhamos que, em algumas cidades, como Porto Alegre/RS, o preço médio da gasolina seja de R$ 2,49 por litro; já no município vizinho de Novo Hamburgo/RS, o preço cai para R$ 2,45 por litro em média, sendo que a distribuidora das duas cidades é a mesma, assim como a distância e a tributação. Assim, concluímos que, se entrar um novo concorrente na cidade de Novo Hamburgo/RS, este terá de se adaptar às condições de mercado em termos de preço para poder competir.

Bornholtdt (1997), em seu livro *Orquestrando empresas vencedoras*, menciona um conceito do General San Martin sobre estratégia: "estratégia é quando a munição acaba, mas continua-se atirando para que o inimigo não descubra que a munição acabou" (p. 2). Essa frase demonstra a grande importância que a estratégia representa para as empresas e, principalmente, em termos de formação de preços. Numa organização, a estratégia está relacionada à arte de utilizar adequadamente os recursos físicos, financeiros e humanos, tendo em vista a minimização dos problemas e a maximização das oportunidades.

Quanto ao estabelecimento de preços, a estratégia busca atender a todos os clientes com valores que eles possam pagar, no momento em que eles necessitem do produto e com a qualidade esperada, seja em condições normais, seja para atender a volumes e prazos diferenciados, bem como a descontos em promoções especiais.

Vale ressaltar que, para serem atendidas, essas condições devem considerar a capacidade de produção da empresa, a estrutura de custo dos produtos, a margem de lucro e, principalmente, avaliar as necessidades de capital de giro para fazer frente às condições especiais relacionadas anteriormente. Por exemplo: a empresa X vende o produto Y em condições normais para um determinado cliente: 1.000 unidades mensais, com prazo de 15 dias para pagamento, considerando um volume financeiro de R$ 20.000,00. Se esse mesmo cliente solicitar que seja atendida uma demanda de final de ano – que prevê uma compra de 5.000 unidades do mesmo produto para entrega em 20 dias e com prazos para pagamento em 30 e 60 dias – o faturamento passará para R$ 100.000,00 e a empresa terá de financiar o mesmo valor por um prazo médio de 45 dias. Nesse tempo, a organização precisará comprar mais matéria-prima, bancar mais estoques, pagar a mão de obra, adequar o processo industrial etc. antes de receber do cliente. Nesse sentido, para financiar a operação e atender à estratégia utilizada – envolvendo volume, prazo e promoção – é necessário ter capital de giro.

Se esses pontos que afetam o ciclo operacional da empresa e o capital de giro não forem considerados, por mais que o negócio apresente lucro, poderá faltar dinheiro para honrar compromissos. Dessa forma, a empresa será prejudicada seriamente ao atender a uma estratégia diferenciada solicitada pelo cliente.

Sempre devemos avaliar o negócio SOB TODOS OS ÂNGULOS, mesmo que o lucro e o preço sejam excelentes. Se a estratégia geral não for bem avaliada, as consequências poderão gerar prejuízos e comprometer o futuro da organização.

(6.3)

Principais bases de custo para formação de preços

A separação entre os custos pertencentes aos PRODUTOS (custos variáveis) e à ESTRUTURA GERAL DA EMPRESA (custos fixos) é fundamental para a correta definição dos preços de vendas dos bens.

Custos dos produtos: "mark-up"

Os custos dos produtos consistem na adição de uma margem fixa a um custo base: o *mark-up*. Partindo-se do custo base, a margem fixa servirá para cobrir os demais gastos e gerar lucro.

O *mark-up* é um índice que, aplicado sobre o custo de um bem ou serviço, estabelece O PREÇO DE VENDA. Ele é muito utilizado em empresas de PEQUENO PORTE, principalmente na área de comércio. Por exemplo: digamos que um comerciante compra um produto por R$ 10,00, multiplica esse valor por 3 (*mark-up*) e o vende por R$ 30,00. Se o mercado aceitar, este será o preço; se o concorrente baixar o preço para R$ 15,00, o comerciante também deverá baixar o seu, afinal, ele está tendo um lucro de R$ 5,00 (R$ 15,00 – R$ 10,00) sem avaliar os demais fatores.

Uma padaria, por exemplo, poderá aplicar um índice 2 (*mark-up* = 2) sobre o custo de produção de um bolo para formação do preço de venda. O custo base = R$ 2,00 × 2 (mark-up) = R$ 4,00 seria o preço de venda. O problema, no entanto, é saber como foi calculado O CUSTO BASE.

Atendendo à solicitação de um cliente do ramo de panificação, que estava com sérios problemas de rentabilidade, deparei-me com essa situação. Ele não considerava, no custo base de seus produtos, os custos indiretos de fabricação e tampouco apropriava os custos fixos. De acordo com suas contas, o custo era formado somente pelo preço por quilo da farinha, que era aplicada ao produto e multiplicado por 3. O problema era bastante sério, pois não havia rentabilidade e o produto enfrentava problemas de mercado em função do preço. Considerando isso, a atitude correta seria identificar os demais custos, principalmente os fixos, e distribui-los junto aos demais produtos, proporcionalmente ao volume ou em função do faturamento de cada um, para, a partir desse ponto, formatar o preço de venda.

O *mark-up* pode ser usado em qualquer situação, desde que estabeleça corretamente o custo base de um produto, partindo-se de todos os conceitos, filosofia e métodos vistos nos capítulos anteriores.

Custos totais (plenos)

Quando consideramos como base os custos totais, estamos admitindo, além dos custos variáveis, a totalidade dos custos fixos que é rateada sobre a totalidade produzida, isto é, se o custo fixo total foi de R$ 10.000,00 e produzimos 4.000 unidades do produto X e 6.000 unidades do produto Y, o custo fixo por unidade é de R$ 1,00, independentemente da quantidade de cada produto.

Custos totais de produção são formados por:

+ *despesas administrativas*
+ *despesas comerciais*
+ *despesas financeiras*
+ *margem de lucro desejada*

= *Preço de venda*

Logo, o preço de venda é formado pelo CUSTO DE PRODUÇÃO MULTIPLICADO PELO ***mark-up***.

Exemplo

Cálculo do preço de venda com base no custo de produção

	PRODUTO A	%	PRODUTO B	%
Matéria-prima	16,00	30,17%	6,00	9,16%
Mão de obra	6,00	11,31%	12,00	18,32%

(continua)

(conclusão)

	Produto A	%	Produto B	%
CIF (200% da MOD)	12,00	22,60%	24,00	36,63%
Custo de produção	34,00	64,10%	42,00	64,10%
Desp. adm. fin. com. 20% do CP	6,80	12,82%	8,40	12,82%
Custos totais	40,80	76,92%	50,40	76,92%
Margem de lucro (30% sem CT)	12,24	23,08%	15,12	23,08%
Preço de venda proposto sem imposto	53,04	100,00%	65,52	100,00%

Fonte: Kliemann Neto, 1989.

Preço de venda = custo de produção × 1,56 (*mark-up*), em que:

- R$ 53,04/R$ 34,00 = R$ 1,56
- Produto A > preço = R$ 34,00 (CP) × 1,56 = R$ 53,04
- Produto B > preço = R$ 42,00 (CP) × 1,56 = R$ 65,52

Ao observamos o exemplo, podemos constatar que o *mark-up* se concentra exclusivamente sobre o custo total de produção, o qual inclui matéria-prima, mão de obra direta e custos indiretos de fabricação. Considerando o produto A, cujo preço de venda é estabelecido pelo seguinte cálculo: R$ 53,04 *menos* R$ 34,00, relativo ao custo de produção, sobram R$ 19,04 *menos* R$ 6,80 de custos administrativos, comerciais e financeiros. Assim, sobram R$ 12,24, que representa o LUCRO. No produto B, a base de cálculos é a mesma.

> Se o *mark-up* tivesse sido calculado sobre os custos totais de produção do produto A, que somam R$ 40,80 (R$ 34,00 CP + R$ 6,80 DESP) × 1,56, o preço de venda passaria a R$ 63,65 – R$ 40,80, referente ao custo total, sobrando um lucro de R$ 22,85, que representa 56% dos custos totais.

- PRINCIPAL VANTAGEM:

Para alguns autores, entre eles Leone (2000), o referido método assegura a recuperação total dos custos e a obtenção de uma margem planejada de lucro que é muito importante para formação de preços a LONGO PRAZO.

- DESVANTAGENS (LIMITAÇÕES):

De uma maneira geral, o método predetermina uma porcentagem uniforme de lucro, ignorando o fato de que nem sempre os produtos podem auferir uma mesma taxa de lucro. Além disso, o *mark up* não considera a elasticidade da procura, pois estabelece uma taxa fixa para as despesas de estrutura da empresa e, por não diferenciar os custos fixos e variáveis, a organização em questão será constantemente induzida a rejeitar encomendas que não cubram pelo menos o custo total do produto.

Custos de transformação

Esse método pressupõe que os lucros devem basear-se apenas no valor agregado à produção (os custos de transformação) e que as matérias-primas devem ser repassadas aos clientes sem gerar lucros. Ele é especialmente aplicável a indústrias em que os produtos utilizam a estrutura de produção da empresa de uma forma não muito homogênea.

Analisando a participação dos custos de transformação sobre os preços dos produtos A e B no exemplo anterior, notamos que a fabricação de uma unidade do produto A utiliza, proporcionalmente, uma estrutura de produção da empresa menor do que uma unidade do produto B. Além disso, verificamos que os custos de transformação são necessários para se produzir o produto sem considerar a matéria-prima – ou seja, a mão de obra direta e os custos indiretos de transformação. Em razão dos custos financeiros de manutenção de estoques, algumas empresas que utilizam esse método adicionam uma certa taxa de lucro sobre os custos das matérias-primas.

Ao avaliar o produto A no exemplo anterior, podemos identificar que o valor do custo de mão de obra direta soma R$ 6,00, sendo que os custos indiretos de fabricação representam R$ 12,00. Desse modo, concluímos que os custos de transformação totalizam R$ 18,00. Observamos também que, para o cálculo do preço de venda, a empresa tem de recuperar outros custos operacionais, os quais, no referido exemplo, representam 20% sobre os custos totais, ou seja, matéria-prima a R$ 16,00 *mais* R$ 18,00 de custos de transformação que, somados, correspondem ao custo total de produção no valor de R$ 34,00. Sobre esse total, calcula-se 20%, que representa os demais custos (despesas administrativas, financeiras e comerciais) igual a R$ 6,80. É necessário mencionar que os dados do exemplo consideram a margem de lucro de 68% sobre os custos de transformação, que somam R$ 18,00, sendo que o lucro é de R$ 12,24 para o produto A. Somando-se todas as etapas, o preço de venda será de R$ 53,04.

O exemplo a seguir apresenta o processo de formatação do preço de venda com base no custo de transformação.

Exemplo

Processo de formatação do preço de venda com base no custo de transformação

	Produto A (R$)	Produto B (R$)
MP	16,00	6,00
Custos de transformação (CTRA)	18,00	36,00
Custos de produção (CP)	34,00	42,00
Desp. adm. fin. e com. (20% do CP)*	6,80	8,40
Custos totais (CT)	40,80	50,40
Margem de lucro (68% dos CTRA)	12,24	24,48
Preço de venda proposto	53,04	74,88

Fonte: Kliemann Neto, 1989.

Para a formatação do preço de vendas, tomando-se como exemplo o produto A e utilizando o *mark-up*, adotamos o seguinte procedimento:

Cálculo do *mark-up* do produto A:

- *Mark-up* sobre matéria-prima = R$ 40,80 (CT)/R$ 34,00 (CP) = 1,20
- *Mark-up* sobre CTRA = R$ 34,00 (CP)/R$ 18,00 (CTRA) = 1,88

Cálculo do preço de venda do produto A:

- Preço de venda = MP × 1,2 + CTRA × 1,88
- Produto A –> Preço = 16,00 × 1,2 + 18,00 × 1,88 = R$ 53,04

Custos variáveis

Custo variável (ou marginal) é aquele que não incorreria se o produto não fosse fabricado. Ele é apurado a partir da filosofia do custeio direto (ou variável).

Exemplo

Cálculo dos custos totais com base no custeio direto

	Produto A (R$)
MP	16,00
MOD	6,00
CIF variáveis	6,00
Custos marginais (CMg)	28,00 > Custo variável do produto
Custos fixos diretos (CFD)	5,60
Custos diretos (CMg + CFD)	33,60 > Custo direto do produto
Custos fixos indiretos	7,20
Custos totais	40,80 > Custo total do produto
Margem de lucro de 43,7% S/CMg	12,24
Preço de venda	53,04

Fonte: Kliemann Neto, 1989.

Ao analisar o exemplo, partindo do preço de vendas de R$ 53,04 *menos* R$ 28,00 de custos marginais variáveis, encontramos R$ 25,04 de margem de contribuição, que representa o que sobra para cobrir os custos fixos e gerar lucro, ou seja, a somatória dos custos fixos diretos de R$ 5,60 *mais* os custos fixos indiretos de R$ 7,20 é igual a R$ 12,80. A margem de contribuição é de R$ 25,05 *menos* R$ 12,80 de custos fixos totais, sobrando R$ 12,24 de lucro.

Enquanto o custeio total espera que os preços cubram a totalidade dos custos (inclusive os custos fixos), o custeio marginal (custo direto) considera que qualquer contribuição aos custos fixos é melhor do que nenhuma. Consequentemente, a formação de preços a partir dos custos marginais é bem mais flexível do que a proveniente dos custos totais.

O grande perigo que envolve o uso desse método decorre do fato de que a empresa poderá concentrar a determinação dos preços apenas sobre as contribuições marginais, desprezando a necessidade de recuperação dos custos fixos.

(.)

Ponto final

Neste capítulo, verificamos alguns métodos para a formatação dos preços de venda, que são muito úteis quando desenvolvidos corretamente. Outro ponto importante observado é o fato de que todos os métodos devem ser estruturados em função do custo BASE do produto, tanto quando calculamos o preço de venda de um produto a partir do CUSTO na empresa, como quando analisamos esse preço a partir do mercado, isto é, o mercado estabelece o preço. Na empresa, por sua vez, são verificados o custo e a rentabilidade, sendo que, para a tomada de decisão, é considerado o custo base.

Se, no entanto, a empresa possuir um produto específico e exclusivo, do qual o mercado necessite, o preço de venda será estabelecido por ela. Um exemplo são os remédios exclusivos produzidos em laboratório. Muitas vezes, é importante ressaltar, o governo tem de intervir para conter abusos de preço. Foi o caso de remédios contra a Aids.

Atividades

1. Como são compostos os elementos para a formação dos preços de venda com base nos custos de transformação?
2. Considere as seguintes informações: matéria-prima de R$ 16,00 e mão de obra de R$ 6,00; custos indiretos de fabricação representando 200% da mão de obra; despesas administrativas e financeiras representando 20% do custo de produção e a margem de lucro, 30% dos custos totais. Levando em conta o método de formação do preço de venda com base nos custos totais e tomando como princípio as informações fornecidas, qual seria o preço de venda do produto em questão?
3. Qual a principal vantagem de se utilizar a técnica de formação do preço de venda com base nos custos totais?
4. Uma empresa possui um produto cuja composição de custos é a seguinte: matéria-prima de R$ 6,00; custos de transformação de R$ 36,00; as despesas administrativas e financeiras

representam 20% do custo de produção e a margem de lucro é de 68% sobre os custos de transformação. Qual será o preço de venda desse bem?

5. O que significa *custo marginal* ou *variável*?

(7)

Formação dos preços de venda: aplicações práticas com base nos investimentos, giro dos estoques e outros conceitos

Luiz Fernando Barcellos dos Santos

Neste capítulo iremos apresentar alguns métodos complementares para a formação do preço de venda enfocando a análise gerencial do processo, isto é, aplicando os conceitos vistos anteriormente para a complementação da análise da lucratividade sobre o produto.

(7.1)

Método do preço com base no retorno sobre o capital investido

Segundo Zdanowicz (1998b, p. 50), no método baseado no retorno sobre o capital investido, o lucro será definido a partir de uma taxa predeterminada aplicada sobre o capital investido, que poderá ser o valor investido em um processo de fabricação.

Exemplo

Capital investido = R$ 5.000,00
Lucro desejado = 20% do capital investido
Volume de vendas = 500 unidades
Custo dos produtos = R$ 10,00 a unidade

$$\text{Preço} = \text{R\$ } 10{,}00 + \frac{\textbf{R\$ 5.000,00} \times \textbf{0,20}}{\textbf{500 unidades}}$$

Preço de venda = R$ 12,00

Nesse exemplo, verificamos que a base de lucro sobre o produto tem relação direta com o volume produzido ou vendido, porém, nem sempre a utilização do método é possível, pois, se o volume é pequeno e o valor agregado também, o preço final do produto pode tornar-se inviável para o mercado consumidor.

(7.2)

Retorno do investimento com base no giro dos estoques

Zdanowicz (1998a) demonstrou de forma precisa o método do cálculo dos preços de venda, partindo do retorno do investimento e considerando o giro dos estoques.

O método consiste no estabelecimento da taxa de retorno desejada de um produto, sendo que, a partir de seu custo, considerando o giro desse produto no estoque, é formatado o preço de vendas. Conforme a rotação dos estoques, o preço de vendas será MAIOR OU MENOR.

Para a utilização do método, é necessário conhecer algumas convenções:

Quadro 7.1 – Simbologia adotada

CONVENÇÕES	DESCRIÇÃO
TRI	Taxa de retorno sobre o investimento
M	Margem de lucro
R	Rotação (giro dos estoques)
CT	Custo total
Pvu	Preço de venda unitário estimado
CDP	Custo derivado de produção
d	Despesas diretas de venda, proporcionais ao preço

FONTE: ZDANOWICZ, 1998B.

Para que obtenhamos o preço de um produto que pertence a uma linha (ou a um grupo de produtos cuja taxa de retorno sobre o investimento é conhecida), basta multiplicar o custo total deste por um fator F, que é a FUNÇÃO DA ROTAÇÃO (ou velocidade de venda do produto).

Fórmula base:

$$Pvu = CT \times f$$

Para uma TRI de 20%, teremos a seguinte função:

Rotação	Fator
0,50	1,667
1,00	1,250
1,50	1,154
2,00	1,111
2,50	1,087
3,00	1,071
3,50	1,061

Fator é igual a:

$$f = \frac{R}{R - TRI}$$

Sendo:

F = fator

R = rotação

TRI = taxa de retorno esperada

Onde, para a R (rotação) = 0,5, teremos:

f = 0,5/(0,5 – 0,2) = 0,5/0,3 = 1,667

Para uma R (rotação) = 1,00, teremos:

f = 1,0/(1,0 – 0,2) = 1,0/0,8 = 1,250

Supondo que o custo total de um produto seja R$ 1.000,00 e a taxa de retorno sobre o investimento seja de 20%, com a rotação de 0,5, teremos:

Preço de venda = CT × f = R$ 1.000,00 × 1,667 = R$ 1.667,00

> *Observação:*
> *Podemos calcular o fator para qualquer taxa de retorno exigida – desde que saibamos qual o giro (rotação) dos estoques (produto) – apenas utilizando a fórmula.*

Para que possamos utilizar esse mesmo método na recuperação das despesas (impostos e outros custos variáveis), devemos considerar os seguintes aspectos:

- o custo derivado de produção (CDP), isto é, os custos variáveis que a empresa terá com a matéria-prima, a mão de obra direta e as despesas indiretas de fabricação, que são proporcionais ao aumento da produção, aumentarão com a velocidade das vendas.
- o fator anterior considera que, no custo total do produto, estão contemplados, inclusive, os custos variáveis de vendas, fato que não permite a identificação correta desses custos para avaliação e tomada de decisão.
- para identificar as despesas variáveis diretas de vendas, proporcionais ao preço de venda, teremos de conhecer a taxa "D", que identifica as despesas relativas a comissões, à publicidade, a impostos etc. Estas, por sua vez, deverão ser agregadas ao preço de vendas.

A nova equação para contemplar esses custos será a seguinte:

$$PVu = CDP \times \frac{f}{1 - df} \; f = \frac{R}{R - TRI}$$

Imagine a formatação do preço de vendas para um determinado produto considerando as seguintes informações:

Exemplo

Análise do custo e rentabilidade

Dados do problema	R$
Capital	6.000,00
TRI	20%
Vendas totais	24.000,00
CDP por unidade física	750,00
ICM	17%
Comissões	5%
Promoções	2%

Fonte: Zdanowicz, 1998a.

A velocidade das vendas (R) é calculada mediante a seguinte fórmula:

$$R = \frac{ROL}{AOL} = \frac{Vendas}{Capital} = \frac{R\$\ 24.000,00}{R\$\ 6.000,00} = 4$$

Então, f = 4 / (4 – 0,20) = 1,053 = fator

Onde:

d = ICMS + COM + PROM = 0,17 + 0,05 + 0,02 = 0,24 (24%)

Pvu = R$ 750,00 × [1,053 / 1 – (0,24 × 1,053)] = R$ 750,00 × 1,410

Pvu = R$ 1.057,50 por unidade física.

(7.3) Método do preço com base nos custos padrão

A utilização de custos padrão, segundo Kliemann Neto (1989), facilita e flexibiliza o processo de formação de preços e de tomada de decisão, tanto para os custos de produção quanto para as despesas do período. Isso porque as eventuais variações entre os valores previstos e realizados serão rapidamente localizadas, e seus efeitos sobre os preços de venda dimensionados e corrigidos.

(7.4) Método do preço com base nos preços estimados

Esse método é especialmente adaptado para empresas que fabricam produtos VOLUMOSOS, CAROS e normalmente produzidos em QUANTIDADES VARIÁVEIS, a partir de especificações técnicas fornecidas pelos clientes. São exemplos desses tipos de bens turbinas, caldeiras, navios, estradas e obras de infraestrutura em geral. Nesses casos, os preços devem ser negociados e estabelecidos com ANTECEDÊNCIA, em função das estimativas dos custos de produção, em que incorrerão:

- a elaboração de uma lista detalhada dos materiais necessários;
- a estimativa dos custos de mão de obra por atividade (operação);
- a aplicação de uma taxa predeterminada para os CIF;
- a consideração da margem de lucro (sobre os custos totais – ou custos de transformação – ou sobre o capital investido).

O preço do produto será, então, a soma dos valores estabelecidos nas quatro etapas da sistemática apresentada anteriormente.

A experiência referente à fabricação de itens semelhantes não deve ser negligenciada, devendo servir como um importante ponto de referência, além de estabelecer padrões de procedimentos e a metodologia do processo.

Cabe ressaltar que esse método, apesar de considerar todas as etapas na avaliação dos custos, quando é calculado em função de grandes obras na construção civil, como estradas, túneis e hidroelétricas, por exemplo, os contratos de fornecimento normalmente contemplam um ajuste de preços de até 30% em função de eventos não previsíveis.

(7.5)

Método do preço com base nos preços conjuntos

Aplicável em empresas que se caracterizam por uma produção conjunta, cuja base para a formação do preço são as expectativas gerais de lucro, a concorrência com produtos similares ou substitutíveis e as condições gerais de mercado.

Nesse tipo de organização, os custos dos produtos têm pouco valor como guia para a formação de preços, pois os métodos utilizados para a sua obtenção são muito arbitrários (os preços de venda atuam nessas indústrias como um dos determinantes do custo dos produtos, em vez do contrário).

(7.6)

Método do preço com base nas decisões das empresas concorrentes

Qualquer método de determinação de preços deve comparar os preços determinados com aqueles praticados pelas empresas concorrentes. A seguir serão apresentados os principais métodos de comparação.

Método do preço corrente

É um método adotado principalmente quando os concorrentes praticam aproximadamente o MESMO PREÇO. É o caso de oligopólios, em que os preços são tabelados pelo governo, de convênios de preços, entre outros.

Nessas situações, a empresa vê-se obrigada a aceitar um preço que já existe, o qual ela, isoladamente, não pode alterar ou combater.

Em consequência disso, a otimização das margens de lucros da empresa passará, obrigatoriamente, pela minimização de seus custos de produção.

Método de imitação de preços

Nesse método, os preços a serem adotados são os mesmos praticados por uma empresa concorrente previamente selecionada. Entre as justificativas principais para a sua utilização, estão a falta de pessoal técnico habilitado para a correta fixação de preços e de informações confiáveis sobre os custos de produção.

Por esses motivos, o método de imitação de preços é muito usado por empresas de pequeno porte, para as quais, independente da estrutura que possuam, o mais importante é estar com o produto no mercado. A partir disso, o empresário responsável faz uma avaliação e, com base nos dados adquiridos, irá se "ajustar" ou sair do mercado em função da realidade dos custos de sua organização.

Entre os anos de 2000 e 2002, participamos do programa de Extensão Empresarial do Sedai (Secretaria de Desenvolvimento Industrial e Assuntos Internacionais) do Rio Grande do Sul – em convênio com a Universidade de Caxias do Sul (UCS) – onde prestávamos serviços de consultoria, em todas as áreas, para empresas de pequeno porte na região das Hortênsias, na Serra Gaúcha. Na ocasião, constatamos que aproximadamente 90% das empresas

> que atendemos utilizavam o método de imitação de preços para a formação dos preços de venda. As pequenas companhias não avaliavam seus custos e confundiam, muitas vezes, "dinheiro" em caixa com lucro, acreditando que o preço praticado estava correto.
> É interessante ressaltar que, na maioria das vezes, essa forma de fixar o preço dava certo, pois se tornava um padrão. Vale salientar que, para o cliente, os diferenciais eram a qualidade e o prazo de entrega do produto.

Método de preços agressivos

Esse método consiste na redução drástica dos preços até níveis pouco superiores aos dos custos e despesas variáveis. É utilizado, principalmente, em empresas que possuem grande proporção de ativo, como as companhias ferroviárias, que por exemplo, ou aquelas que possuem alta rotatividade em seus estoques, como os supermercados, ou ainda quando o mercado se encontra muito recessivo.

Uma organização que adote uma política de redução drástica de preços com o objetivo de levar à ruína seus concorrentes, tendo, após isso, o mercado à sua disposição, configura-se na situação conhecida como *dumping*. Esse tipo de prática é PROIBIDO NO BRASIL, conforme a Constituição Brasileira, e no resto do mundo. De acordo com Longenecker et al. (2007), essa proibição acontece mediante acordos e tratados internacionais que penalizam empresas que praticam o *dumping*.

Método de preços promocionais

Segundo Kotler (1994), o método de preços promocionais caracteriza-se pela oferta de alguns produtos a preços tentadores, com o objetivo de atrair clientes. É utilizado principalmente por empresas comerciais, pois proporciona a intensificação do fluxo de clientes potenciais, os quais, frequentemente, acabam adquirindo também outros bens a preços normais. Um exemplo são as promoções "pague 1 e leve 2", que acontecem nos supermercados com produtos como sabonete, creme dental, entre outros.

Método baseado nas características do mercado

A utilização desse método exige, por parte da companhia, um profundo conhecimento do mercado, especificamente em relação ao consumidor final do produto e, obviamente, à concorrência.

Para sua utilização, devemos conhecer o perfil dos clientes atuais – ou seja, avaliá-los por classe, renda, idade, sexo etc. Devemos considerar também o perfil dos clientes em potencial, ou seja, aqueles que queremos conquistar – e, por fim, estarmos atentos à evolução do mercado mediante indicadores como variação do poder aquisitivo dos consumidores, fenômenos relativos à moda, mudança de hábitos etc. A empresa poderá, por exemplo, estabelecer alternadamente preços mais elevados e, com isso, procurar atingir as classes economicamente mais favorecidas (ricas); ou instituir preços populares, atraindo o interesse das classes menos favorecidas.

A utilização dessas estratégias implicará, normalmente, em modificações nas características técnicas dos bens e/ou nos seus custos de produção. Para Kotler (1996, p. 80-87), o produto deve ter um diferencial perceptível aos olhos do cliente. Não basta atender às suas necessidades, ele tem de ir além, isto é, superar as expectativas do consumidor. É válido lembrar que surgem, a partir disso, diferenças no atendimento aos diversos públicos. Na indústria automobilística, isso é bem perceptível em termos de modelos populares. Há um público específico para o carro de mil cilindradas básico e outro, mais exigente, mas que também deseja um carro de mil cilindradas. Nesse caso, o veículo vem "completo", ou seja, com toda a tecnologia e sofisticação possível para atender a esse último público. O processo de produção pode ser o mesmo, mas, com certeza, muitas matérias-primas e acessórios serão diferentes.

(7.7)
Método misto

Esse, seguramente, deveria ser o método mais utilizado, pois envolve uma combinação simultânea entre os custos incorridos na produção e na comercialização dos produtos, na avaliação da concorrência e nas características de mercado. Além disso, tende a ser o método mais correto por considerar, implicitamente, as consequências, de longo prazo, da escolha dos preços sobre a saúde financeira da empresa, já que no preço de venda está embutida a margem de lucro sobre o produto, que, em suma, representa a rentabilidade da empresa, ou seja, o retorno do investimento.

O método misto contempla aquilo que apregoam os estrategistas de *marketing*, como Peters (1987), Porter (1989) e Kotler (1996), entre outros: a visão do todo, sendo avaliados aspectos de curto, médio e longo prazo para a tomada de decisão e a formação de preços. Porém, nem sempre isso é possível, sendo importante o estabelecimento correto dos custos e a adequação do método de formação de preços de forma que possibilite ao empresário estimar corretamente a rentabilidade da empresa e garantir que esta se mantenha no mercado.

(7.8)

Fórmula base para formatar o preço de venda

Todos os métodos são válidos, porém, para contemplar os custos comerciais variáveis, isto é, os impostos, as comissões, os fretes, algumas despesas comerciais variáveis e a margem de lucro desejada sobre o preço venda, é necessária a utilização da taxa de marcação (TM), ou seja, um divisor, ou o *mark-up*.

TM = 100 – (Custos comerciais variáveis + Margem de lucro desejada)/100

$$\text{Preço de venda} = \frac{\text{Custo base}}{\text{Taxa de marcação}} \text{ sem IPI}$$

O preço de venda é calculado a partir do custo base do produto dividido pela taxa de marcação.

Vale lembrar que o cálculo do IPI é sempre agregado APÓS o cálculo do preço de venda, conforme demonstram os exemplos a seguir.

> *Exemplos*
>
> Suponhamos que uma indústria metalúrgica que produz bombas hidráulicas para serem utilizadas em veículos pesados – cuja composição dos custos do produto, considerando que as matérias-primas utilizadas estão com o custo líquido, isto é, deduzidos os respectivos créditos fiscais, é a seguinte:

Dados básicos

Dados de custo	Valores (R$)
Matéria-prima	700,00
Mão de obra	200,00
Custos indiretos de fabricação variáveis	100,00
Custos fixos (cf)	100,00
IPI	10,00%
ICMS	17,00%
PIS	0,75%
Finsocial	0,60%
Comissões	4,90%
Despesas administrativas e financeiras	20% do CP
Lucro desejado sobre os custos totais	30,00%

Fonte: Kliemann Neto, 1989.

- Com base nos custos totais:

$$Preço = \frac{CP \times 1,20 \times 1,30}{1 - 0,2325} = \frac{CP \times 1.56}{0,7675} = CP \times 2,03257$$

Com esse método, verificamos que a cobertura das despesas comerciais, financeiras e administrativas correspondem a 20% dos custos de produção (CP), e que a margem de lucro, na ordem de 30%, também é calculada sobre os custos de produção *mais* os 20% relativos a despesas.

Essa conta não inclui os custos relativos a impostos e outros que são incidentes sobre o preço de venda.

O custo base é representado por R$ 1.100,00 (MP + MOD + CIF + CI) × 1,56 = R$ 1.716,00, que é o preço de venda sem despesas comerciais e impostos.
Usando as fórmulas dadas para o cálculo da TM (taxa de marcação) e do PREÇO DE VENDA, teremos:

TM = 100 – [17,00%(ICMS) + 0,75%(PIS) + 0,60% (Finsocial) + 4,90% (Comissões)]/100, onde (100 – 23,25)/100 = TM 0,7675.

$$\text{Preço de venda} = \frac{\text{Custo base}}{\text{Taxa de marcação}} = \frac{R\$\ 1.716{,}00}{0{,}7675} = R\$\ 2.235{,}83.$$

(sem IPI)

Com o IPI, o preço de venda será de R$ 2.235,83 + 10% (IPI) = R$ 223,58 = R$ 2.459,41

Demonstração dos resultados:
preço de venda com base nos custos totais

Valor (R$)	Dados
1.100,00	Custo de produção
519,83	Taxas sobre preço de venda (23,25%)
220,00	Despesas adm. financ. e comerciais
396,00	Lucro desejado sem custos totais
2.235,83	Preço de venda

- Custo base = Custos de transformação

O custo de transformação representa a mão de obra *mais* os custos indiretos de fabricação que, nos dados do problema base, somam R$ 400,00, sendo que o lucro desejado sobre esse valor é de 70%, ou seja, R$ 280,00. Sobre o custo de produção, que soma R$ 1.100,00, recairá o custo das despesas administrativas, financeiras e comerciais, as quais representam 20%, isto é, R$ 220,00.

Considerando esses fatores, teremos:

Lucro desejado = 70% dos custos de transformação (CTRA), onde:

$$Preço = \frac{CP \times 1,20 + CTRA \times 0,70}{1 - 0,2350} = \frac{MP \times 1,20 + CTRA \times 1,90}{0,7675}$$

$$Preço\ de\ venda = \frac{R\$\ 700,00 \times 1,20 + R\$\ 400,00 \times 1,90}{R\$\ 2.084,69} =$$

R$ 2.084,69

Se considerarmos o IPI, o preço de venda será R$ 2.084,69 + 10% (R$ 208,47) = R$ 2.293,16.

É importante observarmos que, para formatar o preço de venda, a base do lucro está exclusivamente sobre os CUSTOS DE TRANSFORMAÇÃO, ou seja, 70%, que representam R$ 280,00.

Demonstração dos resultados: preço de venda com base nos custos totais

Valores (R$)	Dados
1.100,00	Custos de produção
484,69	Taxas sobre vendas
220,00	Desp. adm. financ. comerciais
280,00	Lucro desejado
2.084,69	Preço de venda

- Custo base = Custos variáveis

Ao utilizar esse método para a formação do preço de venda, vamos considerar tanto os custos comerciais variáveis como outros custos variáveis expressos em porcentagem *mais* a porcentagem de lucro desejada, as quais irão incidir "por dentro", ou seja, sobre o preço de vendas. Em função disso, consideremos os seguintes fatores para a utilização do mesmo exemplo:

- despesas administrativas, financeiras e comerciais = 10% do preço de venda.
- lucro desejado = 15% sobre o preço de venda.
- taxa de cobertura para os custos indiretos fixos = 5% do preço de venda.

$$Preço = \frac{Custos\ variáveis}{1 - (0{,}2350+0{,}30)} = \frac{Custos\ variáveis}{0{,}4675} = CP \times 2{,}13904$$

O custo base ficou em R$ 1.000,00, pois foram retirados os custos fixos indiretos – que agora representam 5% sobre o preço de venda – e os custos relativos. As despesas administrativas, financeiras e comerciais representam 10% sobre o preço de venda, sendo que, juntas, somam 15%. O lucro agora é de 15% sobre o preço de vendas.

O cálculo da taxa de marcação será TM = 100 – (23,25% (impostos e outros custos) + 15% margem de lucro + 15% de custos indiretos e despesas)/100 = TM 0,4675, onde:

$$Preço\ de\ venda = \frac{Custos\ base}{Taxa\ de\ marcação} = \frac{R\$\ 1.000{,}00}{0{,}4675} = R\$\ 2.139{,}03,$$
sem IPI

Com IPI, o preço de venda será de R$ 2.352,94 (R$ 2.139,03 + R$ 2013,90).

É importante ressaltarmos que tanto os custos variáveis quanto o lucro são representados em PORCENTAGEM sobre o preço de venda.

(.)

Ponto final

Neste capítulo, como nos anteriores, observamos que, para calcularmos o preço de venda, não importa o método, e sim a origem da base de custo do produto. Se essa questão não estiver estruturada, o preço de venda do produto não servirá como parâmetro para a avaliação da rentabilidade da empresa, principalmente se o preço de venda partir do mercado.

Além disso, se a empresa estiver com um preço de venda adequado e tiver problemas financeiros, isso não será um problema de margem de lucro, e sim uma consequência de processos produtivos mal estruturados, problemas de capital de giro, avaliação equivocada dos custos etc. Contudo, é importante ressaltar que, por meio dos preços de venda, podemos avaliar muitos problemas e chegar à origem de suas causas.

Atividades

1. Considere que um empresário investiu R$ 10.000,00 em uma linha de montagem do produto X, cujo custo de fabricação é de R$ 50,00 por unidade, e sobre o qual ele deseja um lucro de 20%. Estima-se uma produção de 1.000 unidades do produto. Qual é o preço de venda desse produto?

2. Para que tipos de companhia a utilização do método de venda com base nos preços estimados é recomendada?
3. Supondo que uma companhia de esquadrias padrão para casas populares possua, no produto mais simples, os seguintes custos por unidade: matéria-prima de R$ 700,00; mão de obra de R$ 200,00; custos indiretos de fabricação variáveis de R$ 100,00 e custos fixos de R$ 100,00. O ICMS representa 17%; PIS e Cofins, 1,35%; comissões, 4,90%; despesas administrativas e financeiras, 20% do custo de produção, e a margem de lucro é de 30%. Tomando como base o método do preço de venda pelos custos totais, qual seria o preço de venda do bem em questão?
4. Em que se apoia o método do preço de vendas baseado nas características do mercado para a formatação do preço de venda?
5. A rede de supermercados Preço Baixo possui no estoque um refrigerador da marca X que custou R$ 1.000,00. A empresa, que está vendendo o produto a R$ 2.2120,00 a unidade, trabalha com uma taxa de retorno sobre o investimento na ordem de 20%, e o giro do estoque desse produto não passa de 0,5 em um ano. Considerando o método do retorno do investimento com base nos estoques, por quanto a rede de supermercados poderia vender o referido produto (já inclusos os impostos)?

(8)

O custo invisível de produção

Luiz Fernando Barcellos dos Santos

Neste capítulo e nos próximos, detalharemos alguns tópicos mais específicos da gestão de custos, como o custo invisível, também considerado, segundo Beulke e Bertó (2006), como *o terceiro elemento*. Tratam-se de informações e conceitos para que o administrador tenha mais fundamentos para subsidiar suas decisões.

(8.1)

Elementos do custo de produção

O custo de produção, de maneira geral, é formado pela matéria-prima direta *mais* a mão de obra direta e as despesas (custos) indiretas de fabricação.

Consideremos a composição de custo de um curso de administração: material direto, que engloba livros, gravações, apostilas, cadernos, giz, transparências, pastas, crachás etc.; mão de obra direta, que envolve o salário dos professores e auxiliares diretos, exclusivamente envolvidos com a realização do curso; e, finalmente, o custo invisível – despesas indiretas que representam o consumo dos recursos indiretos, como atividades de apoio relativas à administração, estrutura, serviços gerais, equipamentos etc., que não só servem ao curso em questão, mas a toda universidade. Nessa perspectiva, é necessário mencionar que o custo deve ser apurado e apropriado a cada curso.

No projeto de consultoria em uma empresa de prestação de serviços em administração, o material direto será constituído pelo material de reprodução – ou seja, pastas, papéis, materiais de escritório – e mão de obra direta, composta pelos técnicos envolvidos no projeto, custos de transporte, hospedagem etc. O invisível a ser apropriado, por sua vez, deve abranger: aluguel da sede, telefone, salários dos gerentes, equipamentos como *datashow,* entre outros que também prestam serviços para projetos de consultoria. É importante ressaltar que, para cada atividade – indústria, comércio e serviços –, a composição desses custos indiretos VARIA.

Segundo observamos nas pesquisas de diversos autores, entre eles Kliemann Neto (1989), e pela vivência prática em consultoria empresarial em custos, na indústria, a composição do custo derivado de produção é de 34% de despesas indiretas de fabricação (invisíveis), 33% de mão de obra direta e 33% de material. Já no comércio, a composição é de 30% de despesas indiretas, 20% de mão de obra direta e 50% de materiais. Nos serviços, a composição é de 20% de despesas indiretas, 60% de mão de obra direta e 20% de material.

O custo invisível de produção (indireto)

O custo invisível é aquele que não está diretamente alocado ao produto, sendo difícil de ser mensurado e apropriado. Os sistemas de custeio, em sua totalidade, abordam o problema e contabilizam várias formas de apropriação, sendo que o sistema de custeio por atividade (ABC), como observamos no segundo capítulo, é o mais adequado para identificar esse tipo de custo.

Destacar esse tema é importante, pois, de uma forma direta, ele afeta a rentabilidade das organizações de diversas formas, principalmente em função de sua não identificação – que o leva a influenciar o processo produtivo, gerando perdas, retrabalho, baixa produtividade etc.

Leone (2000) define o custo invisível como TERCEIRO ELEMENTO, representado pelo consumo dos fatores de produção que são constituídos pelos equipamentos, pelos recursos humanos indiretos, pelos recursos indiretos de materiais, pelas máquinas, pelas ferramentas, pelas instalações, pela organização e pela tecnologia. Vale ressaltar que ele é considerado indireto porque o objeto do custo é a determinação e o controle do custo dos produtos. Em termos de gestão, o primeiro passo para implantação de um sistema de custo é a identificação do custo propriamente dito; já o segundo é fazer uma análise para reduzir o custo em si e suas consequências em outras áreas da empresa.

Digamos que foi identificado, na máquina X, o consumo de energia de R$ 100,00 por hora devido ao transporte de matéria-prima, que é feito por uma esteira onde a fonte de energia é a própria máquina. Esse custo tem de ser apropriado ao produto. Se modificarmos o *layout*, poderemos reduzir o tempo de transporte e baixar o consumo para R$ 60,00 por hora e, se aumentarmos a produtividade, iremos reduzir o custo unitário do produto, aliando dois elementos: a redução do consumo de energia da própria máquina e, consequentemente, do custo unitário do produto. Se essa máquina estivesse produzindo 200 unidades por hora, o custo de energia anterior seria de R$ 100/200 unidades = R$ 0,50 por unidade. Por outro lado, se o consumo fosse reduzido com as medidas sugeridas, o custo seria de R$ 60,00/200 unidades = R$ 0,30 por unidade.

Outra análise que poderia ser feita seria a do aumento da produção por hora, considerando o mesmo custo de energia, com o aumento da produção para 250 unidades por hora (custo da energia = R$ 100,00/250 unidades = R$ 0,40 por unidade). Podemos melhorar ainda mais ao aumentarmos a produção para 250 unidades e combinar com a redução do consumo de energia (R$ 60,00/250 unidades = R$ 0,24 por unidade), o que seria ótimo, pois o custo por unidade é reduzido no geral e, simultaneamente, a empresa ganha em termos de produtividade.

Se esse custo não fosse bem identificado e avaliado, dificilmente a análise poderia ser feita. O fato importante é que a principal fonte de rentabilidade de uma empresa está na produção e não no preço de venda, pois quem dita este é, normalmente, o mercado.

Material direto

Quando elaboramos informações de custos, estas se destinam a ajudar os diversos níveis gerenciais a exercer atividades de controle, de planejamento e de tomada de decisão.

A contabilidade considera como custo de produção a soma de três elementos distintos: material direto, mão de obra direta e despesas indiretas de fabricação. Quando procuramos estabelecer informações de custos para atividades de controle, de planejamento e tomada de decisão, o contador considera o material direto (ou simplesmente o material comprado para a finalidade específica de produzir um determinado item) como um item FINANCEIRO, e não econômico. Sendo assim, ele distingue o material de dois outros fatores de produção: a mão de obra direta e as despesas indiretas de fabricação.

O material (matéria-prima) vem do fornecedor para ser transformado num produto acabado, porém, as atividades desenvolvidas para a aquisição dessa matéria-prima são mais administrativas e financeiras. A aquisição do material depende da situação financeira da empresa em termos de disponibilidade e de crédito, sendo que esse fato não ocorre com os dois outros tipos de custo (matéria-prima e mão de obra). Para Leone (2000), a empresa, na verdade, já está dimensionada em termos de mão de obra e de despesas indiretas de fabricação, que representam os fatores de produção próprios.

O material só é adquirido à medida que a empresa produz algum item para o qual ele se faz necessário; nesse sentido, o verdadeiro custo de produção é composto apenas pela mão de obra direta e pelas despesas indiretas de fabricação que, em linhas gerais (somados os dois custos), referem-se ao custo de transformação.

Transformação significa "conversão", na qual a matéria-prima é transformada em produto acabado com emprego de homens e capital. O capital, nesse caso, engloba máquinas, equipamentos, instalações, serviços, organização, tecnologia, supervisão, treinamento etc.

O custo de produção

O verdadeiro custo de produção (para finalidades de controle, planejamento e tomada de decisões) é composto apenas pelos custos de mão de obra direta e pelas despesas indiretas de fabricação.

Um exemplo prático dessa afirmativa refere-se ao momento em que precisamos encomendar a um serralheiro o orçamento para uma janela basculante, por exemplo. Ele faz suas medições, recebe informações quanto às características do produto e define o seu orçamento da seguinte forma:

Material	R$ 500,00
Mão de obra	R$ 1.000,00
Total	R$ 1.500,00

No valor da mão de obra, estão incluídos os salários pagos aos serralheiros auxiliares, parte dos custos da estrutura da marcenaria (depreciação dos equipamentos, consumo de ferramentas, uso das instalações, gastos com aprendizagem e treinamento, tecnologia já desenvolvida, juros, administração, entre outros) e o lucro do serralheiro proprietário (seu salário é o lucro propriamente dito).

O que a serralheria irá fazer será transformar em basculante o material que será comprado, já que, se não tiver capital de giro para bancar a compra do material, o serralheiro irá pedir um adiantamento ao cliente na ordem de 50% (R$ 750,00) para fazer frente à compra da matéria-prima e aos custos iniciais de transformação. O custo verdadeiro da serralheria é o da MÃO DE OBRA.

O verdadeiro custo de produção para o serralheiro é o custo sobre o qual se pode exercer certo controle e, por isso mesmo, ganhar mais dinheiro, caso esse profissional use os seus recursos próprios com maior eficiência.

Caso o serralheiro, não em termos físicos, mas econômicos, pudesse comprar o material e estocá-lo, poderia obter algum lucro se trabalhasse com grande eficiência, sendo que isso ocorre somente a longo prazo, com medidas mais profundas no processo tecnológico.

Sabemos que o material é transformado em produto acabado pela ação do homem (fator de produção pessoal) com a ajuda indispensável do capital (máquinas, ferramentas, equipamentos etc.), e que o custo verdadeiro de produção é a SOMA desses dois consumos. Assim, podemos afirmar que o capital é outro operário, que nunca vemos. Apesar disso, sabemos que este existe e atua como se estivesse lado a lado com o operário real (pessoal). Por isso, o chamamos de *custo invisível* ou *operário invisível*, conforme explica Leone (2002).

O operário invisível e/ou "terceiro elemento"

Alguns autores como Martins (1998), Kliemann Neto (1989), Leone (2000), Beulke e Bertó (2006), entre outros, costumam chamar o custo invisível de *terceiro elemento* ou, mais precisamente, de *despesas indiretas de fabricação* que, na realidade, representam, em termos monetários, o uso de recursos gerais da fábrica, como equipamentos, instalações, ferramentas, serviços, organização e tecnologia.

O OPERÁRIO INVISÍVEL apresenta algumas características, tais como:

- normalmente, é mais caro do que o operário real, sendo que ambos são avaliados por medidas iguais;
- representa a estrutura fixa da fábrica;
- acompanha o operário real aonde quer que ele vá, dentro da fábrica e durante o horário de trabalho; Independentemente de o operário trabalhar em dois turnos ou mais, com mais produtos, ele está lá, inflexível;
- se operário real parar por qualquer motivo, o invisível também irá parar;
- se o operário real gastar duas horas para fazer um produto, o operário invisível gastará o mesmo tempo etc.

Se observarmos, o operário invisível está sempre presente em qualquer atividade da empresa (produção; transformação), pois é um custo fixo, e independentemente do que a empresa produzir, ele continuará existindo. Daí a grande preocupação em identificar esse custo no processo de transformação.

O consumo de capital, na realidade, é o investimento realizado na compra de máquinas, equipamentos, instalações etc., o qual é parte integrante do processo produtivo que resulta do uso das máquinas e das instalações. Esse consumo se transforma aluguéis, seguros, depreciações, instalações, reparos, manutenção e juros, emprego de pessoal auxiliar, administrativo e de supervisão, gerando os custos referentes a salários, encargos sociais, extraordinários, treinamento, tempo improdutivo, consumo de energia e de combustíveis, utilização de ferramentas, emprego de materiais auxiliares – como lixas, eletrodos etc. Além disso, ele se refere aos custos decorrentes de atividades gerais, como vigilância, segurança, transportes, comunicação, e aos impostos relativos à fabricação etc. Esses custos resultantes são acumulados, por natureza, em CONTAS PRÓPRIAS, sendo que a conta geral – de controle – representa as despesas indiretas de fabricação – ou custos indiretos de fabricação – os quais são necessários para a transformação de uma matéria-prima em um produto acabado. Conforme complementam Beulke e Bertó (2006, p. 235), esses custos são "o nosso operário invisível que não aparece diretamente na elaboração do produto".

A soma dos custos "invisíveis" é relevante, já que:

- o total desses custos ocupa uma posição relativamente preponderante em comparação com o custo total de produção. Nas empresas industriais, o total das despesas indiretas de fabricação costuma ser na ordem de 30%, aproximadamente;
- as despesas indiretas de fabricação representam diversos gastos, completamente diferentes uns dos outros. Enquanto o material direto é constituído de uma despesa de natureza única, sendo que o mesmo acontece com a mão de obra direta, os custos indiretos de fabricação são espalhados;
- o total dessas despesas é a soma de diversos gastos de naturezas diferentes, os quais sofrem controles diversos, exercidos por diferentes componentes da organização. Esses componentes, por sua vez, visam atender a objetivos distintos;
- o comportamento das diversas despesas em relação a um parâmetro operacional assume diversas formas. Na prática, grande parte das empresas industriais utiliza-se do parâmetro "homens/hora" por este se relacionar com a ideia do "operário invisível" ou "fantasma". Seguindo essa corrente, o operário invisível é influenciado pela quantidade de "homens/hora", parâmetro operacional representativo da atividade do operário real;

- os custos que constituem as despesas indiretas de fabricação representam o consumo da capacidade instalada. Essa capacidade está dimensionada para atender a determinado volume de produção. O fato de as diversas despesas indiretas de fabricação representarem o consumo das instalações, dos equipamentos, dos materiais auxiliares, dos recursos humanos indiretos e da própria organização fabril confere ao operário invisível uma significação especial. Por esse motivo, as análises utilizadas para definir essas despesas, diante do volume do parâmetro referencial, indicam imediatamente os desvios de eficiência e de uso na utilização da capacidade instalada.

As organizações, de um modo geral, possuem o operário invisível, ou seja, aquele custo não identificado e de difícil valorização. Ao imaginarmos o *layout* de uma fábrica todo desordenado, o que acontece? A produção "sai" dentro dos padrões estabelecidos, com determinada despesa apropriando a ineficiência, que, por sua vez, não aparece na planilha para a formação do custo – o operário invisível.

O efeito "depreciação"

A depreciação refere-se ao decréscimo no valor venal de um bem, podendo ser conceituada sob três diferentes óticas e apropriada ao custo indireto de fabricação, conforme nos ensina Kliemann Neto (1989) e Martins (1998).

A depreciação de um bem é o chamado OPERÁRIO INVISÍVEL: não observamos o desgaste das máquinas e equipamentos, mas ele está lá. Se, por um lado, é apropriado como despesa, por outro, o aspecto financeiro representa uma geração de caixa, pois é deduzido como despesa nos demonstrativos de resultados. Porém, não há o desencaixe financeiro, isto é, o dinheiro não sai do caixa como nas outras despesas.

Nesse contexto, o administrador tem de ter muito cuidado no quesito custo, pois o bem tem uma vida útil, e sua depreciação obedecerá aos critérios estabelecidos em lei. Se um bem possui uma vida útil de dez anos, com depreciação linear, e seu valor é de R$ 10.000,00, ele só pode ser depreciado R$ 1.000,00. Dessa forma, o rateio da depreciação deverá ocorrer sobre R$ 1.000,00 por ano e não R$ 10.000,00 de uma só vez.

Algumas formas de depreciação, segundo Kliemann Neto (1989) e Leone (2000), refletem aspectos importantes na gestão de custos, pois um determinado bem, em termos contábeis, pode ter uma vida útil de cinco anos e, em virtude das condições de uso, ter de ser substituído em dois anos. É em função desse ponto que avaliamos a forma como o bem é depreciado para apropriá-lo corretamente aos custos.

As principais formas de depreciação são:

- Física: é a perda de valor pelo desgaste do bem. O desgaste em uma máquina ou equipamento, por exemplo, decorrerá não apenas de sua utilização normal, mas também devido à ação do tempo e das intempéries.
- Econômica: refere-se ao declínio sofrido na capacidade que o bem apresenta de gerar receitas. Se o valor da produção de um equipamento diminui com o passar do tempo, o seu valor intrínseco sofrerá uma redução similar. As contínuas inovações psicológicas, que acontecem com uma rapidez cada vez maior, bem como a variação de gosto dos consumidores, podem ocasionar rapidamente a obsolescência de um bem ou tornar a sua utilização antieconômica. Assim, a exaustão física do equipamento e, principalmente, a obsolescência deste e também do próprio produto, ocasiona a queda no valor líquido da produção.

- Contábil: refere-se a uma estimativa de perda de valor sofrida pelo bem, com o propósito de realizar um registro contábil.
  O que se faz é estimar o prazo – chamado de *vida útil* –, ao longo do qual se julga que o bem terá uma utilização econômica, exceto as limitações colocadas pela legislação do imposto de renda. No final de períodos predeterminados (o ano, usualmente), são reservadas quantias que, acumuladas, geram uma soma capaz de recompor o bem ao final de sua vida útil. É importante mencionar que os valores desse bem são definidos por um dos métodos que serão expostos posteriormente.

A forma de depreciação, acelerada ou normal, irá influenciar nos custos, sendo, contudo, um custo de transformação, pois a utilização das máquinas e equipamentos, que provoca o desgaste desses custos, faz parte do processo produtivo. O desgaste tem de ser mensurado em termos de custos, mas, ao mesmo tempo, é intangível, pois não podemos tocá-lo nem enxergá-lo. Ele é, portanto, um custo de transformação necessário à fabricação dos produtos, mas também um operário invisível.

Vida útil

A vida útil corresponde ao tempo, em anos, em que um bem pode ser utilizado conforme sua condição de uso, ou seja, se uma máquina trabalha 8 horas por dia, o seu nível de desgaste será menor, e sua vida útil será bem maior do que se essa mesma máquina trabalhasse em regime de 24 horas. Em termos de análise gerencial, a vida útil de um bem pode ser avaliada:

- Do ponto de vista contábil: a vida útil de um bem corresponde, em anos, ao tempo que, em geral, a legislação institui para a sua depreciação fiscal. Por exemplo: para uma máquina adquirida por R$ 10.000,00 e com uma vida útil especificada em 10 anos, o valor aceito pelo fisco como depreciação poderá ser de R$ 1.000,00 por ano.

- Do ponto de vista técnico: é o que interessa em termos de processo produtivo, pois a vida útil é estabelecida em função do desgaste físico e técnico da máquina ou equipamento. O desenvolvimento tecnológico poderá tornar o equipamento obsoleto, como no caso do aparecimento no mercado de um aparato mais eficaz; ou ainda poderá torná-lo inadequado para produzir um determinado produto, por este ter sofrido alguma modificação em sua forma ou em sua matéria-prima. As mudanças nas quantidades fabricadas do produto também podem exigir modificações no processo de fabricação, tornando o equipamento inadequado para o objetivo almejado.

O desgaste físico do equipamento ocasionará uma produtividade menor e exigirá mais interrupções para reparações, gerando maiores custos de manutenção. A aceleração do desgaste pode ocorrer devido ao uso inadequado do equipamento por meio de um funcionário não habilitado devidamente; por um piso inadequado, submetido a vibrações; por um ambiente corrosivo e pela exaustiva utilização desse equipamento em mais de um turno.

Consequentemente, com base na experiência anterior com máquinas semelhantes, será feita uma avaliação da possível duração desse equipamento e, então, estabelecida a vida útil do equipamento, considerando os fatores de correção para cada caso em particular, de acordo com a obsolescência funcional, a intensidade de uso, as condições ambientais etc.

- **Do ponto de vista da formação de custos e preços:** nesse caso, é utilizada a depreciação calculatória, a qual objetiva determinar a participação e a distribuição dos bens do ativo fixo na composição dos custos dos produtos, a fim de formar os preços. Nesse sentido, uma maior ou menor aceleração da depreciação irá depender das circunstâncias dos negócios.

É utilizado, como base de cálculo dos valores calculatórios, o seu valor atualizado, o qual é denominado valor atual de mercado. Assim, em relação ao estabelecimento de preços competitivos, a determinação da vida útil calculatória é limitada pela vida útil técnica, em seu valor máximo, e pela concorrência, em seu valor mínimo, pois leva em conta os riscos do negócio.

Métodos de depreciação

O método de depreciação indicará a forma de depreciação de determinado bem, conforme a determinação da legislação de cada país. Para fins contábeis, segundo determina a Resolução CFC nº 1.027 – de 15 de abril de 2005 – publicada no DOU, de 9 de maio de 2005, a qual aprova a NBC T 19.5 – *Depreciação, Amortização e Exaustão* – os métodos de depreciação podem ser classificados como:

- **Método linear:** é obtido a partir da divisão do valor de aquisição do bem pela sua vida útil, consistindo em um valor de depreciação constante para toda a vida útil do ativo, idêntico de ano para ano.
- **Método da soma dos dígitos:** fornece um valor de depreciação decrescente em relação à vida do equipamento. A taxa de depreciação é variável e pode ser obtida anualmente, tomando-se como denominador a soma das unidades representadas pelos números dos anos de vida estimada e, como numerador, a vida útil restante.

- **Método da soma inversa dos dígitos:** consiste em aplicar, sobre o valor depreciável, diversas frações conforme o ano. Esse método caracteriza-se, então, por depreciar os ativos de uma forma desacelerada. Dessa forma, o numerador da fração é o número do ano, e o denominador, a soma de todos os anos correspondentes à vida útil do ativo.
- **Método por produção:** nesse caso, o valor depreciável é dividido pelo número de unidades que serão produzidas durante a vida útil de um bem ou pelo número de horas de serviço em que ele estará funcionando. Assim, para que calculemos a depreciação em um certo período, o resultado deve ser multiplicado pelas unidades produzidas ou pelas horas trabalhadas durante esse período.
- **Método exponencial:** aqui, deprecia-se um valor mais alto quando a máquina está no início de sua vida útil. Com o passar do tempo, conforme esta vai diminuindo a sua produtividade, o valor da depreciação também diminui. Dessa forma, podemos conceber que o referido método apresenta a vantagem de considerar valores de depreciação que são decrescentes em relação à vida da máquina. Trata-se de um método lógico, pois o cálculo da depreciação apoia-se em uma taxa fixa, a qual deve ser aplicada regularmente ao saldo decrescente do valor a depreciar.
- **Método conforme a legislação:** para fins de pagamento do imposto de renda, a legislação tributária permite que o valor conferido à depreciação no período seja calculado como um custo, sendo "R" a receita bruta no período, "C" o custo (correspondente aos desembolsos efetivamente realizados) e "D" a parcela lançada como depreciação. Assim, o lucro tributável será dado pela seguinte equação:

$$LT = R - C - D$$

(.)

Ponto final

Neste capítulo, retomamos alguns conceitos de custos para demonstrar onde o custo invisível ou "operário invisível" aparece. Normalmente, essas despesas não são contempladas e/ou identificadas e, consequentemente, não são considerados no preço de venda do produto. Em sua maioria, são decorrentes da transformação da matéria-prima em produto, ou seja, do processo, que, por sua vez, afeta a produtividade, fazendo com que a empresa tenha sua rentabilidade reduzida e, o que é ainda pior, perca mercado em função da não competitividade.

Atividades

1. Destaque pelo menos duas características do "operário invisível".
2. Como a contabilidade considera o custo de produção?
3. Defina *custo invisível de produção.*
4. A depreciação assemelha-se a um "operário invisível". Dessa forma, como ela pode ser considerada?
5. De que maneira os efeitos da depreciação interferem na elaboração do custo e na formação do preço de venda de um produto?

(9)

Custo e planejamento

O orçamento é uma das formas mais comprometedoras de se praticar o planejamento, pois ele estabelece metas, objetivos, prazos, valores e indicadores para acompanhamento.

Por meio do orçamento, é possível obter uma análise direta sobre os custos totais de uma empresa, pois, se não há informações sobre custos, mesmo mediante contas gerais, não se tem orçamento.

A realização de um investimento consiste em uma decisão que envolve muitos RISCOS. Por isso, devemos explorar as potencialidades dos modelos numéricos de cálculo para apoiar as decisões em diferentes estágios gerenciais.

(9.1) Planejamento financeiro

Consiste na elaboração de planos para que possamos dirigir, coordenar e controlar as ações de curto (operacionais) e de longo (estratégicas) prazos, a fim de atingirmos os objetivos da empresa. Seu principal objetivo é planejar o caixa e o lucro das atividades operacionais futuras de qualquer empresa.

O planejamento financeiro é divido em duas partes distintas: a primeira trata do orçamento em si e condiz com as operações que irão ocorrer no período de competência, como o faturamento; a segunda representa o fluxo de caixa, que ocorre quando a empresa irá receber ou pagar suas contas, ou, em outras palavras, quando ela obterá o ingresso de recursos (decorrente do faturamento, por exemplo) e quando irá, efetivamente, desembolsar recursos.

Padoveze (2005) nos ensina que

> *apesar de haver sempre críticas ao uso do orçamento nas empresas, e algumas ácidas, não há dúvidas de que esse modelo de controle financeiro e administrativo se impõe a todas entidades, sejam elas empresas com fins lucrativos ou outras, com diferentes objetivos, na indústria, no comércio ou na prestação de serviços.*

A grande vantagem do processo orçamentário é obrigar a empresa e, consequentemente, seus gestores, a trabalharem sempre em PERSPECTIVA DE FUTURO, como completa Padoveze (2005).

Orçamento de caixa

É um instrumento de previsão e planejamento financeiro que possibilita ao administrador determinar as necessidades financeiras de curto prazo das operações da empresa. Para Welsch (1986), sua importância consiste em possibilitar a definição e a análise das necessidades financeiras da organização e, assim, definir as fontes dos recursos.

Fluxo de caixa da empresa

O fluxo de caixa de qualquer empresa classifica-se em fluxos financeiros e legais e em fluxos operacionais. Os FLUXOS FINANCEIROS E LEGAIS consideram o pagamento e o recebimento de juros, empréstimos e impostos, bem como os efeitos de distribuições do patrimônio líquido mediante o pagamento de dividendos ou a recompra e a venda de ações da empresa. Nesse contexto, ressaltamos que os fluxos operacionais relacionam-se com o ciclo de produção da empresa. Esta, por sua vez, utilizando matérias-primas e ativos depreciáveis e incorrendo em despesas operacionais, como salários, encargos e despesas com vendas, produz e vende seus serviços ou produtos.

O diagrama a seguir apresenta o fluxo de caixa da organização e seus diversos componentes:

Figura 9.1 – Fluxo de caixa

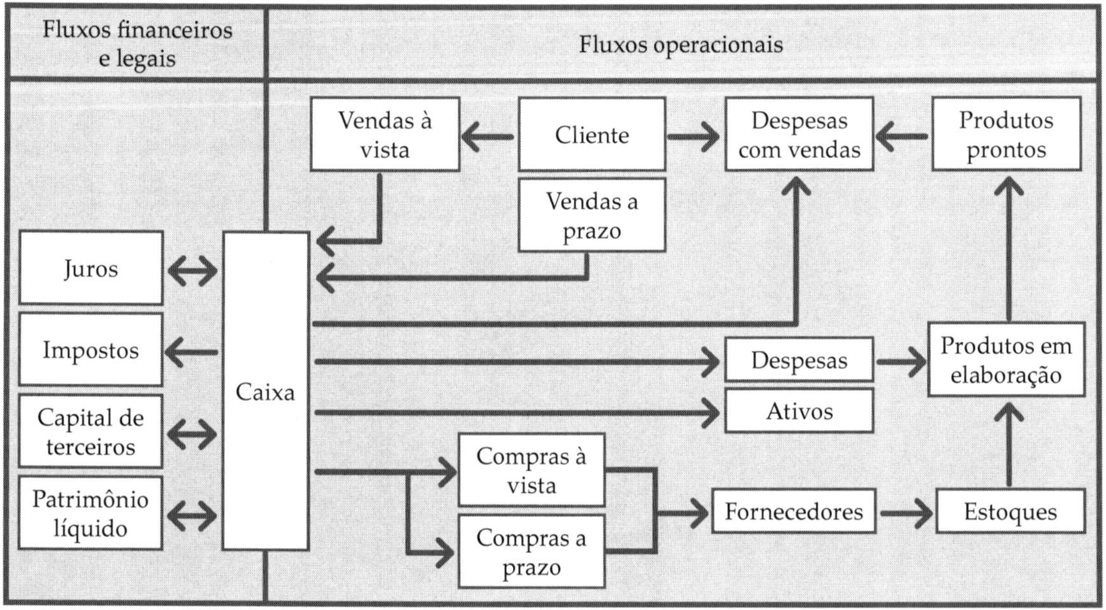

Fonte: Gitman, 2001.

Observando o diagrama das operações, constatamos que todo o processo está atrelado a custos e despesas VISÍVEIS e INVISÍVEIS.

Planejamento do lucro: fundamentos das demonstrações projetadas

O desempenho financeiro futuro provável de uma empresa pode ser obtido mediante o desenvolvimento de basicamente três conjuntos de projeções, segundo Gitman (2001): o primeiro é o demonstrativo de resultado que representa o plano e a análise operacional da empresa; o segundo trata do fluxo de caixa, que apresenta e expõe os movimentos esperados por categoria de conta do caixa da empresa nas previsões futuras, fornecendo uma visão mais dinâmica das mudanças esperadas no cenário dos recursos da empresa; o terceiro trata do balanço patrimonial, que reflete o impacto cumulativo antecipado das decisões futuras presumidas conforme sua condição financeira. Todos os três demonstrativos são preparados tomando-se como base as estimativas ou premissas consideradas nas atividades futuras do mercado e/ou da empresa e projetando-se, conta por conta, os resultados e as condições pressupostas. A abordagem não está baseada em transações contábeis detalhadas, mas principalmente no uso criativo do conjunto das receitas e contas como uma estrutura pela qual se organizam e desempenham as expectativas futuras, como o faturamento, o dimensionamento dos custos, os investimentos etc.

O planejamento do lucro envolve a elaboração da demonstração do resultado e do balanço patrimonial projetados. Para preparar corretamente as projeções do demonstrativo de resultados e do balanço, é necessário definirmos todas as premissas preliminares desejadas às previsões futuras. Sua elaboração exige uma integração cuidadosa de inúmeros procedimentos que levem em conta cenários, previsões de vendas, custos e despesas, obrigações, ativos e participações acionárias, resultantes do nível de operações antecipadas. Os passos fundamentais desse processo são apresentados no fluxograma a seguir.

Figura 9.2 – Planejamento financeiro – lucro

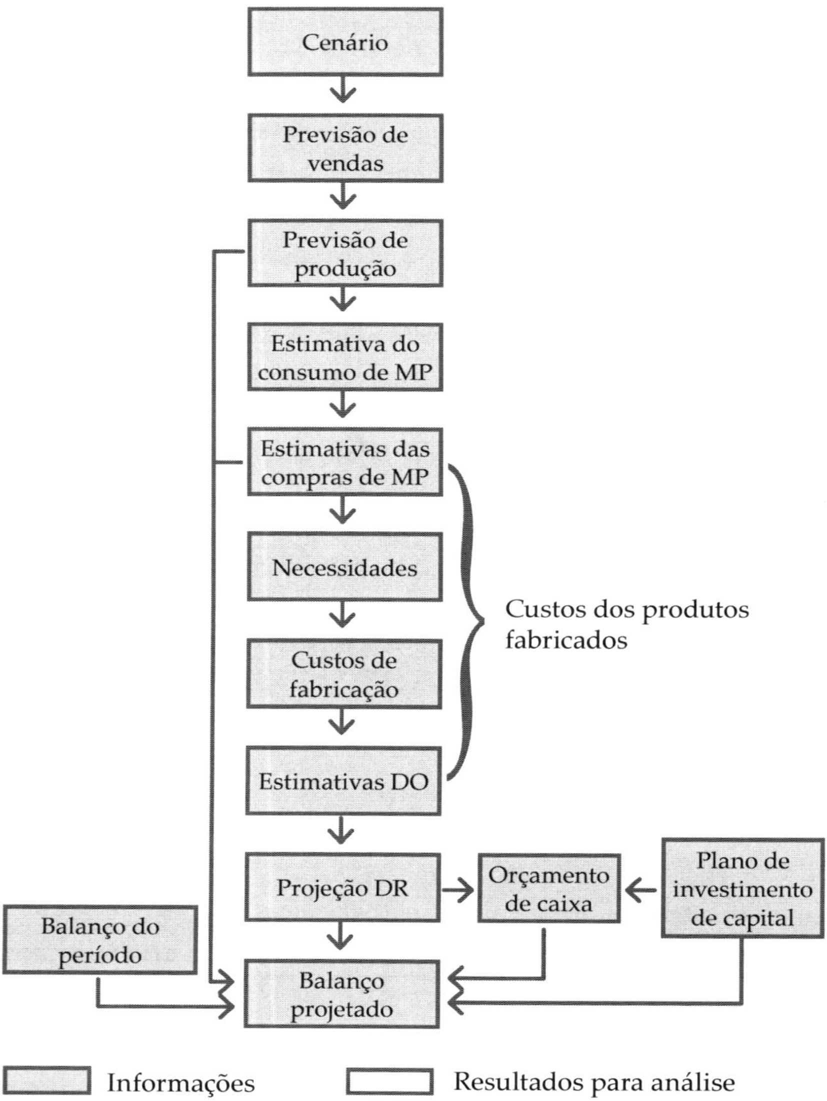

Fonte: Gitman, 2001.

Método das demonstrações projetadas

Segundo Zdanowicz (1998a), o método para elaborar as demonstrações projetadas inicia-se com um PLANO DAS PREVISÕES DE VENDAS, a partir do qual desenvolvemos um plano de produção que leva em conta o tempo necessário para a conversão da matéria-prima em um produto pronto. Com base nessas estimativas de consumo, podemos programar quando e quanto comprar de matéria-prima, bem como elaborar as estimativas de mão de obra (custos diretos de produção). Os custos indiretos de produção também podem ser estimados pelo comportamento histórico operacional da empresa, e as despesas operacionais (vendas e administrativas) estimadas com base no nível de operações necessário para sustentar as vendas previstas. Após definidos esses pontos, é possível elaborar o orçamento de caixa (trimestral, mensal e diário de pagamentos e recebimentos).

Conhecendo o orçamento de caixa, o plano de investimentos de capital e o balanço do período corrente, podemos desenvolver o balanço projetado da empresa. A demonstração de resultados fornecerá a variação dos lucros retidos, a depreciação e o Imposto de Renda. O orçamento de caixa fornecerá o saldo de caixa, os títulos a pagar, as duplicatas a receber e a pagar e os empréstimos de curto e longo prazos. Já o plano de investimentos de capital indicará as variações esperadas nos ativos fixos, tais como a aquisição de máquinas e equipamentos.

(9.2)

A importância do orçamento

A principal condição para a implementação do sistema orçamentário numa empresa é a existência de apoio da direção e de motivação para disseminar a cultura orçamentária entre os funcionários.

Como visto anteriormente, o orçamento econômico ou operacional é composto por vários estágios, porém, o nosso enfoque é o planejamento das receitas e dos custos para um determinado período, de acordo com determinadas metas de resultados, a partir dos volumes físicos de vendas (para a indústria e o comércio) e atendimentos (empresas prestadoras de serviços).

Os custos estruturais ou operacionais primários são administrados por diferentes gerências dessas gerências ou chefias. Estipulamos, em conjunto com cada uma dessas gerências ou com seu apoio, o montante dos referidos custos por conta/centro com base no retrospecto recente, introduzindo importantes ajustes ou reduções nos componentes avaliados. Desse modo, podemos praticar o indispensável esforço de adequação permanente da estrutura da empresa. Por outro lado, a projeção de custos estruturais ou operacionais precisa basear-se em custos históricos, pois, se estivermos projetando uma empresa, esses custos também deverão ser projetados em função da estrutura proposta para a organização.

Custos e planejamento dos níveis de atividade

O estabelecimento das metas operacionais da empresa está vinculado ao plano de atividades que, em suma, irá apresentar o objetivo de resultados e o montante de custos fixos para determinado período, conforme vimos anteriormente.

O resultado pode ser exposto por mais de uma forma: pela TAXA DE RETORNO EXIGIDA DOS ACIONISTAS em função do capital investido, pelo MONTANTE DE DIVIDENDOS ESPERADOS para o fim de determinando período (remuneração dos acionistas) ou ainda pela MÉDIA DE RETORNO FORNECIDA PELO MERCADO em função da atividade da empresa em questão. A estimativa de custos fixos decorre, até certo ponto, de forma independente do volume de produção e das vendas.

A quantificação dessas variáveis define a MARGEM DE CONTRIBUIÇÃO TOTAL que a empresa deverá assegurar no período de tempo considerado. A clara explicitação da contribuição total pode ser entendida como objetivo que determina o detalhamento de uma série de outros elementos num orçamento operacional.

Podemos afirmar que a quantidade de venda de cada produto e a contribuição unitária correspondente são os elementos básicos que devem ser combinados para que possamos atingir a contribuição total.

Supondo que a margem de contribuição geral pretendida seja R$ 34.000,00 e que os custos fixos projetados representem R$ 20.000,00, teremos uma margem de contribuição total de R$ 14.000,00 para um determinado período.

Na operação efetiva desses fatores, as quantidades podem ser decompostas em COTAS DE VENDAS POR REGIÃO ou em CANAIS DE DISTRIBUIÇÃO. A esses volumes físicos, podem estar associadas promoções de vendas ou campanhas publicitárias, as quais devem ser implementadas no momento adequado.

Vale lembrar que o aspecto quantitativo não pode ser previsto sem ser levada em consideração a INFLUÊNCIA DO PREÇO DE VENDA, a qual já se vincula estritamente à CONTRIBUIÇÃO UNITÁRIA DO PRODUTO.

Exemplo

Considerando o exemplo da página 107 do quinto capítulo, "Análise do custo, volume e lucro", temos:

Produtos	P1	P2	P3
Pv	10,00	10,00	10,00
Cv	6,00	5,00	7,50
% fat.	0,50	0,30	0,20
cf	120.000,00	100.000,00	80.000,00
MCu	4,00	5,00	2,50
RCu	0,40	0,50	0,25

Fonte: Kliemann Neto, 1989.

Onde o Ro para cobrir os custos fixos específicos de cada linha seria:

- Ro do produto P1 = Custo fixo de R$ 120.000,00/RCu 0,40 = R$ 300.000,00.
- Q* do produto P1 = Ro R$ 300.000,00/Pv R$ 10,00 = 30.000 unidades.

Os demais seguem a mesma fórmula:
P1 R$ 300.000,00 → Q* = 30.000 unidades
P2 R$ 200.000,00 → Q* = 20.000 unidades
P3 R$ 320.000,00 → Q* = 32.000 unidades

Na prática, o preço de venda deve ser, no mínimo, um valor que possibilite a contribuição unitária (MCu) prevista. A princípio, quaisquer que sejam os custos variáveis, o objetivo da contribuição unitária deve ser alcançado. Tanto a variável QUANTIDADE (Q*) quanto a variável CONTRIBUIÇÃO UNITÁRIA (MCu) expressam a DISPOSIÇÃO FINAL DO MERCADO EM APROVÁ-LAS OU NÃO. Consequentemente, a contribuição total por produto poderá ser continuamente afetada na execução efetiva do planejamento.

Ao longo do exercício econômico, o acompanhamento dos objetivos pode não atingir as metas que foram planejadas. Entre os fatores prováveis que podem influenciar no contexto, destacamos: o aumento de oferta devido à entrada de concorrentes; a retração do consumo por escassez de renda ou pelo crescimento excessivo dos custos variáveis, sem que seja possível repassá-los na mesma velocidade e intensidade aos preços finais de vendas; e problemas no processo produtivo (retrabalho, produtividade, qualidade, entre outros) etc.

Dessa forma, podemos constatar que o custo e o planejamento financeiro são ferramentas essenciais para uma boa gestão das operações nas organizações.

Acompanhamento do desempenho dos produtos

A preocupação com o desempenho dos produtos, expresso na meta de contribuição total, não assegura, por si só, êxito quanto à meta de resultado para a empresa. Este é obtido pela seguinte fórmula:

Margem de contribuição total – custos fixos = resultado da empresa

Os custos fixos merecem atenção especial. No acompanhamento orçamentário, deverá ser exercido um CONTROLE RÍGIDO sobre o cumprimento das dotações para impedir que estas ultrapassem o montante estipulado. A projeção dos custos variáveis pode ser dispensada, uma vez que suas modificações podem ser detectadas pelas próprias contribuições unitárias. Quando forem comprovadas alterações na margem de contribuição unitária, com base nos acréscimos de custos variáveis, devemos examinar detidamente as razões que as determinaram. Entre essas razões, podem ser identificadas duas categorias básicas: causas físicas e causas monetárias.

Com relação às CAUSAS FÍSICAS, os fatores a serem avaliados são quebras, refugos, retrabalho acima do normal, má utilização dos materiais ou oscilações do rendimento operacional. A partir da constatação do problema, devemos traçar as medidas corretivas que se adaptam a cada caso nas áreas responsáveis.

As variações monetárias tendem, em princípio, a ser de natureza incontrolável, uma vez que nem sempre a empresa exerce uma influência favorável na aquisição de insumos. Isso porque essas variações decorrem, sempre, de causas estritamente incontroláveis. Dessa forma, à empresa não restará alternativas senão repassá-las ao preço de venda. Essa transferência será INTEGRAL OU PARCIAL, conforme a permissão do mercado.

No sistema de cálculo do custo padrão (estabelecimento de um método de custo para ser usado em toda a empresa), são mais amplas as possibilidades de análise sobre as referidas variações. Na inexistência de parâmetros mais confiáveis, a margem de contribuição unitária estabelecida, ou recentemente observada, pode servir como ponto de referência para destacar as variações ocorridas.

Em vista das modificações a que estão sujeitos os valores planejados, é conveniente dispor de instrumentos para a avaliação de seus efeitos no resultado da empresa. Para se constituir num eficiente fator de apoio às tomadas de decisões na empresa, o sistema de custos deve estar bem estruturado para formular novas alternativas diante do cumprimento das metas.

Tradicionalmente, autores como Cogan (1999), Beulke e Bertó (2006) e Ching, Marques e Prado (2007) fazem essa abordagem referindo-se às relações entre CUSTO-VOLUME--LUCRO. Essa análise conduz à delimitação do MONTANTE MÍNIMO DAS VENDAS para não haver prejuízo.

Em termos de negociações de preços e volumes, é interessante que o empresário saiba até que ponto poderá ceder para não comprometer o resultado da empresa. Do mesmo modo, é válido, segundo Beulke e Bertó (2006), afirmar que o ponto de equilíbrio é o mínimo que deverá ser gerado de receita ou de contribuição total para dar cobertura a todos os custos.

(9.3)

Custo padrão

Na metodologia de custos, o custo padrão constitui, historicamente, um instrumento de grande valia no esforço constante que as empresas empreendem para se manter viáveis e bem dimensionadas do ponto de vista econômico.

Os custos estimados tendem a antecipar os custos reais, servem como orientação para a administração e são, com frequência, utilizados para o estabelecimento dos preços de venda dos produtos, não procurando adaptar a realidade a estes, mas fazendo justamente o contrário.

De acordo com Martins (1998) e Leone (2000), o custo padrão é estabelecido antes da realização da atividade, por meio de MÉTODOS RACIONAIS, ou seja, por meio da relação do custo com a operação no processo fabril. A teoria do custo parte do princípio de que os valores pré-calculados são verdadeiros custos de produção do produto, e não valores pós-cálculo.

O custo padrão, quando fixado de forma exata e em condições normais, é o verdadeiro custo de produção do produto. Ele visa estabelecer a correta utilização dos fatores de produção, servindo como instrumento para o controle das operações da empresa. Vale lembrar que o aspecto CONTROLE não é uma finalidade unilateral do custo padrão, pelo contrário, ele é, na realidade, uma meta a ser atingida pela empresa.

Ao lado das finalidades apontadas, o custo padrão serve como instrumento de avaliação da economicidade. Tal finalidade é constatada por meio do CÁLCULO DAS VARIAÇÕES, que permite averiguar as diferenças entre o custo real e o custo padrão, ou seja, entre o custo que "foi" e o custo que "deveria ter sido". As variações, por sua vez, indicam até que ponto uma orientação ou um objetivo foi atingido.

Elementos do custo padrão

Os custos de produção de um produto são representados a partir do CÁLCULO DE CUSTOS, mediante insumos físicos não-somáveis, sendo que, para que possam ser adicionados, estes devem ser expressos em valores monetários. Embora, no geral, o custo seja encarado estritamente sob o aspecto monetário, é tão importante saber O QUE custou determinada produção como QUANTO ela custou. Do ponto de vista do custo padrão, esse duplo aspecto do conceito de custo é muito importante, uma vez que esse cálculo preocupa-se com O CONTROLE DOS INSUMOS FÍSICOS.

Como elemento inicial do custo padrão, temos a FIXAÇÃO DE PADRÕES FÍSICOS. Essa etapa refere-se aos setores técnicos da empresa e consiste em definir exatamente o produto (desenhos, amostras etc.) em estabelecer seu fluxograma detalhado (divisão que engloba, inclusive, os menores elementos das operações), em indicar os tipos de máquinas e ferramentas utilizadas e de que forma são utilizadas, em determinar os locais de trabalho e em discriminar os tipos de materiais a serem utilizados, bem como suas características. Devem também ser conhecidos os tempos de elaboração dos desenhos, assim como os tempos de preparação, execução e controle das operações.

Todos esses elementos são reunidos num manual específico. Uma vez fixadas as normas referentes aos aspectos físicos do produto, deve ser utilizado o mesmo procedimento em relação aos aspectos monetários, estabelecendo-se o PADRÃO MONETÁRIO. Neste, são considerados somente os elementos de custos que, normalmente, integram o produto, ficando excluídos, assim, os eventuais custos extraordinários, como nos ensina Martins (1998).

A avaliação do custo padrão resulta da multiplicação do padrão quantitativo (físico) pelo padrão monetário. Dessa forma, todos os padrões quantitativos diretamente integrados aos produtos são multiplicados pelos seus respectivos padrões monetários.

(9.4)
Cálculo das variações de custos

O cálculo das variações de custos visa demonstrar todas as variações de insumos de bens e serviços ocorridas na produção. Elas são obtidas, geralmente, por meio da relação CUSTOS REAIS-CUSTO PADRÃO.

Um resultado positivo indica CUSTOS EXCESSIVOS, o que é desfavorável; por outro lado, um resultado negativo indica CUSTOS INFERIORES AO PADRÃO, sendo, assim, favorável. Assim, constatamos que a GRANDEZA padrão é a unidade de medida à qual são comparados os custos reais. Observa-se, nesse caso, que POSITIVO (+) não significa algo favorável, e que NEGATIVO (–) não significa algo desfavorável. O conhecimento das variações de custos numa empresa condiciona--se, automaticamente, a uma utilização mais ECONÔMICA dos fatores de produção.

A importância das variações não reside apenas na constatação de sua grandeza absoluta, mas principalmente na análise de suas CAUSAS e de seus RESPONSÁVEIS. Para que essa análise possa ser concretizada, a divisão das variações deve ser cumprida em duas categorias, segundo sua origem: VARIAÇÕES DE PREÇOS DE ORIGEM EXTERNA, as quais são incontroláveis, e VARIAÇÕES QUANTITATIVAS, que são de origem interna e controláveis.

(9.5)
Análise de investimentos

Conforme Gitman (2001), os estudos para a realização de um investimento devem considerar as variáveis de diversas áreas gerenciais, como a técnica, a mercadológica, a econômica e a financeira. Quando falamos em custos, de uma forma geral, estamos vinculando o tema ao aspecto econômico. Já quando falamos de um estudo de investimento, normalmente desejamos saber qual o volume necessário de produtos ou serviços que deve ser gerado, e em que tempo, para que o valor investido retorne ou seja recuperado. Em relação ao estudo econômico de investimento, a variável referente à MARGEM DE CONTRIBUIÇÃO é preponderante no cálculo.

(9.6)

Gerência e controle de custos

O custo, em sua função gerencial, apresenta inúmeros desdobramentos. Um dos mais importantes é a função de CONTROLE, que pode ser desenvolvida em diferentes aspectos e com variados instrumentos para os componentes da estrutura geral de custos.

Controle de materiais

O controle de materiais envolve diversos aspectos e diferentes instrumentos na sua prática. Para que ele possa existir, é fundamental a empresa possuir um fluxo de entrada, um controle de estocagem e um consumo de materiais eficientes. Mesmo sendo uma atividade básica, essa prática é deficiente e até mesmo inexistente em muitas organizações, principalmente nas de pequeno porte. Notadamente nas áreas de serviços e saúde (hospitais, clínicas e laboratórios), em que os custos de materiais são representativos, a deficiência desse controle é grande, gerando consideráveis perdas, mau uso, desvios etc., de acordo com Beulke e Bertó (2006).

Além do controle do fluxo, faz-se necessário um controle sobre a evolução dos consumos e insumos de materiais por classe, grupos e até por itens representativos específicos num contexto global e setorial. O objetivo é identificar quais materiais sofrem maiores oscilações de consumo e em que local da organização isso ocorre. Depois disso, os itens ou produtos específicos devem ser classificados.

Para Caravantes (2007), a qualidade total, mediante o enfoque dos materiais, preocupa-se com o custo da qualidade e da não qualidade, com os índices de perdas, suas causas, consequências, alternativas e soluções.

Nos sistemas de custos convencionais, um primeiro passo no sentido do controle dos custos e despesas operacionais é alcançado mediante a setorização por áreas de responsabilidade. A experiência profissional indica que a forma mais fácil de não nos preocuparmos com os custos e de não assumirmos nenhum compromisso é desconhecê-los. O simples conhecimento desses custos pelos responsáveis das áreas e a consciência de que as esferas superiores também os conhecem constituem fatores inibidores para a sua realização, redundando em maior cuidado e racionalização.

A partir da identificação dos custos/despesas por área de responsabilidade, devemos fazer uma análise evolutiva destes no nível horizontal e vertical. A análise horizontal indica a evolução mensal, em índice, de cada espécie individual de custos; a vertical aponta para a sua participação relativa à composição total dos custos da área. Para uma melhor gestão setorial, é ainda adequada uma divisão desses custos/despesas entre os que são administráveis diretamente pela área e entre os que são atribuídos por meio de rateios genéricos.

Como exemplo, vamos considerar um demonstrativo de resultados simples:

Exemplo

Demonstrativo de resultados

DEMONSTRATIVO DE RESULTADOS	2007		2008		VARIAÇÃO
Vendas brutas	50.000	100,00%	80.000	100,00%	60,00%
Impostos	-5000	-10,00%	-12.000	-15,00%	140,00%
Receita líquida	45.000	100,00%	68.000	100,00%	51,11%
Custo dos produtos vendidos	25.000	55,56%	38.000	55,88%	52,00%
LUCRO BRUTO	**20.000**	**44,44%**	**30.000**	**44,12%**	**50,00%**
Despesas operacionais	15.000	33,33%	16.500	24,26%	10,00%
RESULTADO OPERACIONAL	**5.000**	**11,11%**	**13.500**	**19,85%**	**170,00%**
Receitas não operacionais					
Outras receitas não operacionais					
LUCRO ANTES DO IMPOSTO DE RENDA	**5.000**	**11,11%**	**13.500**	**19,85%**	**370,00%**
Provisão para contribuição social					
Provisão para Imposto de Renda					
Lucro líquido do exercício	5.000	11,11%	13.500	19,85%	370,00%

FONTE: LEONE, 2000.

Um grande aumento dos custos mercadológicos exige um conhecimento detalhado. O custeio por atividade encontra grande aplicação mediante o detalhamento dos diversos processos que compõem essa área (processos de comunicação, logística, *merchandising* etc.) e constituem fator relevante para análise, em função do estabelecimento das bases de relação e do direcionamento a produtos, canais de distribuição, segmentos, clientes específicos etc. A abertura dos custos mercadológicos nessas categorias – tais como o custo dos produtos, dos canais de distribuição, dos segmentos de clientes e os relacionados a clientes específicos – tornam a análise muito eficaz, conforme foi exemplificado no segundo capítulo.

(.)

Ponto final

Neste capítulo, discorremos sobre a inter-relação entre o processo de custo e o planejamento financeiro. Vimos que, em qualquer situação, para a elaboração do orçamento, a identificação dos custos e despesas, assim como as previsões de investimentos, devem ser claras e objetivas, fundamentadas em um sistema de custos. Porém, é evidente que o plano orçamentário não é composto apenas por custos, mas também pelas receitas, pela projeção dos estoques etc.

A partir do orçamento financeiro, projetamos o fluxo de caixa que, em outras palavras, representa quando e o quanto deverá ser desembolsado, conforme estabelecido no orçamento, sendo essa uma importante ferramenta para o acompanhamento e o gerenciamento de custos nas organizações.

Atividades

1. Por que a variável referente à margem de contribuição é preponderante para a análise de um investimento?
2. Em termos de planejamento de atividades, qual a importância de se avaliar corretamente a variação dos custos?
3. O que significa *planejamento financeiro*?
4. Suponhamos que você está planejando o nível de atividades de uma pequena empresa, que produz exclusivamente um produto. O custo variável por unidade desse produto é de R$ 6,00, o preço de venda, R$ 10,00, e os custos fixos gerais somam R$ 120.000,00. Considerando que a empresa tenha de suportar despesas adicionais de propaganda e *marketing* para introduzir o produto em um novo mercado, cujo valor soma R$ 20.000,00, qual o faturamento e o volume necessários de produção e de vendas em unidades?
5. Por que a análise dos custos é importante para a elaboração do orçamento?

(10)

Controle e análise dos custos de distribuição

Luiz Fernando Barcellos dos Santos

Os custos de distribuição são aplicáveis tanto na área industrial como na comercial e de serviços, independentemente do ramo de atividades. É uma parte integrante da cadeia de custos, porém relegada a segundo plano em função do conceito logístico, o qual agrega a distribuição, mas não fundamenta a gestão desta. Atualmente, todo e qualquer processo é chamado de LOGÍSTICA, sendo analisado em função de uma rede ou cadeia de distribuição.

O enfoque deste capítulo é a análise da relação dos custos de distribuição com os diversos segmentos da atividade comercial, bem como quais instrumentos de controle são análogos aos instrumentos empregados pela atividade industrial no tratamento dos respectivos custos.

(10.1)

Logística e distribuição: processo industrial

Os conceitos de logística empresarial são muitos. A concepção básica, da qual evoluíram várias outras, resume-se em "colocar o produto certo, na hora certa, no local certo e ao menor custo possível, desde as fontes de matéria-prima até o produto acessar o consumidor final" (Ballou, 1995). Apesar de essa definição ser genérica, reflete de forma clara a abrangência e o objetivo da logística empresarial. Segundo o *Council of Logistics Management*, citado por Duarte (2002), o conceito de logística empresarial envolve:

> *o processo de planejamento, implementação e controle do fluxo e armazenagem eficientes e de baixo custo de matérias-primas, estoque em processo, produto acabado e informações relacionadas, desde o ponto de origem até o ponto de consumo, com o objetivo de atender os requisitos do cliente.*

Na figura a seguir, observamos um processo de logística e distribuição de operações internas dentro de uma fábrica de móveis para a fabricação de um produto específico.

Figura 10.1 – Processo para fabricação de um sofá

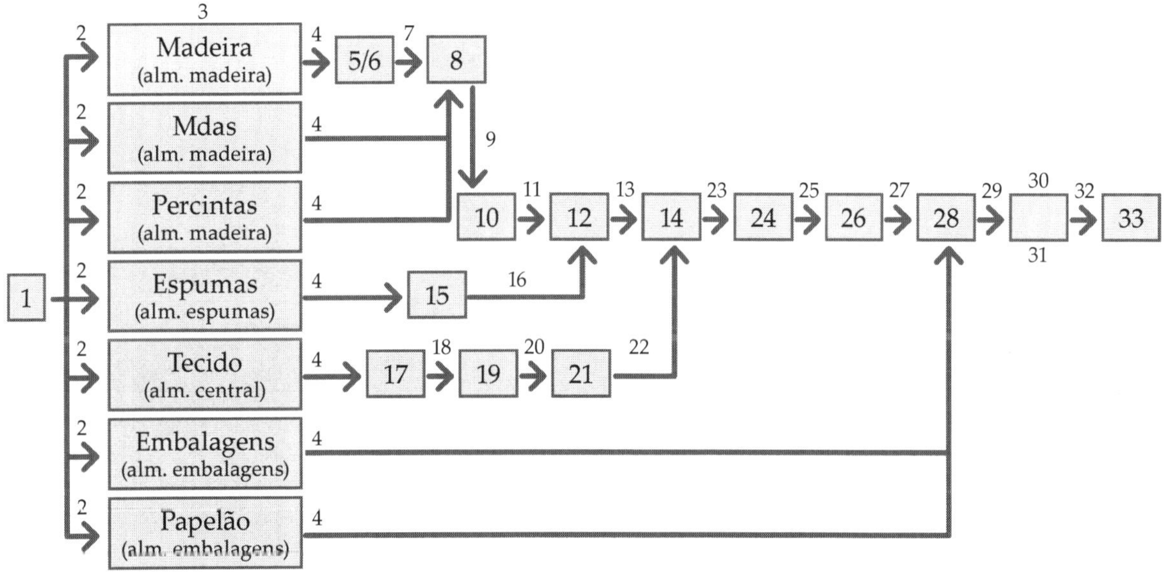

Mediante a figura apresentada, pudemos observar o processo produtivo, conforme é explicitado a seguir:

1. conferência da nota fiscal conforme ordem de compra;
2. transporte até o alimentador correspondente;
3. emissão da ordem de produção – levantamento mecânico dos materiais;
4. transporte das matérias-primas até o local de manuseio;
5. corte da madeira e montagem da estrutura de madeira;
6. transporte até a mesa de montagem final da estrutura de madeira – marcenaria;
7. montagem final da estrutura da marcenaria;
8. armazenamento no pré-estoque colagem;
9. pré-estoque colagem;
10. colocação na mesa de colagem;
11. colagem das espumas na estrutura de madeira;
12. transporte até o pré-estoque estofamento;
13. pré-estoque estofamento;
14. corte das espumas;
15. colocação das espumas na mesa de colagem;
16. corte do tecido;
17. colocação do tecido no pré-estoque costura;
18. pré-estoque costura;
19. colocação do tecido na máquina de costura;
20. costura do tecido;
21. transporte até o pré-estoque estofamento;
22. colocação na mesa de estofamento;
23. estofamento;
24. transporte até o pré-estoque montagem;
25. pré-estoque montagem;
26. colocação na mesa de montagem;
27. montagem/embalagem;
28. transporte até o estoque produtos acabados;
29. estoque de produtos acabados;

30. emissão da nota fiscal/aviso de coleta;
31. chegada à transportadora/transporte do produto final até a expedição carregamento;
32. assinatura do canhoto e liberação da mercadoria.

O que vimos, na verdade, é um processo de distribuição interno em uma unidade industrial para a fabricação de um sofá. Esse mesmo processo logístico pode ser montado para simplificar a distribuição de produtos para o mercado, partindo-se da etapa 31 em diante até o cliente.

(10.2)

Situação atual e perspectivas

Conforme Beulke e Bertó (2006, p. 260), até pouco tempo, as empresas industriais brasileiras não se preocupavam com esse tipo de custo (logística e distribuição), a ponto de exercer sobre ele os mesmos tipos de análises e controle que já vinham sendo realizados em relação aos custos de produção.

A lógica anterior ao estudo da logística era CONVERGIR ESFORÇOS DE DISTRIBUIÇÃO PARA OUTRAS PRIORIDADES GERENCIAIS, principalmente no tocante a custos de produção e processo.

Atualmente, o custo de distribuição, segundo Beulke e Bertó (2006), tem um peso muito grande nos custos das indústrias, do comércio e dos serviços. Não raramente observamos que, pela competência, a área de distribuição das empresas é terceirizada com o objetivo de se obter um menor custo e uma maior eficiência. As grandes redes, hoje, não possuem frota própria para este fim; quase tudo é terceirizado visando uma redução significativa de despesas ou até uma maior eficiência na distribuição dos produtos. Contudo, sempre deve haver uma avaliação (apuração de custos) para saber se é vantagem ou não terceirizar e, se for o caso, como terceirizar.

Diante dessa perspectiva, é interessante mencionar que as técnicas de controle e gestão de custos de distribuição estão muito avançadas, sendo que esses custos influenciam na guerra contra a concorrência, na expansão dos negócios e, por que não dizer, na sobrevivência da empresa.

A organização que conseguir controlar melhor seus custos comerciais e definir o seu comportamento diante de parâmetros controláveis – analisando-os pelos diversos segmentos da função comercial e identificando-os por meio dos produtos vendidos – certamente terá meios para participar da concorrência em condições mais favoráveis.

(10.3)
O que são custos de distribuição

Para Beulke e Bertó (2006, p. 373), os custos realizados pela função comercial são operacionais porque ela é uma FUNÇÃO FIM. Os custos de distribuição são aqueles realizados pelos segmentos comerciais que envolvem pesquisa de mercado, promoção de vendas, propaganda, crédito, venda, armazenagem, transporte, faturamento, cobrança, serviço de atendimento no pós-venda etc.

Cabe à contabilidade de custos identificá-los corretamente e apropriá-los conforme os critérios estabelecidos no plano de contas. Num primeiro momento, é necessário identificar a maneira como será subdividida a atividade de distribuição, a qual pode ser realizada de diversas formas:

- Por função: pesquisa de mercado, propaganda, crédito, venda, armazenagem, transporte, faturamento, cobrança, atendimento no pós venda;
- Por produto: pelas grandes linhas de produto (lâmpadas, aparelhos domésticos, equipamento pesado, equipamentos leves, ou então produtos farmacêuticos, produtos de higiene etc.);
- Por territórios: pelas zonas de vendas e regiões;
- Por cliente: governo, indústria, consumidores, crianças, estudantes etc;
- Por canal de distribuição: atacadistas, varejistas, consumidores diretos, lojas próprias, lojas de terceiros;
- Por tamanho de pedido: pedidos de grandes volumes, pedidos médios, pedidos pequenos etc.

Devemos ter cuidado ao apropriar esses custos, pois existem despesas comerciais que não são enquadrados diretamente ao produto ou família de produtos. São os chamados custos indiretos ou, como mencionamos anteriormente, o operário invisível. Nesse caso, como sugestão, o sistema de custeio ABC ou por atividade é o que melhor se enquadra no processo, pois tanto a filosofia de custeio total como a por absorção não identificam corretamente o custo atribuído ao produto.

A grande preocupação está no fato de que os relatórios gerenciais de custos a serem produzidos deverão servir à função de controle por parte dos responsáveis de cada segmento analisado. Além disso, muitos dos custos apropriados fogem à esfera de controle do responsável pelo segmento. Ao mesmo tempo, parte da contabilidade de custos estará desenvolvendo essas informações, enquanto a outra parte estará se dedicando ao levantamento de parâmetros das unidades de mensuração de atividades desenvolvidas pelos segmentos que foram escolhidos, ou seja, ao estabelecimento de bases de relação no tocante à atividade.

(10.4) Análise dos custos de distribuição

De posse das informações, poderemos proceder uma série de análises que irão fornecer dados gerenciais diferentes para o exercício de planejamento, controle e tomada de decisão por parte da administração. Assim, seremos capazes de avaliar a influência desses custos em relação aos itens a seguir.

Custos de distribuição por função

A análise de custos por função irá identificar os custos relativos por áreas, como, por exemplo: *marketing*, finanças, administração, almoxarifado, entre outros. As funções e/ou áreas da organização devem estar contempladas no plano de contas que dá suporte à contabilidade, a fim de que as contas sejam classificadas adequadamente. Isso possibilitará, após o efetivo lançamento, a avaliação do custo direto das respectivas funções.

Custos de distribuição por produto

Os tipos de informações que a gerência de custos poderia colher como resultado da análise dos custos de distribuição por produto poderiam ser:

- a determinação da rentabilidade individual;
- com base na rentabilidade individual, a gerência terá meios de identificar quais produtos deverão ser melhor analisados para as finalidades de redução ou aumento de sua produção e vendas;
- a determinação de quais são os produtos mais caros e as causas disso;

- o estabelecimento de preços de venda, caso seja possível, pois o custo comercial por produto irá proporcionar meios para a realização dessa avaliação. Esses meios deverão cobrir os custos diretos e variáveis de distribuição;
- o estabelecimento de políticas mais aperfeiçoadas, visando à maior eficiência do setor de vendedores para a aplicação de critérios de premiação e ajuda aos que conseguirem vender as maiores quantidades dos produtos mais rentáveis;
- a obtenção de recursos, em termos de informações, para o estabelecimento de uma análise dos melhores canais de distribuição, da melhor combinação de vendas e de métodos mais adequados de comercialização.

Atualmente, considerando a tecnologia do sistema de informações gerenciais, aliada à logística de distribuição, podemos facilmente identificar os problemas e corrigir as distorções.

Custos de distribuição por território

Medição do desempenho de vendas por área de atuação da empresa e/ou mercado. Quando analisamos as vendas sob esse aspecto, basta a organização ter disponível um sistema de gerenciamento de informações que contemple os dados em questão, podendo as vendas serem analisadas por produto, áreas, subáreas e assim por diante.

Para que esse sistema funcione, devemos cadastrar os produtos e as áreas por ORIGEM, isto é, no plano de contas. Os sistemas gerenciais de estoques e vendas por categoria, utilizados nos grandes centros de distribuição, são um exemplo disso.

Custos de distribuição por canal de distribuição e por cliente

A escolha de um processo para a comercialização dos produtos – pelos altos custos relacionados e pela irreversibilidade de alguns desses custos – faz com que esse tipo de ação ou decisão enquadre-se naquilo que os estudiosos denominam ANÁLISE DE INVESTIMENTOS.

Seguem-se alguns tipos de empresas e seus canais de distribuição:

- EMPRESAS FABRICANTES DE APARELHOS DOMÉSTICOS – LINHA BRANCA: tradicionalmente, a venda é feita por meio de revendedores. Estes são empresas comerciais que dispõem de lojas em pontos estratégicos e/ou grandes "centros de distribuição" estrategicamente localizados.
- EMPRESAS FABRICANTES DE COSMÉTICOS: a maioria dessas organizações prefere manter um corpo próprio de revendedores para atender ao varejo ou por meio de lojas próprias e/ou franquias. Segundo especialistas, a Avon®, que produz cosméticos e perfumes, obteve sucesso a nível mundial distribuindo e comercializando seus produtos para o consumidor final. Trata-se da tradicional VENDA PORTA A PORTA.
- EQUIPAMENTOS DE GRANDE PORTE: a venda é realizada diretamente pelo fabricante. Possuem vendedores próprios ou representantes especializados.
- EMPRESAS EXPORTADORAS: utilizam-se de canais de distribuição tradicionais dos países nos quais pretendem comercializar seus produtos.

Aqui, entendemos por distribuição o produto que é comercializado para atender ao consumidor final de forma DIRETA, INDIRETA OU TERCEIRIZADA. Quanto mais complexo for o canal de distribuição, maior será o custo de distribuição que, necessariamente, será repassado ao cliente final. É o caso, por exemplo, de uma fábrica de colchões, que vende seus produtos por intermédio de representantes, que, por sua vez, comercializam com distribuidores. Estes, utilizando-se de vendedores, comercializam com lojistas, os quais, por fim, atendem ao consumidor final. Todos esses canais de distribuição devem ser REMUNERADOS, e quem paga o custo é O CLIENTE FINAL.

Custos de distribuição por tamanho de pedido

A análise dos custos por tamanho de pedido fornecerá diversas informações para a tomada de decisão em termos de logística e, principalmente, custos de distribuição. Entre as informações, podemos destacar:

- O TAMANHO DE PEDIDO MAIS ECONÔMICO (LOTE ECONÔMICO): sempre existirão despesas que devem aumentar à medida que o tamanho do pedido também aumente; por outro lado, sempre ocorrerão despesas permanentes (fixas) independentemente do tamanho do pedido;
- DADOS PARA O ESTABELECIMENTO DE UMA POLÍTICA DE DESCONTOS POR QUANTIDADES: a combinação das despesas fixas e variáveis (diante do tamanho do pedido) com as receitas revelará que caminhos devem ser seguidos para se aumentar a rentabilidade do negócio, com o oferecimento de maiores descontos para os clientes que comprarem mais;
- OS TIPOS DE PROMOÇÃO E DISTRIBUIÇÃO QUE DEVERÃO SER ADOTADOS PARA ATENDER AOS CLIENTES QUE FAZEM GRANDES PEDIDOS: os pequenos pedidos, se feitos com muita frequência, podem gerar boa rentabilidade para a empresa.

Mediante a análise dos custos de distribuição dos produtos e serviços, pode ser estabelecida uma política mais adequada de preços, bem como a racionalização das entregas e a visualização dos canais mais adequados, visando atender a qualquer tipo de cliente.

Para simplificar e melhorar o entendimento dos custos relativos à distribuição dos produtos, iremos considerar uma rede de supermercados, um distribuidor/atacadista e um varejista. Será que em todos os estabelecimentos o tratamento deve ser o mesmo? Na verdade, em termos de atendimento e atenção, sim. Entretanto, em termos de custos para a empresa fornecedora, os valores mudam. Nos supermercados de grande porte, como o Wal-Mart, as compras são volumosas a ponto de uma empresa que fabrica três produtos poder enviar uma carreta com várias unidades de um único produto. Já para um distribuidor, a empresa poderia mandar uma carreta com unidades de três produtos diferentes numa única viagem. Por fim, para atender ao varejo, seria necessário um veículo menor, com três produtos e vários locais de entrega.

Dessa forma, as variações na formação do custo de distribuição consequentemente irão alterar o preço final do produto tanto para o cliente quanto para o consumidor final.

(.)

Ponto final

Conforme vimos no início do capítulo, o conceito de logística resume-se em "colocar o produto certo, na hora certa, no local certo e ao menor custo possível, desde as fontes de matéria-prima até o produto acessar o consumidor final" (Ballou, 1995). Contudo, para que a empresa realmente atenda a esses requisitos, precisa estar estruturada em todos sentidos: do processo de programação da produção à entrega do produto final ao cliente, o que implica, necessariamente, no acompanhamento dos custos de distribuição.

Assim, concluímos que, por meio do controle e gerenciamento dos custos, é possível identificar a maioria dos problemas que acontecem na organização e, mediante um diagnóstico, propor ações corretivas para que a empresa atenda às necessidades do mercado e mantenha a rentabilidade.

Atividades

1. Realizando uma análise do custo de distribuição por produtos, é possível avaliar os resultados sobre diversos aspectos. Que aspectos seriam esses?
2. O que são *custos de distribuição*?
3. Que ações a análise dos custos de distribuição por função permite?
4. O que os custos de distribuição por território medem?
5. O que estamos estabelecendo quando utilizamos um roteiro predefinido para a coleta e a entrega de mercadorias em uma transportadora?

Referências

BALLOU, Ronald H. *Logística empresarial*. São Paulo: Atlas, 1995.

BATISTA, Daniel Gerhard; ANDRADE, Nilton de Aquino; SOUSA, Cleber Batista de. Vantagens e desvantagens da utilização do sistema de custeio ABC. In: SEMINÁRIO DE GESTÃO E NEGÓCIOS, 1., 2004, Curitiba. *Um enfoque acadêmico da realidade empresarial*. Curitiba: FAE – Business School, 2004. v. 1. Disponível em: <http://www.fae.edu/publicacoes/pdf/art_cie/art_37.pdf>. Acesso em: 15 set. 2011.

BERNARDI, Luiz Antônio. *Política e formação de preços*. São Paulo: Atlas, 1998.

BEULKE, Rolando; BERTÓ, Dalvio José. *Gestão de custos*. São Paulo: Saraiva, 2006.

BORNHOLTDT, Werner. *Orquestando empresas vencedoras*: guia prático da administração de estratégias e mudanças. Rio de Janeiro: Campus, 1997.

BORNIA, Antonio Cezar. *Mensuração das perdas dos processos produtivos*: uma abordagem metodológica de controle interno. Dissertação (Mestrado em Engenharia de Produção) – Universidade Federal de Santa Catarina, Florianópolis, 1995. Disponível em: <http://www.eps.ufsc.br/teses/bornia/capit_4/cap4_bor.htm>. Acesso em: 15 set. 2011.

CARAVANTES, Geraldo. *Administração*: teorias e processo. São Paulo: Pearson, 2007.

CHING, Hong Yuh; MARQUES, Fernando; PRADO, Lucilene. *Contabilidade e finanças para não especialistas*. São Paulo: Prentice Hall Brasil, 2007.

COGAN, Samuel. *Custos e preços*: formação e análise. São Paulo: Thomson Pioneira, 1999.

COOPER, Robin, KAPLAN, Robert S. Measure Costs Right: Make the Right Decisions. *Harvard Business Review*, p. 96-103, Sept./Oct. 1988.

DUARTE, Dílson Augusto Lopes. *Aplicação da modelagem de um sistema de apoio à decisão para o planejamento das operações logísticas de produtos especiais*. Dissertação (Mestrado em Engenharia de Produção) – Universidade Federal de Santa Catarina, Florianópolis, 2002. Disponível em: <http://www.tede.ufsc.br/teses/PEPS2976.pdf>. Acesso em: 20 ago. 2008.

GITMAN, Laurece. *Princípios de administração financeira essencial*. Porto Alegre: Bookman, 2001.

HORNGREN, Charles T.; SUNDEM, Gary L.; STRATTON, William O. *Contabilidade gerencial*. São Paulo: Pearson, 2004.

KAPLAN, Robert S.; NORTON, David P. *A estratégia em ação*: balanced scorecard. São Paulo: Campus, 1997.

KLIEMANN NETO, Francisco. *Análise e gestão de custos*. Porto Alegre, 1989. Apostila.

KOTLER, Philip. *Administração de marketing*. São Paulo: Atlas, 1996.

______. *Marketing estratégico*. São Paulo: Atlas, 1994.

LEMES JÚNIOR, Antônio Barbosa et al. *Administração financeira*: princípios, fundamentos e práticas brasileiras. São Paulo: Campus, 2005.

LEONE, George Sebastião Guerra. *Custos*: planejamento, implantação e controle. São Paulo: Atlas, 2000.

LIMA, José Geraldo. *Custos*: cálculos, sistemas e análises. São Paulo: Atlas, 1977.

LONGENECKER, Justin G. et al. *Administração de pequenas empresas*. São Paulo: Thomson Pioneira, 2007.

MARTINS, Eliseu. *Contabilidade de custos*. São Paulo: Atlas, 1998.

MEGLIORINI, Evandir. *Custos*. São Paulo: Makron Books, 2000.

PADOVEZE, Clóvis Luís. *Planejamento orçamentário*. São Paulo: Pioneira Thomson Learning, 2005.

PETERS, Tom. *Prosperando no caos*. São Paulo: Harbra, 1987.

PLANAD – Planejamento e Informática, Ltda. *Plano de contas*. Luanda, 2007.

PORTER, Michael E. *Vantagem competitiva*. Rio de Janeiro: Campus, 1989.

SILVA, César Augusto Tibúrcio; TRISTÃO, Gilberto. *Contabilidade básica*. São Paulo: Atlas, 2000.

WELSCH, Glenn Albert. *Orçamento empresarial*. São Paulo: Atlas, 1986.

ZDANOWICZ, José Eduardo. *Fluxo de caixa*. Porto Alegre: Sagra Luzzatto, 1998a.

______. *Planejamento financeiro e orçamento*. Porto Alegre: Sagra Luzzatto, 1998b.

Apêndice

Estudo de caso sobre a Casa do Panificador: comércio e distribuição de produtos e máquinas destinados à panificação

(1)

Classificação dos custos com base na aplicação dos conceitos básicos para o estudo de caso

Antes de iniciarmos o estudo de caso, relembraremos algumas definições sobre custos para facilitar o entendimento.

Definições básicas

- Gasto: é o valor dos bens e/ou serviços adquiridos pela empresa.
- Desembolso: é o pagamento resultante da aquisição de bens e/ou serviços.
- Custo: é o valor dos bens e/ou serviços consumidos/adquiridos na produção de outros bens ou serviços.
- Despesa: é o valor dos bens e/ou serviços consumidos em um determinado período e que não se relacionam diretamente com a produção de outros bens e/ou serviços.
- Perda: é o valor dos bens e/ou serviços consumidos de forma anormal e involuntária.

Considerando a terminologia desta obra, relacionaremos os conceitos com os dados existentes na Casa do Panificador:

- Gasto: é a compra de um computador, um caminhão ou outros componentes do ativo permanente.
- Desembolso: é todo pagamento realizado pela empresa, seja pela compra de mercadorias, seja pela compra de bens, serviços, impostos etc. É o que "sai" efetivamente do caixa.

- Custo: são todas as despesas somando-se o custo do produto para se elaborar o preço de venda de uma determinada mercadoria.
- Despesa: São todas aquelas despesas que não se relacionam diretamente com o custo das mercadorias vendidas, mas que são inerentes ao negócio: contador, água, luz, telefone, combustíveis etc.
- Perda: São aquelas despesas que realmente não seriam necessárias, decorrentes de ações involuntárias e mal planejadas, que se somam ao custo do produto

Por exemplo: digamos que a empresa estabelece um roteiro de entrega para 10 clientes – com um lote fechado de mercadoria – até Novo Hamburgo. A entrega é realizada, com exceção de um produto específico a um cliente dessa cidade. Resultado: o entregador tem de refazer o trajeto devido a uma entrega que deveria ter sido realizada na primeira viagem (custo irrecuperável).

Classificação dos custos

O sucesso na elaboração correta dos preços de venda passa, necessariamente, pela forma com que os custos são classificados para, depois, serem apropriados corretamente ao produto.

Quanto ao grau de medida

- Custo total: é o valor dos bens ou serviços consumidos na fabricação ou venda de um conjunto de unidades do produto.
- Custo unitário: trata-se do valor dos bens ou serviços consumidos na fabricação ou venda de uma unidade do produto. Ele é obtido mediante a divisão do custo total pelo número de unidades produzidas ou a serem vendidas.

Quanto à variabilidade

- Custo variável: é constante por unidade, mas flutua no seu total de maneira proporcional às variações no volume de atividade/vendas. Exemplo: impostos, comissões, publicidade e custo das mercadorias.
- Custo fixo: é aquele que, no curto prazo, permanece constante, independentemente do volume de atividade da empresa. Em termos unitários, ele diminui à medida que o volume de produção/vendas aumenta. Exemplo: aluguéis, salários, encargos, energia elétrica etc. Em relação à Casa do Panificador, são todos os gastos administrativos.

Quanto à facilidade de atribuição:

- Custo direto: é facilmente atribuível a um determinado produto. Exemplo: custo das mercadorias.
- Custo indireto: é aquele que apresenta algum grau de dificuldade para ser atribuído aos produtos ou às atividades produtivas. Exemplo: despesas administrativas, gastos com combustíveis etc.

Principais filosofias de custeio

- Custeio total (ou integral);
- Custeio por absorção;
- Custeio direto (ou variável).

As filosofias de custeios total e por absorção supõem que os custos e as despesas indiretas fixas são incluídos nos estoques e nos custos dos produtos vendidos. Elas consideram como custos dos produtos tanto os variáveis quanto os fixos (que são incorporados aos custos dos produtos).

A grande diferença entre as filosofias do custeio total e do custeio por absorção reside no fato de que, enquanto o primeiro rateia a totalidade dos custos fixos aos produtos (independentemente do nível de atividade da empresa), o segundo distribui aos produtos apenas uma parcela ideal de custos fixos, isto é, aquela relativa ao nível de atividade normal da empresa.

Suponhamos que a Casa do Panificador tenha a seguinte composição de custos:

- Custos fixos = R$ 10.000,00;
- Nível de vendas normal em unidades: 1.000 caixas do produto X;
- Custo fixo por unidade = R$ 10,00.

a. Se vender 800 unidades:
Custeio total: Custo fixo unitário = R$ 10.000,00/800 unidades = R$ 12,50 por unidade.
Custeio por absorção: Custo fixo unitário = R$ 10,00 por unidade; R$ 2.000,00 (200 unidades × R$ 10,00) serão lançados como despesa no período.

b. Se vender 1.250 unidades:
Custeio total = Custo fixo unitário = R$ 10.000,00/1.250 unidades = R$ 8,00 por unidade.
Custeio por absorção: Custo fixo unitário = R$ 10,00 por unidade; R$ 2.500,00 (250 unidades × R$ 10,00) serão lançados como receita no período.

O custeio direto, por sua vez, considera que os custos e as despesas indiretas fixas não devem ser incluídos nos estoques e nos custos dos produtos vendidos. Eles são considerado despesas do período e lançados diretamente no demonstrativo de lucros e perdas, independentemente do volume de atividades da empresa.

Assim, o custeio direto tem um impacto diferente sobre os lucros dos custeios total e por absorção, pois os custos fixos de fabricação/venda são interpretados como CUSTOS PERIÓDICOS (debitados imediatamente à receita), e não como CUSTOS DO PRODUTO (aplicados às unidades produzidas/vendidas).

Filosofia de custeio a ser adotada para a Casa do Panificador Ltda.

Tendo em vista o tipo de atividade da empresa, adotaremos a filosofia de custeio por absorção, a qual distribui aos produtos apenas uma parcela ideal de custos fixos, isto é, aquela parcela relativa ao nível de atividade normal da empresa, tomando como base o faturamento global.

Rateio da participação dos custos fixos

Para isso, tomaremos como base a média dos meses de janeiro a abril de 2008:

Rateio da participação dos custos fixos – média de jan. a abr./2008

MÊS	FAT. BRUTO (R$)	DESPESA (R$)	% SEM FAT.
Janeiro	211.830,61	89.736,31	42,36%
Fevereiro	210.717,40	52.580,19	24,95%
Março	272.687,64	55.753,56	20,45%
Abril	229.367.86	67.166,06	29,28%
Totais	924.603,51	265.236,12	28,69%
Média	231.150,88	66.309,03	28,69%

Um dos grandes problemas nas empresas é identificar quanto o custo fixo representa do faturamento. Optamos por considerar uma média de faturamento e de despesa fixa no período de janeiro a abril de 2008, sendo que, por meio dessa média, identificamos que o custo representa

28,69% do faturamento bruto da empresa. Esse dado é importante para o estabelecimento de um parâmetro.

Base dos custos comerciais atuais

Custos comerciais atuais (31/05/2008)

Custo	Base ICMS 17%	Base ICMS 7%
ICMS	17,00%	7,00%
Cofins	2,65%	2,65%
Frete	2,00%	2,00%
Administrativo	3,00%	3,00%
Comissões	7,00%	7,00%
Totais	31,65%	19,65%

Se considerarmos uma média simples – (31,65 + 19,65)/2 –, teremos 25,65% de custos comerciais.

Rateio da despesa administrativa (fixa) para fins de custo

A média do faturamento nos quatro meses analisados, supondo que as informações sejam verdadeiras, foi de R$ 231.150,88. Vale ressaltar que, na formação do preço de venda, está embutida a totalidade dos custos comerciais.

Calculando, sobre o faturamento, a média dos custos comerciais (R$ 231.150,88 × 25,65%), teremos R$ 59 290,20. O valor da despesa média no período (R$ 66.309,06) já está incluso nesse valor (tabela "Rateio da participação dos custos fixos – média de jan. a abr./2008").

Para comprovarmos qual a percentagem a ser utilizada como custo fixo na formação do preço de venda, efetuamos o seguinte procedimento:

R$ 66.309,06 (média das despesas) – R$ 59.290,20 (custos comerciais) = R$ 7.018,86 (despesa fixa).

Essa despesa fixa de R$ 7.018,86 sobre o faturamento de R$ 231.150,88 representa aproximadamente 3%, confirmando a percentagem fixa de despesas administrativas que está sendo cobrada nos custos comerciais.

Cabe ressaltar que as demais despesas fixas deverão ser cobertas pela margem de lucro.

(2)

Formação do preço de venda

Uma vez estabelecidos os parâmetros em termos de custos fixos e também em relação ao custo comercial, é definida a BASE PARA FORMAÇÃO DO PREÇO DE VENDA.

Fatores que interferem na formação do preço de venda

O preço de venda em si é estabelecido pelo mercado, porém, para fins de análise, é fundamental identificar os principais fatores que o influenciam.

Condições de mercado

- Demanda esperada do produto.
- Existência de produtos substitutos a preços competitivos.
- Qualidade do produto relativa às exigências do mercado.

Níveis de produção/estoques e de vendas (pretendidos e realizáveis)

O estabelecimento dos preços também é influenciado pela produção e pelos estoques, além de ficar em função do volume de vendas devido a diversos fatores, que englobam algumas situações:

- se a empresa está produzindo dentro do limite da capacidade e a demanda é alta, os preços tendem a subir obedecendo à lei da oferta e da procura;
- se a produção é maior do que a demanda e o mercado está estável, os preços podem ser mantidos; por outro lado, os estoques tendem a subir;
- caso a produção e os estoques estiverem altos e a empresa esteja enfrentando problemas de caixa, os preços podem baixar até o limite do custo do produto;
- se a produção está bem abaixo da capacidade instalada e os estoques estão baixos, mas o mercado funciona normalmente, o preço de venda deve ser reduzido.

Pode haver várias combinações de fatores nessa relação e as estratégias podem ser adaptadas conforme a necessidade, porém os custos sempre devem estar ATUALIZADOS.

Custos e despesas necessários para fabricar (vender/distribuir), administrar e comercializar o produto

Muitas vezes, a empresa possui uma estrutura pesada, com custos elevados para a comercialização, a distribuição e a administração, por atuar com representantes, distribuidores e varejistas. Como todos os componentes da cadeia de distribuição devem "ganhar", o produto chega ao consumidor final com um preço fora de mercado.

Se a empresa não tiver um controle efetivo de seus custos, dificilmente irá identificar onde ocorre o problema, ficando, assim, fora de mercado.

Exigências governamentais

- Controle de preços;
- Impostos sobre vendas.

Remuneração do capital investido a partir das margens de lucro pretendidas

O preço de venda deverá permitir à empresa:

- maximizar seus lucros;
- manter a qualidade dos produtos – atendendo às necessidades do cliente – a um preço que ele possa pagar;
- otimizar a utilização da estrutura de produção/comercialização da empresa.

Etapas a serem consideradas na formação do preço de venda

- Formação do preço base desejado.
- Crítica do preço base à luz das características do mercado:
  a. preços praticados pela concorrência;
  b. volume de vendas;
  c. prazos;
  d. qualidade;
  e. aspectos promocionais.
- Teste do preço definido diante das reais condições do mercado.
- Estabelecimento de estratégias de preços diferenciadas para:
  a. volumes diferenciados;
  b. prazos diferenciados;
  c. descontos e promoções especiais.

Principais métodos de formação de preços

- Métodos baseados nos custos dos produtos.
- Métodos baseados nas decisões das empresas concorrentes.
- Métodos baseados nas características do mercado.
- Método misto.
- Método baseado no retorno sobre o capital investido.

Em qualquer hipótese, a separação entre os custos pertencentes ao produto (custos variáveis) e o custos pertencentes à estrutura geral da empresa (custos fixos) é fundamental para a correta definição dos preços de vendas.

Taxa de marcação (mark-up) *e preço de venda*

A taxa de marcação é representada pela seguinte fórmula:

$$TM = 100 - (CC + ML): 100$$

Onde:

CC = custos comerciais variáveis incidentes sobre o preço de venda do produto.

ML = margem de lucro desejada.

TM = taxa de marcação.

O preço de venda é obtido pela seguinte fórmula:

$$Pv = Custo\ base/Taxa\ de\ marcação$$

Exemplo

Digamos que uma empresa comercial compra um produto por R$ 100,00 (preço da nota fiscal), com um ICMS de 12% (mercadoria vinda de São Paulo) e pagando um frete de R$ 10,00.

Essa companhia deseja obter uma margem de lucro de 20% e possui os seguintes custos comerciais: ICMS, 17,00%; Cofins, 2,65%; frete, 3,00%; administrativo, 2,00% e comissões, 7%.

$$TM = 100 - (31,65 + 20,00) : 100 = 0,4835$$

Descrição:	Valores (R$)	Prova	Valor (R$)	%
Produto	100,00	Preço de venda	202,69	100,00%
Crédito ICMS	(12,00)	Custos CC	64,15	31,65%
Frete	10,00	Custo produto	98,00	48,35%
Custo líquido	98,00	Lucro	40,54	20,00%
TM	0,4835			
Cofins	2,65%			
Frete	3,00%			
Administrativo	2,00%			
Comissões	7,00%			
Total	31,65%			

Preço de venda = R$ 98,00 : 0,4835 = R$ 202,69

A partir da definição correta dos custos comerciais variáveis e da margem de lucro, pode ser elaborada uma tabela com diferentes margens de lucros, incluindo coeficientes para vendas à vista e a prazo.

Montagem de diferentes coeficientes/taxa de marcação

Consideremos que, para o cálculo base, os seguintes custos comerciais que, a partir do cálculo da taxa de marcação com margem de lucro zero, seriam o coeficiente mínimo a ser utilizado para a empresa operar SEM LUCRO e SEM PREJUÍZO:

Exemplo

Considerando casos como esse, o coeficiente com lucro zero para base de ICMS 17% seria:

TM = 100 – (31,65 + zero)/100

TM = 100 – (31,65)/100 = 0,6835

Suponhamos que desejamos calcular um lucro de 5%, considerando um produto X, a um custo de R$ 100,00 líquidos. Para a formatação do novo coeficiente, basta reduzirmos 5% da TM de 0,6835, ou seja:

TM 0,6865 – 0,05 = TM 0,6335.

REGRA BASE: à medida que os custos comerciais aumentam, a margem de lucro do preço também aumenta, e o coeficiente – ou taxa de marcação – diminui. Quanto maior for a taxa de marcação (próxima de 1,00), menor será o preço de venda final.

Dessa forma,

a. Custo do produto: R$ 100,00/TM 0,6835 = Pv 146,30 COM LUCRO ZERO.
b. Custo do produto: R$ 100,00/TM 0,6335 = Pv 157,85 COM LUCRO DE 5%, ou seja:

R$ 157,85 (Pv) – R$ 100,00 (custo base) = R$ 57,85 – R$ 49,96 (Custos comerciais = 31,95%) = R$ 7,89 (margem de lucro) ⟷ 5% sobre R$ 157,85, que se refere ao preço de venda.

Elaboração de coeficientes incluindo o custo financeiro a diferentes prazos

Um dos questionamentos mais comuns nas empresas é como embutir o custo financeiro nos preços de venda, pois se, por um lado, este é agregado ao produto, por outro, a carga tributária também aumenta, em função da nova base dos preços de venda. Por exemplo: se o preço de venda de um produto é de R$ 100,00 à vista, a base do ICMS é sobre R$ 100,00. Se o mesmo produto for vendido com um prazo de 60 DIAS, com o custo financeiro já embutido, o preço de venda será de R$ 110,00, sendo que a base tributária incidirá sobre os R$ 110,00.

De qualquer forma, calculando-se o custo financeiro por dentro ou por fora, o imposto sempre irá recair sobre o preço final de venda.

Custo financeiro embutido por dentro

O processo de cálculo é idêntico ao anterior, acrescentando-se apenas o CUSTO FINANCEIRO.

Exemplo

Imaginemos que determinada empresa tenha, como condições de venda, o preço à vista, para 7 DIAS, para 14 DIAS e para 21 DIAS. O custo financeiro mensal é de 5%.

Vale ressaltar que o custo base do produto é de R$ 100,00. Os custos comerciais somam, entre impostos e outros gastos variáveis, 31,65%, e a empresa deseja trabalhar com um lucro líquido de 5%.

Considerando o custo financeiro direto, ou seja, 5% dividido por 30 DIAS, teremos um custo diário de 0,1667% AO DIA.

Para sete dias, o custo seria de 7 × 0,1667 = 1,1667%. Seguindo o mesmo procedimento, teríamos, para 14 DIAS, 2,34% e, para 21 DIAS, 3,50%.

Utilizando o mesmo coeficiente do exercício anterior, no qual consta um lucro de 5%, teríamos uma TM de 0,6335. Dessa forma, o preço de venda à vista do produto seria: R$ 100,00/0,6335 = R$ 157,85.

Ao formar uma tabela, utilizando o mesmo processo, teríamos:

Coeficiente para preço à vista: 0,6335, onde:

Pv = R$ 100,00/0,6335 = ***R$ 157,85***

Coeficiente para 7 dias: 0,6335 – 0,011667 = 0,6218, onde:

Pv = R$ 100,00/0,6218 = ***R$ 160,82***

Coeficiente para 14 dias: 0,6335 – 0,0234 = 0,6101, onde:

Pv = R$ 100,00/0,6101 = ***R$ 163,90***

Coeficiente para 21 dias: 0,6335 – 0,03500 = 0,5985, onde:

Pv = R$ 100,00/0,5985 = R$ 167,08

Nesse caso, a totalidade dos custos financeiros e variáveis é coberta pela taxa de marcação, pois todos os custos estão embutidos.

Com o custo financeiro embutido por fora

Aqui, o ponto de partida é o preço à vista, e calcula-se o custo financeiro a diferentes prazos. O grande problema dessa metodologia é o fato de os impostos incidirem sobre o preço de venda do produto, incluindo o custo do financiamento, que não está na taxa de marcação.

Exemplo

Partindo do exemplo anterior, o preço de venda à vista do produto é de R$ 157,85, e os custos financeiros são, respectivamente, 1,1667% para 7 DIAS, 2,34% para 14 DIAS e 3,50% para 21 DIAS. Nessa situação teremos de achar o valor real a ser cobrado em termos financeiros.

Essas percentagens têm, como base, 100, em que se pretende achar o preço final de tal forma que sobre 100.

Partindo desse raciocínio, teríamos uma taxa equivalente à TM, ou seja, 100 – (1,1667 ⟷ taxa de juros por 7 dias)/100 = 0,9883, sendo este o processo para qualquer custo financeiro. O preço de venda à vista é igual a R$ 157,85/0,9883 (1,1667% por sete dias a uma taxa de 5% a.m.) = Pv 159,72.

Dessa forma,

Pv = R$ 159,72 – R$ 50,55 (31,65% de custos comerciais) – R$ 100,00 (custo do produto) = R$ 9,18 – 7,98 (5% de lucro sobre o preço de venda) = R$ 1,20, que é o valor cobrado pela despesa financeira, ou seja, 0,766% sobre o preço à vista de R$ 157,85.

Assim, podemos chegar à seguinte conclusão: esse método não recupera os custos financeiros em sua totalidade.

Formação do preço de venda com base no retorno do capital investido

O processo de formação do preço de venda é praticamente o mesmo que o anterior, com a diferença de que o lucro tem como parâmetro uma rentabilidade sobre o valor investido, e não sobre o valor de venda.

Para calcularmos o preço de venda, devemos ter como base a taxa de marcação, incluindo apenas os custos comerciais, como ICMS, Cofins, fretes, publicidade, comissões etc.

Fórmulas-base:

$$\text{Retorno exigido} = \frac{\text{Valor do investimento} \times \text{Taxa de retorno}}{100}$$

$$\text{Retorno por unidade} = \frac{\text{Taxa de retorno}}{\text{Número de unidade}}$$

$$\text{Preço de venda} = \frac{\text{Custo base + retorno por unidade}}{\text{Taxa de marcação}}$$

Exemplo

Uma empresa comprou 2.000 UNIDADES do produto X com um valor líquido de R$ 20.000,00 (já descontado o crédito de ICMS e acrescidas as despesas de fretes) e deseja ter um retorno de 15% sobre esse investimento. Sendo assim, a que preço deverá ser vendido o referido produto?

Tomemos como base os exemplos anteriores, em que o custo comercial representa 31,65%, que, por sua vez, representa uma TM de 0,6835.

Seguindo as fórmulas:

Retorno exigido = (20.000,00 × 15)/100 = R$ 3.000,00;

Retorno por unidade = R$ 3.000,00/2.000 unidades = R$ 1,50 por unidade;

Preço de venda = (R$ 20.000,00 + R$ 3.000,00)/2.000 unidades = R$ 11,50/0,6835

Pv = R$ 16,82 por unidade

Dessa forma,

Preço de venda por unidade = R$ 16,82

Custos comerciais 31,65% = R$ 5,32

Custo do produto por unidade: (R$ 10,00) ⟷ Investimento

Lucro do produto = R$ 1,50 ⟷ 15% sobre o investimento

(3)

Análise de custo, volume e lucro

O processo de planejamento empresarial envolve tanto a seleção de objetivos quanto a definição dos meios para atingir tais objetivos. Nesse sentido, cabe assinalar que a maximização dos lucros constitui o objetivo mais relevante e clássico da maioria das organizações empresariais.

Contudo, o lucro é uma VARIÁVEL-RESULTADO, ou seja, ele é a consequência final da gestão empresarial.

Esse volume será encontrado a partir da seguinte igualdade:

$$\textit{Receitas} = \textit{Despesas} + \textit{Custos}$$

Para o caso particular de uma empresa MONOPRODUTORA, essa igualdade poderá ser escrita da seguinte maneira:

$$p \times Q = CF + vQ$$

Onde:

P = preço de venda unitário;

v = custos e despesas variáveis unitários;

q = quantidade produzida e vendida do produto;

Cf = custos e despesas fixas.

Isolando o Q na equação, chegamos a:

$$Q^* = \frac{CF}{P - V} = \frac{CF}{MCu}$$

Onde:

Q* = quantidade de equilíbrio;

MCu = margem de contribuição unitária.

Margem de contribuição

A margem de contribuição (MCu) é o preço de venda *menos* os custos e as despesas variáveis de um produto. A MCu representa a parcela do preço de venda que poderá ser utilizada para a cobertura dos custos e despesas fixas e para a obtenção do lucro.

Observando a equação, notamos que a análise de CVL deriva da filosofia do custeio direto, isto é, há a separação dos custos e despesas da empresa em FIXOS e VARIÁVEIS.

Analogamente, o faturamento de equilíbrio numa empresa monoprodutora será dado por:

$$Ro = P \times Q^* = \frac{Cf}{1-(v/P)} = \frac{Cf}{RCu}$$

Onde:

Ro = faturamento de equilíbrio;

RCu = razão de contribuição unitária.

A razão de contribuição unitária é a MCu dividida pelo preço de venda. Ela representa a percentagem com que cada unidade monetária obtida pela venda do produto contribui para cobrir os custos e despesas fixos, assim como para formar o lucro. Esse conceito é de grande importância para o planejamento e para o processo de tomada de decisão da empresa, pois dá uma ideia da RENTABILIDADE VARIÁVEL de seus produtos.

Exemplo geral

Consideremos a opção para a venda de dois produtos A e B e analisemos a MCu e a RCu para a tomada de decisão.

Contas	Identificação	Produto A = R$	Produto B = R$
Preço de venda unitário	P	10,00	20,00
Custos variáveis por produto	v	6,00	16,00
Custos fixos totais	Cf	300.000,00	300.000,00
Margem de contribuição unitária	MCu	4,00	4,00
Razão de contribuição unitária	RCu	0,40	0,20
Quantidade de equilíbrio	Q*	75.000	75.000
Faturamento de equilíbrio	Ro	750.000,00	1.500.000,00

O exemplo anterior demonstra que o produto A apresenta uma melhor situação em relação ao produto B, pois apesar de ambos apresentarem a mesma margem de contribuição (MCu) e a mesma quantidade de equilíbrio (Q*), o produto A possui uma razão de contribuição unitária (RCu) duas vezes maior do que a do produto B, o que lhe confere uma maior rentabilidade (e um menor risco).

Tomada de decisão para uma venda de empresa comercial/industrial com quatro produtos

Trata-se de um tipo de negócio que ocorre diariamente nas empresas onde a não aplicabilidade desses conceitos, muitas vezes, gera a perda de um negócio ou prejuízo. Isso porque essas organizações não possuem as bases corretas para a tomada de decisão.

A margem de contribuição, quando usada corretamente, apresenta diversas VANTAGENS sobre o custeio total como guia para decisões relativas a preços:

- no custeio direto há o detalhamento das informações, pois os padrões de comportamento dos custos fixos e variáveis são claramente delineados;
- o custeio direto permite uma melhor análise relativa dos efeitos a curto e a longo prazos, decorrentes da eventual aceitação de pedidos especiais.

Exemplo

- Suponhamos que um cliente ofereça R$ 540,00 por algumas unidades de um produto que tenha um custo total (fabricação/comercialização) de R$ 600,00, dos quais R$ 500,00 são custos variáveis (incluindo despesas administrativas e de vendas variáveis). A oferta deve ser aceita?

CUSTEIO TOTAL	R$
Vendas	540,00
Custo de fabricação	600,00
Prejuízo antes da dedução das despesas operacionais	(60,00)

(continua)

(conclusão)

Custeio Total	R$
Vendas	540,00
Custos variáveis de fabricação	500,00
Margem de contribuição	40,00

No custeio total, o encarregado das decisões de preços não tem conhecimento direto das relações de custo-volume-lucro. As decisões são tomadas na base do palpite. Assim, a oferta aparenta ser POUCO ATRAENTE, pois o preço (R$ 540,00) está R$ 60,00 abaixo dos custos de fábrica (produto).

Na abordagem da margem de contribuição (custeio direto), o encarregado da decisão vê uma vantagem – no curto prazo – de R$ 40,00 na aceitação da proposta. Isto é, os lucros aumentarão R$ 40,00, já que os custos fixos não serão afetados por essa decisão.

- Uma empresa recebe uma proposta para atender a um determinado cliente, que irá comprar quatro produtos distintos, com a condição de comprar todos os itens ou nenhum deles.

A empresa em questão possui uma estrutura de custos comerciais (ICMS, Cofins, fretes, comissões e setor administrativo) que soma 31,65% e trabalha com uma margem de lucro líquida de 10%. Tomando como base os dados a seguir, teremos de decidir se atenderemos ou não ao cliente.

Produto	A	B	C	D	Total
Vendas em unidades	100	150	70	80	
Preço de venda	10,00	10,00	15,00	20,00	
Custo do produto	5,00	6,00	8,00	8,00	
Faturamento	1.000,00	1.500,00	1.050,00	1.600,00	5.150,00
Custos comerciais (31,65%)	316,50	474,75	332,32	506,40	1.629,97
Custo do produto	500,00	900,00	560,00	640,00	2.600,00
MCu	183,50	125,25	157,68	453,60	920,03
Custo fixo atribuído por produto	70,00	100,00	60,00	150,00	380,00
Lucro líquido por produto	113,50	25,25	97,68	303,60	540,03
% de lucro líquido	11,35%	1,68%	9,30%	18,98%	10,49%

Se analisarmos o negócio pelo CUSTEIO TOTAL, verificaremos que os produtos B e C não atingem a margem líquida desejada de 10%, fato que não permitiria o fechamento do negócio.

Mediante o conceito de MARGEM DE CONTRIBUIÇÃO (custeio direto), podemos observar que, no conjunto, a operação é viável, pois a margem líquida é de 10,49%, ou seja, está acima do mínimo estabelecido.

Conforme o *mix* de produtos a ser negociado, haverá uma mudança substancial na margem de lucro.

Casa do Panificador: planilha de coeficientes

Custo	Base ICMS 17 %	Base ICMS 7%
ICMS	17,00%	7,00%
Cofins	2,65%	2,65%
Frete	3,00%	3,00%
Administrativo	2,00%	2,00%
Comissões	7,00%	5,00%
Total	31,65%	19,65%

O coeficiente, na verdade, é uma taxa de marcação, um facilitador a ser usado na hora de se fechar um negócio, pois, com uma tabela específica, podemos trabalhar tanto com a margem de lucro quanto com o custo financeiro embutido nos custos comerciais.

Custos comerciais

Os custos comerciais são aqueles que incidem diretamente sobre o preço de venda, sendo, portanto, variáveis por natureza.

Coeficientes para venda com ICMS 17,00%

		Tj – Dias	Tj – Dias	Tj – Dias	Tj – Dias
Taxa de juros/mês	6,00%	1,40%	2,80%	4,20%	5,60%
Custos comerciais	31,65%				
Margem de lucro	À vista	7 dias	14 dias	21 dias	28 dias

(continua)

(conclusão)

		Tj – Dias	Tj – Dias	Tj – Dias	Tj – Dias
ICMS 17,00%	0,6835	0,6695	0,6555	0,6415	0,6275
5%	0,6335	0,6195	0,6055	0,5915	0,5775
10%	0,5835	0,5695	0,5555	0,5415	0,5275
15%	0,5335	0,5195	0,5055	0,4915	0,4775
20%	0,4835	0,4695	0,4555	0,4415	0,4275
25%	0,4335	0,4195	0,4055	0,3915	0,3775
30%	0,3835	0,3695	0,3555	0,3415	0,3275
35%	0,3335	0,3195	0,3055	0,2915	0,2775
40%	0,2835	0,2695	0,2555	0,2415	0,2275
45%	0,2335	0,2195	0,2055	0,1915	0,1775
50%	0,1835	0,1695	0,1555	0,1415	0,1275

Coeficientes para venda com ICMS 7,00%

		Tj – Dias	Tj – Dias	Tj – Dias	Tj – Dias
Taxa de juros/mês	6,00%	1,40%	2,80%	4,20%	5,60%
Custos comerciais	19,65%				
Margem de lucro	À vista	7 dias	14 dias	21 dias	28 dias
ICMS 7,00%	0,8035	0,7895	0,7755	0,7615	0,7475
5%	0,7535	0,7395	0,7255	0,7115	0,6975
10%	0,7035	0,6895	0,6755	0,6615	0,6475

(continua)

(conclusão)

		TJ – DIAS	TJ – DIAS	TJ – DIAS	TJ – DIAS
15%	0,6535	0,6395	0,6255	0,6115	0,5975
20%	0,6035	0,5895	0,5755	0,5615	0,5475
25%	0,5535	0,5395	0,5255	0,5115	0,4975
30%	0,5035	0,4895	0,4755	0,4615	0,4475
35%	0,4535	0,4395	0,4255	0,4115	0,3975
40%	0,4035	0,3895	0,3755	0,3615	0,3475
45%	0,3535	0,3395	0,3255	0,3115	0,2975
50%	0,3035	0,2895	0,2755	0,2615	0,2475

Gabarito

Capítulo 1

1. Ele facilita a realização de análises de custo, de volume e de lucro, bem como o processo de tomada de decisão.
2. São elas: apuração, análise e divulgação.
3. O custeio direto é facilmente atribuído a determinado produto, e o custeio indireto apresenta um grau de dificuldade para ser atribuído a determinando produto.
4. É aquele que é constante por unidade, mas que flutua no seu total de maneira diretamente proporcional às variações no volume de atividade.
5. O valor do estoque representou R$ 800,00, e o lucro líquido apresentado pelo demonstrativo de resultados foi de R$ 1.100,00.

Capítulo 2

1. Podemos afirmar que a visão econômica de custeio é vertical, pois apropria os custos aos objetos de custeio por meio de atividades realizadas em cada departamento.
2. Ele possibilita a eliminação ou a redução das atividades que não agregam valor ao produto.
3. Os controles são redirecionados para o cálculo dos custos dos produtos.
4. Um direcionador de custos indica a relação do custo com o departamento ou com a atividade.
5. É a apropriação aos produtos, às mercadorias e aos serviços de todos os custos e despesas diretas possíveis, sejam elas fixas ou variáveis.

Capítulo 3

1. Estabelecer medidas de comparação que permitam efetuar o controle e o acompanhamento da eficiência da utilização dos meios de produção em geral e dos seus custos associados em particular.
2. Ele permite uma melhor orientação da política de preços e facilita a elaboração de orçamentos confiáveis.
3. É a produção que não satisfaz as especificações de qualidade e não é recuperável, podendo ou não ter valor de venda.
4. Esse sistema se adpata à produção sob encomenda ou não repetitiva, na qual os produtos são fabricados por lotes de produção.
5. A empresa obteve um lucro de R$ 4,00 por unidade.

Capítulo 4

1. Eles possuem vários processos produtivos dentro de uma fábrica visando à confecção de vários produtos diferentes.
2. Consiste em um agrupamento geral de espécies de custos, de centros de custos, de bases de relação e de cálculo.
3. Processos são conjuntos de atividades que se inter-relacionam com seus respectivos custos.
4. São centros de custos que não estão diretamente ligados à produção de um item. Sua função é fornecer serviços para outros centros de custos.

Capítulo 5

1. O ponto de equilíbrio da empresa também aumenta, desde que não haja mudança nos custos variáveis.
2. Esses custos são representados pelos aluguéis, pelos seguros, pelas depreciações, por parte da mão de obra etc.
3. Trata-se da diferença entre o preço de venda subtraindo-se os custos variáveis.
4. São eles: matéria-prima, impostos, serviços de terceiros, despesas de fretes, entre outros, dependendo da atividade da empresa.
5. A empresa deve produzir e vender 688 bombas submersas por ano, com um faturamento de R$ 1.376.000,00.

Capítulo 6

1. Na composição dos custos de transformação, a margem de lucro é calculada apenas sobre os custos de transformação (mão de obra, serviços etc.), sem o valor das matérias-primas.
2. O preço de venda seria R$ 53,04.
3. Essa técnica assegura a recuperação total dos custos e a obtenção de uma margem planejada de lucro.
4. O preço de venda será R$ 74,88.
5. É um custo incorrido apenas quando o produto é fabricado.

Capítulo 7

1. O preço de venda é R$ 62,00.
2. Para empresas que fabricam produtos volumosos, caros e normalmente feitos em quantidades variáveis, a partir de especificações técnicas fornecidas pelos clientes.
3. O preço de venda seria R$ 2.235,83.
4. No perfil dos clientes atuais, potenciais e na evolução do mercado.
5. Ela poderia vender o produto a R$ 1.667,00.

Capítulo 8

1. Normalmente, ele é mais caro que o operário real, sendo que os dois são avaliados por medidas iguais.
2. Ela considera a soma de três elementos distintos: material direto, mão de obra direta e despesas indiretas de fabricação.
3. É o custo indireto de produção.
4. Ela pode ser considerada como um decréscimo no valor venal de um bem, podendo ser apontada como um custo indireto de fabricação de forma física, econômica e contábil.
5. Estabelecendo e distribuindo os bens do ativo fixo na composição do custo dos produtos para a formação do preço de venda.

Capítulo 9

1. Porque, por meio da margem de contribuição, é possível identificar qual o volume de produtos e serviços necessário para saber o tempo de retorno do investimento.
2. Avaliar corretamente a variação dos custos é importante porque visa demonstrar todas as variações de insumos de bens e serviços ocorridos na produção.

3. Significa elaborar planos para dirigir, coordenar e controlar as ações de curto (operacionais) e longo (estratégicas) prazos, a fim de atingir os objetivos da empresa.

4. Seria necessário produzir 35 mil unidades e ter um faturamento na ordem de R$ 350.000,00.

5. É importante porque, se não houver informações sobre os custos, mesmo por meio de contas gerais, não haverá orçamento.

Capítulo 10

1. A obtenção de recursos, em termos de informações, para o estabelecimento de análise dos melhores canais de distribuição, da melhor combinação de vendas e de métodos mais adequados de comercialização; a determinação dos produtos mais caros e as causas desses fenômenos; o estabelecimento de preços de vendas, caso seja possível.

2. São os custos realizados pelos segmentos comerciais das organizações que envolvem pesquisa de mercado, promoção e vendas, propaganda, crédito, venda, armazenagem, transporte, faturamento, cobrança, serviços de atendimento ao cliente etc.

3. Ela permite avaliar os custos de distribuição por função, por produto, por território, por cliente e por tamanho do cliente.

4. O desempenho de vendas por área de atuação da empresa e/ou mercado.

5. Um processo logístico, envolvendo a distribuição de produtos e reduzindo custos operacionais.

Impressão: BSSCARD
Agosto/2013

Dicionário crítico do feminismo

HELENA HIRATA
FRANÇOISE LABORIE
HÉLÈNE LE DOARÉ
DANIÈLE SENOTIER
(Orgs.)

DICIONÁRIO CRÍTICO DO FEMINISMO

editora unesp

Liberté • Égalité • Fraternité
RÉPUBLIQUE FRANÇAISE

Título original: *Dictionnaire critique du féminisme*

Este livro, publicado no âmbito do Ano da França no Brasil e do programa de auxílio à publicação Carlos Drummond de Andrade, contou com o apoio do Ministério francês das Relações Exteriores e Europeias.

França.Br 2009 O Ano da França no Brasil (21 de abril a 15 de novembro) é organizado:

– na França, pelo Comissariado geral francês, pelo Ministério das Relações Exteriores e Europeias, pelo Ministério da Cultura e da Comunicação e por Culturesfrance;
– no Brasil, pelo Comissariado geral brasileiro, pelo Ministério da Cultura e pelo Ministério das Relações Exteriores.

Cet ouvrage, publié dans le cadre de l'Année de la France au Brésil et du Programme d'Aide à la Publication Carlos Drummond de Andrade, béneficie du soutien du Ministère français des Affaires Etrangères et Européennes.

França.Br 2009 L'Année de la France au Brésil (21 avril – 15 novembre) est organisée:

– en France, par le Commissariat général français, le Ministère des Affaires Etrangères et Européennes, le Ministère de la Culture et de la Communication et Culturesfrance;
– au Brésil, par le Commissariat général brésilien, le Ministère de la Culture et le Ministère des Relations Extérieures.

Fundação Editora da UNESP (FEU)
Praça da Sé, 108
01001-900 – São Paulo – SP
Tel.: (0xx11) 3242-7171
Fax: (0xx11) 3242-7172
www.editoraunesp.com.br
www.livraria.unesp.com.br
atendimento.editora@unesp.br

CIP – BRASIL. Catalogação na fonte
Sindicato Nacional dos Editores de Livros, RJ

D542

Dicionário crítico do feminismo / Helena Hirata... [et al.] (orgs.). – São Paulo: Editora UNESP, 2009.
342p.

Tradução de: Dictionnaire critique du féminisme, 2e. éd. augm.

Inclui bibliografia e índices

ISBN 978-85-7139-987-7

1. Feminismo – Dicionários. I. Hirata, Helena Sumiko.

09-5380. CDD:305.4203
CDU: 141.72(038)

Editora afiliada:

Asociación de Editoriales Universitarias de América Latina y el Caribe

Associação Brasileira de Editoras Universitárias

Sumário

Apresentação

Visando estimular a reflexão crítica sobre a construção social da hierarquia entre os sexos e, dessa forma, desenvolver um pensamento crítico feminista que favoreça a emancipação das mulheres e a igualdade na diferença, o *Dicionário crítico do feminismo* traz consigo uma coletânea de rubricas redigidas por autoras(es) especializadas(os) em cada uma das temáticas abordadas. Como se trata, na grande maioria, de professoras(es) e pesquisadoras(es) francesas(es) membros do Grupo de Pesquisa *Genre, travail, mobilité* – GTM (Gênero, trabalho, mobilidades), algumas rubricas possuem referências e características francesas paralelamente às referências europeias e mundiais. Isso permite, sem dúvida, integrar uma pequena dimensão nacional num contexto marcado mundialmente pela dominação das mulheres pelos homens que, ao longo dos séculos, tem-se transformado e assumido novas formas que se sustentam e se fortalecem, por um lado, nos códigos sociais estabelecidos há décadas e impostos desde a infância e, por outro, em algumas políticas públicas (sociais, familiares, de emprego).

Publicado em diversos países, tais como Turquia, Japão, Bulgária e Espanha, sua tradução para o português contou com o apoio fundamental da Fundação de Amparo à Pesquisa e ao Desenvolvimento Científico e Tecnológico do Maranhão (FAPEMA) e com a colaboração da SOF e da Marcha Mundial das Mulheres.

Trata-se, enfim, de uma obra destinada a um público variado que inclui estudantes, professores, pesquisadores, sindicalistas e movimentos sociais em geral. Boa leitura!

Vivian Aranha Saboia

Prefácio à edição brasileira

A publicação do *Dicionário crítico do feminismo* em português pela EDUNESP, uma década após sua primeira edição francesa, é bem-vinda não só para os estudos de gênero e para o feminismo brasileiros, mas também para todos(as) aqueles(as) que na ciência, ou na própria existência, estejam em busca de novos conhecimentos.[1] Coordenado por Helena Hirata, socióloga brasileira radicada na França, e pelas sociólogas e pesquisadoras francesas Françoise Laborie, Hélène Doaré e Danièle Senotier, este dicionário traz muito mais do que um repertório de conceitos criados pelas teorias feministas para abordar as questões de gênero. Ele evidencia como essas teorias introduziram categorias inéditas nas Ciências Sociais, ao modificarem seus paradigmas fundamentados na dominação masculina.

O acesso a esta obra em nossa língua é, portanto, promissor, pois possibilita a ampliação do debate interdisciplinar e pluralista do feminismo crítico contemporâneo. O fato de ter sido concebida com base na experiência, acadêmica e política, do feminismo francês e europeu amplia seu interesse, pois nos traz conceitos ligados a essa realidade social, além daqueles que historicamente circulam em nível internacional. Em vista disso, ela nos abre meios de comparação e diferenciação entre países distintos como a França e o Brasil.

1 A primeira edição foi publicada em 2000 e a segunda edição aumentada, em 2004, pela PUF (Presses Universitaires de France). Em espanhol: *Diccionario critico del feminismo*, Madri: Sintesis, 2002. Em japonês: *Josei Gaku*, Tóquio: Fujiwara Shoten, Coll. Jitem Yomu, 2002. Foi publicado em turco em Istambul: Kanat Kitap, em 2009, e brevemente será publicado em búlgaro, em Sofia: Edições CWSP.

Nos 48 verbetes deste *Dicionário* – entre os quais, Aborto e contracepção; Assédio Sexual; Cidadania; Desemprego; Etnicidade e Nação; Feminilidade, masculinidade, virilidade; Igualdade; Lesbianismo; Mundialização; Patriarcado; Paridade; Prostituição; Religiões; Sexo e Gênero; Sexualidade; Sindicatos; Tecnologias de Reprodução Humana; Violências – há, *grosso modo*, dois tipos de entrada analítica. A primeira tem como ponto de partida a análise dos fenômenos sociais gerais sob a perspectiva de gênero, o que resulta numa compreensão acurada da realidade estudada. Por esse caminho descobre-se, literalmente, a invisibilidade social das mulheres no trabalho, na ciência, na política, entre outros. Ele indica que ao mesmo tempo em que se constroem explicações detalhadas para temas abrangentes, dá-se visibilidade às relações de gênero e desconstrói-se a generalidade ofuscante das análises sociológicas deterministas.

A segunda entrada parte dos conceitos específicos, derivados ou reapropriados das e pelas experiências feministas e abordagens teóricas dos estudos de gênero. A maioria desses conceitos foi paulatinamente integrada ao repertório das Ciências Sociais e se estendeu para outros campos; é interessante observar como eles têm um significado sociológico específico. O aborto, por exemplo, é definido, sobretudo, como um direito das mulheres de decidirem pela interrupção da gravidez, decisão que as remete à apropriação de seus corpos, reivindicada pelo feminismo dos anos 70. Em decorrência, a maternidade é também uma escolha e uma construção social, não mais um determinismo biológico. A divisão sexual do trabalho e as relações sociais de sexo são conceitos que estão na base da teoria materialista do feminismo francês de inspiração marxista. Essa divisão atravessa todo o tecido social e incide tanto no trabalho doméstico e reprodutivo como no trabalho propriamente produtivo; ela é resultante das relações sociais de sexo.

Ressalte-se aqui a particularidade francesa do uso corrente do termo "relações sociais de sexo", que equivale a uma construção social do sexo, da mesma forma que o vocábulo "gênero", de origem anglófona e inspiração pós-estruturalista, utilizado com maior frequência do que o primeiro, inclusive no Brasil. Este segundo caminho evidencia não só o significativo capital teórico, político e conceitual dos estudos de gênero e feministas, mas também como ele tem sido absorvido pelas Ciências Humanas e Sociais, transformando-as.

Perpassam por todas as análises posições teóricas e políticas divergentes que são parte do pensamento feminista crítico, quais sejam: igualdade e/ou diferença; universal e/ou particular; sexo e/ou gênero. Penetrar neste universo é, pois, estabelecer contato com o substrato político feminista, confrontar-se com a pluralidade e diversidade desse pensamento, para as quais as organizadoras desse *Dicionário* souberam atentar. A legitimidade científica que alguns desses conceitos alcançaram – como os de gênero e de divisão sexual do trabalho – não encobre nem neutraliza a questão política que lhes é subjacente; ao contrário, alargam-na, conforme se verifica na leitura deste livro. Os dois caminhos encontrados para a entrada dos verbetes mostraram a interrelação que a crítica feminista e os estudos de gênero estão aptos a fazer para dar visibilidade às questões políticas, sociais, de gênero e torná-las indispensáveis como categorias de análise científica.

Por fim, é oportuno lembrar um ponto de ligação histórico do feminismo brasileiro com o feminismo francês, quando, nos anos da ditadura militar no Brasil, a França acolheu exiladas políticas e estudantes que criaram, em 1976, "O Círculo de Mulheres Brasileiras em Paris". Naquele período em que as ideias feministas se espalhavam céleres pelo mundo, a experiência desse grupo não foi desperdiçada. Ao regressarem ao Brasil, no começo dos anos 80, ou ao ficarem por lá, como Helena Hirata, muitas delas continuaram vinculadas ao movimento social ou à produção acadêmica feminista. Hoje os estudos de gênero e feministas brasileiros alcançaram uma dimensão interdisciplinar ampla, com influências e diálogos internacionais diversificados, embora ainda não tenham produzido, nem traduzido, uma obra semelhante a esta. A originalidade deste *Dicionário* está posta em toda a sua diversidade teórica, sociológica e política. Cabe-nos, tão somente, usufruí-la.

Lucila Scavone

Prefácio à edição francesa

A característica que deve ter um bom dicionário é a de mudar a forma comum de pensar.
Diderot

E esse é, de fato, o objetivo deste dicionário um tanto quanto especial. De fato, esta obra, a primeira do tipo na França, não visa colocar em ordem alfabética um conjunto de conhecimentos adquiridos ou de elementos do saber com contornos provisoriamente delimitados, mas estimular a abertura a uma problemática e seus métodos. O inventário exaustivo de termos produzidos por uma disciplina ou um campo de estudos abre espaço à organização de noções que, pertencendo a registros científicos diferentes, foram concebidas para permitir a emergência ou consolidação de uma outra visão da sociedade, esta que nasce com a percepção da hierarquia entre o masculino e o feminino, com a recusa do neutro. Em poucas palavras, trata-se de transmitir uma nova grade de leitura de forma que o senso comum se transforme em senso crítico. Daí o seu título. Este dicionário é feminista porque coloca como central a problemática da dominação entre os sexos e suas consequências. E é duplamente crítico: expõe as controvérsias teóricas e políticas que atravessam o pensamento e o movimento feminista e propõe uma desconstrução de certos conceitos clássicos das Ciências Sociais. Apresenta também uma série de análises que mostram que a realidade social, na sua dinâmica e complexidade, não pode ser corretamente apreendida se excluirmos o efeito estruturante das relações sociais entre os homens e as mulheres.

Para tanto, escolhemos três tipos de termos:

1) Conceitos novos, os mais importantes dentre os que são diretamente provenientes da teorização feminista (divisão sexual do trabalho, gênero, relações sociais de sexo, patriarcado).
2) Termos advindos dos campos de intervenção das lutas feministas em torno do corpo (aborto e contracepção, assédio sexual, maternidade, tecnologias de reprodução humana, prostituição, sexualidade, violências...), da área do trabalho (trabalho doméstico e sua articulação com o trabalho profissional, desemprego, flexibilidade...) ou do campo político (dominação, paridade, poder(es), público/privado...).
3) Enfim, certas noções abrangem termos gerais cujo conteúdo foi reconstruído, reformulado por meio da consideração das divisões sociais operadas pelas relações entre homens e mulheres. Estas rubricas, cujo número importante provém da Sociologia e da Economia do Trabalho, fornecem exemplos da pertinência da problemática feminista para uma melhor compreensão do social (cidadania, desemprego, igualdade, trabalho...).

A particularidade deste dicionário está muito mais em dar sentido ao que queremos dizer do que oferecer palavras para dizer o que queremos. Tornando metodicamente visível a sexualização do social e seus efeitos, a natureza desta obra possui uma ambição epistemológica, já que procura induzir uma sistemática de questionamentos sobre o androcentrismo presente na representação dos objetos e na produção das palavras, das ideias, dos sistemas de pensamento. Ela deseja tornar necessária a ideia segundo a qual todos os fenômenos, inclusive aqueles aparentemente mais afastados das relações entre homens e mulheres, tais como a financeirização da Economia ou a informatização generalizada da comunicação, não parecem mais constituídos na neutralidade dos espíritos.

Sempre que foi possível, os(as) autores(as) levaram as disciplinas a dialogar (a Antropologia e a Psicologia, a História e a Sociologia, por exemplo) e abriram um grande espaço para a dimensão internacional (cf. mundialização, desenvolvimento, migrações, etnicidade e nação etc.). Se algumas contribuições permanecem centradas na França é porque o tema teria necessitado diversos artigos, tendo em vista que as realidades sociais, as abordagens e as práticas são diferentes de um país para outro; este é o caso, por exemplo, da rubrica sindicatos.

Se a introdução de debates e comparações internacionais, bem como da dimensão histórica, é heterogênea – a cidadania necessitava de uma incursão na Antiguidade, enquanto a relação social de sexo é um conceito bastante recente –, o espaço significativo concedido à apresentação de diversas controvérsias testemunha a vitalidade do campo e a importância dos trabalhos já efetuados, desde a emergência dos movimentos feministas no final dos anos 60.

Dentre as controvérsias mencionamos duas, uma no plano teórico e outra no político. A primeira concerne às concepções diversas da noção de gênero, um termo de origem anglo-saxã, ou "relações sociais de sexo", uma formulação elaborada num contexto francófono. Se não está imediatamente presente numa forma construída, ela subentende diversos textos. Com efeito, para alguns(umas), esta noção diz respeito a uma relação contraditória, antagônica entre dois grupos ou duas classes, relação intrinsecamente ligada às outras relações sociais que fundamentam uma dada sociedade; para outros(as), ela pode se limitar a designar uma forma desigual de um vínculo e se integrar a conceitos que admitem a negociação, a conciliação dos papéis. Além disso, a articulação das diversas relações sociais (classe/sexo/"raça") se faz de maneira interdependente ou através de um modo hierarquizado, em que a relação social de sexo é o fundamento de todas as outras? As respostas são divergentes.

A segunda controvérsia, que concerne à prostituição, resulta da atualidade política e social. Em função de ser analisada como um trabalho ou uma violência, ela induz a reivindicações antagônicas de profissionalização ou de abolição. Esses dois pontos de vista são atualmente tão irredutíveis na França que nós os apresentamos por meio de duas rubricas contraditórias. Outras rubricas desta obra, tais como Ofício, Profissão, Bico, mas também Sexualidade, Violências, Feminilidade, Masculinidade, Virilidade, trazem esclarecimentos necessários para esse debate.

Se, hoje, nós podemos fazer um balanço desses desacordos, isto ocorre graças à lenta acumulação, desde o início dos anos 70, de trabalhos de pesquisa. Desse ponto de vista, este dicionário se inscreve num processo histórico e constitui uma amostra datada da variedade de trabalhos realizados fora e dentro das instituições acadêmicas. Iniciada por um grande colóquio "Mulheres, feminismo, pesquisa", realizado em 1982, a institucionalização desse movimento se realizou em alguns grupos de pesquisa (GEDISST em 1983, CEDREF em 1985, equipe SIMONE em 1986) e na constituição de algumas cátedras de estudos feministas (por exemplo, Toulouse, Paris VII, Paris VIII, Rennes). A forma de rede foi um canal frutuoso de intercâmbios nacionais e internacionais (Grupo *ad hoc Structures familiales et systèmes productifs* em 1982, Ateliê *Production-reproduction* em 1984, *État et rapport sociaux de sexe* em 1987, ANEF em 1989, *Marché du travail et genre* em 1995, RING em 2000). Surgiram diversas revistas; algumas continuam a ser publicadas regularmente, o que permite, pela difusão desses trabalhos, dar-lhes visibilidade. Na França, podemos citar: *Clio, Cahiers du CEDREF, Cahiers du féminisme, Cahiers du Genre, Cahiers du GRIF, Nouvelles questions féministes, Projets féministes, Travail, Genre et Sociétés.*

Cada rubrica contém uma ou várias definições da noção, traça as etapas do seu desenvolvimento histórico, expõe os debates e controvérsias que ela suscitou ou suscita, e apresenta sua atualidade, tanto social como científica. Embora a maioria dos textos possua o mesmo tamanho, deixamos um espaço mais importante para três abordagens conceituais fundamentais na área, a saber: diferença de sexos, divisão sexual do trabalho e relações sociais de sexo, sexo e gênero. Essas rubricas constituem os elementos teóricos básicos que permitem compreender os fundamentos das oposições ideológicas e práticas no que concerne à naturalidade ou à dimensão construída da diferença entre os sexos e o confinamento de um deles à maternidade e/ou ao trabalho doméstico, considerado, por exemplo, não qualificado.

Correlatos no final do artigo permitem localizar diversas rubricas do dicionário em que a noção é mencionada ou utilizada. Cada artigo contém cinco ou seis referências bibliográficas consideradas essenciais para o aprofundamento do tema. Uma bibliografia geral no final do volume reúne essas referências bem como diversas outras, mencionadas nos textos. Um índice geral permite o acesso imediato às rubricas do dicionário e seus correlatos, e a reiteração de certos termos se explica pela centralidade que ocupam quando abordamos as relações sociais entre os sexos: o conceito de trabalho, a divisão sexual do trabalho, a dominação, o poder ou ainda as violências... Por outro lado, o índice permite fazer referência a termos que não foram objeto de um artigo (como, por exemplo, Corpo, Opressão...).

Este dicionário, fruto da atividade do Grupo de Estudos sobre a Divisão Social e Sexual do Trabalho (GEDISST-CNRS, que se tornou Gênero e Relações Sociais – GERS-CNRS em 2001 e GTM em 2005) tem como público-alvo todos os estudantes, pesquisadores, universitários, professores, jornalistas, militantes sindicais e associativos, centros de documentação e bibliotecas, que encontrarão nele, assim o esperamos, uma ferramenta de trabalho eficaz. A procura de uma linguagem clara visa, igualmente, atingir um público vasto que se questiona sobre noções que às vezes são abordadas pela mídia sem que sua história ou seus debates sejam apresentados ou explicitados. O número limitado de rubricas e a forma sintética dos artigos visam possibilitar a realização de uma obra de pequeno formato e custo, acessível a um vasto público. Além disso, nós feminizamos os nomes dos ofícios e das funções, respeitando as regras fixadas pelo Centro Nacional da Pesquisa Científica e pelo Instituto Nacional de Língua Francesa, publicadas em 1999 (*Femme j'écris ton nom*, Paris, La Documentation française).

Enfim, retomamos a metáfora proposta pelos(as) autores(as) de um glossário inglês similar (Sonya Andermahr et al.): a teoria feminista faz parte das teorias nômades que vão de pessoa a pessoa, de um período a outro, transformando-se conforme os novos usos e às vezes conforme as disciplinas. Se este livro pode ser considerado um guia, ele não substituirá a viagem.

SIGLAS UTILIZADAS

AMI – Acordo Multilateral sobre o Investimento
ANEF – Associação Nacional de Estudos Feministas
APE – Subsídio Parental para a Educação
APRE – Ateliê Produção-Reprodução
ATTAC – Associação para a Criação de uma Taxa sobre Transações Financeiras para Auxílio aos Cidadãos
AVFT – Associação Europeia contra as Violências Exercidas sobre as Mulheres no Trabalho
OIT – Organização Internacional do Trabalho
BTP – Construção Civil e Obras Públicas
CDD – Contrato de Duração Determinada
CDI – Contrato de Duração Indeterminada
CEA – Comissariado da Energia Atômica
CEDREF – Centro de Ensino, Documentação e Pesquisa sobre Estudos Feministas
CEREQ – Centro de Estudos e Pesquisas sobre Qualificações
CES – Contrato Emprego-Solidariedade (emprego subvencionado pelo governo)
CFDT – Confederação Francesa Democrática do Trabalho
CGT – Confederação Geral do Trabalho
CNRS – Centro Nacional de Pesquisa Científica
CSF – Conselho do Estatuto da Mulher
CSP – Categorias Socioprofissionais
FIV – Fecundação *in vitro*

GEDISST – Grupo de Estudos sobre a Divisão Social e Sexual do Trabalho
IFOP – Instituto Francês da Opinião Pública
INSEE – Instituto Nacional da Estatística e dos Estudos Econômicos
INSERM – Instituto Nacional de Saúde e Pesquisa Médica
IRESCO – Instituto de Pesquisa sobre as Sociedades Contemporâneas
IVG – Interrupção voluntária da gravidez
MAGE – Mercado de Trabalho e Gênero
MFPF – Movimento Francês pelo Planejamento Familiar
MLF – Movimento de Libertação das Mulheres
NTR – Novas Tecnologias da Reprodução Humana
OCDE – Organização de Cooperação e Desenvolvimento Econômico
OMC – Organização Mundial do Comércio
ONG – Organização Não Governamental
ONU – Organização das Nações Unidas
OTAN – Organização do Tratado do Atlântico Norte
PACS – Pacto Civil de Solidariedade
PCS – Profissões e Categorias Sociais
PNUD – Programa das Nações Unidas para o Desenvolvimento
RING – Rede Interuniversitária e Interdisciplinar sobre Gênero
RMI – Renda Mínima de Inserção
SIMONE-SAGESSE – Saberes, Gênero e Relações Sociais de Sexo
TTP – Trabalho em Tempo Parcial
UE – União Europeia
UNEDIC – União Nacional para o Emprego na Indústria, Comércio e Agricultura
UNESCO – Organização Educacional, Científica e Cultural das Nações Unidas

Aborto e contracepção*

Alisa Del Re

O reconhecimento do direito de dispor do seu corpo foi um grande acontecimento para as mulheres do século XX. Desde a "greve dos ventres", no século XIX, essa reivindicação foi objeto de diversas lutas perdidas ou parcialmente ganhas. Internacionalmente, essa luta é sustentada de maneira unânime pelos movimentos feministas dos anos 70. Quem possui o poder de controle sobre o corpo feminino: o Estado, as autoridades religiosas, as corporações médicas, o chefe da família (marido ou pai) ou as próprias interessadas? É um ponto decisivo, pois se trata da autonomia das mulheres. Exigindo que estas últimas possam ter o domínio da sua sexualidade e recusando-se a que o debate seja remetido para a esfera privada – que tende a culpabilizar os relacionamentos individuais –, o movimento feminista conferiu uma dimensão política a esta questão que sempre ocupou um espaço primordial nas lutas parlamentares e conduziu a fraturas no interior dos partidos. Os limites e as abstrações dos discursos políticos, que ignoram a sexuação dos corpos, vieram, dessa forma, à tona.

Entretanto, em diversas regiões do planeta esse direito ainda não foi reconhecido. Nos países em vias de desenvolvimento, por exemplo, as políticas de planejamento familiar, quando existentes, repousam sobretudo na coerção (esterilização forçada, por exemplo), ao invés de numa escolha livre.

Limites das legislações adotadas

Na Europa Ocidental, no que concerne à contracepção e ao acesso aos meios contraceptivos, encontramos mais semelhanças do que diferenças. Entretanto, o contexto legal difere em função de se tratar de países que aboliram as leis restritivas e as proibições do passado (França, Irlanda), ou de países mais tolerantes, que criaram leis para afirmar o direito ao planejamento familiar e o direito à informação no que concerne a este tema (Blayo, 1993).

As medidas de prevenção, desde a educação sexual até as informações sobre os métodos contraceptivos modernos (pílula, DIU etc.), são conquistas importantes para as mulheres. E a difusão da contracepção, ao mesmo tempo que o desenvolvimento econômico, restringiu o controle dos homens sobre o corpo feminino (Conferência do Cairo, 1994).

Todavia, isso não tornou a questão do aborto obsoleta. Todas as mulheres em idade fértil podem, um dia, engravidar, sobretudo num contexto dominado pela heterossexualidade masculina pouco responsável. Entretanto, nem todas desejam se tornar mães, ou tornar-se nesse momento.

Por outro lado, as práticas de informação e educação sexual permanecem aquém das necessidades na grande maioria dos países, conforme mostram os dados alarmantes de adolescentes grávidas. A importância do preservativo no contexto das campanhas de prevenção do HIV/Aids fez que muitas jovens esquecessem o fato de que, uma vez descartado o risco da doença, a contracepção continuaria sendo indispensável. Por sua vez, o atraso da difusão da pílula do dia seguinte num país como a França, ou a pouca atenção conferida ao desenvolvimento da contracepção masculina testemunham o caráter secundário que a questão da contracepção continua tendo aos olhos do corpo médico e dos poderes públicos.

No que concerne ao aborto, foi somente a partir dos anos 70 que os países da Europa Ocidental adotaram leis autorizando a interrupção voluntária da gravidez (IVG). Hoje, a Irlanda, onde o aborto não somente é ilegal mas inconstitucional, representa uma exceção, assim como é o caso, na Europa Oriental, da Polônia, onde o aborto foi praticamente banido em 1993 (Heinen e Matuchniak-Krasuska, 1992).

Entretanto, na maioria dos casos, as mulheres devem justificar seu pedido e obter uma autorização médica para poder abortar e, com exceção de Dinamarca, Suécia e Holanda, a interrupção da gravidez se insere no âmbito do Código Penal quando não se cumprem as condições restritivas impostas.

Essas condições variam de país para país: o limite do número de semanas além das quais a gravidez não pode ser interrompida, se não houver razões terapêuticas; o tempo mínimo de residência no país, se a mulher for estrangeira; consentimento dos pais, se ela é menor de idade... (MFPF, 1992). É necessário, entretanto, distinguir lei e prática. Em países com legislação liberal, as mulheres podem enfrentar, na prática, inúmeros obstáculos, tais como a presença de um grande número de médicos "com objeção de consciência". Uma lei restritiva, no entanto, pode ser interpretada de forma mais ou menos liberal.

Em quase todos os países da Europa empregam-se técnicas simples de aborto – por aspiração –, mas a prática da curetagem ainda é frequentemente usada. A pílula abortiva (ou RU 486) está disponível apenas num número limitado de países.

Além disso, a frequência do recurso ao aborto é muito desigual: enquanto as mulheres na Europa Ocidental e do Norte sofrem menos de um aborto durante a vida, as frequências são muito mais elevadas nos países do Sul e na Europa Oriental, onde o aborto é tido como substituto da contracepção (Newman, 1993).

Abordagens políticas diferenciadas

Os argumentos lançados por feministas na década de 1970 para justificar o direito ao aborto repousavam em vários tipos de expectativas. Os pontos comuns residiam na vontade de eliminar o perigo de morte que ameaçava as mulheres que recorriam ao aborto clandestino e na reivindicação da autonomia reprodutiva das mulheres, refletida no *slogan* "nós teremos os filhos que quisermos, se quisermos e quando quisermos".

A posição adotada pela maioria consistia em reivindicar uma lei que assegurasse o aborto livre, reembolsado pelo sistema de seguro social público e com assistência médica. Ela se baseava na crença de que essa legislação teria não apenas um resultado simbólico, mas que daria às mulheres um poder de barganha perante os poderes públicos a respeito de um tema tradicionalmente visto como da esfera privada.

Aquelas que defendiam o princípio da descriminalização insistiam, antes de tudo, na responsabilidade das mulheres por sua procriação e, muitas vezes, reclamavam medidas para proteger a saúde das mulheres, assegurando simultaneamente o princípio de sua autonomia.

Em geral, a noção de liberdade sexual ocupou um espaço central na argumentação das feministas favoráveis ao direito de aborto. Diversas pesquisas, realizadas após a aprovação de leis que liberalizaram a interrupção da gravidez, mostraram que as razões que levam as mulheres a interromper uma gravidez não são apenas materiais, porque muitas delas tinham informações sobre métodos de contracepção e sentiram, no entanto, a necessidade de abortar naquele momento.

Entretanto, os partidos políticos apresentaram posições muito mais tradicionais. A esquerda viu as mulheres como vítimas de injustiça social e cultural, impedindo a maternidade livre e consciente. Aos olhos dos católicos e das diferentes organizações de direita, as vítimas eram principalmente os fetos, identificados como bebês. De todo modo, a grande maioria dos políticos qualificava a interrupção da gravidez como um "drama", uma "tragédia", e era a maternidade que ocupava o centro das preocupações. Apenas algumas correntes laicas definiam o aborto como um direito civil, isto é, como uma questão de liberdade individual sobre a qual o Estado não deveria interferir.

Tal posição não é fácil, mesmo que seja apenas devido ao vínculo – reclamado pela maioria das feministas e amplamente aceito – entre aborto e direitos sociais. Além disso, se o direito das mulheres em dispor de seus corpos não é questionável, a relação entre aborto e direitos civis é complexa, na medida em que levanta a questão do direito do parceiro, que não pode ser negado *a priori* (*Assises pour les droits des femmes*, 1998).

Os obstáculos atuais

Nos últimos anos, o debate assistiu ao ressurgimento dos discursos das correntes de direita, recusando-se a ver as mulheres como sujeitos autônomos. O Papa e grande parte da hierarquia católica, que tentam impor seu poder sobre as consciências, têm reafirmado insistentemente a sua intransigência quanto ao tema da "vida", estabelecendo uma ligação intrínseca entre "direito à vida" e democracia.

A encíclica *Evangelium Vitae*, de 1995, nega qualquer validade jurídica às leis que autorizam o aborto. A defesa do direito à vida é aí apresentada como uma "nova questão social", justificando implicitamente as piores condutas fundamentalistas dos comandos antiaborto. Nessa óptica, é preciso salvar a vida em potencial – o feto – e não a das mulheres correndo o risco de morrer em consequência de um aborto clandestino (Del Re, 1997).

Além disso, o discurso dos médicos e das comissões nacionais de ética sobre as novas tecnologias reprodutivas reforçam esta tendência ao tratar o feto como uma pessoa quase independente, favorecendo a emergência do conceito de "paciente" que, assim, deixa a mãe em segundo plano (Akrich e Laborie, 1999). Essa abordagem, que instrumentaliza o corpo da mulher, rejeita a estreita relação entre o desejo desta última e as condições do desenvolvimento físico e mental da futura criança (Pitch, 1998). Quem defende o direito das mulheres de decidir sobre a sua gravidez insiste, ao contrário, no fato de que colocar uma criança no mundo é uma escolha de vida, uma opção para toda a existência. O que conta nesse caso é a situação concreta e as representações das mulheres envolvidas e, portanto, o respeito por sua autodeterminação e pelo espaço de liberdade que elas conquistaram.

→ *Maternidade – Movimentos feministas – Políticas sociais e familiares – Público/privado – Sexualidade – Tecnologias da reprodução humana*

► Assises pour le droit des femmes, *En avant toutes*, Paris, Le temps de cerises, 1998, 308p.

Blayo, Chantal. Régulation de la fécondité en Europe, *Entre nous. La revue européenne de planification familiale*, 1993, n.22-3, p.3-9.

Del Re, Alisa. Reproducción social y reproducción biológica en la Italia del fin de milenio, *Papers*, 1997, n.53, p.25-36.

Heinen, Jacqueline; Matuchniak-Krasuska, Anna. *L'avortement en Pologne: la croix et la bannière*, Paris, L'Harmattan, 1992, 240p.

Mouvement français pour le planning familial, *Europe & elles. Le droit de choisir*, Paris, MFPF, 1992, 228p.

Pitch, Tamar. *Un diritto per due. La costruzione giuridica di genere, sesso e sessualità*, Turim, Il Saggiatore, 1998, 281p.

* Traduzido por Vivian Aranha Saboia.

Assédio sexual*

Carme Alemany

As definições são extremamente variáveis. Certos países – Alemanha e Áustria, por exemplo – dão a essa expressão uma acepção muito ampla, incluindo todas as alusões sexistas; outros, como a França, se atêm a uma definição legal mais restrita. Essa denominação designa todas as condutas de natureza sexual, quer sejam de expressão física, verbal ou não verbal, propostas ou impostas a pessoas contra a sua vontade, principalmente em seu local de trabalho, e que acarretam um ataque à sua dignidade. A maior parte desses comportamentos é dirigida contra as mulheres e constitui uma expressão do poder dos homens sobre elas.

Uma nova noção para um problema antigo

Várias gerações de mulheres têm sido – e ainda são – submetidas a solicitações de ordem sexual não desejadas. Assim, o "*droit de cuissage*"[2] tem sido assinalado por diferentes autores, entre eles Leon Richier, jurista francês do fim do século XIX. Marie-Victoire Louis (1994), analisando a condição das mulheres no momento da aparição do assalariamento, escreveu: "Os direitos de utilização dos corpos das mulheres, aí compreendidos evidentemente em sua dimensão sexual, foram perpetuados no seio das relações salariais". Foram as feministas americanas da Universidade de Cornell que, nos anos 70, designaram pela primeira vez sob o nome de "assédio sexual" (*sexual harassment*) esse gênero de condutas masculinas. Elas se referiam então, mais concretamente, às práticas observadas no contexto das relações de trabalho com os homens. A partir de 1975, esse conceito se generalizou nos países anglo-saxônicos. Entretanto, e apesar das análises feministas, o assédio sexual somente foi considerado um fenômeno importante a partir dos anos 80.

No campo jurídico, Catharine MacKinnon (1979), nos Estados Unidos, foi a primeira a introduzir o conceito de assédio sexual na doutrina legal e a apresentá-lo como uma forma de discriminação sexual. Nos Estados Unidos, esse processo conduz ao seu reconhecimento pelos tribunais como discriminação ilegal fundada no sexo e à consideração desse fenômeno na legislação e na regulamentação administrativa.

Nos países europeus, também foi adotado o conceito de assédio sexual. Foi em meados dos anos 80 que se reconheceu verdadeiramente a importância do problema, sobretudo no ambiente de trabalho. Segundo uma série de resoluções do Parlamento europeu, o assédio sexual constitui ataque "à

2 Direito que tinha o senhor na época medieval de colocar a perna no leito da recém-casada na noite de núpcias e, em certas regiões, de passar essa primeira noite com ela (Cf. *Dicionario Petit Robert*). (N.T.)

dignidade e aos direitos das mulheres no local de trabalho". Em 1987, a Comissão Europeia publicou o primeiro relatório sobre a questão. Elaborado por Michael Rubenstein, ele definiu o assédio sexual como "uma conduta verbal ou física de natureza sexual cujo autor sabe ou deveria saber que é ofensiva à vítima". Esse documento, que permitiu divulgar a situação nos diferentes países-membros da União Europeia, assinala em especial que "o assédio sexual entra em conflito com o objetivo de igualdade de tratamento entre mulheres e homens", e mostra que a legislação existente nos Estados-membros não está adaptada para responder a essa situação. Assim, ele recomenda a elaboração de uma diretriz comunitária a fim de prevenir o assédio sexual no mundo do trabalho, proteger os trabalhadores desse risco e encorajar os empregadores a instituir e manter um ambiente de trabalho isento de todo assédio sexual.

Abordagens segundo os países

Nem todas as análises coincidem em sua abordagem à questão. Algumas feministas americanas recusam limitar o fenômeno às relações de trabalho, porque elas o consideram uma forma de relação de poder entre o homem e a mulher exercida igualmente em outras situações (Farley, 1978). Por outro lado, há aquelas que se centram no âmbito profissional e enfatizam que o assédio sexual é um elemento determinante da segregação feminina no mercado de trabalho (Stanko, 1988).

Na Europa, os debates das feministas americanas tiveram eco sobretudo nos países nórdicos e na Grã-Bretanha. Nos demais países da União Europeia, a definição do conceito de assédio sexual, conforme proposto nos textos europeus, foi decisiva para fazer explodir o debate no seio do movimento feminista. Certos países, entre eles a França, centraram-se principalmente na necessidade de uma legislação sobre a matéria, enquanto em outros – sobretudo na Itália – o debate tomou um caráter mais ideológico e teve por objeto as causas do fenômeno, a discussão política do conceito utilizado nos textos europeus e a possível utilidade de uma lei.

Na França, as associações feministas (entre elas a AVFT – Associação Europeia contra as Violências às Mulheres no Trabalho, criada em 1985) foram as primeiras a reivindicar a sanção legal contra o assédio sexual. Desde a década de 1990, elas propõem uma definição inspirada nos textos da

Comunidade Europeia e nos conceitos norte-americanos que inclua o assédio sexual exercido por colegas de trabalho e a chantagem sexual de um superior hierárquico. A discussão sobre o fenômeno acabou se restringindo rapidamente aos debates parlamentares.

Durante tais debates, foi frequentemente apontado o perigo de aprovar uma lei semelhante à dos Estados Unidos, dado que as mídias apresentaram as ações judiciais – aplicadas nos Estados Unidos para denunciar e sancionar o assédio sexual – como práticas exageradas, cujo desenvolvimento não seria desejável favorecer no contexto europeu. O medo da maioria dos parlamentares de chegar a tal situação, portanto, influenciou o debate e contribuiu para criar um consenso, no qual finalmente se adotou uma definição fundada unicamente no abuso de uma autoridade com a intenção de obter favores sexuais. Desse modo, o assédio sexual cometido por colegas foi excluído do campo de aplicação da lei (atualmente a lei francesa inclui esse tipo de assédio sexual). A motivação real dos legisladores visava, sobretudo, encontrar um consenso para reprimir os principais abusos, salvaguardando a concepção masculina da sedução e das relações ofensivas ou de dominação que ela supõe. Os debates parlamentares também sublinharam que existem formas de assédio sexual, qualquer que seja o sexo das pessoas, e concluíram, portanto, pela inadequação da definição do assédio sexual como discriminação sexual contra as mulheres.

Sem dúvida, o texto da lei foi considerado insuficiente, pelo menos do ponto de vista do movimento das mulheres. Além disso, esse meio sucesso teve como efeito perverso esterilizar o debate, impedir seu aprofundamento e tornar mais difícil a ação prática. A título de exemplo, se em muitos países as sindicalistas feministas se esforçaram para introduzir nas convenções coletivas cláusulas sobre o assédio sexual (medidas preventivas ou tipos de sanções), isso não se produziu na França. Na Itália, ao contrário, a indiferença do governo em face do problema – nem mesmo forneceu à União Europeia estatísticas ou dados sobre a amplitude do fenômeno – provocou um maior envolvimento do movimento das mulheres no debate.

Pesquisas europeias

Na Europa, as pesquisas realizadas evoluíram no curso do tempo até o final dos anos 80 e se orientaram, sobretudo, para o conhecimento do problema. Diferentes levantamentos realizados na Europa buscaram avaliar sua incidência e, atualmente, todos os países da União Europeia dispõem de dados que permitem conhecer a situação. Variando enormemente segundo os países, os tipos de profissão e as diversas formas que pode assumir, o assédio sexual concerne, muito frequentemente, mais de 30% das mulheres no trabalho, as quais, caso se recusem a ceder, podem sofrer consequências. Infelizmente, como a metodologia empregada para medir a importância do fenômeno não é homogênea, não é fácil uma comparação internacional. Entretanto, quando se apresenta às mulheres, em todos os países, uma lista de fatos incluindo as manifestações e os propósitos e olhares com intenção sexual dirigidos a uma pessoa sem que ela os tenha desejado, a porcentagem de mulheres que afirmam ter sofrido tais ataques atinge, em certas pesquisas, mais de 60%. Ao contrário, quando se pede às mulheres que assinalem os comportamentos "que elas consideram parte do assédio sexual", observa-se que a taxa de respostas afirmativas diminui quando se trata de comportamentos de nível mais fraco – comentários embaraçosos de natureza sexual sobre o físico ou o vestuário, histórias descaradas, olhares incômodos. Isso mostra que as mulheres minimizam esses fatos e consideram o assédio sexual de maneira restritiva. Essa tendência se confirma em quinze países da União Europeia (Timmerman; Alemany, 1999). A partir dos anos 90, as pesquisas qualitativas se orientaram para a compreensão da complexidade do problema. Algumas utilizaram os testemunhos e as histórias pessoais de mulheres assediadas (Grisendi, 1992; Cromer, 1994). Na Alemanha, na Finlândia e em Portugal, foram realizadas pesquisas sobre o assédio sexual contra homens. Elas mostraram, por um lado, que os homens se sentem menos atingidos em sua dignidade que as mulheres e que, por outro, a maioria dos assediadores eram homens.

Atualmente, os debates sobre a questão diminuíram consideravelmente de intensidade, exceto na Itália, onde ainda se questiona a pertinência de se votar uma lei (Condriagnani, 1996). Em outros países, as associações feministas (na França, a AVFT) e as comissões de mulheres dos sindicatos se esforçam para dar apoio jurídico e psicológico às mulheres que denunciam esse tipo de agressão. É necessário assinalar, enfim, que não há pesquisas que permitam avaliar os efeitos das medidas tomadas contra o assédio sexual no local de trabalho, quais sejam a inclusão, na negociação coletiva, da proibição do assédio sexual e diversas medidas preventivas, tais como a criação de um cargo de "conselheira de confiança", ou a inclusão da interdição do assédio sexual no regulamento interno de certas empresas.

→ *Movimentos feministas – Sexualidade – Trabalho (o conceito de) – Violências*

► Cromer, Sylvie (AVFT). Le harcèlement sexuel. La levée du tabou 1985-1990, Paris, *La documentation française*, 1994, 228p.

Democracia e Diritto (revista), 1993, n.2, 317p. [Edição monográfica sobre o debate na Itália].

Louis, Marie-Victoire. *Le droit de cuissage en France, 1860-1930,* Paris, Les Éditions Ouvrières, 1994, 319p.

MacKinnon, Catharine. *Sexual Harassment of Working Women: A Case of Sex Discrimination,* New Haven, Yale University Press, 1979, 312p.

Rubenstein, Michael. *La dignité de la femme dans le monde du travail. Rapport sur le problème du harcèlement sexuel dans les états membres des communautés européennes,* Luxemburgo, Escritório de publicações de comunidades europeias, "Document des Commissions des Communautés européennes", 1987, 161p.

Timmerman, Grejte; Alemany, Carme. *Le harcèlement sexuel sur le lieu de travail dans l'Union européenne,* Comissão europeia, Diretriz geral "Emploi, relations industrielles et affaires sociales", 1999, 230p.

* Traduzido por VIVIAN ARANHA SABOIA.

Categorias socioprofissionais*

Pierre Cours-Salies

Quando se trata de classificar indivíduos que são semelhantes em função de características comuns, estamos perante uma atividade intelectual que sempre enfrentou dificuldades para evitar naturalizações, mesmo quando se trata de uma explicitação de cunho sociológico das semelhanças e diferenças. A rigor, na linguagem cotidiana, uma "categoria" supõe a classificação de objetos de mesma natureza.

Além disso, a existência de categorias socioprofissionais (CSP), qualquer que seja a formulação utilizada para descrevê-las, tem origem tão distante quanto os primeiros alfabetos e os primeiros sistemas de cálculo que foi possível decifrar (Linear B de Micenas, Síria antiga, China, incas, Egito etc.). Tratava-se de informações numéricas recolhidas e apresentadas pelas administrações vinculadas ao poder político. Daí o conceito de "estatísticas", que significa o inventário de conhecimentos úteis para um homem de Estado – extensão, população, recursos. Um dado isolado permanece sempre menos bem conhecido do que quando é inserido num conjunto que deve, na medida do possível, apresentar-se como uma nomenclatura, em que cada realidade encontra sua própria denominação ou taxinomia – o ordenamento intelectual que permite vislumbrar a diversidade de um domínio da realidade.

Mais fundamentalmente, essa atividade de classificação atravessa o conjunto da filosofia política, especialmente quando suscita os movimentos de cidadãos: pensemos nos debates entre os sofistas gregos e Aristóteles a respeito dos escravos, das mulheres e dos nobres; recordemos também as discussões sobre os direitos dos cidadãos, na época da Revolução Francesa, com as polêmicas em torno das classificações entre aqueles que deveriam ter o direito de voto e os que não deveriam, incluindo-se aí as mulheres; citemos a controvérsia fundadora dos direitos políticos modernos, limitados aos que possuíam o suficiente para pagar os impostos (1646), no tempo da primeira Revolução Inglesa (Macpherson, 1971).

Nos dias de hoje, lidar com categorias socioprofissionais não pode se limitar a registrar dados neutros. Não há aqui uma descrição "objetiva". Usar uma nomenclatura significa ver-se frente a frente com uma concepção sistemática da unidade dos "semelhantes diferentes" – as análises que justificam as categorias remetem às diferenças concretas mais ou menos identificadas com os princípios de classificação. Um bom exemplo é encontrado num texto de Max Weber (cap. IV, p.309-15,1971).

O uso francês das categorias socioprofissionais do INSEE tem-se mantido desde 1951. Ele sofreu ajustes, passando da sigla CSP (até 1982) para PCS (Profissões e Categorias Sociais); em seguida, para distinguir as séries relacionadas com a evolução das profissões e também com melhores análises dos empregos (Repertório Francês de Empregos do CEREQ, Repertório Operacional dos Ofícios). O esforço de confrontar ramos patronais e sindicatos de trabalhadores ocupou um espaço importante para se chegar à nomenclatura de 1982.

Dificuldades e controvérsias

O uso das CSP requer uma tripla vigilância. Em primeiro lugar, para conseguir compreender a história de uma nomenclatura, suas evoluções e correções, inseparável de momentos-chave (como 1936 e 1945-1946) de mudanças culturais e econômicas. Nesse ponto, Alain Desrosières e Laurent Thévenot (1988) trouxeram uma grande contribuição. Em segundo lugar, para atentar às diferenças nacionais (Duriez et al., 1991). Em terceiro lugar, para atualizar os efeitos sociais perversos relativos a certas realidades. O estudo crítico da história das estatísticas destacou bem esses desafios (Affichard, 1987; Desrosières, 1993).

Nos anos 70, Christine Delphy inaugurou na França uma crítica dos pressupostos sexistas dos estudos franceses de estratificação (Delphy, 1977-1998). Ela apontava o significado de algumas inconsequências metodológicas, por exemplo: nas categorias do INSEE, como nas orientações do recenseamento geral da população, muitas vezes "classifica-se uma mulher em função da sua profissão, se ela é solteira e, posteriormente, abandona-se esse critério no dia em que ela se casa". Ela insiste na reflexão "sobre a utilização para a classificação das mulheres [...] de um critério totalmente alheio à teoria da estratificação social, chamado de critério de associação pelo casamento" (ibidem, p.161).

Destaquemos, nesse sentido, algumas contribuições. Michel Verret, comentando o Recenseamento Geral da População feito em 1990, mostra que a sexuação das categorias socioprofissionais, ocultas pelas regras administrativas e práticas do censo, acarreta no mínimo dois efeitos complementares: afasta a noção de classe operária da relação estrutural capitalista entre os proprietários dos meios de produção e as pessoas que dependem da venda da sua força de trabalho, isto é, a grande maioria dos assalariados, e assimila-a a uma simples diferença de categorias entre grupos com estatuto e condições cotidianas de trabalho mais ou menos diferentes; ao mesmo tempo, a realidade do estatuto das mulheres assalariadas é oculta, a maioria estando próxima da situação dos operários (Verret, 1994). Helena Hirata e Danièle Kergoat (1993 e 1998a; Kergoat, 1998b) revelam que seria possível e necessário articular uma análise em termos de relações de classe e em termos de relações sociais de sexo, em que a divisão sexual do trabalho ocupa um espaço primordial na reprodução das relações de dominação, exploração e alienação. Dominique Fougeyrollas-Schwebel e Maryse Jaspard (1990) propuseram uma "crítica feminista das estatísticas", e fixaram marcos para um cotejo europeu. Marie Duru-Bellat (1994) enfatizou as implicações teóricas da variável sexo na sociologia da educação contemporânea.

Catherine Dutheil e Dominique Loiseau (1997) apresentaram uma síntese dos silêncios criticáveis do INSEE e dos preconceitos sociológicos na área da Educação.

Outras observações críticas consideram que as CSP funcionam como uma estratificação de tipo funcionalista, cruzando "estatutos" e "hierarquia profissional" (Boudon e Bourricaud, p.518-23, 1982). Alguns preferem uma categorização explicada pela lógica do mercado. Esses debates voltaram à tona recentemente. Se alguns propuseram uma mudança de categorização inspirada pelos modelos anglo-saxões (Lemel, *in* Dupoirier, 1997), outros insistiram no valor heurístico da técnica das CSP, que articula enunciado de profissão, estatuto e classificação profissional ligada às convenções coletivas sem, entretanto, recusar-se a aperfeiçoá-las (Héran, *in* Dupoirier, 1997).

Usos e melhorias

Dois problemas muito diferentes permanecem atuais.

De um ponto de vista metodológico, como não se esquivar da conotação sexista que afeta as mulheres nessas categorizações, reproduzindo a divisão sexual do trabalho e as relações sociais de sexo? Isso depende, sobretudo, da passagem de uma utilização a-crítica do aparelho estatístico para uma sociologia dos modos de categorização estatística do mundo social, que marcou a reformulação das CSP em 1982; e ela ainda merece ser reformulada para que se possa analisar a divisão sexual do trabalho (Chenu, 1997). Nesse plano, as discussões não tiveram praticamente nenhum efeito sobre o censo de 1999. No entanto, estão progredindo, conforme atesta um relatório que destaca a força da nomenclatura, a necessidade de "fazê-la viver", proporcionando-lhe melhorias (Faucheux e Neyret, 1999): "a eventualidade de uma categoria socioprofissional específica para pessoas em extrema precariedade, incapazes de invocar uma identidade profissional reconhecida"; uma melhor distinção dos "dois grandes níveis de qualificação dos trabalhadores"; e, da mesma forma, um agrupamento em torno dos não assalariados não agrícolas, que não fazem parte das profissões intelectuais superiores... Para considerar as realidades sexuadas não é necessário um questionamento, mas uma melhoria das CSP, sobretudo uma cautela: a recusa de ocultar a situação pessoal de uma mulher assimilando-a à CSP do seu cônjuge. A nomenclatura das CSP seria consolidada por uma ferramenta complementar, conforme proposto no relatório já citado: uma nomenclatura dos domicílios, levando em conta o tipo de domicílio (com ou sem um cônjuge), o estatuto de atividade de ambos os cônjuges (ativo, por tempo parcial etc.), o número de filhos atualmente dependentes ou não etc.

Num plano mais teórico, devemos claramente recolocar uma questão afastada com demasiada facilidade, que diz respeito às relações de produção e sua ligação com as relações sociais de sexo. Isto nos convida a retomar uma análise das relações de classe. Com certeza, podemos ver que as "camadas protetoras" (Schumpeter, 1984) mascaram, ou atenuam, o confronto entre aqueles que possuem o capital e os outros. Mas aqui não há nada de novo; trata-se de uma releitura de Marx, que dedica a parte central do Livro III do *Capital* a esses fenômenos.

Seria o caso, no entanto, de incorporar ao presente programa de trabalho as teses de Flora Tristan, quando esta definiu a classe dos proletários como a que engloba todos aqueles e aquelas que possuem apenas a sua força de trabalho para viver: sem a sua união a fim de impor o direito ao trabalho para todos os seres humanos, aqueles que dependem do mercado não podem, segundo seu apelo de 1843, ser cidadãos (Flora Tristan, 1843/1986). Aqui aparece outra questão, a das relações de classe, no momento muitas vezes confundida, de maneira errada, com as noções de "categorias socioprofissionais"!

→ *Divisão sexual do trabalho e relações sociais de sexo – Ofício, profissão, "bico" – Poder(es) – Precarização social – Sindicatos*

► Chenu, Alain. La descriptibilité statistique des professions, *Sociétés contemporaines*, 1997, n.26, p.109-34.

Delphy, Christine. Les femmes dans les études de stratifications [1977]. Reeditado *in* Delphy, Christine. *L'ennemi principal, t.1, Économie politique du patriarcat*, Paris, Syllepse "Nouvelles questions féministes", 1998, 293p.

Desrosières, Alain. *La politique des grands nombres. Histoire de la raison statistique*, Paris, La Découverte, 1993, 437p.

Dupoirier, Élisabeth; Parodi, Jean-Luc (Orgs.). Les indicateurs sociopolitiques aujourd'hui, Paris, L'Harmattan "Logiques politiques", 1997, 364p.

Duriez, Bruno; Ion, Jacques; Pinçon, Michel; Pinçon-Charlot, Monique. Institutions statistiques et nomenclatures socioprofessionnelles. Essai comparatif: Royaume-Uni, Espagne, France, *Revue française de sociologie*, janeiro-março 1991, XXXII-1, p.29-59.

Faucheux, Hedda; Neyret, Guy. *Évolution de la pertinence des catégories socioprofessionnelles (CSP)*, Relatório da inspeção geral do Insee, março de 1999, 142p.

* Traduzido por Vivian Aranha Saboia.

Cidadania*

Bérengère Marques-Pereira

A Revolução Americana (1776) e a Revolução Francesa (1789) são momentos fundamentais para a modernidade política quanto às representações da cidadania. A primeira traduz uma perspectiva liberal que atribui toda a sua importância à liberdade individual e à igualdade de todos diante da lei. Ela reivindica o direito ao voto e a participação no *self-government*. A segunda defende a liberdade, a igualdade e a fraternidade em nome da universalidade.

Condorcet foi o primeiro a reivindicar "a admissão das mulheres ao direito à cidade" no momento da Revolução Francesa. Para ele, negar às mulheres os direitos políticos é irracional, tendo em vista que o indivíduo é caracterizado por sua aderência à humanidade e pelo uso da razão. Ao mesmo tempo, e ultrapassando essa óptica, Olympe de Gouges julga necessário especificar o caráter sexuado do avanço político das mulheres na Declaração dos Direitos da Mulher e da Cidadã (1791). Por outro lado, Mary Wollstonecraft se aproxima mais do pensamento de Condorcet. Na sua Defesa dos Direitos da Mulher, afirma que é opressivo e ilógico privar uma parte da humanidade dos direitos que concedemos à outra.

Uma longa exclusão política

A Revolução Francesa confirmou, durante muito tempo, a exclusão política das mulheres e, em vários casos, as antigas mobilizações feministas em favor da igualdade política somente tiveram impacto muito tempo depois. Se a Finlândia (1906) foi o primeiro e a Suíça o último país (1971) a conceder às mulheres o direito de voto nacional, as francesas tiveram de aguardar até 1944 para alcançar esse direito. Esse atraso guarda relação com o Código de Napoleão (1804), que afirma a incapacidade jurídica das mulheres casadas. A esse respeito, notemos que sua capacidade civil e o direito ao trabalho foram em geral adquiridos antes do direito ao voto. Esse foi, em especial, o caso da França (1938) e da Suíça (1912).

A cidadania é vinculada a duas grandes tradições: a tradição liberal (por exemplo, Montesquieu) e a tradição do civismo republicano (por exemplo,

Rousseau). O primeiro sublinha os direitos civis e políticos; esses direitos-liberdades que o indivíduo possui face à intervenção do Estado são a garantia da sua autonomia. A segunda tradição é vinculada à formação do interesse geral, tornada possível graças ao envolvimento do conjunto dos cidadãos numa comunidade de interesses políticos; os cidadãos asseguram suas necessidades muito mais nas relações recíprocas do que na sua autonomia.

Hoje, a noção de cidadania envolve, em geral, três sentidos: a cidadania é um estatuto (um conjunto de direitos e deveres); é também uma identidade (um sentimento de pertencer a uma comunidade política definida pela nacionalidade e por um determinado território); e, finalmente, é uma prática exercida pela representação e pela participação políticas – estas últimas traduzem a capacidade do indivíduo para interferir no espaço público emitindo um julgamento crítico sobre as escolhas da sociedade e reclamando o direito de ter direitos.

Até o final dos anos 80, os sociólogos e politólogos não consideravam a cidadania sob o ângulo da problemática das relações sociais de sexo, da mesma forma que os estudos feministas não fizeram da cidadania um tema de pesquisa, embora algumas feministas tenham dado contribuições importantes. A segunda onda do feminismo pode ser interpretada hoje como uma luta contra as discriminações de que as mulheres são alvo em matéria de direitos civis, políticos e sociais e pela extensão dos direitos de cidadania para a liberdade reprodutiva, tema já presente entre as feministas no século XIX. Mas a questão do estatuto jurídico e social das mulheres, bem como as reivindicações do direito à contracepção e à interrupção voluntária da gravidez (aborto) eram inicialmente consideradas pelo ângulo da opressão e da exploração nas esferas da produção e da reprodução, da democratização das relações sociais cotidianas, da justiça e da autonomia, do questionamento do Estado patriarcal.

Ultrapassar o dilema igualdade *vs* diferença

Duas iniciativas importantes devem ser consideradas. Jean Elshtain e Carole Pateman questionam a teoria política, o caráter neutro da cidadania, bem como a separação entre o público e o privado que se supõe defina o âmbito político. A primeira desenvolve uma tese maternalista que valoriza a ideia de ética da solicitude ou ética do cuidado ("*ethics of care*"). Essa ética permitiria esvaziar a visão participativa e republicana da cidadania de seus aspectos machistas para preenchê-la com valores ditos maternais, como a preservação e a proteção da vida humana e do meio ambiente, a compaixão e a não violência. Essa lógica, tipicamente feminina, opor-se-ia a uma lógica dos direitos, tipicamente masculina. Uma das críticas mais sistemáticas de tal óptica é a de Mary Dietz. Essa autora lembra até que ponto a cidadania não resulta dos pressupostos que regem a relação mãe-criança. Enquanto esta funciona no registro da intimidade, da autoridade e da exclusão, a relação entre cidadãos envolve a igualdade, a distância e a inclusão.

Carole Pateman, por sua vez, desenvolve a tese segundo a qual a cidadania patriarcal é fundada numa universalidade abstrata que coloca o masculino como norma de referência. Ela mostra que, por trás do contrato social, desenha-se um contrato sexuado. Sem dúvida, Carole Pateman tem o mérito de haver desenvolvido aquilo que denomina de dilema de Wollstonecraft. Com efeito, nos sistemas androcêntricos, as mulheres são acuadas, no melhor dos casos, a uma cidadania de segunda classe; ou são integradas à cidadania como indivíduos e a igualdade delas as assimila aos homens, negando e renegando suas experiências e suas vidas como mulheres; ou são incluídas na cidadania como mulheres e a diferença sexual confirma a separação entre o público e o privado.

Durante os anos 90, os autores que abordaram a ideia de cidadania e relações sociais de sexo, e que se situam no registro da teoria política, tentaram ultrapassar o dilema igualdade-diferença valorizando a ideia de uma cidadania democrática que reconheça a diversidade e o pluralismo (Scott, 1998). Entretanto, uma pergunta permanece atual: é necessário ou não estabelecer uma representação por grupo? Essa pergunta se refere à problemática das cotas que, notemos, é diferente da problemática da paridade. Enquanto Iris Young exalta uma cidadania diferenciada e Chantal Mouffe, uma cidadania pluralista não sexuada, Anne Phillips opta por uma cidadania pluralista e diferenciada.

Esta última não é favorável a uma representação por grupos, embora admita a relevância das cotas como "política de presença". Com efeito, para essa autora, as cotas não podem ser a expressão de um pluralismo alimentado por diferentes grupos sociais atentos unicamente a suas próprias preocupações e interesses particulares. Uma representação por grupos, como propõe Iris Young, correria o risco de reificar as diferentes identidades, pois todo indivíduo é portador de múltiplas identidades, sempre em movimento, às vezes contraditórias. Para Iris Young, uma representação das perspectivas dos diferentes grupos sociais oprimidos, nos processos políticos, pressupõe o direito de propor políticas fundadas nos seus próprios interesses e até mesmo o direito de veto, quando algumas políticas gerais podem afetá-los. Anne Phillips, assim como Chantal Mouffe, rejeita tal posição por causa dos riscos de derivas essencialistas e considera o acordo e a negociação políticas entre os diferentes grupos necessários para a construção de um pluralismo real. Porém, aos olhos de Chantal Mouffe, o reconhecimento das diferenças não é o resultado, acima de tudo, da democracia representativa. Pois, se é verdade que as identidades se constroem por meio dos processos políticos, que os interesses dos grupos não poderiam existir e, portanto, ser representados *a priori*, também é verdade que a política é, em primeiro lugar, uma questão de relação de forças, o que implica a exclusão de algumas diferenças e de certas identidades em detrimento de outras. Inclusive, para essa autora, um sistema de cotas corre sempre o risco de institucionalizar as diferenças entre homens e mulheres, em detrimento de sua igualdade.

Redefinir a cidadania

A atualidade do debate sobre cidadania e relações sociais de sexo também se deve aos estudos conduzidos pelos politólogos e sociólogos sobre o Estado Providência e as políticas sociais. Autoras como Jane Jenson, Birte Siim, Alisa Del Re e Jacqueline Heinen usam frequentemente o famoso texto de T. H. Marshall, *Class and Citizenship*, como ponto de partida, criticando seus aspectos lineares e androcêntricos.

De acordo com Thomas Humphrey Marshall, a plena expressão da cidadania não pode se limitar a suas dimensões civis e políticas e requer a existência de um Estado Providência democrático e liberal que garanta os direitos sociais, conferindo, assim, a cada membro da comunidade um estatuto que lhe dá o sentimento de ser um verdadeiro cidadão, capaz de participar da vida em sociedade e se integrar nela. Os direitos e deveres de cidadania são garantidos pelo Estado. Por um lado, eles envolvem deveres para com toda pessoa que se beneficia desses direitos (pagamento das contribuições sociais, dos impostos etc.). Por outro lado, impõem uma obrigação ao Estado: os direitos civis e políticos são direitos-liberdades de que o indivíduo desfruta perante o Estado, que vê sua autoridade soberana limitada. Quanto aos direitos sociais, eles são direitos-créditos do indivíduo sobre o Estado, prestações em dinheiro ou em espécie, que o indivíduo consome, na medida que são disponibilizadas pela implementação de políticas sociais.

Além de suas abordagens divergentes, os trabalhos centrados nas relações sociais de sexo e nas políticas sociais buscam ultrapassar os dilemas da cidadania entre universalismo e particularismo, igualdade e diferença. O desafio também é articular as dimensões social e política da cidadania. Trata-se de dar conta da capacidade das mulheres de impor uma definição de cidadania que integre sua dimensão social. Estas se tornam sujeitos políticos, tendo os direitos sociais como campo de lutas e de negociações: sua capacidade de ter um papel no espaço público e político por sua participação nas instâncias da democracia representativa e nas associações da democracia participativa faz delas atrizes do Estado Providência em vez de meras clientes. Nessa perspectiva, podemos apreender a cidadania como uma prática de conflito ligada ao poder e às lutas para o reconhecimento dos atores considerados protagonistas de reivindicações legítimas. Ela é também ligada a uma prática consensual de participação e representação, bem como de formação das políticas públicas.

→ *Igualdade – Paridade – Políticas sociais e familiares – Público/privado – Universalismo e particularismo*

► Del Re, Alisa; Heinen, Jacqueline (Orgs.). *Quelle citoyenneté pour les femmes? La crise des États-providence et de la représentation politique en Europe*, Paris, L'Harmattan, 1996, 320p.

Lister, Ruth. *Citizenship, Feminist Perspectives*, Londres, Macmillan, 1997, 284p.

Marques-Pereira, Bérengère (Org.). Citoyenneté, número especial de *Sextant*, 1997, n.7, 206p.

Phillips, Anne (Ed.). *Feminism and Politics*, Oxford, Oxford University Press, 1998, 471p.

Scott, Joan. *La citoyenne paradoxale*, Paris, Albin Michel, 1998, 287p.

Voet, Rian. *Feminism and Citizenship*, Londres, Sage, 1998, 182p.

* Traduzido por Vivian Aranha Saboia.

Ciências e gênero*

Ilana Löwy

A ideia de uma relação estreita entre as ciências e o gênero implica que a evolução do conhecimento científico foi moldada pela existência de uma dicotomia fundamental entre o masculino e o feminino na sociedade, e pelo fato de que, durante a maior parte da História, a pesquisa científica foi empreendida por e para indivíduos do sexo masculino. As pesquisas nesse campo assumem que as definições vigentes de neutralidade, objetividade, racionalidade e universalidade da ciência, na verdade frequentemente incorporam a visão de mundo das pessoas que criaram essa ciência: homens – os machos – ocidentais, membros das classes dominantes.

O conhecimento tem um gênero?

A reflexão sobre a relação entre ciência e gênero começou na década de 1970, em estreita ligação com a ascensão do movimento feminista e com os estudos sociais e culturais da ciência. Afirmar que o gênero é uma variável que intervém no desenvolvimento do saber científico continua a causar, no entanto, muita controvérsia. O tema "ciência e gênero" foi desenvolvido por pesquisadores que se declaram adeptos do "relativismo metodológico" na ciência. Essa abordagem, sem negar de forma alguma a existência de fenômenos naturais independentes da vontade humana, postula que a compreensão destes é uma atividade social e cultural que, como tal, não é independente do tempo e do lugar de sua produção. Outros pesquisadores em História e Filosofia da Ciência argumentam, ao contrário, que a ciência é a implementação de um método, ou seja, de um sistema de regras que garantem a aceitabilidade dos enunciados, independentemente de quaisquer outras considerações. Uma tal percepção da ciência torna difícil a inclusão da variável "gênero" como elemento constitutivo do saber científico: afirmar que as leis da natureza, evidenciadas por um método científico correto, são universalmente válidas, volta a supor, ao mesmo tempo, que a sua elaboração não deve ser afetada pelas características sexuais ou outras dos indivíduos que estudam esses fenômenos.

Sem dúvida, esse argumento é frequentemente matizado. Por um lado, é amplamente reconhecido o fato de que a Biologia e a Medicina, ou seja, os campos do saber científico que tratam diretamente dos corpos sexuados, podem ter sido influenciadas pela percepção social e cultural das diferenças sexuais. Essa influência pode explicar o longo tempo de sobrevivência de argumentos científicos sobre a inferioridade intelectual inata das mulheres. Admite-se também que as opções feitas pela sociedade podem afetar a determinação dos rumos e das prioridades da investigação científica: elas podem ser responsabilizadas, por exemplo, pela inexistência, durante tanto tempo, de estudos científicos sobre a contracepção. Hoje se aceita que o social pode afetar o desenvolvimento do conhecimento científico, mas apenas no sentido da seleção (positiva ou negativa) dos temas de pesquisa, ou da distorção da pesquisa por preconceitos dos cientistas. Em compensação, a *boa* ciência, aquela que conseguiu se libertar do viés introduzido por variáveis socioculturais, é uma "visão do nada", uma atividade realizada por observadores neutros, objetivos e permutáveis, que constroem coletivamente "uma cultura fora de toda cultura", um reflexo fiel de leis imutáveis que ordenam o mundo natural.

As pesquisadoras que estudaram a relação entre gênero e ciência – entre elas Sandra Harding (1996), Ruth Bleier (1988), Ludmilla Jordanova (1993), Evelyn Fox Keller (1992), Helen Longino (1990) e Donna Haraway (1988) – desenvolveram uma visão diferente da ciência. Elas partem da premissa de que o nosso conhecimento das "leis da natureza" provém do trabalho de um grupo bem determinado de humanos: os pesquisadores científicos. Entretanto, nenhum trabalho coletivo de seres humanos pode ser totalmente dissociado do tempo e do lugar de sua produção: não há cultura fora da cultura, nem história natural fora da História. Essas pesquisadoras enriqueceram as reflexões sobre a história social e cultural das ciências com considerações acerca do papel central da divisão homem/mulher na constituição do saber científico. Esta é construída como uma dicotomia natural, rígida, mutuamente exclusiva e hierárquica – o princípio masculino domina sobre o princípio feminino. Dada a relevância fundamental dessa divisão em todas as sociedades humanas e a sua incorporação na cultura e na linguagem, é razoável supor que tenha influenciado a organização do conhecimento sobre o mundo natural e favorecido o desenvolvimento de visões dicotômicas e hierárquicas, apresentadas como equivalentes à "verdadeira estrutura" do mundo.

Por uma nova concepção da objetividade científica

As pesquisadoras feministas têm proposto também uma crítica radical das noções de objetividade, racionalidade e universalidade da ciência. Apresentar os conhecimentos produzidos num dado momento – desde a aurora do período moderno –, num dado local (a Europa, e mais tarde a América do Norte), por indivíduos dotados de uma identidade social específica (machos, membros das classes dominantes) como o único saber, objetivo e universalmente válido, de modo a excluir qualquer outro ponto de vista (o das mulheres, dos pobres, das pessoas "de cor", de países não ocidentais) possibilitou que se consolidasse a hegemonia material e ideológica dos dominantes. Elaborar uma crítica do uso dos conceitos de universalidade ou objetividade da ciência em determinadas circunstâncias históricas não implica que seja necessário renunciar à aspiração de desenvolver conhecimentos universalmente válidos e produzir um conhecimento objetivo do mundo natural. As pesquisadoras que têm estudado a relação entre ciências e gênero, mas também entre ciências e classes sociais, etnia, ou culturas não ocidentais, têm argumentado que a ampliação da base do conhecimento científico levaria ao desenvolvimento de uma maior objetividade e de uma maior universalidade das ciências.

Assim, Sandra Harding (1996) desenvolveu o conceito de "objetividade forte", essa que nasce no diálogo e na troca e extrai sua força da ancoragem de atividades definidas. Os saberes e as práticas baseados nessa perspectiva não procuram ocultar nem o momento nem o lugar da sua elaboração, tampouco o estatuto social dos indivíduos que os produzem. Do mesmo modo, Donna Haraway (1988) propôs desenvolver "conhecimentos situados", que reivindicam o momento e o local da sua produção. O *corpus* da ciência se constituirá pelas interações entre os múltiplos pontos de vista "de algum lugar" e por meio de "traduções" múltiplas, ou seja, adaptações e mudanças de saberes e práticas produzidas por uma comunidade científica constituída por aqueles – de dentro e de fora da ciência – que utilizam esses conhecimentos e práticas. Os "conhecimentos situados" poderão favorecer o desenvolvimento de um olhar reflexivo, crítico, cético e irônico sobre a ciência e, portanto, em última instância, contribuir para tornar a ciência, frequentemente definida como ceticismo organizado, ainda mais científica. Eles também poderão, de acordo com Haraway, favorecer o desenvolvimento de uma definição mais rica da objetividade e da universalidade, que inclua a paixão, a crítica, a contestação, a solidariedade e a responsabilidade.

Rumo a um novo estudo das práticas científicas

Finalmente, algumas pesquisadoras têm focado sua atenção sobre os diferentes mecanismos que levaram à exclusão das mulheres da empreitada científica, quer se tratem de barreiras formais ou, mais recentemente, do papel da imagem sexuada – masculina – da ciência, da orientação preferencial das meninas para os estudos literários ou das dificuldades práticas enfrentadas pelas mulheres pesquisadoras, sem acesso a cargos de autoridade (Le Doeuff, 1998). Outras se interessaram por mulheres muitas vezes desconhecidas e negligenciadas, que trouxeram contribuições significativas para o conhecimento científico, e isso há séculos, as "esposas dedicadas" as "técnicas hábeis", as "colecionadoras zelosas", e outras "colaboradoras anônimas" cujos nomes desapareceram da história oficial da ciência. Os esforços visando restabelecer as contribuições de tais colaboradoras invisíveis e a valorização da continuidade do interesse das mulheres pelas ciências pode parecer uma empreitada muito diferente daquelas que questionam a objetividade, a racionalidade e a universalidade das ciências. Trata-se, no entanto, de dois aspectos inseparáveis do mesmo problema. Para Susan Leigh Star (1992) e Ludmilla Jordanova (1993), levar em consideração o trabalho realizado por técnicos, preparadores e amadores, geralmente considerado à margem da ciência, é importante não só para fazer justiça à contribuição concreta das pessoas que o executaram, mas também para mudar a nossa visão da ciência. A história da ciência é geralmente apresentada como uma sucessão de obras de "grandes homens" – e de algumas mulheres escolhidas – que fizeram "descobertas" importantes. Incluir nessa história o trabalho oculto de inúmeras pessoas que têm literalmente "feito a ciência" pode modificar a nossa percepção da natureza do empreendimento científico e desestabilizar a imagem da investigação científica como uma atividade "pura" e desencarnada, pairando sobre o alarido e a desordem do mundo real. Com isso, ela pode favorecer o desenvolvimento de conhecimentos e práticas científicas mais solidamente ancoradas na sociedade e mais engajadas na cidade.

→ *Diferença dos sexos (teorias da) – Feminilidade, masculinidade, virilidade – Linguagem científica (sexuação da) – Técnicas e gênero – Universalismo e particularismo*

► Fox Keller, Evelyn. Gender and Science: An Update, *in* Evelyn Fox Keller, *Secrets of Life, Secrets of Death. Essays on Language, Gender and Science,* Nova York/Londres, Routledge, 1992, p.15-36.

Haraway, Donna. Situated Knowledges: The Science Question in Feminism and the Privilege of Partial Perspective, *Feminists Studies,* 1988, 14 (3), p.575-99.

__________. Modest Witness: Feminist Diffractions in Science Studies, *in* Peter Galison, David J. Stump (Eds.). *The Disunity of Science: Boundaries, Contexts and Power,* Standford, Standford University Press, 1996, p.428-525.

Harding, Sandra. Rethinking Standpoint Epistemology: What is 'Strong Objectivity', *in* Evelyn Fox Keller, Helen Longino (Eds.). *Feminism and Science,* Oxford University Press, 1996, p.235-48.

Jordanova, Ludmilla. Gender and the Historiography of Science, *British Journal of the History of Science,* 1993, n.26, p.469-83.

Kerr, Anne; Faulkner, Wendy. On Seeing Brockenspectres: Sex and Gender in Twentieth Century Science, *in* John Krige, Dominique Pestre, *Science in the Twentieth Century,* Londres, Harwood, 1997, p.43-60.

* Traduzido por Naira Pinheiro

Coexistência dos sexos*

Sabine Fortino

Nas ciências sociais, o primeiro nível de definição da noção de coexistência dos sexos é trazido por Claude Zaidman (*in* Baudoux; Zaidman, 1992), a partir de suas pesquisas no campo escolar, a saber: "A coexistência dos dois sexos num mesmo espaço social".

Da noção ao conceito

Em razão principalmente da generalização da coeducação, em meados dos anos 70, a Psicologia ou as ciências da Educação são as primeiras disciplinas científicas a introduzir a noção de coexistência dos sexos. A questão da identidade sexuada – ou da cultura de gênero – é central, e a escola, seu terreno privilegiado. Assim, a reflexão se organiza em torno de questionamentos como: a presença de meninos na classe muda a maneira como as meninas vivem e se representam como meninas? A coexistência dos sexos implica a assimilação da identidade feminina à identidade masculina ou não? (Mosconi, 1989; Durand-Delvigne, 1995)

Os trabalhos de Nicole Mosconi (1992) e de Claude Zaidman (1996) adotam uma abordagem da coeducação em termos de relações sociais de sexo e desenvolvem, em torno da coexistência dos sexos, aquilo que a primeira denomina "uma sociologia das desigualdades sexuais da educação". Trata-se, a partir de então, de compreender por que a coeducação finalmente teve pouco efeito sobre a inserção profissional das mulheres, mas também em que medida ela pode ser portadora de mudança social. Visa-se, então, apreender aquilo que se encena e se tece no espaço misto, do ponto de vista das relações entre meninos e meninas, e pergunta-se se as crianças dos dois sexos – socializadas e formadas na escola mista – se tornarão ou não cidadãos diferentes das gerações precedentes, preocupados em não reproduzir por sua vez as desigualdades sexuais.

No campo do trabalho, as primeiras pesquisas explicitamente voltadas para o tema da coexistência dos sexos se iniciam nos anos 90. O ponto em comum entre todos esses trabalhos é integrar a noção de coexistência dos sexos a uma reflexão sócio-histórica sobre a divisão sexual do trabalho, sua evolução, seu deslocamento e até mesmo sua superação. Trata-se de observar em que medida a introdução da coeducação em equipes já constituídas ou em via de se constituir se traduz numa verdadeira partilha – ou numa nova distribuição – do trabalho entre os sexos, numa equalização das posições ocupadas, no desenvolvimento de carreiras de mesmo ritmo e nível, no questionamento dos estereótipos sexuados tradicionais (Forté et al., 1998, sobre empresas do setor privado industrial; Fortino 1999, sobre o setor público francês).

Na mesma época, a coexistência dos sexos emerge no campo das pesquisas sobre a política e, mais raramente, sobre os movimentos sociais. O trabalho de Danièle Kergoat et al. (1992) sobre a coordenação de enfermeiras (*coordination infirmière*) dá conta, assim, da "gestão" cotidiana da coexistência dos sexos pelas atrizes e pelos atores sociais engajados num conflito de longa duração. Os questionamentos da socióloga e sua equipe estão próximos das colocações que tratam do trabalho e do emprego: há uma partilha efetiva do poder e das tarefas militantes entre enfermeiros e enfermeiras em luta?

No desenvolvimento das pesquisas, a noção de coeducação vai progressivamente se libertar de uma abordagem "técnica" e/ou "contábil". A coeducação não é somente um espaço social onde estão lado a lado indivíduos dos dois sexos; ela é antes de tudo um processo, em diversos sentidos do termo. Nenhum espaço social, exceto a escola primária, conhece uma distribuição sexual equitativa de um ponto de vista numérico; na grande maioria dos casos, a coexistência entre os sexos é "parcial", ainda em desenvolvimento. A coexistência dos sexos é também processo por marcar uma transição, a passagem de um espaço social sexualmente segregado para outro, que registra a coexistência dos dois sexos. Essa transição é importante porque diz respeito ao modo como se organizam as relações sociais entre os sexos em nossa sociedade. Quando há segregação, o conflito dominantes/dominadas se traduz pela exclusão das mulheres das esferas reservadas aos homens ou pela desqualificação das dominadas, ao passo que, num espaço misto, o confronto dos dois sexos se faz "diretamente" no espaço onde eles coexistem (Fortino, 1999). Ora, desse confronto as mulheres não saem vencedoras – o conjunto dos estudos converge sobre esse ponto: a coexistência dos sexos não é sinônimo de igualdade.

É nesse sentido que se pode dizer que a coexistência dos sexos é uma das modalidades de efetivação das relações sociais de sexo (Zaidman, 1992), e a segregação é uma outra que perdeu sua legitimidade no curso do tempo e da evolução das sociedades ocidentais. Isso significa que a coexistência dos sexos está longe de supor um questionamento da dominação masculina, a qual se sabe historicamente construída e depois perpetuada segundo o modelo da separação e da segregação sexuais. O estudo da coexistência dos sexos no trabalho, na escola, nos movimentos sociais etc. demonstra, dessa forma, que há uma evolução bastante relativa das relações entre homens e mulheres, que se poderia resumir assim: onde termina a exclusão começa a discriminação.

É necessário promover a coexistência dos sexos?

Em torno desse último ponto, situa-se uma das controvérsias que emergiram sobre a questão da coexistência dos sexos. Deve-se, apesar de tudo, desejar e promover a generalização da coexistência social? Algumas pesquisadoras norte-americanas não hesitam mais em indicar sua preferência por uma espécie de "retorno ao passado". Partindo da constatação de que a coexistência dos sexos na escola não protege de modo algum as meninas do sexismo ambiente e seria mesmo responsável por seu fracasso em matérias mais seletivas, elas propõem que a instituição escolar recrie espaços não mistos (Forest, 1992). Na França, essa abordagem não é retomada – as pesquisadoras francesas preferem outras soluções, como a ativação de uma pedagogia antissexista, acompanhada, se necessário, de medidas de discriminação positiva (Durand-Delvigne; Durut-Bellat, 1998).

A segunda controvérsia gira em torno da própria definição de "coexistência dos sexos". Pode-se falar de coexistência dos sexos quando não há um estrito equilíbrio numérico entre homens e mulheres? A resposta de Michele Le Doeuff (1992) a essa pergunta é negativa: é "meio a meio ou então, não". Ela não é a única: diante de um espaço social em que o desequilíbrio numérico é particularmente acentuado, as pesquisas recusam implicitamente o termo "coexistência dos sexos" e utilizam "profissão bastante feminizada" ou "setor majoritariamente masculino".

O último tema de controvérsia opõe uma conceituação da coexistência dos sexos em relação à dinâmica das relações sociais de sexo a uma abordagem sociográfica ou descritiva dessa última – abordagem desenvolvida principalmente por Michele Forté et al. (1998), para os quais a coexistência dos sexos somente exprimiria "a consideração das formas concretas de distribuição do trabalho entre homens e mulheres associados em sua atividade".

Coexistência dos sexos: problemas e impasses atuais

O estudo da coexistência dos sexos está apenas em seus primórdios e restam muitos setores e aspectos a explorar. No campo do trabalho, por exemplo, pode-se perguntar como se organizarão ou reorganizarão as relações inter-hierárquicas no espaço misto, quais serão os eventuais efeitos da redução do tempo de trabalho na realização da coexistência dos sexos etc.

Por outro lado, a atualidade sociopolítica da coexistência dos sexos no trabalho e na instituição escolar está em ponto-morto desde o começo dos anos 90. Pode-se fazer a mesma observação em se tratando das tímidas medidas adotadas por algumas grandes empresas logo após a aprovação da lei sobre a igualdade profissional (1983) visando favorecer a reorientação das mulheres nos setores e profissões onde elas estavam tradicionalmente ausentes. Depois de alguns raros ensaios – como os dos estágios não mistos, formando as mulheres do setor terciário em profissões técnicas, um balanço nunca feito pelas direções das empresas –, as experiências não foram renovadas (Doniol-Shaw et al., 1989; Meynaud, 1992). Em termos mais amplos, as políticas de emprego que se sucederam nestes quinze últimos anos não consideram a coexistência dos sexos no trabalho um desafio a enfrentar.

Inversamente, o tema da coexistência dos sexos nas instâncias de representação política apareceu em primeiro plano no começo dos anos 90, com o debate sobre a paridade. Na realidade, tanto na pesquisa como no espaço social e político, é como se a mistura ou a segregação das formações, do trabalho e do político fossem situações sociais totalmente – ou quase – desconectadas umas das outras, quando formam sistema e são, juntas, um indicador da evolução contemporânea do tratamento social da diferença entre os sexos.

→ *Divisão sexual do trabalho e relações sociais de sexo – Educação e socialização – Igualdade – Paridade – Sindicatos*

► Durand-Delvigne, Annick; Durut-Bellat, Marie. Mixité scolaire et construction du genre, *in* Margaret Maruani (Ed.). *Les nouvelles frontières de l'inégalité. Hommes et femmes sur le marché du travail*, Paris, Mage/La Découverte, "Recherches", 1998, p.83-92.

Forté, Michèle; Niss, Myriam; Rebeuh, Marie-Claude; Trautmann, Jacques; Triby Emmanuel. De la division sexuée au partage du travail?, *Travail et emploi,* 1998, n.74, p.51-62.

Fortino, Sabine. De la ségrégation sexuelle des postes à la mixité au travail: étude d'un processus, *Sociologie du travail,* 1999, n.4, v.41, p.363-84.

Kergoat, Danièle. La gestion de la mixité dans un mouvement social: le cas de la coordination infirmière, *in* Claudine Baudoux; Claude Zaidman (Eds.). *Égalité entre les sexes. Mixité et démocratie*, Paris, L'Harmattan, 1992b, p.261-78.

Mosconi, Nicole. *La mixité dans l'enseignement secondaire: un faux-semblant?*, Paris, PUF, 1989, 288p.

Zaidman, Claude. *La mixité à l'école primaire,* Paris, L'Harmattan, 1996, 238p.

* Traduzido por Francisco Ribeiro Silva Júnior.

Desemprego*

Chantal Rogerat

Definir o desemprego pressupõe relacionar suas origens históricas e suas transformações ao longo do tempo. Hoje em dia, o fato de se levar em conta a diferença entre os sexos no mundo do trabalho abre a possibilidade de uma análise mais profunda desse conceito e dos fenômenos que lhe são associados, como a marginalidade, a precaridade e a exclusão; cada um desses termos merece ser debatido em si. Em primeiro lugar, notemos que há mais de vinte anos as mulheres predominam dentre os desempregados, especialmente os de longo prazo e, sobretudo, entre os jovens.

Invenção e metamorfoses do desemprego

Enquanto, no final do século XIX, a definição de desempregado marcou o surgimento da categoria "desemprego involuntário", no contexto de um assalariamento frágil, em vias de ser criado na sua forma moderna, a definição de "desempregada", de finais do século XX, recria, sob novas formas, a imbricação entre pobre e desempregado (Salais et al., 1986).

Essa categoria foi forjada a partir de diversas experiências de emprego no século XIX, em função das regiões e indústrias, de grupos operários e dos sexos. Ela também mudou ao longo do tempo e foi criada, na França, entre 1880 e 1910 (Topalov, 1994).

No censo populacional de 1891, existe a categoria "população não classificada" nem como ativa, nem como inativa, e na qual se encontram, mas sem que sejam chamadas dessa forma (com exceção das "mulheres públicas"), as que trabalham, inclusive em fábricas, mas estão à margem do assalariamento. Isso demonstra a dupla dimensão estrutural da sociedade salarial em gestação: o trabalho remunerado e o trabalho doméstico. Em seguida, a noção de "desempregado" se afirma gradualmente e corresponde a um contrato trabalhista que vincula patrão e operário ou empregado; quanto às mulheres, elas continuam sendo frequentemente consideradas dependentes da família. O reconhecimento social do desempregado depende, de fato, da instauração de procedimentos jurídicos e administrativos de gestão da mão de obra (assistência, auxílios etc.). Foi William Beveridge (1904) quem formalizou a ideia de um desemprego relacionado com os contratempos do sistema de produção, um acidente que independe da vontade do trabalhador. A definição do que poderia ser o estatuto do desempregado conduziu, ao mesmo tempo, ao esclarecimento de qual pode ser a qualidade do trabalhador. As respostas serão fornecidas ao longo do século XX; a questão do seguro contra o desemprego desenvolverá os seguros operários que beneficiarão os trabalhadores estabilizados por um contrato de trabalho, vinculados a uma empresa. No momento de sua criação, concernia mais aos homens do que às mulheres.

Esta abordagem dos desempregados permanece praticamente idêntica até 1936, apesar de uma situação salarial muito instável. Em 1931, surgiu o primeiro estudo sociológico do desemprego, *Les chômeurs de Marienthal* (Lazarsfeld et al., 1981). Um dos autores é a socióloga Marie Jahoda, raramente citada.

O arquétipo do desempregado só vai finalmente se formar após a Segunda Guerra Mundial. Na França, a criação de um sistema obrigatório de seguro desemprego (UNEDIC) em 1958 e a primeira pesquisa de emprego feita pelo INSEE em 1950 homogeinizam as definições que têm como base um modelo suposto sustentável de "pleno emprego relativo", a garantia contra os efeitos passageiros da "modernização" (conceito de "desemprego friccional"). Porém, durante os anos 70, cresce a precariedade, o conceito de "sem emprego" se torna pouco nítido e este já não é o único conceito que convém associar ao desemprego, mas também o de "subemprego", sobretudo para as mulheres, tendo em vista que o conceito de emprego refere-se ao que parece normal, isto é, um contrato de duração indeterminada e por tempo integral, situação mais comum para os homens do que para as mulheres (Maruani, 1993).

O sobre-desemprego feminino

A "flexibilidade" e a precarização das condições sociais moldam a forma de reorganização do trabalho contemporâneo. A seguinte pergunta reaparece: o que é um desempregado? Após correções e redefinições, obtém-se uma categorização que ignora muitas das experiências vivenciadas. A distinção entre os sexos limita-se, na melhor das hipóteses, ao tratamento de uma variável adicional num contexto complexo. Entretanto, assiste-se a uma nítida evolução na pesquisa sociológica e histórica.

Assim, na França, a afluência das mulheres ao mercado de trabalho não deixou de se intensificar nas últimas décadas e o mercado sozinho não pode explicar essa evolução. Com efeito, o emprego das mulheres mais do que o do seu correlato, o desemprego, foi objeto, há mais de vinte anos, de estudos que mostraram que a legitimidade do trabalho das mulheres é problemática para as nossas sociedades contemporâneas. Hoje, como distinguir a desempregada do desempregado? Na medida em que nos apoiamos no argumento da diversidade e do caráter evolutivo de desemprego, utilizaremos uma abordagem baseada em tendências. As características do desemprego na França permitem aos economistas mostrar a sobrerrepresentação das mulheres. Reconhecido como mais estrutural do que o dos homens, o desemprego feminino permanece forte, até mesmo em períodos de recuperação econômica (Fouquet e Rack, 1999): as mulheres são a maioria dentre os desempregados de longo prazo; as condições de emprego são mais desfavoráveis para as jovens, apesar de seu melhor resultado escolar; o percurso emprego precário-desemprego é mais comum para as mulheres (Gauvin, 1998). Assim, as pesquisas anuais do INSEE (de 1991 até 1997), questionam a evolução dos empregos precários na direção de empregos estáveis. Durante os anos 90, essa possibilidade diminuiu quatorze pontos para as mulheres na faixa de 30 a 49 anos.

É geralmente reconhecido que, desde os anos 80, a taxa de desemprego das mulheres adultas é quatro pontos superior à masculina. Nos últimos meses de 1999, ela foi de 10,8% para o conjunto da população ativa, sendo 9,2% para os homens e 12,8% para as mulheres. Um homem em cada dez está desempregado, e uma mulher em cada sete.

Porém, as fronteiras do desemprego são objeto de polêmicas há vinte anos. As mudanças na forma de cálculo e categorizações tornam os dados pouco nítidos (Maruani, 2000). Por exemplo, desde que houve dispensa da obrigação de procura por trabalho, em 1984, para evitar contar as pessoas desempregadas com idade superior a 55 anos, a reorganização de junho de 1995 criou a "categoria 6" para as pessoas desempregadas que trabalharam em regime de tempo parcial durante o mês precedente (80% desses casos são mulheres); contadas como "desempregadas" antes dessa reforma, elas não o são mais desde então, mas a quantidade delas não deixa de aumentar (de 280 mil em 1995 para 508.100 no final de 1998). Entre as oito categorias existentes, a evolução da categoria 1 é a única divulgada (pessoas desempregadas e imediatamente disponíveis, à procura de um emprego de tempo integral e duração indeterminada). Ela não considera, evidentemente, a forte tendência do emprego de tempo parcial, cuja maior parte é representada por mulheres, assim como os contratos de duração determinada (CDD).

Nós passamos, assim, da abordagem majoritária destas últimas décadas – que não diferenciava a desempregada do desempregado – para a necessidade de um conhecimento mais preciso que, num período longo, e com base em monografias relativas à vivência dos desempregados e desempregadas, tornaria compreensíveis suas estratégias de emprego e suas trajetórias individuais relativas ao desemprego (Rogerat e Senotier, 1994).

Esses estudos mostram que o desemprego feminino é frequentemente um desemprego de mulheres pouco ou mal qualificadas, que obtêm unicamente salários baixos, são pobres ou se tornam cada vez mais pobres, e encontram às vezes um trabalho, mas em condições tão precárias que permanecem regularmente à margem do assalariamento, embora isso necessariamente não signifique sua exclusão do mundo do trabalho. Tal tipo de desemprego indica o incremento das desigualdades sociais, paralelamente ao forte aumento das mulheres no mercado de trabalho. Nesse sentido, um dos pontos mais pertinentes a serem estudados é a relação entre a Renda Mínima de Inserção e o salário mínimo. As formas de passagem da inatividade para o trabalho, sobretudo para as mulheres, seriam então mais fáceis de listar.

Políticas sociais, políticas de emprego: correções e perversidades

A gestão sexualmente diferenciada da mão de obra aparece, de maneira mais clara, quando examinamos o tipo de emprego sobre o qual falamos, como ocorre com a volta ao emprego dos desempregados, o destino dos "privados de emprego", mas capazes de ter um.

Sabemos que a Renda Mínima de Inserção (RMI) tornou-se um método específico de compensação para os desempregados, um tipo de assistência aos pobres "crônicos" (segundo estudo realizado pelo Ministério do Emprego, em 1998), realidade fortemente sexuada, dado que 80% deles são mulheres.

Esse é o fenômeno da "tolerância social" a que se refere Teresa Torns (1997). O desemprego das mulheres não possui o peso social e político que permitiria chamar atenção. Até mesmo o desenvolvimento de atividades ligadas aos movimentos de desempregados mantém ocultas as diferentes vivências de desempregadas e desempregados.

Dois exemplos podem ilustrar os processos em andamento. Por um lado, temos os efeitos da introdução, a partir de 1995, de um auxílio parental para a educação (*Allocation parentale d'éducation* – APE) que permite a redução ou interrupção de uma atividade profissional até que a criança complete 3 anos de idade. Esse auxílio tem encorajado as mulheres menos qualificadas a se retirar do mercado de trabalho (Ponthieux e Concialdi,

1999). Por outro lado, temos a tendência previsível de aposentadoria das mulheres trabalhadoras (Langevin e Cattaneo, 1999). A concentração da mão de obra feminina nos setores de emprego que recorrem à descontinuidade dos tempos assalariados e à rejeição precoce devido ao "desgaste" de uma grande parte das trabalhadoras ameaça conduzir um grande número de mulheres pensionistas para situações próximas da linha da pobreza.

A abordagem sociológica do desemprego, desenvolvida nos últimos anos, permitiu destacar o interesse de estabelecer correlações entre desqualificação, baixos salários, pobreza e exclusão do emprego, em que as mulheres e as jovens permanecem "à margem", tratadas de forma diferente, sem porém se retirar de forma definitiva do mundo do trabalho.

→ *Divisão sexual do trabalho e relações de sexo – Flexibilidade – Precarização social – Trabalho (o conceito de)*

► Kergoat, Danièle; Hirata, Helena. La division sexuelle du travail revisitée, in Maruani, Margaret (Org.). *Les nouvelles frontières de l'inégalité. Hommes et femmes sur le marché du travail*, Paris, La Découverte, 1998, p.93-104.

Lazarsfeld, Pierre; Jahoda, Marie; Zeisel, Heinz. *Les chômeurs de marienthal*, Paris, Minuit, 1981, 146p., 1.ed. 1931.

Maruani, Margaret. *Travail et emploi des femmes*, Paris, La Découverte "Repères", 2000, 125p., 2.ed.

Rogerat, Chantal; Senotier, Danièle. L'enchaînement des emplois précaires et du chômage. La construction du leurre, in Appay, Béatrice; Thébaud-Mony, Annie. *Précarisation sociale, travail et santé*, Paris, IRESCO/CNRS, "Actions scientifiques fédératives", 1997, p.341-55.

Topalov, Christian. *Naissance du chômeur*, Paris, Albin Michel, 1994, 626p.

Torns, Teresa. Chômage et tolérance sociale à l'exclusion, *Les Cahiers du Mage*, 1997, n.3-4, p.47-57.

* Traduzido por VIVIAN ARANHA SABOIA.

Desenvolvimento*

Bruno Lautier

O termo "desenvolvimento", de um país ou sociedade, é usado desde o final dos anos 50. É significativo que o termo "subdesenvolvimento" o preceda, uma vez que consta do discurso de posse do presidente dos Estados Unidos, Truman (1949): "Começamos a constatar uma distância entre as sociedades colonizadas ou em vias de independência e os Estados Unidos e a Europa e, para nós, desenvolvimento é um processo de aproximação".

"Desenvolvimento" designa uma mudança social global, gerada pela economia e conduzida pelo Estado, envolvendo uma multiplicidade de processos – econômicos, culturais, sociais, demográficos – cuja articulação é sempre única. A fronteira com noções conexas não é clara: "crescimento" concerne essencialmente à economia; "modernização", principalmente às relações sociais e aos modos de vida; "desenvolvimento" reúne tudo isso. O mundo tem milhares de especialistas em desenvolvimento; nenhum deles jamais propôs uma definição clara, aceita coletivamente.

História e fracassos da noção de desenvolvimento

Ao longo dos anos, foi um ou outro aspecto que dominou a visão do desenvolvimento: a transformação da agricultura, a industrialização, a urbanização, e, mais recentemente, a redução da pobreza e a democratização. Essa evolução é significativa: há dez anos ninguém mais fala de "recuperação"; trata-se somente de limitar os efeitos do "mau desenvolvimento", quais sejam pobreza, analfabetismo e corrupção. Passamos dos grandes projetos industriais, hidráulicos, aos microprojetos como forma de desenvolvimento privilegiada.

Uma ambiguidade constitutiva caracteriza o pensamento do desenvolvimento: trata-se de analisar como uma sociedade se desenvolve ou de emitir alguns preceitos sobre a maneira de desenvolvê-la? Na realidade, a visão normativa predomina amplamente: desenvolver é promover um certo tipo de produção, mas é também impor um conjunto de normas – a "poção severa" do ajuste econômico – que fazemos os países em desenvolvimento enfiar goela abaixo para seu próprio bem. O desenvolvimento é, em primeiro lugar, um negócio – e uma linguagem – de desenvolvimentistas.

Nem tudo é "sombrio" nessa história; o processo de desenvolvimento foi real em muitos domínios. A urbanização, em primeiro lugar, proporcionou em média um progresso nas condições de vida: se encontramos mais pobres urbanos do que pobres rurais, os primeiros vivem mais tempo, são alfabetizados, bebem água potável e, por incrível que pareça, comem melhor.

Em seguida, no que concerne à demografia, a expectativa de vida, desde os anos 50, aumentou em mais de quinze anos em todos os países em desenvolvimento e, frequentemente, em mais de 25 anos. Apesar da deterioração dos sistemas de saúde há cerca de quinze anos, a morbidez – com exceção da AIDS – diminuiu em todas as áreas. E a diminuição da fertilidade cedeu em toda parte, embora essa tendência esteja apenas iniciando na África subsaariana.

A terceira área é a dos investimentos de base; certamente, os fluxos de investimentos caíram fortemente há quinze anos, mas grande parte das infraestruturas permanece, embora se deteriorem rapidamente.

A quarta grande área é a alimentação. Com excessão das situações de guerra, não há mais escassez de alimentos importantes no mundo; o aumento da produtividade agrícola desde a "revolução verde" dos anos 70 anulou os prognósticos catastróficos. Isso não significa que não se morre mais de fome, nem abole as consequências indiretas da desnutrição, mas a razão da desnutrição não é agronômica. Esse é exatamente o outro lado da moeda: a questão das desigualdades.

Até os anos 80, as desigualdades sociais eram reconhecidas, mas entendidas como transitórias; a urbanização e a salarização tenderiam, mecanicamente, a reduzir a pobreza e as desigualdades e as reduziram efetivamente.

A crise do início dos anos 80 e o ajuste que se seguiu interromperam brutalmente o processo – salvo na Ásia oriental. As razões disso são simples: queda do emprego público, compressão dos baixos salários em nome da competitividade, redução dos preços das matérias-primas e reembolso das dívidas. As desigualdades foram redobradas pela limitação do acesso gratuito aos serviços públicos.

A primeira razão para o crescimento das desigualdades encontra-se nas políticas econômicas, com a financeirização das economias e o desenvolvimento da especulação. Além disso, a salarização está bloqueada e a precariedade do trabalho ultrapassou bastante o que conhecemos na Europa.

A principal consequência dessa evolução é a proliferação da economia informal. Alguns viram aqui uma incubadora de pequenas empresas; outros viram uma "esponja de empregos" (*éponge à emploi*), considerando a ausência de seguro-desemprego. Atualmente, devemos admitir que ela não traz a modernidade original que lhe dávamos. Nesse setor, os rendimentos são baixos, as capacidades de inovação e acumulação são bastante fracas, e as condições de trabalho são duras; a violência – principalmente contra mulheres e crianças – é grande, e a capacidade de absorção dos desempregados e trabalhadores precários rejeitados pela economia formal está esgotada.

O problema suscitado pelo crescimento da economia informal vai além disso. O não cumprimento da lei por parte dos pobres serve, de maneira oportuna, de álibi para o não cumprimento do direito trabalhista pelas grandes empresas, para a corrupção e para a cumplicidade com os narcotraficantes, a tal ponto que a criminalização do Estado, o controle de bairros inteiros de algumas metrópoles pelos traficantes e o financiamento de guerras civis por redes criminosas podem ser considerados apêndices monstruosos da economia informal.

No todo, a ideia de desenvolvimento perde aos poucos o que a fundamentava: a afirmação de uma unidade em devir, de um progresso coletivo conduzido por um sujeito histórico, representado pelo Estado. O que domina é a explosão: territorial, com pequenas ilhas *high tech* no meio de metrópoles arruinadas; social, com o crescimento das desigualdades de renda, dos estatutos, e a expulsão do mercado de alguns enquanto outros estão "ligados" (*branchés*) na mundialização; política, com suas falas mágicas sobre democracia e cidadania mal mascarando a ausência crescente da garantia de direitos à sua própria segurança – assassinatos, linchamentos, guerras –, o reinado do clientelismo e a regressão dos direitos sociais.

O gênero do desenvolvimento

Essa questão encobre, na realidade, outras duas: a de saber se a própria noção remete a uma concepção masculina dos fenômenos sociais, e a de saber se as mulheres são os "atores invisíveis" do processo de desenvolvimento.

A própria noção é masculina? A primeira observação que podemos fazer é que esses processos são hegemonicamente dirigidos por homens. Quer se trate de chefes de Estado, de empresas ou de políticos dos países em desenvolvimento, as exceções são muito raras – e as mulheres chefes de governos mais notáveis, na Índia, no Paquistão, na Turquia, parecem ter sido, antes de tudo, herdeiras de um clã. De tanto a noção de desenvolvimento ser vinculada ao exercício do poder estatal mulheres se tornam excluídas dos mecanismos do poder político. O que também é verdadeiro para os responsáveis pelas organizações internacionais, os especialistas e consultores, e todos aqueles para quem o desenvolvimento e a ajuda são, em primeiro lugar, um mercado; se a constatação é menos brutal nas ONGs, uma pesquisa detalhada, que necessitaria ser feita, mostraria provavelmente que as mulheres só são numerosas no setor "humanitário", e não nos projetos de desenvolvimento.

Nesse contexto, será que podemos dizer que as mulheres são os atores invisíveis do desenvolvimento? Não obstante, sem que possamos realmente falar "de estudos feministas sobre o desenvolvimento", existe, desde o trabalho pioneiro de Esther Boserup (1970/1983), um conjunto de publicações que emanam de autores e autoras (a maioria mulheres) tanto do Sul quanto do Norte, que vão nesse sentido. Os "sucessos" industriais do Terceiro Mundo (das maquiadoras mexicanas às firmas de confecção das Ilhas Maurício) se baseiam na exploração do trabalho das mulheres, ou das meninas – como na Índia. O trabalho das empregadas domésticas, particularmente invisível e que emprega, em quase todo o Terceiro Mundo, mais mulheres do que o trabalho industrial, começa muito timidamente a ser estudado. E, sobretudo, a capacidade de a economia informal e a agricultura familiar absorverem as consequências do ajuste econômico é desmistificada: a pluriatividade das mulheres, a associação de atividades "informais" a um trabalho doméstico crescente, apesar da diminuição da fertilidade – busca de água potável ou de madeira para aquecer a moradia, aumento do tempo dedicado às compras etc., tudo isso explica, em grande parte, o "milagre" diante do qual se espantam, constantemente, os "desenvolvimentistas" culpabilizados: como fazem para sobreviver? As mulheres chefes de família são objeto de alguns estudos recentes (Bisilliat, 1996), assim como o papel das mulheres nos mecanismos de solidariedade comunitária. E todas as instituições de desenvolvimento acabaram criando – bem ou mal – um departamento de "mulheres" ou de "estudos de gênero" (*gender studies*).

A conscientização do papel das mulheres no processo de desenvolvimento, ou melhor, na resistência à crise que ele gera, permite fundar uma crítica da teoria e das modalidades do fenômeno. Mas ela não permitiu, até hoje, propor um modo alternativo de desenvolvimento. A exclusão das mulheres do campo político e dos mecanismos de poder permanece quase geral. A "valorização" do trabalho feminino deve consistir no seu entendimento estritamente econômico e limitado ao trabalho subqualificado e mal remunerado. A heterogeneidade crescente entre os polos de modernidade e o resto das sociedades desses países acentua o banimento das mulheres para uma "economia de sobrevivência" para a qual ninguém possui nenhum projeto, a não ser uma navegação sem radar entre a anomia e a explosão social. E o aumento da violência urbana tende a reforçar todos esses processos.

Isso não significa que mudanças importantes não acontecem na esfera privada (generalização da contracepção, diminuição da poligamia e das violências intrafamiliares) ou em nível local (associações de mulheres para criação de redes de ajuda mútua). Mas tudo isso não desemboca numa visão diferente do desenvolvimento; há, aqui, um tipo de confirmação de que se trata bem mais de uma visão masculina de mudança social, dirigida "por cima", enquanto as consequências de seu fracasso são sofridas primeiro pelas "de baixo". Essa conclusão não incita ao otimismo. Se três quartos das "políticas sociais alvo" implantadas pelo Banco Mundial concernem às mulheres (idosas, chefes de família), isso não significa mais que a capacidade do Banco Mundial para evacuar os problemas e dobrar sua relegação doméstica. Enquanto a questão das relações sociais de gênero permanecer um tipo de anexo obrigatório em nome do "politicamente correto" nos discursos sobre o desenvolvimento, essa situação prevalecerá.

→ *Mundialização – Políticas sociais e familiares – Poder(es) – Precarização social – Trabalho doméstico – Violências*

► Bisilliat, Jeanne (Org.). *Face aux changements, les femmes du Sud,* Paris, L'Harmattan, 1997, 367p.

Bisilliat, Jeanne; Verschuur, Christine. *Cahiers genre et développement,* 2000, n.1 "Le genre: un outil nécessaire", 264p.

Choquet, Catherine; Dollfus, Olivier; Le Roy, Étienne; Vernières, Michel (Dir.). *État des savoirs sur le développement,* Paris, Karthala, 1993, 229p.

Fontaine, Jean-Marc. *Mécanismes et politiques de développement économique. Du "big push" à l'ajustement structurel,* Paris, Cujas, 1994, 189p.

Guichaoua, André; Goussault, Yves. *Sciences sociales et développement,* Paris, Armand Colin "Cursus", 1993, 190p.

Joekes, Susan. *Women in the World Economy: an INSTRAW Study,* Nova York/Oxford, Oxford University Press, 1987, 161p.

* Traduzido por Vivian Aranha Saboia.

Diferença dos sexos (teorias da)*

Françoise Collin

A expressão "diferença dos sexos" é utilizada, aqui, em um sentido amplo e, de certo modo, pré-teórico, que não prejulga o estatuto da diferença, nem o que ele inclui de redutível ou de irredutível, de "natural" ou de "cultural". A denominação geral "relações dos sexos" também poderia preencher essa função: ela pertence ao horizonte sociológico mais do que ao horizonte filosófico, que é o do presente texto.

Todavia, a expressão "diferença dos sexos" foi o objeto de debates terminológicos: ela foi recusada por algumas autoras devido à potencial interpretação naturalista ou ontológica à qual ela poderia dar origem. Foram preferidos os termos "construção social dos sexos", ou mesmo "classes de sexos", que definem, *a priori*, a diferença dos sexos como uma pura produção social e encarnam, assim, uma das respostas ao problema posto. A noção de *gender* – articulada com a de *sex* –, importada dos Estados Unidos e traduzida por "gênero", propõe uma solução para esta alternativa. Porém, ela não é de uso corrente na França, em francês o gênero não é exatamente o equivalente da palavra *gender* em inglês, e o particípio *gendered* (*genré*, em francês) não é habitual.

Toda terminologia é conotada. A expressão "diferença dos sexos" deveria permitir aqui a delimitação de três grandes correntes teóricas do pensamento feminista e suas modificações no contexto francês. Todas elas, sendo feministas, partem, em cada caso, da hipótese do caráter transformável das relações entre os sexos e das suas definições. A questão é saber se, e em que medida, uma forma de diferença sexual é abolida ou mantida num mundo comum igualitário, ou constitui um fator de redefinição desse mundo.

A questão na História da Filosofia

A questão do estatuto da diferença dos sexos está presente desde as origens da Filosofia ocidental. Na realidade, o questionamento dos filósofos se refere às mulheres atestando que elas são os "outros" do sujeito falante e pensante, mas também do sujeito desejante, e tal questionamento atinge seu papel mais proeminente no fenômeno da geração.

Desde a Grécia antiga, duas grandes respostas são esboçadas: a primeira, encarnada por Aristóteles, afirma a dupla natureza do homem e da mulher; a segunda, encarnada por Platão, sustenta a unicidade da natureza e dos papéis de um e de outro. Porém, a distinção dessas duas posições desaparece numa afirmação comum da hierarquia entre os sexos. Seja na unidade ou na dualidade, existe o mais e o menos, o menos estando sempre do lado das mulheres (Sissa, 1991).

Os pensadores do sujeito moderno, precursores da democracia, enfrentam aqui uma verdadeira aporia e a releitura deles a partir desse ponto de vista é esclarecedora. Com efeito, definindo o homem como indivíduo e elaborando as relações humanas em termos de direitos, eles continuam, paradoxalmente, recorrendo com frequência ao argumento da força quando se trata de justificar a dominação do marido, do pai, sobre a mulher no interior do casamento – mesmo quando este último é determinado por um contrato – e a exclusão das mulheres da esfera pública. Porém, alguns filósofos reconhecem, como Hobbes, que fora do casamento a maternidade é todo-poderosa, ou confessam, como Spinoza, que a exclusão das mulheres da esfera política responde a um desejo dos homens.

A defesa dos direitos privados das mulheres é, porém, muitas vezes formulada de maneira a conduzir, por exemplo, a uma condenação vigorosa do estupro – no caso de Fichte – ou ao direito de divórcio.

A defesa das mulheres pelos filósofos se fez por meio da acentuação da importância do seu papel específico (Rousseau) ou pela reivindicação da assimilação delas aos homens (Stuart Mill). Oscila-se, sempre, entre dualidade e unidade, e parece ser difícil elaborar a via da "igualdade na diferença" que Beauvoir formulou no final de *O segundo sexo* (1949).

Mas, se esse motivo atravessa a Filosofia, é a fundação da Psicanálise por Freud, no final do século XIX, que vai fazer da diferença dos sexos o motivo central da reflexão. Aqui, pode-se também observar oscilações complexas entre a afirmação de um e dos dois sexos, o horizonte do mais e do menos: a centralidade do falo força ambos os sexos à experiência da castração, mas de maneira mais difícil para as mulheres devido, por um lado, à sua primeira relação desejante da mãe que, em seguida, deve se voltar para um homem, e, por outro lado, à falta de pênis traduzida como "inveja do pênis". Mais numerosas do que em todas as outras áreas do conhecimento, teóricas como Karen Horney, Helen Deutsch, Mélanie Klein, Françoise Dolto, antes de

Luce Irigaray (1974) ou Julia Kristeva (1980), fizeram correções importantes nessa estrutura. Lacan, na França, embora se declarando herdeiro de Freud, de certa maneira questiona o império exclusivo da lei fálica, da lei do pai, em seu seminário *Encore*.

As reivindicações feministas que precedem o movimento do século XX são acompanhadas de diversas teorizações setoriais. A originalidade e o interesse de *O segundo sexo* de Simone de Beauvoir está em articular todos os aspectos do problema das relações entre os sexos e de mostrar que suas modalidades sociológicas, econômicas, psicológicas são o fruto de uma estrutura única. Esta última é tributária não de uma realidade ontológica denominada "natural", mas de uma relação de dominação que, embora pareça não poupar nenhuma sociedade e nenhuma época da História, é apresentada como culturalmente construída e, portanto, passível de ser superada.

Se Simone de Beauvoir designa os homens como detentores do universal, e parece conceber a liberação das mulheres como o acesso a essa posição – o "tornar-se homem" das mulheres –, ela também indica a possibilidade, ou até mesmo a necessidade, de uma "igualdade na diferença" (*Le deuxième sexe*, tomo II; 661). Porém, ela não chega a interrogar a parcialidade do universal apropriado pelos homens e a necessidade de redefini-lo, o que algumas de suas herdeiras farão.

As teorias feministas que se desenvolverão vinte anos depois, a partir do evento político do Movimento de Libertação das Mulheres, que se propagou internacionalmente, têm em comum o fato de afirmarem que as relações entre os sexos podem ser objeto de uma ação transformadora. A persistência geral do "invariante" (Héritier, 1996) hierárquico, caracterizado como patriarcal, parece contrariar essa hipótese – como também já tinha ressaltado Beauvoir –, embora esse invariante inclua variações culturais e seja fator de historicidade (Fraisse, 1992). Mas o fato não diz o direito: o passado não determina o futuro. O feminismo introduziu não uma evolução, mas uma revolução na concepção da relação entre os sexos, revolução que não inclui um modelo factual ou ideológico prévio. É uma "política do irrepresentável" (F. Collin, 1999).

A partir dessa hipótese, afirmam-se várias posições relativas ao estatuto dos sexos. Apresentaremos aqui três delas que, de acordo com os países ou as culturas, tiveram um desenvolvimento e formas particulares. Geralmente foram caracterizadas como universalistas, diferencialistas ou essencialistas, pós-modernas.

Em nome da clareza, utilizaremos essas classificações necessariamente redutoras. Trata-se apenas de referências em torno das quais transita o pensamento. A evolução do feminismo torna seu conteúdo complexo e seus limites, porosos, como mostrou o debate geral suscitado desde 1996 na França pelo projeto de uma representação política paritária cujos(as) partidários(as) se apresentavam adeptos de uma ou outra teoria das relações entre os sexos.

Deve-se notar que as teorias feministas foram elaboradas no contexto do pensamento e da situação ocidentais embora, num segundo momento, ampliem sua curiosidade para outras culturas. Essa persistência do "ocidentocentrismo" na contestação do falocentrismo foi muitas vezes criticada.

Universalismo: existe o uno

A posição universalista se baseia na afirmação segundo a qual todos os seres humanos são indivíduos do mesmo quilate, independentemente das diferenças secundárias relativas às características físicas, à "raça", ao sexo, ao idioma etc. A diferença que caracteriza homens e mulheres é, então, em si mesma, insignificante; sua importância determinante e socialmente estruturante é um efeito das relações de poder: "Não nascemos mulheres, tornamo-nos mulheres" (Beauvoir, 1949), a partir da dominação exercida pelos homens sobre elas, quaisquer que sejam as origens ou as formas dessa dominação e as razões que a tornaram possível. Não há então sexos, mas "classes de sexo" destinadas a desaparecer. Esse desaparecimento permitiria uma indiferenciação sexuada dentro da categoria geral do ser humano: "Nós queremos o acesso ao neutro, ao geral" (*Questions féministes*, n.1, 1977) ou ainda: "Um é o outro" (*L'un est l'autre*) (Badinter, 1986).

Aqui, a igualdade está acoplada à identidade. Não se trata somente de postular os mesmos direitos para homens e mulheres, mas sim de dissolver as categorias "homens" e "mulheres", como a revolução marxista teria dissolvido as categorias "capitalistas" e "proletários". Trata-se de pensar cada homem, cada ser humano, como um sujeito autônomo igual aos outros sujeitos, compartilhando a mesma razão. Na verdade, toda afirmação de especificidade ressuscita o espectro da complementaridade e corre o risco de dar garantias à hierarquização: a especificidade das mulheres é uma produção social destinada a justificar sua subordinação, seja como objetos sexuais através da longa história da "obrigação de heterossexualidade" (Mathieu, 1991),[3] seja como mães, relegando-as à esfera doméstica e excluindo-as da esfera pública. Desse ponto de vista, as características sexuais inerentes às mulheres ou aos homens e seus papéis dissimétricos na geração não têm efeitos sociais, políticos ou simbólicos. A razão não tem um sexo. E, se tem um corpo, ela não é esse corpo: ela transcende sua imanência pela liberdade (Beauvoir, 1949).

A exigência de igualdade inclui, tanto para meninas como para meninos, o acesso idêntico, e em condição idêntica, a todas as formas de exercício da vida humana e cidadã. A democracia deve traduzir seus princípios nos fatos, indo além da interpretação restritiva que foi até hoje a sua. "Homem" significa ser humano sem restrições.

A importância preponderante dessa corrente na formação do feminismo francês vincula-se à tradição cultural, filosófica e política nacional, herdada do racionalismo da Idade das Luzes, e a uma concepção das relações entre os sexos extraída do modelo marxista das relações de classe, embora o econômico não seja, aqui, a mola exclusiva. Ela foi sustentada e desenvolvida principalmente por teóricas formadas em Sociologia ou Etnologia.

Diferencialismo: existe o "dois"

Para a posição diferencialista "há dois sexos" (Fouque, 1995) na mesma humanidade, o acesso à igualdade não é o acesso à identidade. O desaparecimento da dominação deve abrir espaço para um mundo comum plural, enriquecido pelas contribuições das duas formas sexuadas da humanidade. Com efeito, a dominação masculina se apropriou do universal, truncando-o. A libertação das mulheres não é somente a superação de uma injustiça, mas também a manifestação de uma dimensão de relação com o mundo, omitida até hoje.

O que caracteriza o feminino nessa óptica é sua resistência ao uno, figurado pelo fálico, próprio ao masculino e que estrutura indevidamente o mundo dito comum. "Esse sexo que não é um sexo" (Irigaray, 1974) não é uno: à simbologia fálica ele opõe uma simbologia uterina polimorfa. A irredutibilidade do feminino ao masculino é morfologicamente representada por um fundamento corporal que não determina uma outra espécie da hu-

3 Comentando uma fórmula de Adrienne Rich.

manidade, mas uma variante da humanidade até o presente recalcada. Essa variante é inevitável, quando confrontamos as respectivas experiências da maternidade e da paternidade (Kristeva, 1980; Knibielher, 1997).

Desde então, a aparição das mulheres seria a aparição de uma alternativa à organização das relações humanas, definida, até o presente, pelos homens e culminando na ordem do domínio, própria à modernidade ocidental. Às vezes, as teóricas dessa corrente vão ao ponto de pensar que esses dois registros sexuados da humanidade deveriam poder constituir duas formas de organização não mais hierarquizadas, mas iguais e paralelas, dentro de um mesmo mundo. Existe o "dois" ou, mais precisamente, existe o "uno" e o não "uno".

Essa teoria, denominada "diferencialista" ou, às vezes, de maneira pejorativa, "naturalista" ou "substancialista" foi, sobretudo, defendida no início por teóricas confrontando a Psicanálise – especialmente o pensamento de Lacan – em relação ao qual se posicionam de maneira crítica. Ela também está presente nas teóricas da escrita e da criação (Cixous, 1975; Kristeva, 1980). Haveria, assim, um "gênio feminino" abafado até o presente na constituição de um mundo exclusivamente masculino.

Pós-modernismo e *queer*: nem "um", nem "dois"

Se as duas primeiras teorias se desenvolveram no mesmo momento – na época da explosão feminista dos anos 70 –, a teoria pós-moderna foi formulada um pouco mais tarde. Ela teve pouco impacto na França, mas, por outro lado, tornou-se um terreno fértil para pesquisas no exterior, especialmente nos Estados Unidos, onde é qualificada de "*French feminism*" (feminismo francês) e, dessa forma, identificada erroneamente com o feminismo francês. Essa confusão vem do fato de ter sido elaborada a partir da obra de filósofos como Deleuze, Lyotard e especialmente Derrida (Jardine, 1989), que a difundiram nos Estados Unidos, onde as feministas lhe deram um eco considerável. As teóricas francesas que encarnam essa posição (Cixous, 1975; Kofman, 1982, 1984) foram assimiladas, de maneira relativamente imprópria, das teóricas (Irigaray, 1974; Kristeva, 1980) que se situam mais na corrente diferencialista, pois sustentam a dualidade dos sexos coligada à especificidade dos papéis materno e paterno, e atribuem unicamente ao sexo feminino um estatuto "desconstrutivo".

O pós-modernismo ou desconstrucionismo veio da "crítica da metafísica" introduzida por Heidegger. Ele marca uma ruptura com as formas da modernidade ocidental – cujas fontes são gregas –, definida pela categoria do "domínio": domínio do sujeito sobre o objeto, mas também do homem sobre a mulher, obedecendo à lógica binária das oposições. O logocentrismo é um falocentrismo, um "falogocentrismo" (Derrida, 1992). A modernidade é, dessa forma, identificada com o reinado da virilidade.

O pensamento pós-moderno é, nesse sentido, um "tornar-se mulher" ou um devir feminino do pensamento e da prática. O sexo não pode ser substantificado: ele não é nem "um" nem "dois", mas sim um movimento de diferir que se traduz pelo vocábulo "diferança" ("*différance*") (Derrida, 1992). O "feminino", como categoria e não como marca de um dos dois sexos, é extorsão à lógica binária das oposições, emergência de uma "verdade de terceiro gênero" que recusa a alternativa da exclusão "ou, ou", em prol da inclusão "e, e". Esse feminino pode ser assumido indiferentemente por homens e mulheres, pois transcende a alternativa dual do *sex* e do *gender*.

Essa posição induz uma política de desvios e desestabilização, uma política de deslocamento no lugar de confrontações, vinculada ao "pensamento nômade" (Braidotti, 1985). A verdadeira vida sempre é minoritária e a subversão está em homens e mulheres que se "tornam minoritários" (Deleuze). Aqui, não há, então, nem "um" nem "dois". Notaremos, entretanto, que tornar-se minoritário não tem o mesmo alcance quando envolve um homem ou uma mulher: é difícil fazer a economia do dois social na "diferença".

Tal pensamento conduzirá ao ulterior desenvolvimento da teoria "*queer*", vinculada à subversão das identidades sexuais. Não se trata apenas de reivindicar de maneira dual o direito à homossexualidade em paralelo à heterossexualidade, mas de indicar a porosidade das fronteiras, como as que separam *gays* e lésbicas. Se as categorias homem e mulher perdem sua pertinência, há homossexualidade na heterossexualidade e vice-versa. O sexo identificado social ou morfologicamente não é determinante. O sexo é "perturbador" ou "inominável". O sexo é dito "performático" (Butler, 1990): dizer é fazer.

O segundo sexo

Se relermos atentamente o texto fundador do feminismo do século XX, *O segundo sexo*, a partir dos escritos de suas herdeiras, constatamos que, embora pareça defender a primeira dessas teorias – a universalista –, ele não exclui a persistência de uma diferença de sexos, que porém não seria mais a justificação de uma hierarquia social e política. Ele afirma simultaneamente a necessidade de acesso ao universal detido pelos homens e, levando em conta referências psicanalíticas, a realidade de uma diferença que não será suprimida com a libertação. Porém, o livro permanece tributário do pensamento dialético pós-hegeliano do seu tempo, que caracteriza o pensamento do sujeito e não aborda a crítica da modernidade que será inseparável de uma corrente ulterior do pensamento feminista.

Implicações políticas

As posições teóricas definidas anteriormente não têm apenas um valor especulativo. Elas orientam as escolhas políticas. O objetivo é fazer que as mulheres sejam reconhecidas da mesma forma que os homens no mundo existente ou introduzir nesse mundo uma dimensão que, sem elas, ele ignorava? Trata-se de fazer que as mulheres tenham acesso a estruturas inalteradas, mas desde então compartilhadas, ou de reformular essas estruturas de acordo com os dois sexos – ou vários sexos? Teoria e prática interferem constantemente na busca da "libertação das mulheres" e se questionam mutuamente. A oposição entre universalismo, diferencialismo e pós-modernismo deve ser pensada mais além de qualquer "lógica dos opostos" (F. Collin, 1999), numa forma "paradoxal" (Scott, 1998) a fim de responder aos desafios concretos e contingentes do avanço das mulheres. Os caminhos da liberdade saem de vidas já traçadas: sem dúvida, escapam a toda ortodoxia. A ação sempre faz objeção à ideia.

→ *Divisão sexual do trabalho e relações sociais de sexo – Dominação – Igualdade – Maternidade – Sexo e gênero – Universalismo e particularismo*

► Badinter, Élisabeth. *L'un est l'autre: des relations entre hommes et femmes*, Paris, Odile Jacob, 1986, 361p.

Collin, Françoise. *Le différend des sexes*, Paris, Pleins feux, 1999, 76p.

Fraisse, Geneviève. *La raison des femmes*, Paris, Plon, 1992, 294p.

Guillaumin, Colette. *Sexe, race et pratique de pouvoir. L'idée de nature*, Paris, Côté-femmes "Recherches", 1992, 241p.

Irigaray, Luce. *Speculum de l'autre femme*, Paris, "Minuit Critique", 1974, 473p.

Jardine, Alice. *Gynesis: configurations de la femme et de la modernité*, Paris, PUF "Perpectives critiques", 1991, 329p.

* Traduzido por Vivian Aranha Saboia.

Divisão sexual do trabalho e relações sociais de sexo*

Danièle Kergoat

As condições em que vivem homens e mulheres não são produtos de um destino biológico, mas, sobretudo, construções sociais. Homens e mulheres não são uma coleção – ou duas coleções – de indivíduos biologicamente diferentes. Eles formam dois grupos sociais envolvidos numa relação social específica: as relações sociais de sexo. Estas, como todas as relações sociais, possuem uma base material, no caso o trabalho, e se exprimem por meio da divisão social do trabalho entre os sexos, chamada, concisamente, divisão sexual do trabalho.

A divisão sexual do trabalho

Essa noção foi primeiramente utilizada pelos etnólogos para designar uma repartição "complementar" das tarefas entre homens e mulheres nas sociedades que estudavam. Lévi-Strauss fez dela o mecanismo explicativo da estruturação da sociedade em família. Mas as antropólogas feministas foram as primeiras que lhe deram um conteúdo novo, demonstrando que traduzia não uma complementaridade de tarefas, mas uma relação de poder dos homens sobre as mulheres (Mathieu, 1991a; Tabet, 1998). Utilizada em outras disciplinas, como a História e a Sociologia, a divisão sexual do trabalho adquiriu, nessas pesquisas, o valor de um conceito analítico.

A divisão sexual do trabalho é a forma de divisão do trabalho social decorrente das relações sociais de sexo; essa forma é historicamente adaptada a cada sociedade. Tem por características a destinação prioritária dos homens à esfera produtiva e das mulheres à esfera reprodutiva e, simultaneamente, a ocupação pelos homens das funções de forte valor social agregado (políticas, religiosas, militares etc.).

Essa forma de divisão social do trabalho tem dois princípios organizadores: o da separação (existem trabalhos de homens e outros de mulheres) e o da hierarquização (um trabalho de homem "vale" mais do que um de mulher). Eles são válidos para todas as sociedades conhecidas, no tempo e no espaço, o que permite, segundo alguns (Héritier-Augé, 1984), mas não segundo outros (Peyre e Wiels, 1997), afirmar que existem dessa forma desde o início da humanidade. Esses princípios podem ser aplicados graças a um processo específico de legitimação – a ideologia naturalista –, que relega o gênero ao sexo biológico e reduz as práticas sociais a "papéis sociais" sexuados, os quais remetem ao destino natural da espécie. No sentido oposto, a teorização em termos de divisão sexual do trabalho afirma que as práticas sexuadas são construções sociais, elas mesmas resultado de relações sociais.

Portanto, não mais que as outras formas de divisão do trabalho, a divisão sexual do trabalho não é um dado rígido e imutável. Se seus princípios organizadores permanecem os mesmos, suas modalidades (concepção de trabalho reprodutivo, lugar das mulheres no trabalho mercantil etc.) variam fortemente no tempo e no espaço. Os dados da História e da Antropologia demonstraram-no amplamente: uma mesma tarefa, especificamente feminina numa sociedade ou ramo industrial, pode ser considerada tipicamente masculina em outros (Milkman, 1987). Assim, problematizar em termos de divisão sexual do trabalho não remete a um pensamento determinista; ao contrário, trata-se de pensar a dialética entre invariantes e variações, pois, se supõe trazer à tona os fenômenos da reprodução social, esse raciocínio implica estudar ao mesmo tempo seus deslocamentos e rupturas, bem como a emergência de novas configurações que tendem a questionar a própria existência dessa divisão.

Da opressão às relações sociais de sexo

A divisão sexual do trabalho foi objeto de trabalhos precursores em vários países (Madeleine Guilbert, Andrée Michel, Viviane Isambert-Jamati). Mas foi no começo dos anos 70 que houve na França, sob o impulso do movimento feminista, uma onda de trabalhos que geraria rapidamente as bases teóricas desse conceito.

Para começar, lembremos alguns fatos: não foi tratando a questão do aborto, como usualmente se diz, que o movimento feminista começou. Foi a partir da tomada de consciência de uma opressão específica: tornou-se coletivamente "evidente" que uma enorme massa de trabalho era realizada gratuitamente pelas mulheres; que esse trabalho era invisível; que era feito não para si, mas para os outros e sempre em nome da natureza, do amor e do dever maternal. E a denúncia (pensemos no título de um dos primeiros jornais feministas franceses: *Le Torchon Brûle*[4]) se desdobra numa dupla dimensão: basta[5] de executar aquilo que se conviria chamar "trabalho"; é como se sua atribuição às mulheres, e somente a elas, fosse automática e isso não fosse visto nem reconhecido.

Muito rapidamente as primeiras análises dessa forma de trabalho apareceram nas Ciências Sociais. Para citar apenas dois corpos teóricos, temos o "modo de produção doméstico" (Delphy, 1998) e o "trabalho doméstico" (Chabaud-Rychter et al., 1985). A conceituação marxista – relações de produção, classes sociais definidas pelo antagonismo entre capital e trabalho, modo de produção – era preponderante na época, pois nos situávamos num ambiente de esquerda, e sabemos que a maioria das feministas fazia parte da esquerda (Picq, 1993).

Mas, pouco a pouco, as pesquisas se desligaram dessa referência obrigatória para analisar o trabalho doméstico como atividade com o mesmo peso do trabalho profissional. Isso permitiu considerar simultaneamente a atividade realizada nas esferas doméstica e profissional, e pudemos raciocinar em termos de uma divisão sexual do trabalho.

Por uma espécie de efeito bumerangue, depois que a "família", como entidade natural e biológica, se desfez para aparecer prioritariamente como lugar de exercício de um trabalho, em seguida foi a esfera do trabalho assalariado, vista até o momento somente em termos do trabalho produtivo e da figura do trabalhador masculino, qualificado, branco, que implodiu (Delphy e Kergoat, 1984).

Em muitos países, esse duplo movimento deu origem a muitos estudos que utilizam a abordagem da divisão sexual do trabalho para repensar o trabalho e suas categorias, suas formas históricas e geográficas, a inter-relação das múltiplas divisões do trabalho socialmente produzido. Essas reflexões permitiram trazer a campo conceitos como tempo social (Langevin, 1997), qualificação (Kergoat, 1982), produtividade (Hirata e Kergoat, 1988) ou, mais recentemente, competência.

A divisão sexual do trabalho, no começo, tinha o *status* de articulação de duas esferas, como indica o subtítulo *Estruturas familiares e sistemas pro-*

4 O pano de prato está queimando. (N.T.)

5 A autora utiliza aqui a expressão consagrada no movimento: "*ras-le-bol*". (N.T.)

dutivos, de *Sexo do trabalho* (Coletivo, 1984). Mas essa noção de articulação se mostrou rapidamente insuficiente: os dois princípios – separação e hierarquia – se encontram em toda parte e se aplicam sempre no mesmo sentido; era necessário passar a um segundo nível de análise: a conceituação dessa relação social recorrente entre o grupo dos homens e o das mulheres. A APRE (Atelier Production Reproduction [Oficina Produção Reprodução]), do CNRS (Centre National de Recherche Scientifique) funcionou regularmente a partir de 1985, desembocando numa mesa-redonda internacional intitulada "Relações sociais de sexo: problemáticas, metodologias, campos de análise" (Paris, 1987). Paralelamente, algumas participantes publicaram o estudo *A propósito das relações sociais de sexo; percursos epistemológicos* no contexto da ATP do CNRS, "Pesquisas feministas e pesquisas sobre as mulheres" (Battagliola et al., 1986).

Entretanto, junto com esse trabalho de construção teórica, despontava o declínio da força subversiva do conceito de divisão sexual do trabalho. O termo é agora usual no discurso acadêmico das Ciências Humanas, particularmente na Sociologia. Mas na maior parte das vezes é despojado de toda conotação conceitual e retorna a uma abordagem sociográfica que descreve os fatos, constata desigualdades, mas não organiza esses dados de maneira coerente. O trabalho doméstico, que havia sido objeto de numerosos estudos, era muito raramente analisado; mais precisamente, em vez de se utilizar esse conceito para reinterrogar a sociedade salarial (Fougeyrollas-Schwebel, 1998), fala-se em termos de "dupla jornada", de "acumulação" ou de "conciliação de tarefas", como se fosse somente um apêndice do trabalho assalariado. Daí um movimento de deslocamento e focalização sobre esse último (as desigualdades no trabalho, no salário, trabalho em tempo parcial etc.) e sobre o acesso à política (cidadania, reivindicação de paridade etc.). Por sua vez, o debate em termos de relações sociais (de sexo) é bastante negligenciado.

Podemos ver aí os efeitos conjugados do desemprego em massa e das "novas formas de emprego", do crescimento do neoliberalismo, do declínio numérico da classe operária tradicional, da queda do Muro de Berlim, com suas consequências políticas e ideológicas – o esvaziamento da análise em termos de relações sociais acima da lógica econômica não poupou nenhum setor das Ciências Sociais.

As relações sociais de sexo

A noção de relações sociais foi, salvo notáveis exceções (Godelier, 1984; Zarifian, 1997), pouco trabalhada pelas Ciências Sociais na França.

A relação social é, em princípio, uma tensão que atravessa o campo social. Não é alguma coisa passível de reificação. Essa tensão produz certos fenômenos sociais e, em torno do que neles está em jogo, constituem-se grupos de interesses antagônicos. Em nosso caso, trata-se do grupo social homens e do grupo social mulheres, os quais não são em nada passíveis de serem confundidos com a dupla categorização biologizante machos-fêmeas.

Esses grupos estão em tensão permanente em torno de uma questão: o trabalho e suas divisões. Assim, podemos apresentar as seguintes proposições: as relações sociais de sexo e a divisão sexual do trabalho são expressões indissociáveis que, epistemologicamente, formam um sistema; a divisão sexual do trabalho tem o *status* de *enjeu*[6] das relações sociais de sexo.

Estas últimas são caracterizadas pelas seguintes dimensões:

- a relação entre os grupos assim definidos é antagônica;
- as diferenças constatadas entre as atividades dos homens e das mulheres são construções sociais, e não provenientes de uma causalidade biológica;
- essa construção social tem uma base material e não é unicamente ideológica; em outros termos, a "mudança de mentalidades" jamais acontecerá de forma espontânea, se estiver desconectada da divisão de trabalho concreta; podemos fazer uma abordagem histórica e periodizá-la;
- essas relações sociais se baseiam antes de tudo numa relação hierárquica entre os sexos; trata-se de uma relação de poder, de dominação.

Essa relação social tem, além disso, características singulares: como já vimos, ela se encontra em todas as sociedades conhecidas; além disso, é estruturante para o conjunto do campo social e transversal à totalidade desse campo, o que não é o caso do conjunto das relações sociais. Podemos então considerá-la um paradigma das relações de dominação.

6 O que está em jogo, em disputa, o desafio. (N.T.)

Do campo epistemológico ao espaço do político

Já vimos que a expressão "divisão sexual do trabalho" tem sentidos muito diferentes e que várias vezes remete a uma abordagem descritiva. Isso foi e permanece indispensável: por exemplo, a construção de indicadores confiáveis para medir a (des)igualdade profissional entre homens e mulheres é um verdadeiro desafio político na França. Mas falar em termos de divisão sexual do trabalho é ir mais além de uma simples constatação de desigualdades: é articular a descrição do real com uma reflexão sobre os processos pelos quais a sociedade utiliza a diferenciação para hierarquizar essas atividades.

O conteúdo da expressão "relações sociais de sexo" é controverso. Para tornar precisos os termos, lembremos que o idioma francês tem a vantagem de propor duas palavras: *rapport* e *relation*.[7] Uma e outra recobrem dois níveis de apreensão da sexuação do social (tornar o social sexuado). A noção de *rapport* social aborda a tensão antagônica que se desenrola, em particular, em torno da questão da divisão sexual do trabalho e que termina na criação de grupos sociais com interesses contraditórios. A denominação *relations* sociais remete às relações concretas que os grupos e indivíduos mantêm. Assim, as formas sociais "casal" ou "família", que podemos observar em nossas sociedades, são ao mesmo tempo expressão das relações (*rapports*) sociais de sexo configuradas por um sistema patriarcal e também espaços de interação social que vão, eles mesmos, recriar o social e dinamizar parcialmente o processo de sexuação do social.

Insistir sobre o antagonismo ou sobre o vínculo corresponde então a duas posturas de pesquisa que se tornam contraditórias quando deixamos o plano da observação para passar ao da epistemologia: são as relações sociais que pré-configuram a sociedade. *Versus* é a multiplicidade de interações que, no seio de um universo browniano, cria pouco a pouco as normas, as regras que podemos observar numa dada sociedade. É nessa última perspectiva, relativamente hegemônica nas Ciências Sociais da atualidade, que somos levadas a falar, por exemplo, de complementaridade de tarefas e, por consequência, designar prioritariamente às mulheres – com toda "legitimidade" – o trabalho em tempo parcial.

Como podemos ver, esse debate trata não somente de uma ordem epistemológica, mas contém também uma ordem política. Trata-se: 1) de com-

7 Em português, ambas se traduzem por "relação". (N.T.)

preender historicamente como as relações sociais tomaram corpo nas instituições e legislações (o casal, a família, a filiação, o trabalho, o Código Civil etc.) que têm por função cristalizar tudo, legitimando o estado das relações de força entre os grupos num momento dado (Scott, 1990); e 2) expor as novas tensões geradas na sociedade, procurando compreender como elas deslocam as questões e permitem potencialmente deslegitimar as regras, normas e representações que apresentam como grupos "naturais" os grupos sociais constituídos em torno dessas questões. Em síntese, é poder pensar a utopia enquanto se analisa o funcionamento do social.

Portanto, como os grupos de sexo não são mais "categorias" imutáveis, fixas, a-históricas e a-sociais, podemos periodizar a relação que os constitui um em função do outro (graças à análise da evolução das modalidades das questões sociais) e podemos então abordar o problema da mudança – e não somente do rearranjo – do social.

Esse ponto de vista, minoritário nas Ciências Sociais, continua, no entanto, sendo amplamente compartilhado por aqueles(as) que trabalham em torno da sexuação do social e reconhecem a opressão de um sexo pelo outro. E isso desde o início dos anos 70 na França. Entretanto, duas questões permanecem em debate:

1) É necessário centrar a reflexão somente sobre as relações sociais de sexo ou, ao contrário, tentar pensar o conjunto das relações sociais em sua simultaneidade? A tentação de hegemonizar uma só relação social – no caso, a relação social de sexo – é grande, mesmo que fosse só para tentar preencher o vazio quase total na matéria. Trabalhos geralmente brilhantes (pensemos, por exemplo, nos de Delphy, Guillaumin, Mathieu etc.) oferecem instrumentos poderosos, novos e explicativos. Mas considerar apenas o elo de dominação homem-mulher e as lutas contra ele é insuficiente para tornar inteligíveis a diversidade e a complexidade das práticas sociais masculinas e femininas.
2) O segundo debate – e aqui passamos da construção do objeto de pesquisa à interpretação dos fatos observados – retorna à caracterização da relação social de sexo. Em *O sexo do trabalho* e nos trabalhos coletivos e individuais que se seguiram, exprimiu-se um amplo consenso sobre a transversalidade das relações sociais de sexo. Mas essa caracterização é insuficiente, se não se soma a ela uma outra dimensão: a

interpenetração constante das relações sociais. Tomemos o exemplo do modo de produção capitalista: ele é construído sobre a separação dos lugares e tempos da produção e da reprodução; quanto ao que chamamos "trabalho doméstico", trata-se de uma forma histórica particular do trabalho reprodutivo, inseparável da sociedade salarial. Em outros termos, as relações sociais são consubstanciais.

Esse debate não se reduz a uma querela escolástica: ele remete a posições analíticas muito diferentes do ponto de vista tanto científico como político. Assim, torna-se impossível isolar o trabalho ou o emprego das mulheres; trata-se, ao contrário, de operar ao mesmo tempo, como elementos centrais explicativos, com a evolução das relações de sexo, de classe e Norte-Sul; o mesmo vale para a família, a explosão de suas formas sociais, e suas tentativas de enquadramento jurídico; ou também para a evolução de formas de virilidade, paternidade/maternidade, ou os debates atuais sobre imigração e agrupamento familiar.

Essa consubstancialidade das relações sociais permite compreender a natureza das fortes turbulências que hoje incidem sobre a divisão sexual do trabalho. Dois exemplos:

1) Diante da precarização e da flexibilização do emprego, o aparecimento e o desenvolvimento dos "nomadismos sexuais" (Kergoat, 1998): nomadismos no tempo para as mulheres (o grande aumento do trabalho em tempo parcial geralmente associado à concentração de horas de trabalho dispersas na jornada ou na semana); nomadismos no espaço para os homens (temporários, canteiros de obras públicas e do nuclear para os operários, a banalização e a multiplicação dos deslocamentos profissionais dos altos executivos, na Europa e no mundo). Aqui se vê bem como a divisão sexual do trabalho e do emprego e, de maneira recíproca, a flexibilização, podem reforçar as formas mais estereotipadas das relações sociais de sexo.
2) O segundo exemplo é a dualização do emprego feminino, o que ilustra bem o cruzamento das relações sociais. Desde o começo dos anos 80, o número de mulheres contabilizadas pelo INSEE como "executivas e profissionais diplomadas do ensino superior" mais do que dobrou: cerca de 10% das mulheres ativas estão atualmente nessa categoria. Ao lado da precarização e da pobreza de um número crescente

de mulheres (que representam 46% da população ativa, mas 52% dos desempregados e 79% dos baixos salários), assistimos a um aumento dos capitais econômicos, culturais e sociais de uma proporção de mulheres ativas que não pode ser desconsiderada. Vemos surgir, assim, pela primeira vez na história do capitalismo, uma camada de mulheres cujos interesses diretos (não mediados como antes pelos homens: pais, esposos, amantes etc.) se opõem frontalmente aos interesses daquelas abrangidas pela generalização do tempo parcial, dos empregos muito mal remunerados e não reconhecidos socialmente e, em geral, mais atingidas pela precariedade.

Podemos assim trabalhar em conjunto sobre a totalidade do social sem nos apressar em buscar a "boa" relação social ou a "boa" identidade individual ou coletiva. Considerar que essas relações sociais não evoluem no mesmo ritmo no tempo e no espaço permite-nos perceber ao mesmo tempo a complexidade e a mudança. E, assim, as categorias sociais – evidentemente sempre definidas pelos dominantes – explodirão, dando espaço a um conjunto móvel de configurações nas quais os grupos sociais se fazem e desfazem e os indivíduos constroem sua vida por meio de práticas sociais muitas vezes ambíguas e contraditórias.

→ *Desemprego – Educação e socialização – Família – Coexistência dos sexos – Movimentos feministas – Precarização social – Trabalho (o conceito de) – Trabalho doméstico*

► Coletivo. *Le sexe du travail. Structures familiales et système productif,* Grenoble, PUG, 1984, 320 p.

Daune-Richard, Anne-Marie; Devreux, Anne-Marie. Rapports sociaux de sexe et conceptualisation sociologique, *Recherches féministes,* 1992, v.5, n.2, p.7-30.

Kergoat, Danièle. À propos des rapports sociaux de sexe, *Revue M,* abril-maio de 1992c, n.53-54, p.16-20.

__________. La division du travail entre les sexes, *in* Jacques Kergoat et al. *Le monde du travail,* Paris, La Découverte, 1998, p.319-29.

Mathieu, Nicole-Claude. Critiques épistémologiques de la problématique des sexes dans le discours ethno-anthropologique [1985a], *in* N.-C. Mathieu. *L'anatomie politique. Catégorisations et idéologies du sexe,* Paris, Côté femmes "Recherches", 1991a, p.75-127.

Scott, Joan. Genre: une catégorie utile d'analyse historique, *Les cahiers du GRIF* "Le genre de l'histoire", 1988b, n.37-8, p.125-53.

Tabet, Paola. *La construction sociale de l'inégalité des sexes: des outils et des corps,* Paris, L'Harmattan "Bibliothèque du féminisme", 1998, 206p. [Textos de 1979 e 1985.]

* Traduzido por VIVIAN ARANHA SABOIA.

Dominação*

Erika Apfelbaum

Toda relação de dominação, entre dois grupos ou duas classes de indivíduos, impõe limites, sujeição e servidão àquele(a) que se submete. Ela introduz uma dissimetria estrutural que é, simultaneamente, o efeito e o alicerce da dominação: um se apresenta como representante da totalidade e o único depositário de valores e normas sociais impostas como universais porque os do outro são explicitamente designados como particulares. Em nome da particularidade do outro, o grupo dominante exerce sobre ele um controle constante, reivindica seus direitos fixando os limites dos direitos do outro e o mantém num estatuto que retira todo o seu poder contratual (Apfelbaum, 1979/1999). A dissimetria constituinte da relação de dominação aparece não somente nas práticas sociais, mas também no campo da consciência e até nas estratégias de identidade.

O uso frequente, conquanto abusivo, do termo "relação de poder" no lugar de "relação de dominação" faz desta uma relação de força suscetível de ser invertida em certas circunstâncias e permite subestimar os efeitos irredutíveis que lhe são inerentes.

Perspectiva histórica

A dominação, no significado que foi determinado anteriormente, apareceu tarde no campo discursivo das Ciências Sociais. Dessa forma, para Max Weber (1921), que a abordava no contexto de uma análise sociológica dos modos de organização da sociedade e da estratificação social, ela é uma das formas essenciais do poder. Sua legitimidade advém, conforme o caso, 1) dos costumes e da tradição (dominação tradicional); 2) da lei constitucional, estabelecida, por exemplo, de modo democrático (dominação legal); 3) do valor pessoal ou dos talentos excepcionais do chefe (dominação carismática). Diante da teoria neoclássica – segundo a qual toda relação econômica ocorre entre iguais que negociam e firmam contratos sem nenhum conflito –, alguns economistas, em especial os marxistas, reconhecem, por outro lado, a existência de relações assimétricas entre parceiros.

As relações de dominação foram identificadas e denunciadas inicialmente pelos movimentos de emancipação, nos anos 60. Além da diversidade de formas assumida pela implementação de cada opressão em particular, observamos uma analogia estrutural comum: as relações de dominação e as desigualdades de estatuto estão no coração de toda relação social. Historicamente, a análise da opressão colonial inaugura essa reflexão (cf., por exemplo, Aimé Césaire, Franz Fanon ou ainda Albert Memmi). Este último (1968/1973) descreve seus mecanismos por meio de diversas figuras de dominados: o judeu, o negro, a mulher, o colonizado, o proletário, o doméstico. Enquanto isso, Michel Foucault (1976) continua sua análise do poder e desvenda os seus efeitos, em particular no domínio da sexualidade. Em meados dos anos 70, a problemática da dominação explode literalmente com o desenvolvimento das interrogações feministas que denunciam a dominação de gênero, a materialidade da apropriação da classe das mulheres pela classe dos homens. De maneira quase simultânea, na Antropologia (Mathieu, 1978, 1985b; Tabet, 1979), na Sociologia (Guillaumin, 1978/1992), na Psicologia Social (Apfelbaum, 1979/1999) e na Psicologia (Weinstein, 1968/1997) aparecem análises convergentes que esclarecem as múltiplas facetas das relações sociais de sexo e da posição de tutela dos dominados pelos dominantes.

A dominação de gênero e seu alcance epistemológico

Essas análises romperam a aparente unidade conceitual do campo teórico e epistemológico e produziram críticas que obrigaram à realização de uma revisão fundamental de alguns fundamentos das Ciências Sociais até então considerados evidentes. A análise da construção histórica, social e ideológica da dominação de gênero desestabiliza de modo radical os pressupostos naturalistas que prevalecem nas teorizações das Ciências Sociais e tendem a naturalizar as "diferenças" entre homens e mulheres; ela questiona os fundamentos de uma metodologia que trata de modo socialmente homogêneo as duas categorias, homens e mulheres. Algumas opções teóricas, epistemológicas e metodológicas tornam-se, então, o efeito da dominação de gênero.

Instituir uma cisão irredutível, uma distinção entre nós e eles ou elas, estigmatizar em nome de um conjunto de representações e de normas dadas como verdades "naturais" e universais para melhor particularizar e, especialmente, excluir do espaço social onde se elaboram as decisões relativas ao contrato social, faz parte do arsenal dos modos de dominação. Tornar o outro invisível, tornar crível a ideia de que ele não é mais do que um simples caso particular, que por isso mesmo não pode ser considerado um interlocutor válido, garante por tabela que o dominante ocupe legitimamente a posição de representante do universal. Esse é o preço da prática da dominação, a desapropriação do outro, posto em situação de tutela, como a apropriação do corpo das mulheres.

A posição estrutural distinta dos homens e das mulheres, e mais amplamente dos dominantes e dos dominados, introduz, além disso, uma dissimetria radical no conhecimento e na apreensão da situação, de forma que o interesse pela dominação masculina não significa, portanto, estarmos preocupados com a opressão das mulheres (Mathieu, 1999). Tal dominação determina o modo segundo o qual os homens e as mulheres se representam, constroem e administram as relações que mantêm entre si e, mais amplamente, suas relações com o espaço social, público e privado. Da mesma maneira, a identidade pessoal e a subjetividade, e mais geralmente as formas psíquicas de individuação, também são a consequência do lugar singular que o sujeito ocupa no funcionamento concreto das relações de dominação e de gênero (Mathieu, 1985b/1991a, p.140-41).

Dominação e consentimento

Maurice Godelier (1978) considera o consentimento das dominadas à visão masculina das relações entre os sexos, mais do que a violência imposta a elas pelos homens, o componente decisivo da dominação. A controvérsia suscitada por essa posição advém do fato de que ela supõe uma relação simétrica, entre iguais, em que cada um teria o conhecimento ou uma completa consciência das condições estabelecidas no contrato, e uma total liberdade de escolha. Em outras palavras, nessa óptica, a oprimida é apresentada como um ser completo, como um agente social mais do que como sujeito objeto da ação (*sujet agi*). No entanto, opressores e oprimidos não estão no contexto de um contrato entre iguais. Pretender que possa existir consentimento dos dominados às condições definidas pelos dominantes é, então, uma contradição de termos (Mathieu, 1985b/1991a, p.213ss).

Pierre Bourdieu ressalta a cumplicidade, a adesão que "o dominado não pode deixar de dar ao dominante (ou seja, à dominação)" (1998, p.41), na medida em que "ele não dispõe de outras figuras e formas de pensamento do que as que tem em comum com o dominante", que são produto da "incorporação" das modalidades da relação de dominação. Assim, institui-se a violência simbólica cujos efeitos e condições de eficácia se inscrevem no corpo de forma duradoura, sob a forma de disposições (ibidem, p.45), de modo que as proibições sociais são naturalizadas e resistem ao processo de conscientização. (O autor fala de "submissão encantada", fora do controle da consciência.)

Bourdieu, cujas reflexões insistem no caráter opaco e inerte da violência simbólica, nunca questiona como ele mesmo, na qualidade de representante da classe dos homens e da autoridade científica, contribui para a reprodução e a perenidade da dominação masculina. Nesse sentido, assim como Godelier (1978), representa a "tradição intelectual ocidental masculina que se recusa a teorizar sobre os privilégios associados ao estatuto dos dominantes porque isso colocaria em perigo o *status quo*" (Hurtado, 1996).

Para Mathieu, "diante do que está em jogo, como os interesses não são os mesmos de um lado e de outro, o conhecimento não será o mesmo em função da posição do locutor no campo das relações de sexo" (1985b/1991a, p.140). O conhecimento é, portanto, a expressão das relações de dominação que perpassam a sociedade. Ela se torna um instrumento a serviço da dominação. Falar e encontrar as palavras para falar representa, para os oprimidos, uma das modalidades de resistência e de luta contra a dominação (Apfelbaum, 1979/1999). Não é por acaso que o reestabelecimento da fala das mulheres foi uma das primeiras reivindicações no âmbito das Ciências Sociais, e um dos vetores da retomada dos métodos qualitativos de estudo (entrevistas, histórias de vida etc.). A entrada em cena das dominadas pôs na berlinda a ficção de uma ciência que lida com um sujeito abstrato, a-histórico, representativo da totalidade da humanidade, que reconhece, portanto, a identidade de todos, e consequentemente analisa apenas as relações simétricas. Até certo ponto, isso explica a relutância persistente da comunidade científica em atribuir aos mecanismos de dominação o estatuto epistemológico que lhes cabe no campo das Ciências Sociais.

→ *Diferença dos sexos (teorias da) – Educação e socialização – Igualdade – Poder(es) – Sexo e gênero – Violências*

► Apfelbaum, Erika. "Relations on Domination and Movements for Liberation: an Analysis of Power between Groups", *in* Worchel, Stephen; Austin, William G. (Orgs.). *The*

Social Psychology of Intergroup Relations, Monterey, Cole, 1979, p.188-204. Reproduzido em *Feminism and Psychology*, 1999, n.3, p.267-73.

Foucault, Michel. *La volonté de savoir*, Paris, Gallimard, 1976, 211p.

Guillaumin, Colette. Pratique du pouvoir et idée de nature, *Questions féministes*, 1978, n.2 e 3. Reproduzido em Guillaumin, C. *Sexe, race et pratique du pouvoir. L'idée de nature*, Paris, Côté-femmes, 1992, p.13-82.

Hurtado, Aida. *The Color on Privilege. Three Blasphemies on Race and Feminism*, Ann Arbor, University of Michigan Press, 1996, 203p.

Mathieu, Nicole-Claude. Quand céder n'est pas consentir. Des déterminants matériels et psychiques de la conscience dominée des femmes, et de quelques-unes de leurs interprétations en ethnologie, *in* N.-C. Mathieu. (Org.). *L'arraisonnement des femmes. Essai en anthropologie des sexes*, Paris, Éd. de l'EHESS, 1985b, p.169-245. Reproduzido em N.-C. Mathieu. *L'anatomie politique*, Paris, Côté-femmes, 1991a, p.131-225.

__________. Bourdieu ou le pouvoir hypnotique, *Les temps modernes*, maio-julho de 1999, n.604, p.286-324.

* Traduzido por VIVIAN ARANHA SABOIA

Educação e socialização*

Claude Zaidman

A educação consiste em permitir a entrada individual e coletiva de novos membros numa sociedade. Nesse sentido, faz parte dos processos de reprodução social. A definição de Durkheim (1922/1977), fundador da Sociologia da educação na França, associa dois conceitos: "A educação é a ação exercida pelas gerações adultas sobre aquelas que ainda não estão maduras para a vida social..."; ela consiste numa "socialização sistemática da geração jovem" que visa "constituir o ser social em cada um de nós". Segundo o autor, trata-se, antes de tudo, do meio pelo qual a sociedade renova perpetuamente as condições de sua própria existência.

Opõe-se, frequentemente, o caráter intencional da educação – que realiza um ou vários projetos – e da socialização – que funcionaria mais por osmose – no conjunto das interações sociais. Um dos problemas suscitados é, então, o modo de compartilhamento e os sistemas de relações entre as diferentes instâncias de socialização, como a escola, a família, o grupo de pares, as mídias, os meios profissionais etc.

A Sociologia da educação e as relações sociais de sexo

Nos anos 70, a Sociologia da educação francesa é, sobretudo, centrada na escola, sua estrutura e os fluxos de entrada e saída de alunos. A principal problemática é a das desigualdades sociais do resultado escolar, e o debate fundamental é sobre o papel da escola como fator de mobilidade social ou de reprodução. Nessa perspectiva, as desigualdades de sexo não são levadas em conta (Kandel, 1975; Duru-Bellat, 1994) e os poucos trabalhos relativos à educação de meninas são o resultado de uma história à parte.

A generalização das escolas mistas nos anos 70, como aplicação – atrasada –, em termos de gênero, do princípio da igualdade de oportunidades para todos os cidadãos perante a educação, permite educar juntos meninas e meninos e comparar diretamente os seus desempenhos. Depois de ter recuperado o atraso no que se refere à escolarização, as meninas exibem um "melhor resultado escolar" em número de anos de estudo e essa constatação vai incidir sobre o conceito de reprodução das desigualdades pela escola.

Porém, trabalhos recentes – baseados na problemática das relações sociais de sexo – moderam esse otimismo, mostrando que, se os mecanismos de seleção de classe e sexo diferem em seus princípios, a escola permanece um elo importante na manutenção da divisão sexual do trabalho. O ponto de vista longitudinal permite analisar os diferentes percursos escolares mediante a observação dos comportamentos diferenciados dos diversos atores escolares, na vida cotidiana dos estabelecimentos, nos vários níveis de orientação, e nos processos de inserção e rentabilização dos diplomas na vida profissional.

Constatamos então que, se as meninas têm melhores resultados do que os meninos no ensino primário e no ensino geral, o que as leva a serem maioria entre os que realizam o exame final do segundo grau (*baccalauréat*) e no ensino superior, mesmo assim continuam concentradas num pequeno número de áreas que em geral resultam em profissões que representam as formas socializadas de funções tradicionalmente atribuídas à mulher dentro da família, como é o caso dos serviços, do comércio, da educação, da saúde, enquanto se mantêm as desigualdades de acesso às carreiras científicas e técnicas.

A questão se volta, então, para os processos que expliquem essa má rentabilização da escola pelas meninas. Estudos baseados na análise das competências escolares demostraram que, para entender os mecanismos de reprodução da divisão sexual do trabalho, é preciso se interessar pelos mecanismos de orientação mais do que pelas diferentes aptidões "naturais".

Alguns pesquisadores veem, acima de tudo, nessa desvalorização escolar das meninas no momento da orientação, o efeito da socialização primária de meninos e meninas, reforçado por comportamentos diferenciados dos professores de acordo com o sexo dos alunos. Outros interpretam tal resultado como uma "escolha racional" das meninas, um cálculo que antecipa os problemas postos pela difícil "conciliação" entre vida familiar e vida profissional, conciliação cujo peso ainda repousa amplamente sobre as mulheres devido à manutenção da divisão sexual do trabalho.

Além disso, há o debate sobre o papel próprio da escola em relação ao da família ou ainda das estruturas profissionais: a escola é um fator de emancipação ou de manutenção das relações de dominação?

A socialização diferencial dos sexos

Outro modo de abordar o problema do papel específico da escola é utilizar a noção de socialização. Esse conceito é usado em diversas disciplinas, como a Antropologia Social, a Psicologia Social ou, ainda, a Economia.

Na Sociologia, esse termo foi inicialmente usado pela abordagem funcionalista a fim de descrever como são inculcados os papéis de sexo. Nessa perspectiva, a sociedade funciona com base num consenso social quanto à dualidade fundamental dos sexos. Essa dualidade se basearia numa diferença natural, uma bicategorização de ordem biológica que implica a complementaridade dos papéis sociais. Para manter o equilíbrio social, os novos membros individuais da sociedade devem interiorizar as normas de comportamentos esperados.

Uma segunda abordagem critica essa perspectiva e enfatiza o aspecto coercivo e repressivo da transmissão de modelos. Uma série de trabalhos feministas denuncia a fabricação de uma diferença hierarquizada dos sexos pela educação e, especialmente, o processo de produção social dos corpos sexuados desde a infância. Em 1914, Madeleine Pelletier destacava esse processo de formação à submissão, que se prolonga nas aprendizagens intelectuais. Simone de Beauvoir (1949) descreve a educação tradicional que limita a atividade e a autonomia das meninas, impedindo-as de se afirmar como "sujeito" da mesma forma que os meninos. Elena G. Belotti (1974) mostra como se constrói a diferença entre os sexos por meio do comportamento de pais e professores conforme o sexo da criança.

No contexto do movimento de libertação das mulheres, nasce um debate entre as feministas voltado para a noção da identidade feminina (*Les temps modernes*, 1976), debate que se inscreve na oposição entre feminismo da igualdade e feminismo da diferença, que marcará os anos 70. Algumas feministas reprovam a abordagem de Elena G. Belotti, que promove o modelo "masculino" como o único modelo universal para a plena realização das qualidades humanas. Ora, elas dizem, "por que negar o que a especificidade feminina – mesmo tendo nascido da opressão – poderia nos dar?".

Recentemente, as teorias da dominação abrem um novo campo de reflexão e de debates com respeito às relações sociais de sexo. A importância da construção dos corpos sexuados nos mecanismos de socialização é teorizada por Colette Guillaumin (1992). Na sua abordagem materialista da dominação, ela salienta a "aprendizagem corporal sexuada" que conduz dos jogos infantis ao trabalho das mulheres. Para Pierre Bourdieu (1998), a socialização como processo de produção dos hábitos passa, em primeiro lugar, pela produção social do corpo sexuado que se torna, assim, o "lembrete da dominação" masculina. Sua teoria, que convida a grandes polêmicas, se apoia na noção da "violência simbólica" que, segundo ele, assegura a submissão das mulheres à ordem estabelecida, seu consentimento à dominação.

A produção do gênero

Podemos nos referir a trabalhos da Psicologia Social, da Antropologia e da Sociologia interacionista de origem anglo-saxônica para encontrar novas abordagens à socialização como processo ativo. Trata-se de descrever as situações de interação social nas quais a diferença dos sexos, o gênero, é produzido e reproduzido socialmente: "A 'socialização' de cada nova geração de crianças pela sociedade adulta não é só o resultado do reforço e da repressão diretamente exercidos sobre os indivíduos... mas dos materiais a partir dos quais as crianças constroem as categorias de sexo que servem, em seguida, para guiar seu comportamento" (Jacoby, 1990). Nessa perspectiva, acentuam-se as situações nas quais as relações sociais de sexo se atualizam, como as escolas mistas onde os jovens "socializados" podem aprender os comportamentos de gênero esperados nas diversas situações e construir respostas consideradas apropriadas. Essa abordagem permite considerar as diferentes relações sociais que estruturam uma determinada situação, e as relações de gênero podem ser consideradas um protótipo ou uma simples reprodução das relações entre grupos dominantes e dominados.

Assim, na escola, a produção de categorizações sexistas ou racistas intervém de modo complexo nas relações entre adultos e crianças e entre as próprias crianças por meio de comportamentos cotidianos na instituição ou nos conflitos entre indivíduos. Na França, as novas pesquisas em Sociologia da educação sobre a experiência escolar, sobre o "currículo oculto" e sobre a interação família/escola, incluem, com cada vez mais frequência, a variável da diferença dos sexos. Entretanto, ainda existem poucos trabalhos que integram as problemáticas de gênero, tais como os que abordam a relação com o saber e o acesso das mulheres a carreiras científicas, as modalidades de escolas mistas em diferentes etapas da escolaridade, a visão global das trajetórias escolares em função do sexo, e outras características sociais dos alunos, tais como a classe social ou a nacionalidade dos pais.

→ *Divisão sexual do trabalho e relações sociais de sexo – Dominação – Igualdade – Família – Ofício, profissão, "bico" – Coexistência dos sexos – Sexo e gênero – Transmissões intergeracionais*

► Baudelot, Christian; Establet, Roger. *Allez les filles!*, Seuil, 1992, 351p.

Duru-Bellat, Marie. La 'découverte' de la variable sexe et ses implications théoriques dans la sociologie de l'éducation française contemporaine, *Nouvelles questions féministes*, 1994, v.15, n.1, p.35-68.

__________. Note de synthèse: Filles et garçons à l'école, approches psychologiques et psychosociales. 1. Des scolarités sexuées, reflet de différences d'aptitudes ou de différences d'attitudes?, *Revista francesa de pedagogia*, 1994, n.109, p.111-43; 2. La construction sociale de la différence entre les sexes, *Revista francesa de pedagogia*, 1995, n.110, p. 75-111.

Manassein, Michel de (Dir.). *De l'égalité des sexes*, Paris, CNDP, 1995, 317p.

Mosconi, Nicole. *Femmes et rapport au savoir. La société, l'école et la division sexuelle des savoirs*, Paris, L'Harmattan, 1994, 362p.

Zaidman, Claude. *La mixité à l'école primaire*, Paris, L'Harmattan, 1996, 238p.

* Traduzido por Vivian Aranha Saboia.

Emprego*

Margaret Maruani

O que significa emprego? O que o diferencia do trabalho? Não existe uma definição coletiva e admitida por todos (Michon e Segrestini, 1990). Partimos de uma confusão semântica cuja explicação se torna necessária. Na linguagem corrente, trabalho e emprego podem ser tanto sinônimos como antônimos. Dessa forma, quando falamos em mercado, trabalho e emprego são sinônimos; quando falamos de oferta e demanda, trabalho e emprego possuem significados inversos. O mercado de trabalho também é mercado de empregos. Entretanto, oferta de trabalho não significa, em nenhuma hipótese, oferta de emprego. A oferta de trabalho é oriunda dos indivíduos e a oferta de emprego, das empresas. Assim, torna-se necessário distinguir o *trabalho* – compreendido como atividade de produção de bens e serviços, assim como conjunto das condições de exercício dessa atividade – do *emprego* – que é o conjunto das modalidades de entrada e saída do mercado de trabalho, assim como a tradução da atividade laboriosa em termos de estatuto social (Decouflé e Maruani, 1987).

Do ponto de vista sociológico, a passagem do trabalho ao emprego significa uma tripla reorientação temática: da sociologia dos trabalhadores à sociologia da população ativa; do estudo da empresa ao estudo do mercado de trabalho; da análise das situações de trabalho à análise dos movimentos de emprego e desemprego. Admitindo-se isso e considerando-se previamente essa noção em toda reflexão sobre a utilidade e o uso do conceito de emprego, podemos nos referir a dois fios condutores.

Inicialmente, lembremos que o emprego não é uma "questão social" entre outras. Na realidade, trata-se de um dos elementos estruturantes do funcionamento da sociedade, um dos elementos que dão sentido a outros desafios sociais. Fazer a sociologia do emprego não significa dedicar-se à sociografia de uma área especializada: o acesso ao emprego contribui fortemente para a construção das hierarquias sociais, para a produção de mecanismos de diferenciação, classificação e segregação. Pois, de fato, ter um emprego significa ter trabalho e salário, mas significa também ter um espaço na sociedade (Maruani e Reynaud, 1993).

Da mesma forma, é necessário afirmar que o mercado de trabalho é um dos lugares onde se constroem, de maneira cotidiana, diferenças e disparidades entre homens e mulheres. Para quem trabalha com o tema mulheres, feminismo e igualdade entre os sexos, o conceito de emprego é essencial. Analisar a situação das mulheres no mercado de trabalho é questionar seu estatuto social: o emprego feminino é um fio condutor para compreender o espaço das mulheres na sociedade. Nesse sentido, a divisão sexual dos empregos constrói o gênero. Os diferentes estatutos de emprego (meio período, período integral, CDD, CDI) definem as posições profissionais e sociais sexualmente diferenciadas. Assim, há pouco tempo, por exemplo, o aumento do percentual de trabalho de meio período na população feminina (taxa superior a 80%) contribuiu para criar novamente uma forma de emprego "especificamente feminina".

Divisão sexual do trabalho ou do emprego?

Por muito tempo o conceito de emprego fêz-nos falta devido ao seu envolvimento, à sua diluição no conceito de trabalho. Essa mistura de conceitos se deve a duas razões.

Em primeiro lugar, ela está vinculada à história das divisões disciplinares que, por muitos anos, funcionaram com uma separação de tarefas, implícita mas marcante: aos sociólogos, o trabalho; aos economistas, o emprego (Lallement, 1999; Erbès-Seguin, 1994). Essa divisão do trabalho entre as disciplinas resultou na ocultação das relações sociais de emprego. A análise das determinantes sociais presentes na regulação do mercado de trabalho, assim como a análise dos processos sociais que contribuem para a construção de situações e formas de emprego não era, de fato, tratada nem por uns nem por outros. O emprego não era espontaneamente incluído no campo temático da Sociologia, assim como as lógicas sociais não se integravam naturalmente nas análises econômicas.

Da mesma forma, ela está vinculada à história da sociologia das relações sociais de sexo e da divisão sexual do trabalho, como se desenvolveu na França desde o final dos anos 70. Centrada na análise das evoluções e da reprodução da divisão sexual do trabalho muito mais do que no estudo do acesso das mulheres ao emprego, pouco tratou da divisão sexual do mercado de trabalho.

Foram amplamente ignorados os mecanismos sociais que produziram a transformação dos comportamentos de atividade femininos (Huet, 1982; Bouillaguet-Bernard, Gauvin-Ayel e Outin, 1981), os processos de transformação da relação com o emprego. Essas mutações foram reconhecidas sem que realmente se analisasse como e por que ocorreram. Na verdade, a noção de divisão social e sexual do trabalho (Coletivo, 1984; Kergoat, 1984) é integralmente construída em torno do conceito de trabalho. Sua contribuição consiste em desdobrar esse conceito em duas dimensões, profissional e doméstica, ligando as esferas da produção e da reprodução, o mundo profissional e o universo do trabalho doméstico. Entretanto, tanto em sua definição como em sua utilização, a divisão sexual permanece circunscrita ao campo do trabalho, centrada nos problemas de qualificação, organização e condições de trabalho, de repartição sexuada das tarefas, ofícios e funções. O mercado de trabalho, o emprego e o desemprego ficaram de fora dessa área de pesquisa, focalizada nas modalidades de trabalho femininas, nos movimentos de desqualificação ou sobrequalificação, na falta de coexistência dos sexos no mundo do trabalho, muito mais do que na evolução da relação com o emprego e os comportamentos de atividade femininos.

Foi preciso aguardar os anos 90 para assistirmos à emergência de uma sociologia do emprego e do desemprego femininos, que analisou o espaço das mulheres no mercado de trabalho e não somente sua posição no universo profissional, e que tratou da divisão sexual do mercado de trabalho e não somente da divisão sexual do trabalho. A maior parte desses trabalhos, situados no cruzamento da Sociologia com a Economia, apoia-se em comparações internacionais e, particularmente, europeias.

A feminização do mercado de trabalho

Esses trabalhos evidenciaram as transformações espetaculares que afetaram a atividade feminina e contribuíram para recompor o conjunto do mundo do trabalho: a feminização do assalariamento é uma das maiores mutações sociais do final do século XX. Essa evolução, que data do início dos anos 60, continuou ao longo das décadas seguintes, a despeito da crise do emprego e da instalação de um desemprego em massa.

No espaço de quarenta anos, as mulheres se tornaram quase a metade do mundo do trabalho: na França, conforme o censo de 1962, elas representavam um terço da população ativa (34%); em 1999, esse percentual alcançou 46%. Além do aumento quantitativo, esses dados revelam o reequilíbrio dos sexos no mercado de trabalho. No início dos anos 60, 12,6 milhões de homens e 6,7 milhões de mulheres eram ativos. As mulheres representavam a metade. Em 1999, a diferença permanece, mas ela se reduz consideravelmente: 14,2 milhões de homens e 12,1 milhões de mulheres encontram-se no mercado de trabalho. Entre 1962 e 1999, o número de homens trabalhadores aumentou 1,5 milhão e o das mulheres 5,5 milhões. Há quatro décadas a renovação da força de trabalho se faz essencialmente por meio do aumento da atividade feminina.

Esse fenômeno existe em toda a Europa. Nos anos 60, as mulheres representavam 30% da população ativa europeia. No final dos anos 90 esse percentual é de 43%. Tal crescimento é sustentado por duas evoluções notáveis: o aumento do assalariamento feminino e a continuidade das trajetórias profissionais das mulheres.

O movimento relativo ao aumento do assalariamento, que afeta o conjunto dos ativos, foi mais rápido e mais importante para as mulheres do que para os homens. Essa aceleração teve início no começo dos anos 60. Desde 1975 as mulheres são, proporcionalmente, mais assalariadas do que os homens. Em 2002, na França, 92% das mulheres ativas são assalariadas contra 87% dos homens. Na Europa (composta então por quinze países), 81% dos homens e 89% das mulheres são assalariados.

A segunda mudança concerne aos comportamentos de atividade femininos. Desse ponto de vista, as coisas mudaram radicalmente: desde então, a maioria das mulheres, na França, acumula uma atividade profissional e a vida familiar. No início dos anos 60, a taxa de atividade das mulheres de 25 a 49 anos era de 40%; atualmente é de cerca de 80%. Trata-se aqui de uma transformação radical da relação com o emprego e, além disso, da relação das mulheres com a organização dos projetos familiares e profissionais. Atualmente, a maioria das mulheres não para de trabalhar quando vêm os filhos. Dessa forma, o fim da descontinuidade das trajetórias profissionais das mulheres marca uma verdadeira ruptura em relação às normas sociais anteriores, que testemunha igualmente uma homogenização dos comportamentos de atividade masculinos e femininos, os quais só aumentaram nos últimos anos. Entre 15 e 49 anos, as taxas de atividade de homens e mulheres quase se igualam.

De forma paradoxal, essas evoluções permaneceram sem nenhum efeito sobre as desigualdades profissionais: permanecem as desigualdades salariais, de carreira, de condições de trabalho, e as segregações horizontais e verticais. No que concerne ao emprego, observamos inclusive a emergência de novas modalidades de disparidades: a criação de núcleos de sobredesemprego e de subemprego femininos.

A distinção entre trabalho e emprego permite, portanto, realizar uma triagem entre os progressos, as estagnações e as regressões, separando o que avança, o que recua e o que estanca.

Emprego, desemprego e inatividade

Sendo assim, a diferença entre trabalho e emprego não foi útil somente para a sociologia do emprego feminino. De maneira geral, foi a partir da atividade feminina que se trabalhou a distinção teórica entre trabalho e emprego, uma vez que esse é um dos temas que, mais do que os outros, obrigou a sociologia do trabalho a se abrir para o campo do emprego: porque o problema do acesso ao mercado de trabalho é uma das chaves, e essa questão não é realmente tratada, se nos detemos na análise das situações de trabalho *stricto sensu* – embora enriquecida da análise do trabalho doméstico.

O acesso ao emprego e a capacidade de permanência no mercado de trabalho não são, há muito tempo, alguns dos pivôs da distinção entre masculino e feminino? A repartição sexuada das formas de emprego não é hoje uma das linhas de clivagens essenciais entre homens e mulheres? O estatuto que ter um emprego fornece não é o centro das relações de poder entre homens e mulheres?

Nesse sentido, a abertura ao emprego significa uma mudança do epicentro da análise: não se trata unicamente de pensar na articulação entre profissional e doméstico, mas de se deter no estudo das relações entre atividade e inatividade e, no interior da atividade, nas passagens entre emprego e desemprego, precariedade e estabilidade, emprego de tempo integral e subemprego (Rogerat e Senotier, 1997; Maruani, 2000).

Isso contribui para reintroduzir no debate sobre o emprego e o desemprego uma terceira rubrica que os especialistas em mercado de trabalho tendem a esquecer, apagar ou recusar: a inatividade. E, então, a reconsiderar um certo número de noções que pensávamos simples e estabelecidas.

O pleno emprego, por exemplo, dos "Trinta Gloriosos" não se construiu graças à inatividade feminina? O que nos prometem para o século XXI não está se definindo em função do um impasse silencioso do subemprego feminino? O desemprego também. A taxa de desemprego constitui a única medida do não emprego? Onde traçar a fronteira entre desemprego e inatividade forçada? Mais do que qualquer outro, o desemprego feminino convida-nos a uma releitura do conjunto de situações de não trabalho e a uma reconsideração do conceito de desemprego.

O desemprego é, dessa forma, uma área como diversas outras, nas quais a análise das diferenças de sexo contribui para a reconstrução dos paradigmas das Ciências Humanas.

→ *Desemprego – Divisão sexual do trabalho e relações sociais de sexo – Flexibilidade – Precarização social – Trabalho (o conceito de)*

► Bouillaguet-Bernard, Patricia; Gauvin-Ayel, Annie; Outin, Jean-Luc. *Femmes au travail, prospérité et crise,* Paris, Economica, 1981, 294p.

Coletivo. *Le sexe du travail, structures familiales et système productif,* Grenoble, PUG, 1984, 301p.

Maruani, Margaret; Reynaud, Emmanuèle. *Sociologie de l'emploi,* 2.ed., Paris, La Découverte "Repères", 1.ed. 1993, 3.ed. atualizada 2001, 122p.

Maruani, Margaret. *Travail et emploi des femmes,* Paris, La Découverte "Repères", 1.ed. 2000, 2.ed. atualizada 2003, 124p.

Michon, François; Segrestin, Denis (Coords.). *L'emploi, l'entreprise et la société. Débats Economie-Sociologie,* Economica, Paris, 1990, 301p.

Rogerat, Chantal; Senotier, Danièle. L'enchaînement des emplois précaires et du chômage, *in* Béatrice Appay e Annie Thébaud-Mony (Coords.). *Précarisation sociale, travail et santé,* Paris, IRESCO-CNRS "Actions scientifiques fédératives de l'IRESCO", 1997, p.341-55.

* Traduzido por Vivian Aranha Saboia.

Etnicidade e nação*

Danielle Juteau

Durante cerca de vinte anos, pesquisadoras, feministas em sua maioria, voltaram-se para os debates sobre etnia, nação e sexo-gênero. Um duplo objetivo perpassa seus trabalhos: 1) examinar a maneira como se entrecruzam e se articulam o gênero, a etnia, a nação e também a "raça"; 2) apreender a relação específica das mulheres com o grupo étnico e com a nação. Ora, esses debates são indissociáveis da definição desses conceitos.

Etnicidade

O conceito de etnicidade é recente. Remonta a 1942, quando os norte-americanos Lloyd Warner e Paul Lunt o utilizam em seus célebres trabalhos sobre Yankee City (1941 e 1942). A etnicidade é aqui uma característica que, a exemplo da idade, do sexo e da religião, modifica todo o sistema social, que, por sua vez, é modificado por este último. Ao lado dessa definição, que é inclusiva, encontra-se uma concepção mais restrita do termo, pois, segundo vários autores, o grupo dominante não constitui propriamente um grupo étnico. Com efeito, o termo grego *ethnikos* remete etimologicamente aos gentios, aos infiéis e, portanto, aos outros. Foi somente nos séculos XVIII e XIX que o termo "étnico" reapareceu para designar uma especificidade ligada à "raça" ou à nação (Sollors, 1986).

Se, nos países colonizadores como a França e a Inglaterra, os cientistas evitavam abordar um objeto que foi por muito tempo racializado (lembremos que o termo "etnia", no discurso colonial, remete à ideia de raça), o estudo das relações étnicas experimenta, na América do Norte, um impulso considerável a partir do começo do século XX. Às abordagens primordialistas e frequentemente essencialistas fundamentadas na descrição de traços culturais estáticos e imóveis, sucederam-se, a partir do fim dos anos 60, análises mais centradas no aspecto relacional. Estas últimas consideram a etnicidade uma expressão de interesses comuns ou o reflexo de antagonismos econômicos, ou ainda o sistema cultural ou a forma de interação social (Poutignat; Streiff-Fenart, 1995).

A partir de então, a etnicidade passa a ser concebida como fluida e construída no interior de relações desiguais; é uma relação social que possui uma face externa, a relação com outrem, e uma face interna, a relação com uma história e com uma origem comuns (Juteau, 1999). Os laços que unem os membros de um grupo étnico servem para fundar a comunidade nacional, que se caracteriza pela presença de um Estado ou de um projeto que vise seu estabelecimento.

Nação

Há muito tempo, o conceito de nação também é objeto de múltiplas controvérsias teóricas e políticas. Se os debates que opõem diversos pensadores de orientação marxista, como Otto Bauer e Karl Kautsky, pertencem a um outro século, a definição de nação continua sendo contestada. Enquanto perduram os debates entre marxistas e não marxistas, a nação, segundo os autores, supõe acepções diferentes: realidade subjetiva ou objetiva; forma ideológica ou forma política moderna; comunidade de destino, comunidade imaginária ou comunidade imaginada (Anderson, 1991).

Os trabalhos mais recentes recusam igualmente toda definição substancialista que faça da nação uma entidade real. Rejeitam tanto a abordagem essencialista fundada na crença na existência determinante de raízes e origens, como as novas concepções modernistas e construtivistas fundamentadas na industrialização, na modernização, no desenvolvimento desigual, no aumento de redes de comunicação e transporte, ou em qualquer outro fator integrativo do Estado moderno que engendre a nação. Antes, seria necessário, segundo Rogers Brubaker (1996), debruçar-se sobre a nação como categoria cognitiva e sociopolítica (*nationhood*) e como evento contingente (*nationness*),[8] colocando, assim, a ênfase no próprio contexto relacional.

Enfim, interrogamo-nos também sobre o valor dos diversos modelos nacionais, naturalista e organicista, voluntarista e político (Schnapper, 1991), aos quais se somou, há trinta anos, uma concepção pluralista e multicultural de Estado-nação.

Gênero e sexo

As pesquisas sobre as relações homens-mulheres tiveram uma evolução semelhante, no sentido de que se deixou o exame de seus atributos distintivos para se estudar a relação social. A análise se deslocou do estudo do sexo como variável independente (o sexo biológico como fonte das diferenças observadas entre homens e mulheres) e da comparação entre os papéis masculinos e femininos, para se ocupar do gênero como construto social e da

8 Em português, as palavras inglesas *nationhood* e *nationness* possuem como correspondente mais aproximado *nacionalidade*, que, no entanto, não apresenta a distinção de sentidos proporcionada pelos sufixos ingleses *-hood* e *-ness*. (N.T.)

aquisição da masculinidade e da feminilidade. Muito utilizado nos meios anglo-saxônicos, esse conceito se vê retomado por aquelas (Butler, 1990) que hoje rejeitam a ideia de uma ligação obrigatória entre sexo e gênero, em que cada sexo pode escolher o gênero que lhe convém.

Outras abordagens materialistas examinam a apropriação do trabalho das mulheres, de seus corpos e sua individualidade. O desnudamento do sexismo (Guillaumin, 1978), essa relação constitutiva da classe dos homens e da classe das mulheres, revela que as categorias de sexo não são dadas, mas construídas. É o gênero que cria o sexo, e não o inverso.

A heterogeneidade da categoria "mulheres"

Buscando desconstruir a homogeneidade da categoria "mulheres" e levar em consideração sua diversidade de situações, interesses e identidades, as teóricas feministas introduzem em suas análises outras dimensões sociais, como classe e "raça", às quais foram acrescentadas as de etnicidade e nação.

Se os debates dos anos 70 foram centrados, principalmente na França e na Grã-Bretanha, nos interesses divergentes das mulheres da burguesia e do proletariado, em seguida se ocuparam, principalmente no meio anglófono, da oposição entre mulheres brancas e mulheres de cor. A partir dos anos 80, feministas negras e dos países colonizados tacham de essencialismo o feminismo dominante, praticado por mulheres brancas. Este postularia uma feminilidade partilhada por todas as mulheres, mascarando assim as diferenças de estatuto econômico e político, e até os antagonismos que as separam. O feminismo pós-moderno aprofundou essa crítica no fim dos anos 80. Ocultando frequentemente as relações sociais fundadoras das categorias de sexo, ele reprova, tanto nas feministas materialistas como nas diferencialistas, o fato de obrigatoriamente basearem a categoria "mulheres" no compartilhamento de características biológicas ou culturais.

A articulação das relações sociais: classe, gênero, etnicidade, nação e "raça"

Esses trabalhos examinam, entre outros aspectos, a articulação do sexismo e do racismo nas sociedades escravagistas e coloniais, mas também nas situações muito contemporâneas e desiguais da imigração e do sistema-mundo. Eles analisam aí as desigualdades que separam as mulheres nos planos econômico, político, cultural e ideológico. Numerosas pesquisas, frequentemente do tipo qualitativo, comparam o trabalho remunerado e não remunerado de mulheres de cor e imigrantes com o das brancas e nativas, e avaliam suas respectivas trajetórias socioeconômicas.

Enquanto certos autores se debruçam sobre o próprio processo de categorização, outros, como Arthur Brittain e Mary Maynard (1984), lembram que o sexismo, o racismo e o classismo são formas de opressão que, embora possuam histórias diferentes, nem por isso deixam de agir de forma interdependente. Também é necessário abster-se de traçar paralelos entre essas opressões e de lhes fazer uma simples soma aritmética, para adotar um paradigma multidimensional que enfatiza suas inter-relações. A dinâmica das relações de sexo num contexto institucional – a família, por exemplo –, variaria segundo se estudem casais brancos e negros, da burguesia ou do proletariado.

Quanto ao que diz respeito às polêmicas entre os que insistem na existência de um só sistema de relações sociais que incluam gênero, etnicidade e classe (Anthias; Yuval-Davis, 1992) e aqueles que defendem a existência de sistemas analiticamente distintos e interdependentes (Hall, 1986), elas ainda não encontraram resposta.

Esse debate não deixa de lembrar aquele que opunha, sobretudo na França, as feministas marxistas às materialistas. Enquanto as primeiras davam ênfase principalmente à relação das mulheres com as situações de produção capitalista, as segundas procuravam teorizar o fundamento material específico da opressão e da exploração das mulheres. As bases e as consequências dessa diferença teórica são concretas e operam no plano político. Quando reconhecemos a existência de sistemas distintos de relações sociais, somos levados a procurar o fundamento de cada opressão, de classe, sexo ou etnicidade. Tal tentativa permite entrever os fundamentos materiais que sustentam as categorias sociais, resgatar seus interesses comuns e encarar, apesar das diferenças bem reais, as bases de uma ação coletiva. As coalizões de mulheres em favor do aborto e contra a pobreza, da mesma forma que a colaboração de grupos feministas para sustentar mulheres violentadas em tempos de guerra, de um lado e outro da fronteira étnica, reconhecem, implícita ou explicitamente, a existência de um sistema distinto de relações sociais que lastreia seus interesses comuns.

Seja como for, a orientação teórica que se impõe é fundamentada na construção de categorias sociais e engloba a maneira como se imbricam diversos processos de diferenciação e hierarquização sociais.

Hierarquização e diferenciação sociais

O lugar das mulheres nas relações de sexo engendra sua relação específica na produção e na reprodução da etnicidade. Como primeiras responsáveis pela socialização dos recém-nascidos, as mulheres contribuem, no interior de uma relação de manutenção corporal, afetiva e intelectual de seres humanos, para a humanização e a etnização destes últimos (Juteau-Lee, 1983).

A relação das mulheres com a etnicidade passa, antes de tudo, por sua contribuição, específica e exigida, à reprodução biológica e cultural do grupo étnico ou nacional. Essa contribuição, da mesma maneira que as sevícias de que são objeto, em tempos de paz como em tempos de guerra, inscreve-se em relações sexistas, de modo que a classe dos homens exerce controle sobre a classe das mulheres, sobre seu trabalho e sobre seu corpo. As modalidades da relação das mulheres com a etnicidade diferem, todavia, segundo elas pertençam a um grupo étnico dominante ou dominado.

A imbricação dessas relações se manifesta diversamente. A família e a maternidade são colocadas no centro do discurso nacionalista que defende a pureza da "raça" e a homogeneidade do grupo. A representação das mulheres, que está no coração do imaginário nacional, serve para demarcar as fronteiras e definir a identidade do grupo. A "questão das mulheres" se vê utilizada para comparar e avaliar diversos grupos étnicos. Ainda que as mulheres participem das lutas de liberação nacionais, elas permanecem frequentemente privadas dos direitos da cidadania. Enfim, a concepção da feminilidade é indissociável da construção da identidade étnica ou nacional (Varikas, 1998), como mostra a definição de *englishness* no período colonial.

O reconhecimento das relações de sexo funda a crítica da visão androcêntrica e essencialista que há muito tem caracterizado o campo das relações étnicas. Com isso, abre caminho para novas reflexões sobre a constituição das coletividades étnicas e nacionais e sobre as relações de aliança entre mulheres, no estabelecimento de uma política dita transversal e transnacional (Kaplan; Alarcon; Moallem, 1999).

→ *Diferença dos sexos (teorias da) – Dominação – Família – Maternidade – Movimentos feministas – Religiões – Sexo e gênero – Violências*

► Brubaker, Rogers. *Nationalism reframed. Nationhood and the National Question in the New Europe*, Cambridge, Cambridge University Press, 1996, 202p.

Guillaumin, Colette. *Sexe, race et pratique du pouvoir. L'idée de Nature*, Paris, Côté femmes "Recherches", 1992, 241p.

Juteau-Lee, Danielle. La production de l'ethnicité ou la part réelle de l'idéel, *Sociologie et sociétés*, 1983, v.15, n.2, p.39-54.

Sollors, Werner. *Beyond Ethnicity. Consent and Descent in American Culture*, Nova York/Oxford, Oxford University Press, 1986, 294p.

Varikas, Eleni. "Sentiment national, genre et ethnicité", *Tumultes*, 1998, n.11, p.87-99.

Yuval-Davis, Nira. *Gender and Nation*, Londres, Sage, 1997, 157p.

* Traduzido por Francisco Ribeiro Silva Júnior.

Família*

Anne-Marie Devreux

Contra o modelo único de família...

A crítica feita pela sociologia feminista das conceituações de família não conduziu a uma definição de família, mas antes à contestação da ideia de um modelo único e estático de família. Esta é um campo, um espaço social, cujo funcionamento não se pode compreender a não ser levando-se em conta articulações com outros campos, em particular a esfera do trabalho profissional, o que inúmeros sociólogos têm feito. Todavia, convém sublinhar que, em seu exame crítico da família, a Sociologia é tributária das contribuições de outros trabalhos feministas, de historiadoras, etnólogas, economistas, ou ainda da crítica feminista do Direito.

A problemática das relações sociais de sexo, aplicada ao estudo das articulações da família com o resto da sociedade, tem permitido encontrar respostas que fazem hoje o objeto "família" ser certamente estudado pela sociologia das relações sociais de sexo, mas também que deixe de ser um objeto a privilegiar mais do que qualquer outro.

... a contribuição das relações sociais de sexo

Nos anos 60 e 70, o modelo do sociólogo norte-americano Talcott Parsons exerceu uma ascendência considerável sobre a Sociologia francesa, a despeito da distância que Andrée Michel (1972) toma em relação a ele. Para ele a família é uma instituição cuja dupla função é a reprodução e a socialização. Essa função se organiza por meio de uma divisão de papéis que repousaria sobre as naturezas masculina e feminina. A família conjugal, dois cônjuges e seus filhos, constituiria a única família "verdadeira", e os outros modelos não seriam mais do que disfunções ou desvios.

Ora, a contribuição das mulheres para a produção econômica e sua presença no mercado de trabalho constituem precisamente desvios em relação à norma da repartição entre o papel "instrumental" masculino do pai, provedor da renda da família e encarregado das relações desta com a sociedade, e o papel "expressivo" feminino da esposa-mãe que se consagra à vida doméstica e aos cuidados das pessoas, exercendo sua função afetiva no âmbito da família. A partir de sua especialização exclusiva em matéria de reprodução, toda dimensão econômica seria excluída da família.

As feministas materialistas do começo dos anos 60 apontaram o desafio econômico e político que há na negação da importância da contribuição social das mulheres, ao colocar a ênfase na produção doméstica. Para Cristine Delphy (1998), esta é assegurada gratuitamente pela exploração econômica da mulher pelo homem e se apoia na instituição do casamento. Ela é objeto do modo de produção doméstica, que constitui a base econômica do patriarcado.

Retomando o caminho aberto por Andrée Michel (1974), pesquisadoras cada vez mais numerosas e organizadas em redes constatam a impossibilidade de se visualizar a verdadeira situação social das mulheres a partir de modelos tradicionais de análise da família. Assim, elas constroem objetos de pesquisa que levam simultaneamente em conta as dimensões familiar e profissional da atividade das mulheres, em suas vidas cotidianas como em suas trajetórias profissionais. Para apreender a dinâmica da mudança social, convém fazer-se uma comparação entre homens e mulheres e estudar conjuntamente as práticas e representações (Coletivo, 1984).

Sob as influências cruzadas do estruturalismo nas abordagens etnológicas do parentesco, das teorias da reprodução social, das análises marxistas da produção econômica e das relações de classes, e das primeiras desconstruções feministas citadas anteriormente, desenha-se uma corrente sociológica em torno do projeto de articular produção e reprodução. É nesse contexto que se consolida por algum tempo a noção de "estruturas familiares", que constrói a família como objeto dinamizado pelas relações sociais de classe e de sexo, pela consideração das duas dimensões temporais, diacrônica e sincrônica, e pela ampliação da família – além da família conjugal – às relações intergeracionais. O desafio é fazer aparecer ao mesmo tempo a contribuição socialmente invisível das mulheres para a vida econômica e a divisão sexual do trabalho que as afeta prioritariamente na esfera da reprodução.

Herdeira dessa noção de "estrutura familiar", a abordagem de Marie-Agnès Barrère-Maurisson (1992) entende a família como a unidade que permite a regulação do trabalho pela divisão forçada entre trabalho profissional e doméstico entre os cônjuges, em que as formas familiares são as modalidades concretas desse agenciamento (famílias com um só [membro] ativo, com dois [membros] ativos). Em Bernadette Bawin-Legros (1988), Françoise Battagliola (1988) ou Annette Langevin (1982), o tema da articulação entre estruturas econômicas e estruturas familiares é retomado, em particular sob o ângulo das temporalidades da vida familiar.

Negociação conjugal e negação da opressão das mulheres

Se os "modelos familiares" levam em conta a diversidade das configurações e das práticas familiares e uma relativa regularidade dessas práticas, eles são criticados (Cahiers de l'APRE, n.5, 1986) por se referirem implicitamente ao "padrão" da família conjugal parsoniana e porque, ao tomar as modalidades de acordo entre os cônjuges sobre um projeto familiar como critério de sua tipologia, eles mascaram as relações sociais de sexo. Além disso, quando a pesquisa sobre essas relações dá ênfase à necessária consideração simultânea das práticas e das representações, vê-se aparecer tipologias da família centradas essencialmente nos discursos dos atores e em suas interpretações das normas.

Torna-se crucial interrogar as conceituações da realidade ressituando-as no conjunto das relações sociais que as veem nascer, uma vez que se trata de desfazer as confusões cientificamente mantidas entre relação social de sexo e relação conjugal (Combes, 1989). As teorizações da negociação conjugal em torno da troca de capitais entre cônjuges partem do princípio implícito de que há uma equivalência de recursos entre homens e mulheres na família e na sociedade (De Singly, 1987). Decorre que as relações entre os sexos na família são assimiladas a uma busca de poder na qual o "poder" das mulheres de escolher as modalidades pelas quais efetuam suas tarefas econômicas teria natureza e peso equivalentes aos dos homens, que descarregam sobre elas o trabalho doméstico. Ao enfatizar a dimensão contratual das relações conjugais e fazer da família um espaço de livre negociação de capitais, essas teorizações negam a força das relações sociais de sexo e da opressão das mulheres.

Fazendo eco à ampliação do campo da família para as relações entre gerações, trazendo à luz as solidariedades no seio das linhagens femininas e o estudo das transmissões de modelos de atividades, a noção de "redes familiares" atenua as carências analíticas do conceito de família nuclear. Num contexto demográfico de crescimento das taxas de divórcio e de novas uniões, ela adquire todo o seu sentido no momento em que, depois das famílias monoparentais (Lefaucheur, 1988), impõe-se o fenômeno das recomposições familiares (Meulders-Klein; Théry, 1993) e cresce em força, na cena sociojurídica, o problema das formas de institucionalização da família fora do casamento (Théry, 1998). Com a inserção do Pacto Civil de Solidariedade (PACS) no Direito francês, é a própria definição de família – natureza das ligações e sexo dos parceiros – que se encontra novamente em questão.

Definição e políticas da família

O contexto de crise econômica e desemprego vem igualmente colocar em questão a família como rede de solidariedades. Longe de servir de auxílio infalível ao Estado de bem-estar social que se apoia tradicionalmente nela e no trabalho que nela asseguram as mulheres para limitar seus encargos, a família, como os indivíduos que a compõem, sofre os efeitos da precarização do emprego, vendo multiplicarem-se as razões para retardar as etapas de constituição do grupo familiar, assim como os riscos de sua fragmentação.

Se as comparações europeias das políticas familiares convidam a relacionar a questão da evolução das relações entre os sexos na família à da democratização das sociedades (Commaille; Martin, 1998), os critérios adotados para definir a família constituem verdadeiros desafios à gestão, pelo Estado, das relações sociais de sexo e da divisão sexual do trabalho (Gauthier; Heinen, 1993). Ao utilizar, por exemplo, o número de crianças para delimitar o montante das ajudas ou as modalidades de inserção das mulheres no mercado de trabalho, a fim de selecionar as famílias com direito a elas, as políticas familiares constituem ao mesmo tempo políticas de emprego que visam regular a participação das mulheres na esfera produtiva, sendo que o Auxílio Parental para a Educação (APE) aparece como um novo avatar de tal interdependência (J. Martin, 1998).

Por outro lado, a crítica feminista do direito da família, iniciada há vinte anos (O. Dhavernas, 1978), pouco a pouco trouxe à luz as contradições inerentes ao estado das relações de força entre os sexos. Assim, fundamentando-se no interesse da criança e na igualdade de direitos entre pai e mãe, a partilha da autoridade parental significa a confirmação da divisão sexual do trabalho na família, enquanto os direitos de cada um não estão ligados à responsabilização cotidiana igualitária dos deveres da parentalidade (Combes e Devreux, 1994). Devemos lembrar também que é sob a pressão do movimento feminista que o Direito evoluiu no domínio da vida privada, por exemplo pelo reconhecimento do estupro conjugal.

Sociologia da família ou sociologia das relações sociais de sexo?

Atualmente, no debate científico, tem-se assistido, ao longo dos últimos quinze anos, à reemergência da sociologia da família como campo científico institucionalizado. Esse fenômeno pode ser analisado inicialmente como um clássico jogo de poder, próprio do campo científico, onde a demarcação de um território em nome de alguns, nesse caso os homens, constitui uma apropriação simbólica. Mas pode-se também perguntar se não seria uma escolha científica a de fundar novos enclausuramentos disciplinares (Devreux, 1995). Assim, a conclusão da obra coletiva *La famille, l'état des savoirs* (A família, o estado dos saberes) (De Singly, 1991) aparece afinal como um manifesto em prol dessa nova Sociologia, quando François de Singly adianta que "negar a utilidade de uma sociologia da família revela, da parte dos pesquisadores, a nostalgia do 'fato social total'". Ora, partindo-se do ponto de vista de que as relações sociais de sexo, animando com sua dinâmica e com seu antagonismo a totalidade dos espaços sociais, podem ser vistas como um fato social total, pode-se então colocar, como já o fazia a introdução do número de *L'Anée sociologique* sobre a família (1987), "a questão da validade epistemológica da noção de família".

→ *Divisão sexual do trabalho e relações sociais de sexo – Educação e socialização – Maternidade – Patriarcado (teorias do) – Políticas sociais e familiares – Tecnologias da reprodução humana – Trabalho doméstico – Violências*

► Bawin-Legros, Bernadette. *Familles, mariage, divorce*, Liège/Bruxelas, Pierre Mardaga, 1988, 213p.

Chabaud, Danielle. Problématiques de sexes dans les recherches sur le travail et la famille, *Sociologie du travail*, 1984, n.3/84, p.346-58.

Coletivo. *Le sexe du travail. Structures familiales et système productif*, Grenoble, PUG, 1984, 320p.

Commaille, Jacques. *Les stratégies des femmes. Travail, famille et politique*, Paris, La Découverte "Textes à l'appui / série Sociologie", 1993, 188p.

Tahon, Marie-Blanche. *La famille désinstituée. Introduction à la sociologie de la famille*, Otawa, Les Presses de l'Université d'Ottawa "Sciences sociales" 1995, 230p.

* Traduzido por VIVIAN ARANHA SABOIA.

Feminilidade, masculinidade, virilidade*

Pascale Molinier e Daniel Welzer-Lang

Na Sociologia e Antropologia dos sexos, masculinidade e feminilidade designam as características e as qualidades atribuídas social e culturalmente aos homens e às mulheres. Masculinidade e feminilidade existem e se definem em sua relação e por meio dela. São as relações sociais de sexo, marcadas pela dominação masculina, que determinam o que é considerado "normal" – e em geral interpretado como "natural" – para mulheres e homens.

A virilidade se reveste de um duplo sentido: 1) os atributos sociais associados aos homens e ao masculino: a força, a coragem, a capacidade de combater, o "direito" à violência e aos privilégios associados à dominação daquelas e daqueles que não são – e não podem ser – viris: mulheres, crianças; 2) a forma erétil e penetrante da sexualidade masculina. A virilidade, nas duas acepções do termo, é aprendida e imposta aos meninos pelo grupo dos homens durante sua socialização, para que eles se distingam hierarquicamente das mulheres. A virilidade é a expressão coletiva e individualizada da dominação masculina.

Virilidade, homofobia e dominação das mulheres

Nos anos 70, as sociólogas feministas (Mathieu, 1973/1991a; Guillaumin, 1978) mostraram que, em relação às qualidades físicas, sociais e culturais, os papéis sociais que cada sociedade atribui aos sexos são confundidos com as diferenças ligadas à fisiologia da reprodução; quando se fala dos homens e do masculino, designa-se o conjunto geral da humanidade, o universal, o "normal", e dá-se um lugar específico às mulheres e ao feminino.

As pesquisas feministas retomaram inicialmente a questão da definição masculina da feminilidade. Disso resultou, em seguida, que a masculinidade também se tornou um problema. Os trabalhos mais recentes mostram como a virilidade se impõe pela educação masculina, naquilo que Daniel Welzer-Lang (1994), retomando os trabalhos do antropólogo Maurice Godelier (1982), chama de "a casa dos homens" – os espaços onde os meninos são educados por seus pares para a violência: o pátio da escola, os clubes desportivos, o Exército, bares etc. Ela estrutura as relações entre homens de acordo com a imagem hierarquizada das relações homens-mulheres. Aos "verdadeiros" homens, aqueles que mostram em tudo e sobre tudo uma imagem e comportamentos considerados viris, os privilégios da honra, do poder, da colocação das mulheres à disposição doméstica e sexual... Aqueles que não conseguem adotar uma atitude viril ou a quem os outros homens negam a virilidade (os fracos, os designados como homossexuais, os mais jovens etc.), embora permanecendo dominantes diante das mulheres, sofrem agressões e violências dos outros homens, inclusive violências sexuais.

A homofobia, que se pode definir como "a discriminação contra as pessoas que mostram – ou a quem se atribuem – certas qualidades (ou defeitos) do outro gênero", é uma forma de controle social que se exerce sobre todos os homens, desde os primeiros passos da educação masculina. Homofobia e dominação das mulheres são os componentes da virilidade (Welzer-Lang et al., 1994).

Para as mulheres, a homofobia, menos estudada, assegura, no entanto, as mesmas funções: a produção e a reprodução das fronteiras de gênero que reificam a dominação masculina e a visão bicategorizada de gênero. Sob o pretexto da feminilidade, as mulheres devem escolher uma aparência que assinale sua interiorização dos códigos estéticos pensados pelos homens, e adotar diante deles uma atitude submissa e não concorrencial quanto ao poder. A "lesbofobia" designa a estigmatização da sexualidade entre mulheres que escapam ao controle masculino.

Virilidade, *mulheridade* e divisão sexual do trabalho

Numa abordagem diferente, aquela da psicodinâmica do trabalho, considera-se igualmente a virilidade como a alavanca da dominação masculina, mas se procura saber como e sob que condições os homens e as mulheres aderem às relações sociais de sexo em vigor ou delas se libertam. Parte-se do princípio de que os homens e as mulheres não interiorizam o gênero de maneira mecânica, mas que seus desejos e expectativas estão em conflito com as determinações sociais da diferença dos sexos (Dejours, 1988). A análise desse conflito está centrada na investigação da relação subjetiva com o trabalho.

Nessa perspectiva, masculinidade e feminilidade designam a identidade sexual: a capacidade de "habitar" e amar seu próprio corpo e de desfrutar dele nas relações eróticas; enquanto isso, virilidade e *mulheridade* designam o conformismo em relação às condutas sexuadas exigidas pela divisão social e sexual do trabalho. A adesão dos homens aos critérios da virilidade é interpretada, antes de tudo, como uma defesa contra o sofrimento e o medo engendrados no trabalho.

Nas profissões masculinas, os homens ocultam o sofrimento gerado pelas imposições da organização do trabalho graças à eficácia simbólica de um sistema de condutas e representações centradas na virilidade, que associam o pertencimento ao grupo dos homens ao domínio infalível do real. As manifestações do sofrimento (medo, dúvida, conflito moral, compaixão etc.) são imputadas às mulheres como a marca da sua inferioridade "natural". Uma parte da identidade sexual dos homens se constitui, portanto, no campo social, em detrimento das mulheres.

Ao aderirem à ideologia defensiva da virilidade, os homens têm mais chance de obter sucesso social do que tentando defender sua singularidade (masculinidade). Mas, paradoxalmente, o homem virilizado é frágil.

Seu ego carece de espessura e flexibilidade psíquica; não sabendo suportar nem elaborar o sofrimento, resiste mal aos remanejamentos de seu *status* social (desemprego, aposentadoria, feminização da profissão), assim como aos encontros amorosos. Assim, a virilidade aparece como uma "passagem obrigada para alcançar o masculino" e ao mesmo tempo como "um risco maior de fechamento para o desenvolvimento da identidade sexual" (Dejours, 1988).

Para as mulheres, existe uma forte contradição entre a construção da feminilidade e a integração no mundo do trabalho. Por um lado, as mulheres que desejam fazer uma carreira valorizada devem aderir ao sistema de defesa viril, desprezando ao mesmo tempo seu próprio sexo. Por outro lado, diferentemente dos homens, as mulheres não construiriam suas competências, mas disporiam de um fundo natural de dons e qualidades femininas (destreza, minúcia, paciência, empatia etc.). Assim, uma grande parte de sua inteligência deixa de ser reconhecida e os serviços "femininos" são prestados pelas mulheres como normais.

Mulheridade é o neologismo que designa a alienação da subjetividade feminina no estatuto da submissão. A *mulheridade* inclui o que Nicole-Claude Mathieu (1991a) designa com a expressão "consciência dominada", ao lhe atribuir o conteúdo psicológico de uma defesa contra o déficit crônico de reconhecimento do trabalho feminino. Atitudes compulsivas de limpeza entre donas de casa e auxiliares de enfermagem, a idealização do dom de si entre as enfermeiras, inibição teórica ou superinvestimento do "campo" entre pesquisadoras... A *mulheridade* não é, portanto, simétrica à virilidade. Enquanto esta pode servir de identidade de empréstimo naquilo que é promessa de valorização, a *mulheridade* remete apenas à depreciação e à negação de si.

Estudos clínicos (Molinier, 1997) com coletivos de enfermeiras permitiram mostrar a positividade da relação entre feminilidade e trabalho, numa relação com o mundo diametralmente oposta à da virilidade. A feminilidade não se resume ao estatuto de submissão e abnegação, graças ao reconhecimento, pelas enfermeiras, da compaixão como sofrimento gerado pela atividade de cuidar e como valor moral para orientar e julgar seu trabalho. As habilidades discretas qualificadas como femininas (sorriso, paciência etc.) implicam, na verdade, uma soma de experiências, habilidades, astúcia e cooperação entre enfermeiras.

Identidade sexual e determinações sociais

Hoje, a dominação masculina não é mais contestada pelas Ciências Sociais. Coloca-se então com mais acuidade a necessidade de desconstruir as categorias de ação e de pensamento que articulam feminilidade e masculinidade, dominação das mulheres e alienação dos homens, virilidade e violência masculinas, esfera pública e esfera privada. Comparado ao desenvolvimento das pesquisas feministas, o número reduzido de homens que se definem como "pró-feministas" e participam desse trabalho crítico não facilita a necessária pluralidade dos debates e confrontos. Os estudos atuais tendem a coligar dominação sobre as mulheres e coações à virilidade imposta aos homens; a situar o lugar das violências masculinas contra as mulheres e o das violências masculinas sofridas pelos homens em sua socialização; a ligar dominação masculina contra as mulheres e expressões do heterossexismo contra aqueles e aquelas que não aceitam a heteronormatividade: *gays*, lésbicas, bissexuais, transgêneros (Welzer-Lang, 2000).

Enfim, a heterossexualidade poderia parecer uma forma de opressão *sui generis* – o assédio sexual das mulheres no trabalho constituiria uma forma radicalizada da "heteronormatividade". Mas seria lamentável reduzir a heterossexualidade à sua captura pela virilidade social. Nem as Ciências Sociais nem a Psicanálise têm, até o momento, uma teoria constituída das relações entre a identidade sexual e suas determinações sociais (Molinier, 2000). Para a Psicanálise, o gênero continua naturalizado na economia erótica. De outro lado, e salvo exceção (Hirata e Kergoat, 1988), as teorias sociais tendem a reduzir a identidade sexual ao comportamento imposto pelo gênero, deixando de lado o desejo, assim como a subjetividade, o que implica uma dupla cegueira conduzindo ao mesmo risco: o de confundir a alienação das formações sociais do desejo com sua realização singular. A desconstrução das ideologias defensivas de sexo abre um novo espaço para pensar a heterossexualidade de outra forma, como o espaço enigmático de um corpo a corpo arriscado cujo destino singular, feliz ou infeliz, está ligado à nossa capacidade coletiva de fazer evoluir as relações sociais de sexo.

→ *Diferença dos sexos (teorias da) – Dominação – Sexo e gênero – Técnicas e gênero – Violências*

► Dejours, Christophe. Adolescence: le masculin entre sexualité et société, *Adolescence*, 1988, n.6, p.89-116.

Guillaumin, Colette. *Sexe, race et pratique du pouvoir. L'idée de nature,* Paris, Côté-femmes "Recherches", 1992, 241p.

Hirata, Helena; Kergoat, Danièle. "Rapports sociaux de sexe et psychopathologie du travail", *in* Christophe Dejours (Dir.). *Plaisir et souffrance dans le travail,* Éditions de l'AOCIP, 1988, t.2, p.131-63.

Mathieu, Nicole-Claude. Homme-culture et femme-nature, *L'Homme,* 1973, XIII/3, p.101-13. Reed *in* N.-C. Mathieu. *L'anatomie politique. Catégorisations et idéologies du sexe,* Paris, Côté-femmes "Recherches", 1991a, p.43-61.

Molinier, Pascale. Autonomie morale subjective et construction de l'identité sexuelle: l'apport de la psychodynamique du travail, *Revue internationale de psychosociologie,* 1997, v.III, n.5, p.53-62.

Welzer-Lang, Daniel; Dutey, Pierre; Dorais, Michel (Dirs.). L'homophobie, la face cachée du masculin, *La peur de l'autre en soi, du sexisme à l'homophobie,* Montréal/Paris, VLB/Le Jour, 1994, p.13-91.

*Traduzido por Francisco Ribeiro Silva Júnior.

Flexibilidade*

Nathalie Cattanéo e Helena Hirata

A flexibilidade é apresentada, desde o começo dos anos 80, como uma noção altamente polissêmica: em primeiro lugar, em referência às mudanças na organização do trabalho e da produção (a "fábrica flexível"); em seguida, em referência ao mercado de trabalho (flexibilidade do emprego e do trabalho); enfim, ao tempo de trabalho (trabalho de meio período, em tempo parcial, anualização do tempo de trabalho, repartição e redução da jornada de trabalho). Ela tem uma conotação ideológica que mascara, sob um termo neutro ou mesmo positivo (flexibilidade, adaptação, organização do tempo), práticas de gestão da mão de obra em que flexibilidade e precariedade andam frequentemente lado a lado no mercado de trabalho. Como o termo "mundialização", ela apresenta "uma mistura de descrição, prescrição e predição" (Pollert, 1989, p.75) e tem influenciado, desde os anos 80, políticas econômicas e os direitos trabalhistas na Europa (ibidem).

A flexibilidade do emprego – ligada ao desenvolvimento daquilo que se tem chamado, desde meados dos anos 70, de formas "particulares" ou "atípicas" de emprego – foi obtida, inicialmente, pelo desenvolvimento de diversas modalidades de trabalho temporário, de contratos de duração determinada (CDD) e da terceirização. Em seguida, pelo progresso, desde os anos 80, do trabalho em tempo parcial – desenvolvimento espetacular na França, principalmente a partir de 1992, com a instauração de políticas incitativas. O tempo parcial envolve, em 2003 (INSEE, pesquisas sobre o emprego), mais de 29,9% das mulheres ativas empregadas; trata-se de uma modalidade essencialmente feminina de emprego: 80% são ocupados por mulheres. Os diversos contratos subvencionados pelo governo, como o "contrato emprego solidário" (CES), atingem também uma mão de obra majoritariamente feminina. A flexibilidade tem permitido reduzir o custo do trabalho e aumentar a competitividade das empresas. Organismos como a OCDE distinguem, por um lado, a flexibilidade interna ou qualitativa ou funcional (a polivalência dos operários no espaço da fábrica, sua capacidade de se adaptar a uma produção baseada na variedade) e, de outro lado, a flexibilidade quantitativa ou numérica, interna ou externa, que designa a possibilidade de fazer variar o volume do emprego ou a duração do tempo de trabalho. A ruptura do espaço de trabalho (trabalho em domicílio, teletrabalho, desenvolvimento da terceirização) concorre também para o desenvolvimento da produção dita flexível. Em todos esses casos, o emprego da flexibilidade se apoia na divisão sexual do trabalho.

Da fábrica flexível ao trabalhador móvel

Em meados dos anos 80, acelera-se na Europa o surgimento de novas características da organização e do desenvolvimento industriais chamadas por Michael Piore e Charles Sabel (1984) de "especialização flexível". Esse modelo está fundado num máximo de maleabilidade das organizações, tecnologias, empregos e trabalho. O debate sobre a flexibilidade acompanha os meandros dessas idas e vindas entre mercado de trabalho, organização da empresa e resposta dos trabalhadores, que caracterizam a implantação de todo novo modelo produtivo.

Pode-se periodizar esse debate em dois momentos: nos anos 80, a reflexão sobre a flexibilidade da produção foi desenvolvida principalmente por economistas, considerando aspectos como: equipamentos programáveis, polivalência da mão de obra, formações ditas "qualificadas", integração de tarefas, menor divisão do trabalho etc. As características propriamente técnicas da produção flexível chamaram a atenção dos pesquisadores. Se aspectos negativos relacionados ao emprego foram evocados, foram-no principalmente por sociólogos que realizam pesquisas sobre a mão de obra feminina (Maruani e Nicole, 1988). Nos anos 90, o debate se orientou principalmente para a flexibilidade dita "externa" ou quantitativa. Pesquisas mais recentes apontaram que "a flexibilidade quantitativa determina a que custo e segundo que modalidades a flexibilidade funcional poderá se desenvolver nas empresas" (Jetin, 1998, p.404). Análises dos novos tipos de emprego, que se desenvolveram massivamente a partir desse período, contribuíram para esclarecer pontos como a retomada da questão da legislação do trabalho, a desregulação da jornada e do tempo de trabalho, a insuficiência dos salários, o desenvolvimento do subemprego e o recuo da cobertura social. As consequências da flexibilidade do emprego sobre a saúde dos trabalhadores também têm sido objeto de pesquisas de sociólogos, especialistas em psicodinâmica do trabalho, ergonomistas, médicos e inspetores do trabalho (Appay e Thébaud-Mony, 1997).

Hoje, a flexibilidade continua a se estender na Europa, a partir das diretrizes do *Livro branco da Comissão Europeia* (1994), retomadas no Conselho de Essen (1994), na reunião de cúpula de Amsterdã e na primeira reunião de cúpula europeia sobre o emprego em Luxemburgo (1997) (cf. Meulders, *in* Maruani, 1998). Como sublinha Danièle Meulders, "tudo deve ser flexível nos mercados de trabalho europeus: os trabalhadores, suas formações, seus horários, seus tempos de trabalho, seus custos salariais e os sistemas produtivos que os ocupam" (ibidem, p.239). O Estado e a empresa têm desempenhado um papel maior nesse processo, adotando políticas de desregulamentação e a redução de encargos sociais e fiscais.

Enfim, a redução da jornada de trabalho e a passagem para as 35 horas, a divisão do trabalho e a anualização suscitam hoje debates na França, mas também em outros países europeus. A anualização,[9] adotada na França a partir da aprovação da lei quinquenal n.93-1313, de 1993, relativa ao emprego e à formação, vincula o cálculo do tempo de trabalho ao ano como referência e permite, portanto, fazer variar o tempo de trabalho segundo a situação da empresa e o volume da demanda. Uma outra modalidade, a in-

9 Corresponde, *grosso modo*, ao "banco de horas" no Brasil. (N.T.)

trodução de horários ditos "atípicos" – que se desenvolvem principalmente em setores feminizados como o comércio ou o trabalho das telefonistas –, induz a uma perda total do controle do tempo de trabalho no tempo de vida das assalariadas (Prévost e Messing, 1997).

A flexibilidade é sexuada

Um número muito grande de tipologias da flexibilidade surgiu nos últimos quinze anos (Boyer, 1986; Michon, 1987; Volkoff 1987; Du Terre, 1989; Coriat, 1990; J. Gadrey e N. Gadrey, 1991 etc.). Dossiês importantes foram consagrados regularmente às controvérsias suscitadas por essa questão em revistas (edições de *Travail*, n.12, 1987; n.20, 1990, e do *Cahiers français*, n.231, 1987, assim como o n.2 de *Mouvements* 1999 etc.). Uma das tipologias mais exaustivas, a de Robert Boyer (1986, p.237), já continha as formas de flexibilidade ligadas à empresa, à produção e à qualificação, e as formas ligadas ao emprego dos trabalhadores, sua mobilidade, seus salários e sua cobertura social. No entanto, essas tipologias são quase sempre neutras e não consideram as diferenças entre homens e mulheres.

Ora, a flexibilidade do trabalho repousa sobre níveis variáveis, mas sempre presentes, de rigidez nos comportamentos sociais. Entre esses fatores de rigidez, a divisão sexual do trabalho é central. Paradoxalmente, ela possibilita a organização flexível do trabalho: o trabalho assalariado das mulheres, principalmente sob a forma de trabalho em tempo parcial compulsório, e o trabalho assalariado dos homens, possibilitado pelo trabalho doméstico das mulheres.

Pesquisas realizadas desde os anos 80 por Margaret Maruani e Chantal Nicole (1988) e desenvolvidas em seguida por Jane Jenson (1989), Sylvia Walby (*in* Maruani, 1998), Danièle Meulders (*in* Maruani, 1998), Rachel Silvera (1999), entre outras, têm demonstrado largamente o caráter sexuado da flexibilidade. Danièle Kergoat (1992a, p.80-1) mostra que há "justaposição" entre taylorismo (setor feminilizado) e flexibilidade (setor masculinizado), ou a existência de duas formas de flexibilidade: formações profissionais e polivalência para os homens, formas de emprego "atípicas" para as mulheres. De fato, a flexibilidade dita interna (polivalência, rotação, integração de tarefas, trabalho em equipe) está mais relacionada à mão de obra masculina, enquanto a flexibilidade dita externa é obtida, sobretudo, pelo recurso à mão de obra feminina (empregos precários, trabalho de tempo parcial, horários flexíveis). Esta aumenta as desigualdades nas condições de trabalho, emprego e saúde, segundo os sexos.

A implantação dessa divisão sexual é possível na medida em que há uma legitimação social: é em nome da conciliação da vida familiar com a vida profissional que tais empregos são propostos às mulheres. A diferença salarial também é socialmente legitimada pela representação usual do salário feminino como renda complementar.

Trabalho flexível: resistências e obstáculos sociais

As mulheres são as principais destinatárias das políticas atuais de organização do tempo de trabalho, e de criação e desenvolvimento de empregos flexíveis e precários. Assim, a questão dos obstáculos ou dos limites sociais à busca da flexibilidade e da reatividade das empresas é central. Trata-se de obstáculos engendrados pelos movimentos sociais e de limites impostos pelas políticas públicas, para controlar as consequências da flexibilidade do trabalho sobre o conjunto dos assalariados. Por um lado, a resistência dos movimentos operário e sindical, do movimento social das mulheres (por exemplo, contra o tempo parcial imposto) ou dos desempregados constitui um obstáculo ao processo de flexibilização do trabalho. De outro, a política social e o Direito social e do trabalho podem estabelecer limites ao desenvolvimento acentuado das práticas de flexibilidade. A expressão "formas ilegais da flexibilidade", utilizada na obra *Políticas sociais* (Join-Lambert et al., 1997, p.169), é um bom exemplo dessa concepção jurídica dos limites a serem adotados pelas políticas públicas que regulamentam práticas de gestão. O papel das legislações do trabalho não é significativo: quando se examina o trabalho em tempo parcial, observa-se que há uma considerável diversidade de estatutos e graus de valorização desse tipo de emprego, segundo a legislação do trabalho em vigor conforme o país (escolha, reversibilidade, proteção de direitos sociais, salário etc.). Essas situações de flexibilidade controlada contrastam com a implantação "selvagem" da flexibilidade do trabalho em certos países em via de desenvolvimento.

→ *Divisão sexual do trabalho e relações sociais de sexo – Mundialização – Precarização social – Saúde no trabalho – Trabalho (o conceito de) – Trabalho doméstico*

► Boyer, Robert (Ed.). *La flexibilité du travail en Europe,* Paris, La Découverte, 1986, 330p.

Gadrey, Jean; Gadrey, Nicole. *La gestion des ressources humaines dans les services et le commerce. Flexibilité, diversité, compétitivité,* Paris, L'Harmattan, 1991, 223p.

Jenson, Jane. The Talents of Women, the Skills of Men: Flexible Specialization and Women, *in* Stephen Wood (Ed.), *The Transformation of Work?,* Londres, Unwin Hyman, 1989, p.141-55.

Kergoat, Danièle. Les absentes de l'histoire, *Autrement* "Mutations", 1992a, n.126, p.73–83.

Maruani, Margaret (Dir.). *Les nouvelles frontières de l'inégalité Hommes et femmes sur le marché du travail,* Paris, Mage/La Découverte, 1998, 285p. [cf. artigos de Danièle Meulders, Rachel Silvera, Sylvia Walby.]

Prévost, Johanne; Messing, Karen. Quel horaire, *what schedule?* La conciliation travail-famille et l'horaire de travail irrégulier des téléphonistes, *in* Angelo Soares (Dir.), *Stratégie de résistance et travail des femmes,* Montréal/Paris, L'Harmattan, 1997, p.251-70.

* Traduzido por FRANCISCO RIBEIRO SILVA JÚNIOR.

História (sexuação da)*

Michelle Perrot

Por "sexuação da História" deve-se entender a consideração, no e pelo relato histórico, das relações entre os sexos. Como esse relato tem sido ordinariamente escrito no masculino, a expressão "história das mulheres" é a mais frequentemente utilizada para designar essa iniciativa que, no entanto, se pretende relacional desde o início, recusando toda separação, em benefício de uma releitura geral muito mais ambiciosa.

A noção norte-americana de *gender* (gênero), surgida desde o fim dos anos 60 em Antropologia, se difundiu na História uma dezena de anos mais tarde. O termo se impôs pouco a pouco na França, não sem dificuldade, ligada sobretudo a razões de vocabulário. A partir de então, passou a ser empregado de maneira relativamente corrente, pelo menos nos meios científicos. Por oposição ao sexo biológico, o gênero designa as relações dos sexos construídas pela cultura e pela História. Ele designa a "diferença dos sexos" em sua historicidade, expressão que, aliás, as filósofas (Françoise Collin, Geneviève Fraisse, Michele Le Doeuff etc.) tendem a preferir tanto a "relações sociais de sexos" como a "gênero".

Da exclusão à visibilidade histórica

Lembraremos que, contrariamente ao inglês, que possui dois termos para designar "aquilo que acontece" (*story*) e o relato que fazemos disso (*History*), o francês tem apenas um – *Histoire* (História) –, o que complica ainda mais as coisas, como se o relato fosse consubstancial às realidades de que ele pretende dar conta e que o transborda por todos os lados. De Michel Foucault a Paul Ricoeur, a epistemologia contemporânea sublinhou esse ponto. O relato histórico é olhar, escritura, artefato, não artifício, certamente, mas escolha intimamente ligada ao presente do escritor. O esquecimento de que as mulheres têm sido objeto não é uma simples perda de memória acidental e contingente, mas o resultado de uma exclusão consecutiva à própria definição de História, gesto público dos poderes, dos eventos e das guerras. Excluídas da cena pública pelas funções ditadas pela "natureza" e pela vontade dos deuses/de Deus, as mulheres não podiam aparecer nela a não ser como figurantes mudas, penetrando por arrombamento ou a título de exceção – as mulheres "excepcionais", heroicas, santas ou escandalosas –, relegando à sombra a massa das outras mulheres. Na Antiguidade greco-romana como na Idade Média cristã, o silêncio da História sobre as mulheres é impressionante. "Mulheres: que sabemos sobre elas?", interroga-se Georges Duby na conclusão de um de seus livros (1991), em que, entre nobres e clérigos, indaga o destino delas.

Quando a História se constitui como disciplina acadêmica e saber instituído, Michelet parece romper esse silêncio. Mas, ao assimilar as mulheres à natureza e os homens à cultura, ao atribuir às mulheres um papel maternal normativo, ele reproduz a ideologia dominante, aquela que, no mesmo momento, consolida a Antropologia nascente de Morgan e Bachofen. O positivismo de fim de século, centrado na história política, expulsa essas veleidades sexuadas. Os fundadores da Escola dos Anais – Marc Bloch e Lucien Febvre – e em seguida a segunda geração – Fernand Braudel, Ernest Labrousse – enfatizam o econômico e o social, instâncias assexuadas. A classe aparece então como uma categoria de análise das mutações sociais muito mais pertinente e dinâmica que a família, instância de reprodução, ligada à natureza, até mesmo à ordem moral. De maneira semelhante, trinta anos antes, a Sociologia de Émile Durkheim, orientada pelo "fato social", havia suplantado a escola de Frédéric Le Play e as "monografias de família" da

Sociedade de Economia Social, que tinham o mérito de atribuir grande destaque ao papel das mulheres na vida doméstica. Como acontece frequentemente, o conflito das sociologias recobriu escolhas políticas e ideológicas – a República contra a Igreja – perfeitamente justificadas, mas que podiam ter igualmente efeitos perversos no domínio da pesquisa. Neste caso, a classe recalca a família, como a produção, identificada com o único produto físico, oculta o doméstico e o operário – metalúrgico, mineiro, da construção civil – suplanta a dona de casa no simbolismo do fazer.

O aparecimento de uma História das mulheres – portanto uma História sexuada – se produz no início dos anos 70. Três séries de fatores contribuíram para isso: 1) os científicos, principalmente a influência da Antropologia e da demografia histórica, que reintegram a família e o corpo na trama da História, enquanto a crise dos grandes paradigmas explicativos favorece a fragmentação da História – falemos de "esmigalhamento"– e a eclosão de uma grande diversidade de objetos, a consideração de novos atores – a criança, os jovens – e de novas intrigas – a vida privada, por exemplo; 2) os sociológicos: a presença crescente de mulheres na universidade como estudantes e em seguida como docentes, portadoras de interrogações novas; 3) os políticos: o movimento de liberação das mulheres, cuja primeira preocupação não era fazer a História, induziu a curiosidades, efeitos, até mesmo à vontade de operar uma "ruptura epistemológica" nas Ciências Humanas e Sociais. Todas as disciplinas são de alguma forma atingidas, e a História, disciplina no entanto viril por sua sociologia e seus valores, especialmente na França, em razão do forte componente histórico da identidade nacional, passa a sê-lo a partir do começo dos anos 70. Cursos, seminários e colóquios contribuem para isso, enquanto mestrados e teses constituem uma "acumulação primitiva" de que a *História das mulheres no Ocidente* (Duby; Perrot, 1991-1992) é uma primeira cristalização e legitimação.

História das mulheres, história do gênero

Em 25 anos, desenvolveu-se um campo multipolar que já tem sua genealogia, suas evoluções, seus debates, suas próprias tensões. Num primeiro momento, dominava uma "história no feminino" preocupada em tornar as mulheres visíveis, em busca de traços perdidos e partindo de seus papéis tradicionais – maternidade, prostituição, vida cotidiana –, de seus lugares

– do tanque ao convento – e de suas imagens. Uma história da cultura das mulheres, no sentido pleno do termo, em que o corpo e o silêncio ou a palavra das mulheres eram os epicentros. Depois, passou-se a uma atitude problematizada em torno das noções de representações, de "público/privado", de poderes, de violência, de gênero.

Muitos debates testemunham a vitalidade dessa pesquisa, sobretudo em torno da noção de gênero, na qual se critica por vezes o fato de dissimular, sob o pretexto de "diferença dos sexos", um subreptício abandono das próprias mulheres. As historiadoras italianas, entre outras (por exemplo, a equipe da revista *Memória*), são especialmente atentas a essa preocupação de aprofundar uma cultura das mulheres – maternidade, via mística – que está longe de ter desvendado seus segredos. Outras, ao contrário, temem os perigos de um silencioso aprisionamento no entre-si das mulheres. Um célebre artigo dos *Annales* (Dauphin, 1986), "Cultura e poder das mulheres. Ensaio de historiografia", fez-se o eco desses debates, assim como o colóquio organizado na Sorbonne em 1992, "Mulheres e História" (Duby e Perrot, 1993). A historiadora italiana Gianna Pomata se pronunciou, na ocasião, por uma História "das mulheres" contra uma História "do gênero", que lhe parece escapar de seu objeto, dando espaço excessivo à análise dos discursos e das representações, em detrimento de uma verdadeira História social das mulheres. Essa é também a opinião de Anne-Marie Sohn (1998), que estima que o "gênero" não acrescenta grande coisa. Do lado oposto, Christine Fauré ou Michèle Riot-Sarcey tomam partido de uma História política do gênero. Enquanto isso, a maioria das historiadoras pensa que os dois pontos de vista não são exclusivos e defende uma História das mulheres visitada constantemente pela preocupação do gênero. Como estudar espaços femininos – convento, tanque, pensão, lojas –, descrever práticas femininas – do enxoval à escrita da correspondência – sem recolocá-las numa sociedade governada pela diferença dos sexos? Entender a historicidade dessa diferença em todos os níveis de discursos, atividades, espaços, do privado e do público, político e doméstico, do social e da economia, é – ou deveria ser – a preocupação de uma História das mulheres, resoluta e simultaneamente descritiva e problemática, social, cultural e política.

Assim também, a insistência sobre o poder, "a dominação masculina" (Bourdieu, 1998) não corre o risco de silenciar sobre os contrapoderes, a ação e o pensamento das próprias mulheres – as dominadas são capazes disso? –, quer se trate de ações individuais, espontâneas ou organizadas? O feminismo, em razão de sua falta de estruturas fixas – não é nem um sindicato, nem um partido e se aproxima mais dos novos "movimentos sociais", dos quais poderia ser um dos protótipos –, mas também em razão de sua carga crítica, é o alvo de uma depreciação que tenta demonizá-lo ou ridicularizá-lo, mas é, sobretudo, o objeto de um esquecimento que é a forma mais sutil da renegação. Trata-se de uma maneira de negar que as mulheres façam parte da mudança de sua "condição", termo muito passivo, que será devido apenas à modernização científica, técnica, política e cultural das relações sociais, nas quais as relações entre os sexos seriam, em suma, apenas uma modalidade, enquanto, em muitos casos, são justamente seus motores.

A História das mulheres, sem dúvida, não operou a "ruptura epistemológica" esperada por suas iniciantes (entre elas, a equipe da *História das mulheres no Ocidente*). Seu reconhecimento acadêmico é frágil e suas estruturas institucionais ainda bastante insuficientes. Sua transmissão, particularmente no ensino primário e secundário, e sua continuação não são asseguradas. No entanto, ela se impôs, e doravante é impossível "uma história sem as mulheres". No seio das Ciências Sociais e Humanas, com as quais ela é, mais que nenhuma outra, profundamente solidária em razão da polissemia do objeto "mulheres", ela tem contribuído para a renovação das perspectivas e dos questionamentos. Perspectivas porque não é possível fazer abstração da condição social nem do horizonte geográfico nem das migrações das mulheres do mundo que, de resto, desenvolvem sua história desde que atinjam certo nível de desenvolvimento e de democracia. Questionamentos porque a dimensão sexuada dinamita o universal, belo objetivo, mas frágil realidade, interroga o político, o doméstico, a criação, o poder, o valor e, no final das contas, as próprias bases do pensamento. Entre as pistas mais frutuosas constam a reflexão sobre a virilidade, que interessa a um número crescente de pesquisadores; a história das homossexualidades, e principalmente das lésbicas que estão longe de ter, na História das mulheres, o lugar que deveriam, em vista do papel que desempenharam no último terço do século.

Nos saberes, nos poderes, na cidade, a diferença dos sexos se anuncia como uma das maiores questões do século XXI. A História das mulheres sem dúvida se insere nessa perspectiva.

→ *Diferença dos sexos (teorias da) – Família – Movimentos feministas – Público/privado – Sexo e gênero*

► Dauphin, Cécile et al. Culture et pouvoir des femmes. Essai d'historiographie, *Annales*, março-abril 1986, n.2, p.271-93.

Fraisse, Geneviève. *Les femmes et leur histoire,* Paris, Gallimard "Folio", 1998, 614p.

Perrot, Michelle. *Les femmes ou les silences de l'Histoire,* Paris, Flammarion, 1998, 491p.

Scott, Joan. *Gender and the politics of History,* Nova York, Columbia University Press, 1988a, 242p. [O principal artigo da autora foi traduzido nos n.37-38 do *Cahiers du GRIF,* Le genre de l'Histoire, apresentado por Françoise Collin com o título: Le genre: une catégorie utile de l'analyse historique, p.125-55.]

Sohn, Anne-Marie; Thélamon, Françoise. (Dirs.). *Une histoire sans les femmes est-elle possible?,* Paris, Plon, 1998, 427p.

Thébaud, Françoise. *Écrire l'histoire des femmes,* Fontenay/Saint-Cloud, ENS Éditions, 1998, 226p.

* Traduzido por Vivian Aranha Saboia.

Igualdade*

Eleni Varikas

Princípio fundador dos sistemas políticos universalistas, a igualdade é, porém, uma das promessas mais inacabadas da modernidade.

O primeiro artigo da Declaração dos Direitos Humanos – "os homens nascem e permanecem livres e iguais em seus direitos – é, simultaneamente, um enunciado *declarativo* que remete a uma compreensão política, e um enunciado *descritivo* que se refere a uma herança natural da humanidade. O potencial subversivo da ideia de igualdade, seus paradoxos e suas antinomias são relacionados à ambiguidade do direito natural do qual ela é a base.

Como "direito igual de cada um para fazer o que é potencialmente capaz", o direito natural é a hipótese inicial que permite aos seres humanos instituir uma ordem política que possibilite realizar essa aposta. Se os direitos iguais precisam ser declarados, é porque não existem fora da vontade humana que os declara: a igualdade não é uma realidade empírica, mas pode vir a sê-lo, devido a uma ordem política instituída pelos cidadãos e cidadãs que se comprometem a substituir os privilégios de nascimento pelo princípio de "uma lei geral para todos, conhecida por todos e elaborada por todos".

Mas, ao mesmo tempo, o primeiro artigo da Declaração tem uma dimensão "descritiva" que remete a um dado apresentado como natural e supra-histórico. Compreendido como um *fato* mais do que como um *imperativo*, como uma herança natural da humanidade em vez de uma possibilidade a ser realizada pela ação, a igualdade tende a se desvincular da construção política que garantiria sua aplicação, para se tornar o álibi ideológico de uma nova ordem desigual. Situando-se no campo pré-político da natureza, a ideia de igualdade aparece desarmada face a uma concepção dos direitos que depende das "qualidades naturais" de cada indivíduo ou grupo social e se torna um campo privilegiado de legitimação da dominação.

As antinomias da construção do gênero

Encontrando inspiração nas Ciências Naturais, o determinismo do patrimônio biológico reformulou, a partir do século XIX, a noção aristocrática de *herança*, permitindo conciliar o princípio da abolição dos privilégios de nascimento com a persistência dos privilégios de sexo, cor, classe e cultura. O fato empírico de que alguns indivíduos não nascem "livres e iguais", assim como seu acesso diferenciado aos direitos, poderá ser atribuído a uma natureza diferente, reintroduzindo uma incomparabilidade radical entre condições sociais percebidas, então, não mais como desiguais, mas como "diferentes".

Impasse teórico, essa construção da "igualdade" marca profundamente a organização política e social das relações de dominação entre homens e mulheres, organização política que, desde o século XVII, faz da sujeição das mulheres ao chefe de família o fundamento *natural* de uma ordem política que pretende obter sua legitimidade do consentimento de indivíduos iguais. O postulado da superioridade natural de todos os homens sobre todas as mulheres, que subentende a instituição da família e a distinção público-privado na comunidade política moderna, não construiu somente uma categoria de indivíduos inferiores; ele reformula a antiga diferenciação hierárquica dos sexos em termos de "diferença" antropológica. Fato da natureza, inacessível à ação humana (Locke, Rousseau), a dominação de sexo não é somente legitimada: ela se torna invisível como dominação. Essa invisibilidade permite tratar as mulheres como uma categoria homogênea, cujos direitos e deveres não obedecem a uma lei geral elaborada para e por todos, mas a regras específicas válidas unicamente para essa "categoria".

Este regime de exceção (Delphy, 1995), que exclui em bloco as mulheres do estatuto de sujeito político, torna-se, por sua vez, *princípio organizador* de uma sociedade fundada e concebida conforme a divisão sexual do trabalho, das competências, dos espaços e dos poderes.

As antinomias da construção do gênero nos últimos dois séculos são também as antinomias na concepção histórica de igualdade. Antinomia entre o "direito natural", que fundamenta a comunidade política na igual liberdade de cada um em fazer tudo o que estiver potencialmente ao seu alcance, e a "lei natural", que torna essa liberdade dependente de uma definição autoritária da natureza e suas normas. Se o primeiro permite conceber a igualdade como a articulação necessária entre a diversidade das necessidades e a multiplicidade das vontades que instituem a comunidade, a segunda associa a igualdade à identidade, construindo a diferença como desvio de uma norma definida pela correlação de forças. Como membro de um grupo "diferente", o sujeito feminino pode ser excluído da igualdade dos direitos em nome da "sua" diferença, que o torna incomparável a todos os outros. Como alguém abstratamente semelhante e, portanto, comparável a todos os outros, ela só pode usufruir da igualdade na medida de sua semelhança com o grupo dominante, os homens.

Dilemas da igualdade

Construído em oposição à diferença real ou imaginária das mulheres em relação aos homens, o princípio da igualdade tem, nos últimos séculos, pontuado a luta pela libertação das mulheres confrontadas com uma escolha impossível. Por um lado, o pleno reconhecimento político e social das mulheres significa que elas devem se adaptar à norma masculina, "tornar-se (como) homens". Por outro lado, sua demanda: serem admitidas "como são", numa organização social que leve em conta suas diferenças em relação aos homens (por exemplo, a maternidade, o cuidado das crianças), reforça o regime de exceção do qual elas são objeto e as condena a uma "incorporação" específica como *mulheres*, ou seja, "homens imperfeitos".

Esse paradoxo, que Carole Pateman (1988) chama de o "dilema de Wollstonecraft", está hoje no centro de uma crise da igualdade tanto como modelo conceitual para se pensar a libertação das mulheres quanto como uma estratégia eficaz para defender os seus direitos.

Tendo o homem como medida e "denominador comum de comparação", a concepção liberal da *igualdade de tratamento* torna-se alvo de críticas que destacam as diferenças entre mulheres e homens. Para as correntes da diferença sexual, que veem entre homens e mulheres uma diferença ontológica, reprimida ou negada pela modernidade ocidental, a igualdade dos sexos é um conceito e uma política patriarcal que visa "homologar" as mulheres conforme o princípio e a lógica do masculino (Irigaray, 1989; Cavarero, 1990).

Mas o princípio liberal de igualdade também é contestado por aqueles que analisam a "diferença" em termos de dominação: ignorando as diferentes situações nas quais a dominação de sexo situa os homens e as mulheres, o tratamento igual tende a perpetuar, e até mesmo a reforçar, a posição das mulheres como dominadas.

Isso leva, muitas vezes, a opor a noção de igualdade à de *equidade* ou de justiça, que exige tratar da mesma maneira os que são semelhantes e de forma diferente os que não o são. A equidade é, no entanto, cheia de ambiguidades tanto quanto, ou mais, a noção de igualdade. A justiça à qual ela se refere é uma *justiça natural*, que depende de uma interpretação "do que é naturalmente devido a cada um". De Aristóteles a Leibniz, passando pelo pensamento medieval, sua conotação qualitativa, "tratar cada um de maneira específica", remete à justiça distributiva de um mundo hierárquico: a equidade tem por objetivo a "felicidade", mas uma felicidade que, como sublinhava Leibniz, corresponde à sorte conferida a cada um dos mortais (a sorte do senhor ou do escravo, do empresário ou do trabalhador). Ao contrário da igualdade que, apesar de seu componente quantitativo, inclui em seu campo conceitual a utopia de uma abolição das hierarquias, a equidade busca a melhoria mais do que a transformação do *status quo*: ela tende a privilegiar a satisfação das necessidades das mulheres como elas surgem de sua posição de dominadas, na divisão sexual do trabalho, na dependência.

Reconceituação da polaridade identidade/diferença

Os debates teóricos e políticos desenvolvidos durante as últimas três décadas sobre as estratégias mais convenientes para lutar contra a desigualdade contribuíram para evidenciar a dominação de sexo; ao mesmo tempo, expuseram os impasses da polaridade identidade/diferença na qual ficou preso o princípio de igualdade. As oposições tratamento igual/tratamento diferenciado, igualdade/equidade fazem parte do problema que se supõe que elas devam resolver, na medida em que considerem evidente a validade das categorias e dos conceitos cujos pressupostos implícitos e significados dominantes se desenvolveram como armas para relações sociais antagônicas. A persistência da desigualdade, apesar das políticas sociais antidiscriminatórias e de inclusão, sua capacidade de se revestir de formas novas e inéditas, orientam a reflexão feminista ao reexame crítico das categorias e das ferramentas conceituais com as quais compreendemos a desigualdade dos sexos.

Tomando como exemplo a igualdade profissional, os pressupostos implícitos das políticas sociais concebem, de maneira geral, a discriminação e a exclusão como fenômenos que se superpõem à estrutura do trabalho, operando como "efeitos de barragem" que se trata de eliminar com leis antidiscriminatórias (salário igual, *comparable worth*)[10] ou com medidas que promovem a igualdade de oportunidades ("ações positivas", recrutamento preferencial, valorização das qualificações femininas) e favorecem a participação das mulheres no trabalho assalariado e a dessegregação dos ramos e das qualificações valorizadas.

Se, como indicam os processos de feminização/desvalorização e a reorganização das hierarquias no trabalho, a discriminação de sexo simplesmente não funciona como "efeito de barragem", mas sim como princípio organizador da sociedade (aqui, do trabalho assalariado e doméstico), trata-se da mesma lógica sexuada que constrói de modo interdependente os ofícios dos homens como qualificados e os das mulheres como subqualificados. Essa análise não desmerece a importância estratégica das políticas de igualdade; ela implica sua reorientação, repensando as medidas de não discriminação não somente numa perspectiva de igualdade dos sexos, mas, ao mesmo tempo, de uma perspectiva de transformação das instituições e das estruturas produtoras das hierarquias de sexo.

Nessa perspectiva, a oposição igualdade-diferença perde sua pertinência: trata-se de reconceituar essas duas noções; não se trata mais de saber se deveríamos adaptar as mulheres a um modelo "masculino" de trabalho ou criar um modelo "feminino" adaptado às "suas necessidades". Esses dois modelos fazem parte da mesma concepção de trabalho que pressupõe

10 Em inglês no texto, "valor comparável". (N.T.)

a existência de um trabalhador sem amarras nem obrigações domésticas, dono da sua força e do seu tempo de trabalho, que se supõe que ele possa vender "livremente", porque pressupõe-se que ele *disponha* da força e do tempo de trabalho de uma mulher.

Inserir as políticas de igualdade numa perspectiva de erosão desse modelo tem uma importância estratégica quando este define o acesso diferenciado das mulheres aos direitos sociais e, assim, ao exercício efetivo da cidadania. A divisão entre os que *têm direitos ("les ayant droits")* e os *assistidos*, que esta definição do trabalhador implica, condena a grande maioria das mulheres a escolher entre depender dos homens ou depender do Estado. É a fim de romper com os automatismos de uma lógica dessa espécie que teóricas feministas como Carole Pateman propõem separar os direitos sociais do trabalho, reinventando um denominador comum que, ao satisfazer as necessidades imediatas dos homens e das mulheres, favoreça a autonomia das mulheres, permitindo que elas mesmas definam suas necessidades.

A integração das estratégias de igualdade numa perspectiva de transformação reafirma a dimensão *declarativa* da igualdade como projeto a ser levado a cabo. A igualdade não é mais um princípio formal, mas um meio concreto de garantir para cada pessoa a possibilidade de fazer tudo que está potencialmente ao seu alcance: "o que é devido a cada um" se torna um desafio político, desafio de um combate para a autodefinição das necessidades e das vontades. A igualdade garante tudo simultaneamente: a) o direito das mulheres em serem pessoas "como todas as outras" mediante a proibição de qualquer discriminação que as constitua como grupo "à parte"; b) a possibilidade, para as mulheres, de serem reconhecidas e aceitas "como são", isto é, com suas diferenças em relação aos homens; enfim, e sobretudo, o direito de cada mulher de exprimir as particularidades que fazem delas "indivíduos diferentes de todos os outros (mulheres e homens)", o acesso à sua dignidade como indivíduo, e de sua contribuição única e insubstituível à vida em comum.

→ *Cidadania – Coexistência dos sexos – Diferença dos sexos (teorias da) – Dominação – Educação e socialização – Movimentos feministas – Universalismo e particularismo*

► Bock, Gisela; James, Susan (Eds.). *Beyond Equality and Difference: Citizenship, Feminist Politics and Female Subjectivity*, Londres/Nova York, Routledge, 1992, 210p.

Cavarero, Adriana. Il modelo democratico nell'orizonte della differenza sessuale, *Democrazia e diritto*, 2/1990, 238p.

Collin, Françoise. Le sujet et l'auteur ou lire "l'autre femme", *Cahiers du* CEDREF, 1990, n.2, p.9-20.

Delphy, Christine. Égalité, équivalence et équité: la position de l'État français au regard du droit international, *Nouvelles questions féministes*, 1995, v.16, n.1, p.5-58.

Irigaray, Luce. *Le temps de la différence*, Paris, Librairie générale française "Le livre de poche", 1989, 123p.

Pateman, Carole. *The Sexual Contract*, Stanford University Press, 1988, 264p.

* Traduzido por Vivian Aranha Saboia.

Lesbianismo*

Jules-France Falquet

A definição de lesbianismo é inseparável de um contexto histórico e cultural específico. Com efeito, práticas sexuais e/ou amorosas entre mulheres provavelmente existiram e existem nas mais diversas culturas. Testemunham-no, particularmente, as estátuas e os mitos da India pré-védica (Thadani, 1996), assim como a expressão poética na primeira pessoa tanto de Safo, na Ilha de Lesbos, como de Audre Lorde, nos Estados Unidos, que se declarava guerreira, negra e lésbica (Lorde, 1982). Entretanto, cada sociedade constrói de maneira diferente essas práticas e suas denominações, e sua visibilidade varia de maneira considerável (Mathieu, 1989, 1991a). O caso das Amazonas, erigidas como símbolo, mas fora da História, mostra como o sistema de pensamento androcêntrico remete o lesbianismo ao limbo do mito. Foi mais recentemente, e apenas no mundo ocidental, que começamos a atribuir às pessoas uma personalidade específica baseada nas suas opções sexuais. Algumas historiadoras da homossexualidade citam práticas de "tribadismo" no início do século XVIII (Bonnet, 1995), as intervenções da Medicina e da psiquiatria desde a metade do século XIX sobre as "invertidas" e do "terceiro sexo" (Lhomond, 1991), antes que a sexologia e a literatura tivessem fixado o personagem da "lésbica" na Europa da década de 1920 (Tamagne, 2000). Na grande maioria dos casos, as práticas lésbicas são tanto condenadas como negadas nas culturas patriarcais. Dessa forma, são pouco estudadas e frequentemente deformadas.

Na França, atualmente, é importante distinguir dois termos: homossexualidade e lesbianismo. O primeiro diz respeito a um conjunto de práticas sexuais, amorosas, afetivas, entre duas ou mais pessoas do mesmo sexo. Se essas práticas individuais são de conhecimento público, conduzem frequentemente à estigmatização e à repressão. Entretanto, elas podem se tornar públicas de maneira voluntária quando a pessoa "sai do armário", resultando em identidades orgulhosamente reivindicadas. Assim como o termo *gay*, "homossexualidade" possui o incoveniente de colocar no mesmo plano as opções dos homens e das mulheres, pois os homens e as mulheres que vivem essas escolhas são estruturalmente situados(as) em espaços bastante diferentes no sistema patriarcal.

Além de poder ser utilizado ou reivindicado para descrever práticas individuais de mulheres, o termo "lesbianismo" se refere também a um conjunto de abordagens teóricas e movimentos sociais que problematizam essas práticas. Globalmente, no sentido político, o lesbianismo pode ser considerado uma crítica em atos e um questionamento do sistema heterossexual obrigatório de organização social. Este se baseia na estrita divisão da humanidade em dois sexos, fundamentos de dois gêneros obrigados a manter relações desiguais de "complementaridade" no contexto de uma rígida divisão sexual do trabalho. Nesse sentido, o lesbianismo desestabiliza o sistema dominante, ao representar uma ruptura epistemológica fundamental e incitar uma profunda revolução cultural.

O movimento lésbico, o movimento homossexual e o movimento feminista

O lesbianismo, como movimento social, aparece no final dos anos 60 no mundo ocidental e em diversas metrópoles do Sul, numa atmosfera bastante "revolucionária". Desenvolve-se vinculado à segunda onda do feminismo e ao movimento homossexual construído a partir das "rebeliões" de Stonewall, em 1969 (como resposta à provocação da polícia em bares homossexuais, hoje mundialmente célebres devido às manifestações de "orgulho lésbico e homossexual" ao estilo das paradas *gay*). Entretanto, as lésbicas não demoraram a criticar a misoginia, o funcionamento patriarcal e os objetivos falocêntricos do movimento homossexual, dominado pelos homens. Armadas pela crítica feminista, expõem publicamente suas discordâncias e fundam suas próprias organizações, como é o caso da *Gouines Rouges*, na França. Simultaneamente, uma parte das lésbicas contribui de modo ativo para a construção do movimento de liberação das mulheres, do qual as organizações lésbicas se consideram parte. Entretanto, diante da reticência do feminismo no momento de reivindicar o lesbianismo, certas lésbicas começam a buscar sua própria via (Clef, 1989).

O final dos anos 70 assiste à multiplicação das análises lésbicas. Nos Estados Unidos, Adrienne Rich (1981), num artigo célebre, denuncia a heterossexualidade forçada como norma e a subsequente invisibilização do lesbianismo. Para ela, existe um "*continuum lésbico*" entre todas as mulheres que evitam, de uma forma ou outra, os homens e/ou o sistema da heterossexualidade para reforçar seus laços entre elas e partilham suas energias na luta contra o sistema patriarcal. Dessa forma, Rich se intala no pensamento – revisitado e politizado – da "sororidade" feminista.

Seguindo uma outra ordem de ideias, desde 1978 a francesa Monique Wittig, radicada nos Estados Unidos há anos, afirma a heterossexualidade como um regime político dotado de um sistema ideológico que ela chama de "pensamento *straight*" (Wittig, 1980, 2001). Sua análise é vinculada ao feminismo materialista, tendo em vista que ela retoma a noção de "classes de sexos" na qual as mulheres e os homens são considerados categorias políticas que não existiriam uma sem a outra. Entretanto, para Wittig, "as lésbicas não são mulheres", tendo em vista que elas abandonam a lógica do pensamento *straight*. O elemento central na análise não é tanto o patriarcado, mas o sistema heterossexual. Com isso, Wittig abre espaço para um movimento lésbico autônomo e para um pensamento que sacode o feminismo pelas bases. Na França, suas afirmações alimentarão os conflituosos debates já acesos no meio lésbico em torno de posições separatistas relativas às feministas heterossexuais. Isso causará uma cisão política a partir de 1980, especialmente na revista *Questions féministes*. O editorial do nº 1 (1981) da *Nouvelles questions féministes* apresenta esses debates. Assim, o "lesbianismo político" nasce das diferentes rupturas e das eventuais tentativas de conciliação com o feminismo, razão pela qual ele se apresenta sob formas variadas e às vezes misturadas: 1) o lesbianismo feminista que, criticando o hetero-feminismo, insiste na necessária solidariedade da classe feminina (Green, 1997). Encontra-se aqui a análise da lesbofobia como uma arma contra todas as mulheres. De fato, focalizada nas "maneiras" e na aparência, a lesbofobia defende interesses econômicos precisos no contexto de uma divisão sexual do trabalho. Ela é utilizada, por exemplo, contra todas as mulheres, de quaisquer opções sexuais, que aspiram a profissões "masculinas" – melhor remuneradas ou de poder – e que podem ser acusadas a qualquer momento de serem lésbicas e por isso condenadas a um verdadeiro ostracismo social (Pharr, 1988); 2) o lesbianismo radical, que retoma os trabalhos da francesa Colette Guillaumin sobre a "sexagem" (Guillaumin, 1978, 1992), para expor, progressivamente, uma outra análise da opressão das mulheres. Para esta corrente, as lésbicas escapam certamente da apropriação privada dos homens, mas não da apropriação coletiva, o que as vincula à classe das mulheres (Turcotte, 1998; Causse, 2000); 3) o lesbianismo separatista, teorizado desde 1973 nos Estados Unidos por Jill Jonston (1973), que frequentemente se traduz pela implantação de comunidades lésbicas que ocupam fisicamente um território. Abrange diferentes tendências, algumas francamente essencialistas, outras atraídas pela devoção às deusas-mães, e há ainda as que lutam pela criação de uma cultura lésbica.

Todos esses diferentes componentes conformarão o movimento das lésbicas em grupos tão diversos como o Oikabeth ("Mulheres guerreiras que abrem caminho e jogam flores"), nascido em 1977, no México, as "Lesbiennes de Jussieu" que existem desde 1979, na França, ou o coletivo Ayuquelén, fundado em 1984, no Chile, durante a ditadura (Mogrovejo, 2000). Esse movimento busca rapidamente formas de articulação internacional, dentre os quais a Frente Lésbica Internacional, criado em 1974 em Frankfurt, o ILIS (Sistema de Informação Lésbico Internacional), criado em 1977 em Amsterdã e, desde 1987, todos os encontros lésbico-feministas latino-americanos e caribenhos. Os anos 80 são marcados pela multiplicação de revistas, locais e "arquivos lésbicos", do México a Moscou, passando pela Europa e o Canadá – em partiular Québec – com a revista *Amazones d'hier, lesbiennes d'aujourd'hui* [Amazonas de ontem, lésbicas de hoje].

Diversidade das lésbicas

De maneira simultânea, aparece uma série de críticas à hegemonia do modelo lésbico (e feminista) branco, ocidental e de classe média. Enquanto se desenvolvem as pesquisas sobre "amizades românticas entre mulheres" (Fadermann, 1981), uma outra história começa a ser escrita, para chamar atenção para a contribuição das lésbicas proletárias na construção das comunidades lésbicas desde os anos 50. O papel das "*butch/fem*" (*butch* se referindo às lésbicas "masculinas") (Triton, 2000) tinha sido desfeito de uma só vez pelo feminismo, que via nele uma reprodução alienada dos papéis masculinos e femininos. Aqui, ao contrário, são reivindicados como uma maneira corajosa de tornar-se visível e como uma busca erótica que afirma a dimensão sexual do lesbianismo (Lemoine e Renard, 2001). Inclusive, certas lésbicas reivindicam o termo *dyke* não somente para fugir da imagem "*soft*" e aceitável das lésbicas, mas também por suas conotações populares, como no passado fora o caso de "Jules".

Também frequentemente proletárias, as lésbicas negras e latinas dos Estados Unidos começaram a criticar o racismo e o classismo do feminismo, desde os anos 70. Algumas dentre elas, como Barbara Smith, fundam organizações autônomas, como a *Salsa Soul Sisters* ou o *Combahee River Collective*, que misturam lesbianismo e feminismo. Suas análises se estendem rapidamente à denúncia do racismo e do classismo no movimento lésbico (Moraga e Anzaldúa, 1981; Coletivo, 1983). Para que suas próprias palavras não sejam nem recusadas nem apropriadas, elas criam suas próprias estruturas editoriais. Lésbicas de origem asiática e autóctones integram rapidamente a luta das "*black lesbians*". Atualmente, diversas lésbicas criticam a tendência universalista que projeta no conjunto das lésbicas uma leitura do lesbianismo e dos objetivos de luta tipicamente ocidentais e de classe média. Certamente existem práticas sexuais entre pessoas com um "corpo sexuado feminino" em culturas tão diferentes como a do Zimbábue, Lesoto, Taiti, Peru e Tailândia (Wieringa, 1999). Entretanto, qualificá-las – de fora – como práticas lésbicas é frequentemente uma simplificação reducionista à qual se agrega uma legítima suspeita de pós-colonialismo. Da mesma forma, organizações como a ILIS e a ILGA (*International Lesbian and Gay Association*) foram criticadas por sua tendência a exportar estratégias de organização e ação – sobretudo institucionais – dos países do Norte para diversos países do Sul (Mogrovejo, 2000), embora tenham se esforçado para levar em conta a diversidade das lésbicas. Enfim, na França, o "Grupo do 6 de novembro", fundado em 1999, reuniu pela primeira vez e de maneira exclusiva lésbicas provenientes da migração – passada ou presente – da escravidão e da colonização, que denunciam veementemente o silêncio ao qual o racismo do movimento lésbico quer condená-las (*Groupe du 6 novembre*, 2001).

O lugar da sexualidade

Enquanto uma parte das feministas norte-americanas se lança à exploração da temática da sexualidade, apresentada simultaneamente como fonte de prazer e de perigo para as mulheres (Vance, 1984), algumas lésbicas não hesitam em reivindicar um lesbianismo abertamente sadomasoquista, pregando uma sexualidade fundada no "diferencial de poder" entre os dois parceiros (Samois, 1981) – o que é rejeitado por diversas feministas. Outras, entretanto, desenvolvem uma nova reflexão sobre a sexualidade, que se basearia na hierarquização das sexualidades em que, no pico da pirâmide, estaria a heterossexualidade monógama e procriadora (Rubin, 1984). Para essa perspectiva, o objetivo político consiste em estabelecer uma aliança entre todas as sexualidades "diferentes", das quais o lesbianismo é somente um exemplo. A partir de 1990, num clima pós-modernista, a norte-americana Judith Butler e a italiana Teresa de Lauretis, residente nos Estados Unidos, iniciam uma nova leitura do gênero e da heterossexualidade, dando, assim, uma base teórica ao movimento *queer*. Butler (1990) afirma que o gênero seria performático, fluido e múltiplo, o que permitiria às mulheres e às lésbicas agir livremente com um registro identitário variado e mutante. Os "transgêneros", travestis, transexuais, *drags-kings*, *drags-queens* e até mesmo os(as) heterossexuais dissidentes viriam romper a trágica bipolaridade dos gêneros.

Somente após algumas décadas de existência do movimento lésbico é que, hoje, o lesbianismo aflui de todas as partes, cada vez mais complexo e variado, contando – mais ou menos abertamente – com locais de sociabilidade e de lazer, espaços multiculturais e artísticos, uma literatura representativa e meios de comunicação próprios, alguns espaços à margem da instituição universitária e redes políticas, que se desenvolveram principalmente no contexto de uma estratégia de visibilidade e identidade. Todavia, essa tendência "comunitária" foi criticada devido ao seu lado às vezes enclausurador, às vezes como expressão de um modelo *gay* muito influenciado pelo movimento homossexual masculino, e outras vezes como uma política reformista de institucionalização conduzindo à recuperação do movimento e à sua neutralização ou normalização. A luta contra o HIV/AIDS contribuiu para reforçar a organização das lésbicas, aproximando-as do movimento homossexual misto. Em pouquíssimos países ou cidades do Norte ou do Sul houve a conquista de legislações progressistas que proíbem a discriminação em função da "orientação sexual", ou que reconhecem a união entre mulheres e lhes concedem certas vantagens já consagradas nas uniões heterossexuais, mesmo se questões relativas à adoção ou à procriação permanecem problemáticas. Na França, o PACS foi obtido por meio de uma luta homossexual mista, ao passo que a Coordenação Lésbica Nacional propõe uma lei específica contra a lesbofobia. Realmente podemos falar de conquistas, mas também de um progressivo processo de integração, bastante distante das primeiras críticas radicais, resumidas nos anos 70 pelo *slogan* das Radicais Lésbicas de Nova York: "Uma lésbica é o ódio de todas as mulheres concentrado em ponto de explosão!" Embora o lesbianismo tenha acompanhado a maior parte dos avanços da situação das mulheres, essas evoluções não devem nos fazer esquecer que, na maior parte dos países, e particularmente longe das grandes cidades, o lesbianismo permanece um tabu, perseguido, punido de maneira severa, e que pode simplesmente resultar em assassinato.

→ *Diferença dos sexos (teorias da) – Movimentos feministas – Movimentos sociais – Patriarcado (teorias do) – Sexo e gênero – Sexualidade*

► Bonnet Marie, Jo. *Les relations amoureuses entre femmes du XVIe au XXe siècle*, Paris, Odile Jacob, 1995, 416p. [1.ed., *Un choix sans équivoque*, Paris, Denoël Gonthier, 1981.]

Butler, Judith. *Gender Trouble: Feminism and the Subversion of Identité*, Nova York, Routledge, 1990, 172p.

Groupe du 6 novembre. *Warriors/Guerrières*, Paris, Nomades' Langues Editions, 2001, 125p. Lorde, Audre. *Zami: a new spelling of my name*, Trumansberg, Crossing Press, 1982, 256p. Rich, Adrienne. La contrainte à l'hétérosexualité et l'existence lesbienne, *Nouvelles questions féministes*, março 1981, n.1, p.15-43.

Wittig, Monique. *La pensée straight*, Paris, Balland, 2001, 157 p. [1.ed. *Questions féministes*, 1980, n.7, p.45-53.]

* Traduzido por Francisco Ribeiro Silva Júnior.

Linguagem científica (sexuação da)*

Evelyn Fox Keller

Os conceitos científicos se exprimem, em sua maioria, numa linguagem natural que não pode ser separada do contexto social em que está inserida. As metáforas sexuadas na ciência fornecem um bom exemplo disso: elas penetram a linguagem utilizada pelos cientistas e influenciam sua maneira de conceituar e construir os fenômenos naturais. Em geral inconsciente, a sexuação da linguagem científica dá forma ao pensamento e às ações dos cientistas e influencia suas análises e descrições dos fenômenos naturais. E porque, regra geral, se pensa que essas análises constituem uma descrição neutra e objetiva do mundo natural, a integração invisível de pressupostos sexuados na linguagem da ciência pode, em contrapartida, reforçar esses pressupostos na sociedade. Não se trata de eliminar todas as imagens e metáforas da linguagem científica, nem de torná-las independentes da linguagem e da cultura – um sonho impossível, evidentemente –, mas de fazer compreender como, mesmo sexuadas, as metáforas podem ter numerosos e frequentes efeitos frutíferos sobre a ciência.

As metáforas e sua incidência

As feministas ressaltaram a utilização de um vocabulário marcado pelas relações de gênero. Para ilustrar esse propósito, partirei de alguns exemplos cujas implicações são relativamente claras na leitura de textos científicos para depois chegar a outros de incidência mais indireta. Em todos esses exemplos, as metáforas do gênero funcionam em duas direções, como invariavelmente é o caso das imagens sociais na ciência: elas veiculam pressupostos em nossas representações da natureza e, ao fazer isso, servem ao mesmo tempo para reificar – ou naturalizar – crenças e práticas culturais. Apesar de as dinâmicas desses dois processos serem inseparáveis, numerosas feministas se concentraram no segundo, evidenciando seu impacto – habitualmente negativo – sobre as mulheres; eu me deterei sobre o primeiro processo e a influência das metáforas sexuadas no curso da pesquisa científica.

Comecemos pelo lugar em que mulheres, sexo e gênero têm todas as chances de se entrecruzar: as análises antigas e atuais da Biologia da reprodução e do desenvolvimento. A maioria dessas análises identifica os erros oriundos do recurso a sinédoques, quer dizer, à tendência de tomar a parte pelo todo: 1) segundo diversos indicadores de diferença sexual culturalmente aceitos como seguros, o mundo dos corpos humanos é dividido em dois tipos: o masculino e o feminino; 2) atributos suplementares (extrafísicos) são culturalmente atribuídos a esses corpos (por exemplo, ativo/passivo; independente/dependente; primário/secundário; em outras palavras, o gênero); e 3) as mesmas propriedades que foram vinculadas ao conjunto são então atribuídas às subcategorias desses corpos ou aos processos que lhes são associados. Frequentemente, mas não necessariamente, essas análises são elaboradas a partir de um lugar qualificado por um saber atual e, portanto, implicitamente apresentado como superior.

Sem dúvida alguma, os exemplos mais manifestos nos são dados pela história das teorias da procriação. Assim, Nancy Tuana (1989) desejou completar a literatura existente sobre as teorias reprodutivas, de Aristóteles aos pré-formacionistas, mostrando como os pontos de vista dominantes sobre as mulheres (passivas, fracas e geralmente inferiores) influem em seu papel na reprodução; a obra mais convincente de Thomas Laqueur (1990) vai exatamente no mesmo sentido. Certos autores se empenharam em analisar da mesma maneira as discussões atuais sobre a fecundação. Scott Gilbert e seus alunos (Gender and biology study group, 1989) encontraram a linguagem dos ritos do amor cortês em manuais do século XX que descrevem os tratamentos clássicos de fecundação. Emily Martin (1991, p.500) continuou essa empreitada assinalando a importação – pela literatura mais recente – de ideias tais como a passividade feminina e o heroísmo masculino para evocar a "personalidade dos gametas" (ibidem, p.500). Eis seu argumento: classicamente, o espermatozoide é descrito como "ativo", "vigoroso", "deslocando-se por si mesmo" e, portanto, capaz de romper o invólucro do óvulo e penetrá-lo; ele lhe transmite seus genes e "ativa o programa de crescimento". Ao contrário, o óvulo "é transportado", "levado" ou simplesmente "escorrega" ao longo das trompas de Falópio até sofrer o ataque do espermatozoide, ser "penetrado" e depois fecundado (ibidem, p.489-90). Estranhamente, os detalhes técnicos que constroem essa imagem não mudaram nos últimos anos: fornecem-se razões químicas e mecânicas para explicar a mobilidade do espermatozoide, sua capacidade de aderir à membrana do óvulo e efetuar a fusão de ambas as membranas. A atividade do óvulo, postulada como inexistente, não requer, portanto, nenhum mecanismo.

Uma nova imagem muda a nossa compreensão da dinâmica molecular da fecundação. Realmente, a pesquisa de Alberts et al. (1989, p.868) reitera sistematicamente que há no óvulo uma atividade que produz as proteínas e as moléculas necessárias à adesão e à penetração do espermatozoide. No manual mais amplamente utilizado, *Molecular biology of the cell* (Biologia molecular da célula), a "fecundação" é definida como o processo pelo qual o óvulo e o espermatozoide "se encontram um ao outro e se fundem" (Alberts et al., 1989, p.868). Esse exemplo ilustra perfeitamente o modo como a linguagem pode moldar o pensamento e a atividade dos cientistas, enquadrando sua atenção, sua percepção e, por conseguinte, definindo os terrenos em que empreendem experiências úteis. Bem entendido, nem todas as metáforas são igualmente esclarecedoras, mas, neste caso particular, as metáforas têm sido manifestamente produtivas, apesar de os efeitos serem diferentes – uma conduziu a pesquisas intensivas sobre os mecanismos moleculares da atividade dos espermatozoides, enquanto a outra favoreceu pesquisas que permitiam elucidar os mecanismos que nos obrigam a ver no óvulo um elemento "ativo".

Gênero e atividade científica

No curso dos últimos vinte anos, a mudança cultural, introduzida pela consideração da incidência do gênero nas Ciências Biológicas, teve um impacto crescente, além dos estudos sobre a fecundação em si, abrindo toda uma série de perspectivas de pesquisa sobre um amplo leque de fenômenos reunidos na expressão "efeitos maternais". Estes designam as influências de longo prazo sobre a biologia da progenitura – e mesmo sobre a evolução da espécie – que resultam de certos componentes genéticos (mitocôndrias) do óvulo da mãe, da fisiologia de sua gravidez ou das primeiras influências comportamentais que o recém-nascido recebe. Essas influências se manifestam na biologia da evolução, na ecologia e até na genética do desenvolvimento. Nas disciplinas mais próximas dos interesses humanos, a linguagem do gênero tem um papel evidente; em outras (como a genética do desenvolvimento, por exemplo) é mais sutil. Em outras ainda, pode não ter nenhum papel. Mas isso não é surpreendente. Há vinte anos, quando os estudos sobre o gênero começaram a se interessar pela ciência, tratava-se de abri-la a uma dimensão silenciada e oculta da História e da Filosofia das ciências. Jamais se havia suposto que o gênero pudesse ser o fator primordial do desenvolvimento social ou científico; somente que era um fator largamente negligenciado pela História e pela Filosofia das ciências e, portanto, sua importância se revela frequentemente surpreendente. Pesquisar a função simbólica do gênero na ciência se confirmou extremamente produtivo para compreender a maneira como a ciência funciona, uma vez que isso esclarece nitidamente os papéis da linguagem, da cultura e da ideologia na construção da ciência.

A análise das metáforas sexuadas no discurso científico ofereceu os melhores exemplos da maneira como a linguagem atua para modelar a atividade cotidiana dos cientistas. Na medida em que esses exemplos mostram que, nas produções científicas, a linguagem veicula valores culturais específicos, eles estabelecem precedentes importantes para todos que se interessam pela linguagem e pela ciência. Mas eles podem ser malvistos pelos cientistas que continuam a acalentar o sonho de uma ciência independente da linguagem e da cultura. Contudo, trabalhos consideráveis no domínio da História e da Filosofia das ciências têm revelado atualmente que esse sonho era apenas mais um; sabemos que ele pode exprimir uma aspiração ou um desejo, mas não pode mais ser tomado como uma descrição da ciência. Mesmo os cientistas mais positivistas podem tirar vantagem da produtividade das novas metáforas, que podem guiar nossa atenção e nossos esforços em novas direções, e criar de fato condições que autorizem desenvolvimentos surpreendentes e inesperados.

→ *Ciências e gênero – Sexo e gênero – Técnicas e gênero*

► Alberts, Bruce et al. *Molecular Biology of the Cell,* Nova York, Garland Pub., 1989, 44p. [1.ed., 1983.]

Gender and Biology Study Group. The Importance of Feminist Critique for Contemporary Cell Biology, *in* Nancy Tuana., *Feminism and Science,* Bloomington, Indiana University Press, 1989, p.172-87.

Fox Keller, Evelyn. *Refiguring Life: Metaphors of Twentieth Century Biology,* Columbia University Press, 1995, 134p.

Laqueur, Thomas. *The Making of Sex: Body and Gender from the Greeks to Freud,* Harvard University Press, 1990, 313p.

Martin, Emily. The Egg and the Sperm: How Science has constructed a Romance based on Stereotypical Male-Female Roles, *Signs,* 1991, n.16 (3), p.485-501.

Tuana, Nancy (Ed.). *Feminism and Science,* Bloomington, Indiana University Press, 1989, 249p.

*Traduzido por Vivian Aranha Saboia.

Maternidade*

Françoise Collin e Françoise Laborie

Desde 1970, diferentes trabalhos têm esclarecido a história da criança (Ariès), dos nascimentos e da infância sob o Antigo Regime (Gélis), das mulheres desde a Antiguidade (Duby; Perrot, 1990-1992), das mães, da Idade Média aos nossos dias (Fouquet; Knibielher 1977), e do amor materno, do século XVII ao século XX (Badinter, 1980). Esses trabalhos permitem ressituar a história dos comportamentos face à maternidade, na evolução das relações homens-mulheres, e dos valores dominantes no que diz respeito aos papéis e direitos respectivos do pai, da mãe e da criança.

Que estatuto atribuir à maternidade? Responder a essa questão envolve uma tensão que atravessa a história dos movimentos feministas, mas também a de numerosas mulheres, que se encontram diante de contradições frequentemente insuperáveis. A maternidade constitui, ao mesmo tempo, uma especificidade valorizada – o poder de dar a vida –, uma função social em nome da qual reivindicar direitos políticos ou direitos sociais, e uma das fontes da opressão. Operadora de divisões, ela estrutura as oposições teóricas das feministas.

A maternidade, uma história social

Uma controvérsia opõe Catherine Fouquet e Yvonne Knibielher (1977) a Élisabeth Badinter (1980) quanto ao estatuto do amor materno, a partir do exame do recurso massivo à ama de leite, nos séculos clássicos. Limitado, no século XVII, à aristocracia e à burguesia, o fenômeno se generalizou, no século XVIII, a todas as camadas sociais urbanas. As primeiras sublinham que o envio das crianças à ama de leite teve a ver com o fato de mulheres ricas poderem pagar ou daquelas que, obrigadas a trabalhar, não podiam amamentar. As pesquisadoras não veem nisso sinal de desinteresse pela criança nem muito menos de ausência de amor materno, ainda que tal prática desencadeasse uma mortalidade infantil muito alta. Ao contrário, constatando que, apesar da repetição dos óbitos, a prática de adotar amas de leite se generalizava, Élisabeth Badinter estima que nem o peso dos fatores econômicos nem o das convenções sociais esgotam as explicações do fenômeno, sobretudo do lado das mulheres aristocratas. Ela afirma que estas rejeitavam a maternidade a fim de poderem viver livres, desenvolver sua cultura e seus saberes, sem serem impedidas pela criança. A indiferença em relação a esta se torna um comportamento dominante. No amor materno, não há, portanto, a evidência de um instinto, presente por toda a eternidade na natureza feminina: o que há é uma história.

A metade do século XVIII marca uma mudança ideológica importante, expressa fortemente por Rousseau e frequentemente retomada em nossos dias: são promovidos um novo tipo de mulher, a boa mãe, e um novo valor, o amor materno.

Desde o final do século XIX, em numerosos países europeus, as feministas buscam assegurar bem-estar e proteção social a todas as mães, e o reconhecimento da maternidade como uma função social que o Estado deve proteger. Apesar da heterogeneidade de suas posições, elas utilizam o argumento da glorificação da maternidade para obter novos direitos. Pleiteando que os direitos das mães sejam iguais aos dos pais, atacam o código civil napoleônico. Destacam as insuficiências das primeiras leis votadas na França, em 1909 e 1913, para proteger a maternidade (Cova, 1999). Esse "feminismo maternalista" é fundado na ideia de que a atividade materna e o trabalho doméstico são um verdadeiro trabalho que merece ser subvencionado pelo Estado. Hubertine Auclert, apresentando-se na França durante as eleições legislativas de 1885 e 1910, reivindicou a instauração de um Estado-mãe, que viria em auxílio das crianças (Bock *in* Duby e Perrot, 1992). Contudo, enquanto a "mãe republicana" é o ideal proposto às mulheres na França e nos Estados Unidos, na mesma época propaga-se a figura da celibatária autônoma, independente, adepta do amor livre, repudiando o modelo sagrado da mãe-esposa (Dauphin *in* Duby e Perrot, 1991). Num contexto que opõe natalistas e malthusianos, o tema da livre maternidade está no centro de debates públicos e privados e aparece em numerosos romances (Sagaert, 1999).

Durante a Primeira Guerra Mundial, enquanto as mulheres, mesmo mães, efetuam o trabalho dos homens, as feministas valorizam a eficácia do trabalho feminino e lutam para que elas possam conciliar trabalho e maternidade. A partir do fim do conflito, esperam obter o direito de voto em recompensa por seus bons e leais serviços. À exceção da Alemanha, nada aconteceu, e as mulheres foram mandadas de volta a seus lares (Thébaud *in* Duby e Perrot, 1992).

Entre as duas guerras mundiais, o retorno das mães ao lar e a estigmatização daquelas que trabalham tornam-se objeto de campanhas visando a promoção de uma política natalista (Sohn *in* Duby e Perrot, 1992). As feministas recusam que, em nome da maternidade, as mulheres sejam impedidas de trabalhar, quando representam 36% da população ativa, e das quais dois terços têm uma família para sustentar. Todavia, em 1920 e 1923, a adoção de leis contra a propaganda anticoncepcional e o aborto provocado não acarreta, salvo exceções notáveis daquelas que lutavam pela livre maternidade, senão poucas críticas da parte das feministas. Na década de 1930, diversas iniciativas, como o reconhecimento oficial da jornada das mães, a criação de instituições (Alto Comitê da População, em que nenhuma feminista foi convidada a participar e que esteve na origem do Código da Família), a aprovação de leis (criação de licença-maternidade, de abonos familiares e do salário único), reforçam a política natalista do Estado e seu papel de protetor da maternidade (Thébaud, 1999). Pior ainda, o regime de Vichy glorificou a maternidade como o único destino possível das mulheres que devem assegurar uma presença contínua no lar, e chegou a fazer disso um dever nacional (Eck *in* Duby e Perrot, 1992). Anne Cova (1999) julga que as feministas do período entre as duas grandes guerras desempenharam um papel significativo na elaboração de uma legislação em favor da proteção da maternidade e na edificação do Estado de bem-estar social, porém, apoiando-se na maternidade, fracassaram em obter direitos políticos para as mulheres.

O "novo regime da maternidade"

As aparentemente unânimes militantes do movimento de liberação das mulheres dos anos 70 impõem uma mudança considerável ao reivindicar a obtenção de meios que lhes permitissem recusar a maternidade não desejada. O acesso à contracepção oral, a partir de 1967, abre às mulheres a liberdade de poder anular ou limitar sua fecundidade e de escolher ter bebês ou não. A legalização do aborto foi obtida – não sem dificuldades – em 1975, após debates violentos opondo o direito e a autonomia das mulheres ao direito da criança de nascer. Os *slogans* das feministas pós-68 – "teremos as crianças que quisermos, se quisermos" e "nosso corpo nos pertence" – testemunham a vontade coletiva de que a maternidade dependa da liberdade de decisão de cada mulher. Contudo, a legalização do aborto não resolve o problema daquelas que, tendo ou desejando filhos, recusam a contradição entre sua vontade de autonomia e seu desejo de assumir a maternidade no sentido escolhido por elas, do mesmo modo que o acesso à contracepção não evita que as mulheres sejam confrontadas com a complexidade do desejo de ter um filho (Les Cahiers du GRIF, 1975, 1977).

Com os métodos modernos de contracepção, instalou-se aquilo que Nadine Lefaucheur (1992) chama de "novo regime da maternidade". Na verdade, pela primeira vez na História, o desejo de paternidade dos homens fica na dependência do desejo de maternidade de suas parceiras. Além do mais, torna-se menos fácil para eles negar a paternidade que não desejam assumir. Outro exemplo em que se opõem o direito da mãe, da criança de conhecer suas origens e do pai, e que suscita controvérsias: o "parto sob X" que, na França, dá a toda mulher o direito de dar à luz no mais completo anonimato. Em todos os países ocidentais, o aumento dos divórcios e nascimentos fora do casamento é acompanhado do desenvolvimento das famílias monoparentais – mais geralmente uma mulher com criança(s) – e das maternidades tardias (Valabrègue et al., 1982). Para Yvonne Knibielher (1977), houve uma mudança entre 1965 e 1980: à geração do *baby-boom* sucedeu a da "recusa", que militou pela contracepção e pelo aborto, depois aquela do desejo de ter um filho a qualquer preço.

A decisão unânime das feministas de lutar antes de tudo pela legalização do aborto, baseada na recusa de admitir as mulheres sendo definidas apenas pela maternidade, havia ocultado suas divergências de posição, hoje muito mais patentes. Seguindo as teses de Simone de Beauvoir, para quem a maternidade era o principal obstáculo à liberdade das mulheres, as feministas radicais viam nela o elemento central da dominação dos homens sobre as mulheres, uma forma de persuasão, sujeição, e até de escravidão (Les Chimères, 1975; Tabet, 1985), enquanto a corrente diferencialista, minoritária na França, valoriza o feminino, a maternidade, o amor materno, "verdadeiro suporte sem o qual o edifício social e cultural não poderia existir" (Kristeva, 1983; de Vilaine et al., 1986). Recentemente, Julia Kristeva e Yvonne Knibielher entraram no debate pela paridade,[11] empenhando-se pelo exercício ativo da cidadania daquelas que dão à luz e pelo reconhecimento do sentido social da procriação (Le Monde, 23 de março de 1999).

11 Cf. verbete "paridade", neste volume. (N.E.)

Perturbações recentes e nova lógica social

Christine Delphy (1991a) se manifesta contra o surgimento da "reivindicação maternal" que ela observa em numerosos textos feministas recentes: só se vêm na maternidade condutas e valores positivos, identificam-se os interesses das mulheres com os das mães, e os interesses das crianças com os das mães. Ela descreve essa "nova" ideologia da maternidade como "um corporativismo das mães", acompanhado por uma "apropriação das crianças". Vendo nisso apenas a retomada feminista de velhas ideologias que perduraram desde o século XVIII, ela tende a suprimir as posições semelhantes de feministas ao longo da História. Para ela, por outro lado, a reivindicação maternal reforça a tendência das leis recentes de privilegiar o recurso aos critérios biológicos na definição das relações de filiação. Lembremos que, desde o Direito romano, "a mãe é certa; o pai é aquele que o casamento designa". O estabelecimento das relações de filiação se efetua, portanto, de maneira assimétrica, cabendo à mãe um critério fisiológico definido (o parto) e, ao pai, um critério social (ser esposo ou companheiro da mãe), daí o pai ser denominado putativo. As tecnologias da reprodução humana introduziram fortes perturbações nas definições das relações de filiação e na distinção entre biológico e simbólico. Com a inseminação artificial com o esperma de um doador, o pai não é o genitor. Com o cenário das mães de aluguel, o pai é o genitor, enquanto a mãe de aluguel, embora dando à luz (geralmente sob "X"), não será a mãe legal. Esta será a esposa do genitor (critério social). Embora as mães de aluguel tenham quase sempre manifestado seu apego à criança, a plurimaternidade, que perturbaria bastante o modelo dominante da maternidade unívoca e certa, jamais foi proposta. A fecundação *in vitro* com doação de óvulos abre a possibilidade de distinguir a mãe genética da mãe uterina. Juntando-se a isso a mãe social (aquela que, após uma adoção, cuida da criança), pode-se doravante definir três tipos de mãe; a antiga certeza sobre a mãe desaparece. Além do mais, essas técnicas de reprodução oferecem a possibilidade inédita de conhecer precisamente a origem do esperma fecundante, e de permitir, assim, uma biologização da paternidade.

Diversas análises feministas têm explorado as formas de exercício do poder médico sobre as mulheres grávidas ou que desejam engravidar, enquanto outras têm salientado as dimensões social e política da reprodução.

Buscando pensar o lugar da experiência da maternidade na vida da mulher, uma nova lógica social tende a se elaborar: a de viver-para-si-e-com-as-crianças, implicando não somente uma verdadeira repartição do trabalho e das responsabilidades domésticas entre pai e mãe, mas também a possibilidade de se afastar do caráter opressor da geração biológica, acedendo simultaneamente à geração simbólica. Esta, ao permitir às mulheres que falem em seu próprio nome e escolham seus modos de parentesco e de filiação, pode ser portadora da liberdade (F. Collin, 1986b).

→ *Aborto e contracepção – Diferença dos sexos (teorias da) – Família – Movimentos feministas – Paridade – Tecnologias da reprodução humana – Trabalho (o conceito de)*

► Badinter, Élisabeth. L'amour en plus. Histoire de l'amour maternel XVIIe-XXe siècle, Paris, Flammarion, 1980, 372p.

Fouquet, Catherine; Knibielher, Yvonne. Histoire des mères, Paris, Montalba "Pluriel", 1977. [Reed. Paris, Hachette "Pluriel", 1982, 359p.]

Knibielher, Yvonne. Histoire des mères et de la maternité en Occident, Paris, PUF, "Que sais-je?", 2000, 128p.

Lefaucheur, Nadine. Maternité, famille, État, *in* Georges Duby e Michelle Perrot, 1992, t.5, p.411-30 (cf. Referências bibliográficas).

Les Cahiers du GRIF, 1975, n.9/10: Les femmes et les enfants d'abord; 1977, n.17/18: Mères-femmes; 1987, n.36: De la parenté à l'eugénisme.

Tabet, Paola. Fertilité naturelle, reproduction forcée, *in* Nicole-Claude Mathieu, *L'arraisonnement des femmes. Essais en anthropologie des sexes*, Paris, EHESS, 1985, p.61-146.

* Traduzido por VIVIAN ARANHA SABOIA.

Migrações*

Catherine Quiminal

A migração não é um estado, mas um processo. Portanto, ser um imigrado ou imigrada não é mais que uma característica geralmente passageira, que indica o deslocamento de uma região a outra ou de um Estado a outro, imigração transnacional ou internacional. As causas da imigração são múltiplas: pessoais, familiares, sociais, econômicas, políticas. Na maioria dos casos, vários fatores interferem nesse processo. Assim, as migrações de mulheres sós podem ser motivadas conjuntamente pela preocupação de encontrar um emprego que corresponda à sua qualificação, pela recusa do estatuto que lhes é imposto na sociedade de origem, por razões políticas. Além do mais, como sublinhou Abdelmalek Sayad (1984), todo imigrado é também um emigrado, cuja história passada e presente deve ser levada em conta. A utilização do termo "imigrado" é, portanto, redutora. Enfim, não se pode confundir o emigrado-imigrado com o estrangeiro. Há estrangeiros nascidos na França, e há imigrados que se tornaram franceses por terem obtido essa nacionalidade após certo tempo de permanência. É a mobilidade que faz a migração.

Na França, desde a primeira grande leva de imigração, no fim do século XIX, incidentes e enfrentamentos mais ou menos violentos, relacionados à mão de obra estrangeira, manifestam a existência de uma xenofobia facilmente mobilizável e manipulável. Pode-se dar alguns exemplos dessa violência: rebeliões contra os operários belgas, chamados "cloutjes" (tamancos), ou "boyaux rouges" ("tripas vermelhas", como as dos porcos) no norte da França (Liévin e Drocourt, 1892; Toucoing, 1893); agressividade contra os "vagabundos" italianos, "macaroni" ou "christos", que provocou a morte de mais de trinta deles, entre 1881 e 1893, sendo o massacre da localidade de Aigues-Mortes o mais tristemente famoso desses eventos.

Esse gênero de violência se repete nos períodos de crise tanto econômica como social ou política. Com o aumento dos fluxos migratórios provenientes das antigas colônias, a xenofobia se juntou ao racismo. Racismo de Estado: perseguições aos norte-africanos dos anos 60; a repressão assassina da manifestação de argelinos(as) em 1º de outubro de 1960, que fez numerosos mortos cujos corpos foram jogados no Sena; o racismo nos fundamentos da Frente Nacional.[12] Há mais de um século, debates, atividades e leis discriminatórias contra os imigrantes ocupam um lugar importante na cena política e social francesa.

A pesquisa sobre o fenômeno migratório...

No campo da pesquisa a situação é outra. Os juristas, demógrafos e geógrafos, por razões diferentes, foram os primeiros a levar em conta esse fenômeno reconhecido desde o fim dos anos 60 como fato estrutural das

12 Trata-se do partido de extrema-direita francês, claramente racista e xenófobo. (N.T.)

sociedades capitalistas. Suas preocupações eram diversas: lutar contra o baixo índice de natalidade, codificar o estatuto e a condição do estrangeiro, contar, classificar, identificar – segundo o método da "bertillonage" (ou antropometria), assim chamado em homenagem a seu inventor, Bertillon, do termo "imigração" e das técnicas modernas de identificação (Noiriel, 1988) –, a fim de redefinir os contornos da nação e das identidades.

A Sociologia, como a História, em parte sob influência de Durkheim, que quase não duvidava da capacidade de integração da sociedade francesa, interessou-se apenas tardiamente pela imigração, considerada um objeto menor e evanescente, e ainda mais tardiamente pelos migrantes cujas origens só podiam se dissolver na nação.

Nos países anglo-saxônicos, diferentemente do que se passou na França, a Sociologia concedeu um lugar importante ao estudo da imigração, particularmente nos Estados Unidos, ligado ao mito do *melting pot* ("caldeirão"), segundo o qual a nação norte-americana era comparada a um vasto caldeirão, em cujo bojo se operava a fusão histórica das diversas e sucessivas levas de imigrantes num só povo, graças ao poder assimilador do modo de vida norte-americano. A escola de Chicago constitui uma referência conceitual e metodológica importante. Desde o início do século (1915), sociólogos como Robert Park, Ernest Burgess e Roderick McKenzie (1925); William Isaac Thomas e Florian Znaniecki (1927/1998), além de William Foot White (1943), abordam as modalidades de apropriação de territórios urbanos, os fenômenos de segregação e aculturação, os problemas de estruturação interna e da divisão de papéis nas comunidades de migrantes, qualificadas de "minorias étnicas", no sentido sociológico da expressão, isto é, referem-se a coletividades dominadas, classificadas, diferenciadas segundo a origem e a cultura, e não a coletividades menos numerosas.

Na França, somente nos anos 60 se realizaram estudos sociológicos ou históricos sobre a imigração. A figura dominante do imigrado é, então, a de um homem jovem, solteiro, encarnando uma mão de obra barata, pouco qualificada, móvel, simples força de trabalho, de preferência originária das antigas colônias. Testemunha disso é a expressão "trabalhador imigrante", bastante utilizada para designar indistintamente o conjunto dos migrantes vindos nos anos 60, quer fossem trabalhadores ou não. Os temas abordados são, então, os de sua exploração ou condições de vida: imigrantes e saúde, imigrantes e escolaridade, imigrantes e justiça, imigrantes e moradia... O acoplamento de uma categoria particular de indivíduos e de uma série de problemas sociais atesta a dificuldade de construir a imigração como objeto sociológico. Isso contribuiu, muitas vezes involuntariamente, para uma grande estigmatização das referidas populações, imputando à imigração problemas de ordem social.

... descobre os migrantes

A imigrante mulher é ainda mais desconhecida, posto que a imigração não é concebida como processo de povoamento com vocação para se estabelecer na França, mas como migração de trabalho, de passagem. Além do deslocamento da assalariada, a mobilidade é uma "qualidade" que mesmo os pesquisadores têm dificuldade em reconhecer como feminina. Contudo, mesmo mulheres sendo "invisíveis", as mulheres não estavam ausentes do território. Representavam 30% da população estrangeira em 1931, na qual se contavam 306.000 mulheres ativas (INSEE). Essas cifras não incluem as numerosas mulheres empregadas nas empresas familiares, nem uma parcela das domésticas não declaradas. Elas são 38,2% em 1962. Excepcionais, contudo, eram as pesquisas que as levavam em conta. A obra de Andrée Michel (1955) foi exceção.

O relativo desenvolvimento de pesquisas sobre as mulheres migrantes data do fim dos anos 70 e início dos anos 80, enfatizando a dimensão sexuada dos fenômenos migratórios, a presença ou ausência das mulheres (Taboada, 1978). Em sua maioria, essas pesquisas tratam das preocupações políticas do momento, a saber, a integração e a assimilação. Como a instituição integradora por excelência – a escola – estava em crise, os estudos se centram do lado da família e mais particularmente das mães, esposas e filhas voltadas aos estudos. A imagem da mulher imigrada reclusa, que tem por função assegurar as tarefas domésticas e transmitir uma tradição julgada arcaica, oculta seu lugar no mundo do trabalho, bem como a presença de mulheres que chegaram sós.

A socióloga Jeanne Singer (1985) é, sem dúvida, a primeira a produzir uma análise das estatísticas sobre o emprego de mulheres estrangeiras; e Mirjana Morokvasic (1976), a primeira a analisar as dinâmicas que orientam seus percursos.

A questão das relações sociais de sexo, presente na situação migratória, não é objeto de nenhum estudo, enquanto os processos de aculturação, ou seja, de trocas culturais entre indivíduos ou grupos, têm, sem dúvida, efeitos significativos sobre a relação de dominação homens-mulheres. Cada um dos sexos redefiniu seu lugar em função daquele que lhe designa a sociedade receptora, que reinterpreta sua cultura. Desestabilizadores de sólidas tradições, os processos de aculturação são também criadores de realidades inéditas.

Hoje, as representações dominantes do imigrante mudaram um pouco. Elas oscilam entre aquela do jovem *beur*[13] ou *black*, desempregado, delinquente dos subúrbios, e aquela do clandestino. E continuam fortemente masculinas, embora as mulheres representem 45% da população estrangeira.

Resistências e visibilidade das mulheres na migração

Contudo, diversos fatores deram mais visibilidade às mulheres imigrantes. Por um lado, os debates em torno do reagrupamento familiar, do direito de viver em família, do véu islâmico usado por jovens muçulmanas (Gaspard, 1995), da poligamia, da circuncisão; por outro lado, a presença afirmada e ativa das mulheres nas diferentes lutas dos imigrantes – marcha pela igualdade, lutas por moradia, movimentos dos sem-papéis. Entre essas mulheres, algumas nasceram na França: o qualificativo "imigradas" é, então, indevido, apesar de muito utilizado, e se torna um estigma transmissível de uma geração a outra.

Começam a ser realizadas algumas pesquisas, ainda pouco numerosas, feitas em sua maioria por mulheres francesas ou estrangeiras, quase sempre filhas de migrantes. Estudam-se as relações no seio da família, o lugar, o papel e o estatuto das mulheres nessa situação de ruptura e mobilidade que caracteriza a migração, as relações interétnicas a que se submetem as mulheres ou que são construídas por elas, as interações com o grupo dominante e suas instituições, das quais as mulheres são as protagonistas: escola, seguridade social, agências de habitação social (Cahiers du CEDREF, 2000). Se o papel das mulheres é importante na reconstrução da cultura de origem, estudos antropológicos mostram igualmente sua capacidade de "inventar a tradição", de ajustá-la em função de suas aspirações presentes, para elas e

13 Jovem magrebino (do Magreb, região do Norte da África). (N.T.)

suas filhas. Assim, elas recolocam em questão a imagem da mulher imigrada, originária das antigas colônias, guardiã de valores tradicionais incompatíveis com os da modernidade.

Alguns trabalhos de pesquisadoras norte-americanas, inglesas ou canadenses, mais uma vez de origem frequentemente estrangeira, associam gênero e etnicidade.

Curiosamente, nos Estados Unidos, embora de um lado as pesquisas feministas e de outro as relativas à imigração sejam mais numerosas e menos depreciadas que na França, as mulheres em migração não têm recebido a atenção que merecem. Com efeito, a situação duplamente minoritária, tanto na condição de mulher como na de membro de uma comunidade estrangeira – "minoria" entendida, aqui também, como conceito referente a coletividades dominadas –, oferece um campo particularmente dinâmico sobre as relações sociais de gênero. Ela permite apreender tanto os processos de dominação dos maridos, de grupos sociais e mesmo dos Estados, quanto as formas de resistência praticadas e os espaços de autonomia às vezes conquistados pelas mulheres (Quiminal, 1998). Contudo, essas pesquisas comportam dificuldades teóricas e epistemológicas, na medida em que se trata de localizar as modalidades de discriminações étnicas e sexistas que se entrecruzam, se encobrem e se reforçam umas às outras.

→ *Desenvolvimento – Dominação – Educação e socialização – Etnicidade e nação – Família – Transmissões intergeracionais – Violências*

► Buijs, Gina. *Migrant Women, Crossing Boundaries and Changing Identities*, Center for Cross-Cultural Research on Women, Queen Elizabeth House, Universidade de Oxford, 1998, 225p.

Morokvasic, Mirjana. Roads to Independence. Self-Employed Immigrants and Minority Women in Five European States, *International Migration*, 1991, v.XXIX, n.3, p.407-20.

Noiriel, Gérard. *Le creuset français*, Paris, Seuil, 1988, 425p.

Simon, Gildas. *Géodynamique des migrations internationales dans le monde*, Paris, PUF, 1995, 429p.

Taravella, Louis. *Bibliographie analytique sur les femmes immigrées, 1965-1979*, Paris, CIEMM, 1980, 63p.

Witte, Philippe de (Dir.). *Immigration et intégration, l'état des savoirs*, Paris, La Découverte, 1999, 438p.

* Traduzido por Vivian Aranha Saboia

Movimentos feministas*

Dominique Fougeyrollas-Schwebel

O feminismo como movimento coletivo de luta de mulheres só se manifesta como tal na segunda metade do século XX. Essas lutas partem do reconhecimento das mulheres como específica e sistematicamente oprimidas, na certeza de que as relações entre homens e mulheres não estão inscritas na natureza, e que existe a possibilidade política de sua transformação. A reivindicação de direitos nasce do descompasso entre a afirmação dos princípios universais de igualdade e as realidades da divisão desigual dos poderes entre homens e mulheres. Nesse sentido, a reivindicação política do feminismo só pode emergir em relação a uma conceituação de direitos humanos universais; ele se baseia nas teorias dos direitos da pessoa, cujas primeiras formulações resultam das revoluções norte-americana e depois a francesa (Fraisse, 1992).

Os movimentos feministas devem ser distinguidos dos movimentos populares de mulheres, que não expõem frontalmente a exigência de direitos específicos para as mulheres (o serviço de Direitos das Mulheres na França propõe a noção de "direitos próprios" em contraponto à oposição "específica" que corresponde a "mulher", *versus* "universal" que corresponde a "homem"). Todavia, alguns movimentos que lutam politicamente pela igualdade entre homens e mulheres, as mulheres socialistas da 2ª e depois da 3ª Internacionais, rejeitam a qualificação "feminista" porque a seus olhos está marcada pelos fundamentos burgueses das reivindicações de direitos. Assim, a associação entre "movimentos de mulheres" e "movimentos feministas" assume significações diferentes segundo as representações que se façam das feministas: muito burguesas no século XIX e no começo do século XX, muito radicais e inimigas dos homens depois dos anos 70. Durante os anos 70, a expressão "movimento das mulheres" é frequentemente utilizada como forma reduzida para "movimento de liberação das mulheres"; por esse fato, ela pôde ser associada ao feminismo mais radical. Daí, às vezes, a diversidade e a confusão na oposição entre movimentos feministas e movimentos de mulheres.

Falar de "movimentos feministas" permite designar sob uma mesma denominação as diversas formas de movimentos de mulheres, o feminismo liberal ou "burguês", o feminismo radical, as mulheres marxistas ou socialistas, as mulheres lésbicas, as mulheres negras e todas as dimensões categoriais dos movimentos atuais. A expressão "movimentos de mulheres" representa então as mobilizações de mulheres com um objetivo único, como os movimentos populares de mulheres na América Latina ou os movimentos pela paz na Irlanda ou no Oriente Médio.

Abordagem histórica do movimento feminista

Na América do Norte e na Europa, historiadores e feministas distinguiram durante muito tempo duas ondas históricas dos movimentos feministas: a primeira transcorre na segunda metade do século XIX e no começo do século XX; a segunda, qualificada de "neofeminismo", cobre metade dos anos 60 e começo dos anos 70 (cf. Duby; Perrot, t.4 e 5, 1992). Se a demanda por direitos iguais abrange o conjunto das atividades sociais (direitos na família, direito do trabalho), a primeira onda do feminismo é frequentemente apresentada em torno das reivindicações do direito de voto: de fato, é a respeito dessas questões que as ações mais espetaculares foram realizadas nos Estados Unidos e no conjunto dos países europeus. Inversamente, os movimentos feministas dos anos 70 não se fundam na única exigência de igualdade, mas no reconhecimento da impossibilidade social de fundar essa igualdade dentro de um sistema patriarcal. Mas a oposição entre os dois momentos dos movimentos feministas é hoje descartada por certas historiadoras porque dá mostras de uma historiografia ainda lacunar dos movimentos feministas, que durante muito tempo apagou todo traço deles entre as décadas de 1920 e 1960. O feminismo contemporâneo prolonga as expectativas do feminismo do século XIX, a saber a individuação do sujeito democrático e econômico, da cidadã e da trabalhadora, mas acrescenta fortemente a questão da autonomização da sexualidade feminina; a maternidade não é o único horizonte das mulheres e, mais ainda, o desejo da "não maternidade", após o advento da contracepção feminina – a pílula começa a ser acessível na metade dos anos 60 –, começa a se exprimir de maneira positiva e não mais como uma carência (Fougeyrollas-Schwebel, 1997).

O feminismo dos anos 70

O impacto do feminismo dos anos 70 talvez não seja tanto o de afirmar novas formas de reivindicações e demandas de direitos, mas o de interrogar os domínios do político. Prolongando o movimento da contracultura dos anos 60, uma das prioridades dos movimentos de liberação das mulheres é a afirmação de que *o privado é político* (Freeman, 1975).

Criticando a noção de vanguarda e considerando, às vezes, o engajamento político como um engajamento do conjunto da vida das militantes, o feminismo dos anos 70 se caracteriza por grupos não mistos, negando aos homens o direito de falar em nome das mulheres. Ampliando as reivindicações dos movimentos negros norte-americanos, *Black Power* (Poder Negro) e depois *Black Panthers* (Panteras Negras), as feministas abrem, assim, o caminho aos movimentos multiculturalistas das décadas de 1980 e 1990, ao denunciarem os valores universalistas como aqueles dos grupos dominantes.

A discussão política é também uma busca de identidade. Efetivamente, a maioria das militantes privilegia o "grupo de fala" (*groupe de parole*) (Partisans, 1970). O movimento feminista participa dos movimentos antiautoritários e privilegia as formas mais espontâneas de manifestação, recusando toda organização hierárquica. Pertencer ao movimento representa a realização de uma nova ideologia, a pesquisa de sentido e de valores comuns. A essa nova ideologia denominou-se "sororidade": *Sisterhood is Powerful* (a sororidade é poderosa). Mas as questões da identidade racial ou nacional dividem o movimento, e a solidariedade comum das mulheres é rapidamente questionada pela suspeita da ignorância dos problemas próprios de cada grupo identitário, pelo temor da criação de novas formas de dominação entre homossexuais e heterossexuais, entre burguesas e proletárias, entre as mães e aquelas que não o são, entre as mulheres brancas e as mulheres negras, sobretudo nos Estados Unidos.

O feminismo do fim dos anos 60 e começo dos anos 70 adquire, como no século XIX, uma amplitude internacional. A onda de choque parte dos Estados Unidos e chega muito rapidamente à Grã-Bretanha e à Alemanha, ainda na mesma década. A explosão estudantil de 1968 é o terreno da propagação do feminismo, e a grande aparição pública do movimento norte-americano em 26 de agosto de 1970, para festejar os cinquenta anos do direito de voto nos Estados Unidos, dá força aos movimentos europeus.

A despeito de seu caráter extraparlamentar, o movimento de liberação das mulheres tem a capacidade de suscitar amplas mobilizações entre as mulheres sindicalizadas, mulheres dos partidos de esquerda e de direita ou das associações que lutam pelos direitos das mulheres, como o organismo Planejamento Familiar. Inicialmente as campanhas pela liberdade de abortar constituem os eventos mais importantes e mais marcantes. Aparecem igualmente mobilizações contra a violência que vitimiza mulheres – estupro, assédio sexual – e a transformação do direito: o reconhecimento do estupro conjugal. A conquista de novos direitos para as mulheres na esfera privada é acompanhada por exigências renovadas na esfera pública, pela reivindicação de medidas em favor de uma verdadeira igualdade no trabalho, mas tal reivindicação só consegue algum resultado quando se estabelece uma relação com as organizações sindicais e políticas (Katzenstein; Mueller, 1987).

As tendências no seio do movimento

Três correntes no seio do movimento se opõem quanto à definição da opressão das mulheres e suas estratégias políticas: feminismo radical, socialista e liberal. Segundo abordagens mais detalhadas, ocorrem distinções entre feministas marxistas ou socialistas, libertárias, radicais, lésbicas, materialistas ou essencialistas. A oposição politicamente mais frontal recai sobre as feministas liberais, de um lado, e feministas radicais e socialistas, de outro. Por "corrente liberal", devem-se entender os movimentos fundados na promoção dos valores individuais; com a luta pela total igualdade entre mulheres e homens, pode-se falar de um feminismo reformista que conta, por meio de políticas de ação positiva, com a prioridade dada às mulheres para reduzir as desigualdades. Ao contrário, os movimentos de liberação das mulheres querem romper com as estratégias de promoção das mulheres em proveito de uma transformação radical das estruturas sociais existentes. Esse movimento será marcado por oposições quanto às estratégias prioritárias entre aquilo que se denomina na França de feministas socialistas ou tendência da luta de classes, que afirmam que a verdadeira liberação das mulheres só poderá advir de um contexto de transformação global, e as feministas radicais, que sublinham que as lutas são conduzidas, antes de tudo, contra o sistema patriarcal e as formas diretas e indiretas do poder falocrático (Picq, 1993). No âmbito do próprio movimento radical, os grupos de lésbicas advogam a necessidade de um separatismo radical para lutar contra toda obrigação à heterossexualidade (Clef, 1989).

Para os movimentos feministas europeus, a relação com os partidos de esquerda é essencial e a dialética de inclusão-exclusão é permanente. Nos Estados Unidos, a fraqueza das feministas socialistas na esfera de feminismo e a ausência de partidos social-democratas fazem que o movimento tenha dado mais ênfase à autonomia individual e à igualdade, e que continue pouco ativo em matéria de direitos sociais. Inversamente, embora não existam nos países europeus organizações feministas tão importantes como nos Estados Unidos, os governos socialistas, mesmo moderados, têm permitido o acesso a direitos sociais inconcebíveis nos Estados Unidos (Threlfall, 1996).

Algumas organizações internacionais como a ONU agem no sentido da ampliação do acesso à igualdade das mulheres de todos os países. Denunciada como empresa de recuperação pelas feministas dos anos 70, a organização sucessiva de conferências internacionais como a de Nairóbi (1985) e depois a de Pequim (1995) suscita uma atenção redobrada das associações feministas que delas participam, cada vez mais, a título de ONGs. Na Europa, a União Europeia e o Conselho da Europa são igualmente utilizados pelas associações feministas como bases de pressão pelo acesso à igualdade (cf. as campanhas pela paridade entre homens e mulheres em política, desde 1992).

Assim, de 1970 até hoje, constata-se uma evolução contraditória dos movimentos feministas: a pressão internacional permite o avanço dos direitos das mulheres, acompanhado de uma atenuação da radicalidade dos movimentos feministas, que passam a se posicionar como associações a serviço das mulheres. Reforçada pela revitalização das correntes reformistas, essa evolução do feminismo na direção de uma postura especialista (*expertise*) ou de serviço social é talvez uma maneira de reatar com a tradição caritativa tão frequentemente denunciada. Enfim, persistem formas mais radicais do movimento feminista, as quais se contrapõem a essas tendências e, como nos anos 70, continuam capazes de mobilizações mais amplas de mulheres e homens, membros de partidos políticos ou de organizações sindicais e outras, como testemunham as lutas contra as violências, pela aplicação do direito ou pela abertura de novos direitos.

→ *Aborto e contracepção – História (sexuação da) – Igualdade – Maternidade – Movimentos sociais – Paridade – Patriarcado (teorias do) – Sexualidade – Violências*

► Centre lyonnais d'études féministes. *Chronique d'une passion. Le mouvement de libération des femmes à Lyon*, Paris, L'Harmattan, 1989, 272p.

Cohen, Yolande; Thébaud, Françoise (Eds.). *Féminisme et identités nationales. Les processus d'intégration des femmes en politique,* Lyon, CNRS, Programa plurianual em Ciências humanes Rhône-Alpes, 1998, 306p.
Fougeyrollas-Schwebel, Dominique. "Le féminisme des années 1970", *in* Christine Fauré. (Ed.). *Encyclopédie politique et historique des femmes,* Paris, PUF 1997, p.729-70.
Fraisse, Geneviève. *La raison des femmes,* Paris, Plon, 1992, 294p.
Picq, Françoise. *Libération des femmes. Les années-mouvement,* Paris, Seuil, 1993, 380p.
Threlfall, Monica (Ed.). *Mapping the Women's Movement: Feminist Politics and Social Transformation in the North,* Londres/Nova York, Verso, 1996, VII, 312p.

* Traduzido por VIVIAN ARANHA SABOIA.

Movimentos sociais*

Josette Trat

Os movimentos sociais são "ações coletivas realizadas em vista de um objetivo, cujo resultado, em caso de sucesso como em caso de fracasso, transforma os valores e as instituições da sociedade" (Castells, 1999). A expressão designa realidades distintas: junho de 1936, maio de 1968, as greves e manifestações de novembro/dezembro de 1995, ou ainda as assim chamadas "coordenações" surgidas entre os ferroviários em 1986, entre as enfermeiras em 1988 etc. Fala-se também do "movimento" operário, do "movimento" dos desempregados, do "movimento" dos homossexuais ou do "movimento" feminista. O termo se refere, portanto, tanto a períodos de "crises" políticas como a processos de mobilização duradouros que dão origem a associações, redes e organizações (além de partidos). Trata-se, então, da "dinâmica própria de um grupo social portador de reivindicações importantes, duráveis e conflituosas" (Béroud et al., 1998). Esses movimentos surgem mais frequentemente em setores dominados da sociedade, o que não significa, no entanto, que todos eles reclamem para si valores igualitários. No plano da pesquisa, constata-se que os movimentos sociais, sob hegemonia masculina, são sempre apreendidos como movimentos neutros. Questionando essa perspectiva, Daniele Kergoat utilizou a expressão "movimento social sexuado" para insistir na ideia de que "as relações sociais de sexo impregnam permanentemente todos os movimentos e que essa consideração deve estar sempre presente quando se analisam tais movimentos" (1992).

Uma longa história conceitual assexuada

Segundo François Chazel (1992), Lorenz von Stein foi o pioneiro da sociologia dos movimentos sociais, com seus estudos entre 1842 e 1850 sobre o proletariado francês. Na segunda metade do século XIX, Karl Marx trouxe uma contribuição maior a essa análise com suas obras sobre as lutas de classes. No século XX, diversos trabalhos, sobretudo anglo-saxônicos, marcaram essa reflexão. O modelo proposto por Mancur Olson (1966/1978) enfatiza o cálculo – em termos de custos e benefícios – feito pelos indivíduos antes de qualquer possível ação. Ao fazer isso, ele ignora as dimensões identitária, simbólica e política das ações coletivas. Anthony Oberschall (1973) e em seguida Charles Tilly (1978) insistem, ao contrário, no fator político e nas condições sociais subjacentes à emergência dos protestos. Seus estudos sobre diversos movimentos sociais históricos ou contemporâneos ressaltam o peso das redes de sociabilidade e de solidariedade na mobilização dos "recursos".

Na França, foram principalmente historiadores e historiadoras do movimento operário e, mais amplamente, dos movimentos populares que alimentaram nosso conhecimento dos movimentos sociais. As Ciências Políticas e a Sociologia pouco se interessaram por esse objeto de pesquisa julgado muito subversivo, preferindo a sociologia eleitoral ou aquela dos partidos, mais conforme a uma definição institucional da Política. Todavia, o grupo de pesquisa liderado por Alain Touraine e pesquisadores como François Chazel contribuíram para enaltecer o estudo dos movimentos sociais. Desde o começo dos anos 90, a pesquisa nesse campo teve desdobramentos importantes e renovou os debates sobre diversas questões.

A primeira concerne à definição dos movimentos sociais. Para Érik Neveu, são "formas de ação coletiva concertada em favor de uma causa" (1996). Essa definição se afasta das formulações normativas de Alain Touraine e equipe, para quem um movimento somente pode ser qualificado de "social" se tem atores claramente identificados, adversários precisamente designados, desafios expressamente voltados para a "direção social da historicidade", como um projeto de conjunto para a sociedade (Touraine, 1978). Para ele, nenhum movimento social desde 1868 pôde desempenhar esse papel. Também parece mais frutífero definir movimento social como um "processo" (Chazel, 1993). Na verdade, um movimento social evolui no seu transcorrer. Trata-se de uma realidade heterogênea social e politicamente atravessada por correntes e projetos diversificados. Nos movimentos contra o desemprego, por exemplo, a solidariedade entre assalariados e desempregados não é automática, assim como não o é a solidariedade entre homens e mulheres. As solidariedades no mundo do trabalho constituem um ponto central das atividades políticas (Aguitton e Corcuff, 1999).

A segunda questão concerne às molas que acionam os movimentos sociais. Para René Mouraux, quaisquer que sejam as evoluções do capitalismo contemporâneo e as dificuldades de luta dos assalariados ou dos desempregados, nada autoriza os pesquisadores a relativizar a questão da exploração e da luta de classes na análise dos movimentos sociais recentes, da "centralidade da oposição capital/trabalho nas sociedades capitalistas contemporâneas" (Béroud et al., 1998). Assim, ele toma resolutamente o contrapé da tese desenvolvida por Alain Touraine, para quem "os conflitos significativos se deslocaram do terreno dos direitos sociais para o dos direitos culturais" (1999). Seria, sem dúvida, teoricamente mais estimulante pensar uma interligação dessas várias dimensões dos movimentos sociais do que sua oposição.

Como pensar a diversidade? Uma nova abordagem se desenha. Ao levar em conta o conflito capital/trabalho, ela toma igualmente a medida da "diversidade" dos movimentos sociais e da diferenciação sociocultural que os atravessa. Uma tal perspectiva, para ser coerente, deveria integrar a reflexão das pesquisadoras e dos pesquisadores que integram a questão das relações sociais de sexo à sua análise. Ora, constata-se frequentemente uma separação radical entre, de um lado, os estudos sobre os movimentos sob hegemonia masculina que se conjugam no neutro, isto é, mais frequentemente no masculino, e, de outro, trabalhos sobre o movimento feminista, as lutas de mulheres ou de setores muito feminizados, realizados principalmente por pesquisadoras. Essa compartimentação da pesquisa tem uma dimensão amplamente internacional (Taylor e Wittier, 1998).

O movimento feminista é um movimento social

O que permite principalmente caracterizar o movimento feminista como movimento social é a sua duração. Quaisquer que sejam as intermitências da mobilização, as mulheres não cessaram de lutar *coletivamente* desde a

Revolução Francesa. Ademais, esse movimento se enraíza nas contradições fundamentais da sociedade, nascidas tanto do desenvolvimento do capitalismo como da persistência até hoje da dominação masculina, que se exprime na divisão social e sexual do trabalho. As mulheres se mobilizaram ora em nome da igualdade, ora em nome de suas diferenças, sempre contra as "injustiças" de que eram vítimas, reclamando ao mesmo tempo o direito ao trabalho, à educação, ao voto e também à "maternidade livre" desde o começo do século XX. Elas sempre reivindicaram sua identidade como seres humanos e sua liberdade.

No período contemporâneo, as atrizes desse movimento centraram suas lutas contra as discriminações sexistas, contra adversários de diversas formas: os homens (concebidos como grupo biológico), o "patriarcado", a "misoginia", ou ainda "a divisão sexual e social do trabalho" em todas as esferas da sociedade. Para algumas, o foco dessas lutas é o reconhecimento da "diferença sexual". Para outras, ao contrário, trata-se de questionar a construção social da diferença dos sexos: para muitas a igualdade não está na partilha do poder com os homens na sociedade vigente, mas supõe uma transformação global das relações sociais.

Na França, os trabalhos de pesquisadoras sobre o movimento feminista contribuíram, ao mesmo tempo, para salientar o papel das mulheres como atrizes sociais (Picq, 1993) e para estimular a reflexão sobre as mutações sociais e os novos temas de radicalização engendrados pelo desenvolvimento do capitalismo. Poucos sociólogos dos dois sexos se interessaram pela maneira como esse "novo" movimento social tem interpelado, do exterior e do interior, o velho movimento operário. Uma das primeiras a fazê-lo na França foi Margaret Maruani (1979).

O movimento social sexuado, um instrumento para pensar a dinâmica das mobilizações

Pensar em termos de *relações sociais de sexo* é levar em conta a diversidade de relações sociais fundamentais que estruturam a sociedade (relações de classe, gênero e "raça", principalmente). É considerar igualmente que todo movimento social é "sexuado", não somente em função do sexo biológico de seus/suas participantes, mas antes de tudo porque reflete – e às vezes questiona – a divisão social e sexual do trabalho e as relações de poderes entre homens e mulheres na sociedade. A partir de uma pesquisa coletiva sobre a coordenação das enfermeiras, em 1988-1989, Daniele Kergoat (Kergoat et al., 1992) mostrou que a reivindicação pelo reconhecimento profissional das enfermeiras apontava para a manutenção do estatuto subordinado desse novo assalariamento feminino, qualificado na divisão sexual e social do trabalho. Ela indicou também o impacto específico de um "movimento misto sob hegemonia feminina" sobre a organização e a natureza das reivindicações. A demanda por reconhecimento profissional das enfermeiras tinha uma dupla dimensão: tratava-se de fazer reconhecer ao mesmo tempo sua competência técnica *e* relacional que devia se traduzir por um reconhecimento salarial. Essa dinâmica foi novamente exemplificada, ainda que com notáveis diferenças, pela coordenação das assistentes sociais, em 1991 (Trat, 1994).

Uma outra questão diz respeito à distância observada entre o papel das mulheres como sujeito coletivo de movimentos sociais não mistos, ou mistos sob hegemonia feminina, e sua invisibilidade nos movimentos sociais mistos. Tais são algumas linhas de reflexão esboçadas na França (Heinen e Trat, 1997). Para analisar sua própria sociedade, marcada por uma forte mobilização de mulheres de diferentes minorias, as pesquisadoras anglo-saxônicas aprenderam há muito tempo a cruzar as diferentes relações sociais de gênero, classe e "raça" (Taylor; Wittier, 1998 e 1999). A abordagem em termos de relações sociais de sexo tem o mérito de levar em conta as profundas transformações mundiais ocorridas no curso dos últimos trinta anos, principalmente a feminização do assalariamento, e de ressituá-las no conjunto das relações sociais. Ela responde ao programa de pesquisas internacionais iniciado por McAdam, Tarrow e Tilly (1996) visando ultrapassar a fragmentação das disciplinas e comparar os movimentos sociais em suas várias dimensões.

→ *Divisão sexual do trabalho e relações sociais de sexo – Movimentos feministas – Sindicatos*

- Béroud, Sophie; Mouriaux, René; Vakaloulis, Michel. *Le mouvement social en France*, Paris, La Dispute, 1998, 223p.

Heinen, Jacqueline; Trat, Josette (Coords.). Hommes et femmes dans le mouvement social, *Cahiers du Gedisst*, 1997, n.18, 187p.

Kergoat, Danièle; Imbert, Françoise; Le Doaré, Hélène; Senotier, Danièle. *Les infirmières et leur coordination (1988-1989)*, Paris, Lamarre, 1992, 192p.

Neveu, Érik. *Sociologie des mouvements sociaux*, Paris, La Découverte "Repères", 1996, 123p.

Picq, Françoise. *Libération des femmes, les années-mouvement*, Paris, Seuil, 1993, 380p.

Trat, Josette. La lutte des assistantes sociales: un mouvement de femmes salariées conjugué au masculin, *Les coordinations de travailleurs dans la confrontation sociale,* Paris, L'Harmattan "Futur antérieur", 1994, p.103-40.

* Traduzido por Francisco Ribeiro Silva Júnior.

Mundialização*

Fatiha Talahite

Após a segunda guerra mundial, a expansão dos bancos norte-americanos fora dos Estados Unidos e a autonomização de uma criação monetária em eurodólares marcam a emergência de uma esfera financeira globalizada, impondo sua lógica ao conjunto da economia mundial. O capitalismo, que ultrapassara desde muito tempo os limites do Estado-nação, não se contenta mais em contornar-lhe os limites. Transnacionalização de empresas e mudanças decisivas na organização do trabalho e da produção alteram a eficácia das políticas públicas, questionando as bases do Estado de bem-estar social. Estados e organizações se reagrupam em escala regional ou internacional para reagir e se adaptar ao novo contexto. Mas a mundialização não é tanto a extensão do mercado em sentido genérico – invariante das sociedades humanas –, mas de um mercado submetido a um dado sistema normativo, porque a "lei do mercado" não age sozinha; ela passa por regras e convenções, resultantes de conflitos, negociações, compromissos. Ora, o que é mundial não é necessariamente universal. Serge Latouche (1988) denomina essa difusão de normas e padrões de "ocidentalização do mundo". A mundialização é, portanto, uma categoria ao mesmo tempo analítica, designando um fenômeno econômico, e normativa, servindo para prescrever comportamentos, definir e justificar o conteúdo de normas e instituições.

Mundialização e globalização

Inicialmente traduzido pelo neologismo "globalização" (do inglês *globalization,* objeto ultra-Atlântico de uma significativa literatura), o termo se dissemina na França por volta de meados dos anos 90. Defesa da língua ou desafios teóricos e ideológicos? Mudou-se de paradigma depois das teorias sobre a economia internacional, o capitalismo mundial, a globalização financeira? Traduzindo uma propensão a padronizar a análise econômica, o termo vem sancionar o fim da competição entre capitalismo e socialismo desde a queda do Muro de Berlim e a tendência à convergência na direção de um só modelo econômico.

Os estudos econômicos relativos ao gênero só se desenvolveram a partir do início dos anos 80. Essencialmente, tais estudos integram a separação entre a esfera doméstica e esferas de produção e troca, inserida nas categorias contábeis com a distinção entre consumo final e produção (a primeira é o fato exclusivo dos domicílios, e a segunda, das empresas). Elas incidem particularmente sobre o emprego, raro domínio em que os dados estatísticos apontam a variável sexo. Com o esforço de harmonização dos quadros estatísticos e o avanço das bases de dados facilitando as comparações internacionais, é sobretudo pelo viés do mercado de trabalho, das migrações ou da demografia que a relação entre gênero e mundialização é estudada (Nações Unidas, 1995). A extensão, às relações de sexo, de noções inicialmente forjadas no contexto do Estado-nação e depois projetadas na escala da economia mundial passa pela substituição, pela analogia, pela articulação ou pela superposição das categorias de sexo ou de gênero àquelas de classe, povo, nação, raça ou etnia. A partir de 1995, o campo das comparações internacionais se amplia, com a publicação pelo PNUD de um indicador do desenvolvimento humano baseado especificamente no sexo (ISDH), assim como de um índice da participação das mulheres (IPF).

A mundialização – horizonte do capitalismo?

1) Entre 1950 e 1970, a crítica do imperialismo e do intercâmbio desigual leva alguns países a adotar estratégias de ruptura com o mercado mundial. Mas eles se excluem e se marginalizam. O questionamento da divisão internacional do trabalho vem dos países "emergentes" da Ásia e da América Latina, introduzidos na competição internacional aproveitando suas vantagens comparativas (baixo custo da mão de obra, principalmente) e sobretudo das empresas internacionais, que mudam os dados da divisão internacional do trabalho organizando mudanças intrarramos e intrafirmas em escala mundial. Nos anos 90,

ajustando o passo com os países "emergentes", os países "em transição" se lançam, por sua vez, no mercado mundial.

Na visão liberal, a mundialização seria um jogo de soma positiva fundado não mais apenas na troca de mercadorias entre nações, mas na circulação mundial de bens, capitais, mão de obra, com a multiplicação dos fluxos aumentando, por sua vez, a riqueza das nações e aquela globalmente produzida por uma economia doravante mundializada. Outros opõem a essa visão o questionamento das aquisições realizadas no contexto do Estado-nação. Entre os marxistas, a crítica da mundialização como extensão em escala mundial da lei do valor prolonga a crítica do capitalismo.

Mas o abandono da ideia de algo além do capitalismo leva a não se considerar outro horizonte que não o espacial para a mundialização. O longo tempo da História perde sua pertinência em proveito do espaço, que se torna uma temática recorrente, com as noções de território, distrito, rede.

2) Essas controvérsias despontam nas abordagens sobre as mulheres e a mundialização. Onde alguns denunciam a intensificação, através do planeta, de relações de exploração e dominação, a deterioração do ambiente e suas consequências para as mulheres, outros veem a possibilidade de ir na direção de um maior bem-estar e igualdade entre os sexos. Tende-se a substituir a visão de um mundo bipolar (Norte/Sul) pela da tríade América-Europa-Ásia. Mas é inicialmente nas regiões desenvolvidas que os processos de integração regional desembocam numa convergência das economias. Apesar do avanço dos meios de transporte e das tecnologias da comunicação, que alimenta uma visão ecumênica da mundialização, a distância que as separa de suas periferias se aprofunda.

Há alguns anos, surgiu um movimento antimundialização – ATTAC –, a partir da contestação da AMI, da OMC e em torno da reivindicação da taxa Tobin, reunindo diversas correntes da sociedade civil, entre as quais a Marcha Mundial das Mulheres. Denunciando a mundialização "(neo)liberal" – o que leva a supor a perspectiva de outra mundialização –, ele retoma em parte a tradição das ideologias anticapitalistas e anti-imperialistas. As feministas que participam desse movimento reformulam, numa perspectiva alter-mundialista, a questão já antiga da relação entre a luta das mulheres e outros embates políticos.

Uniformização dos mundos e diferença dos sexos

1) A mundialização, que é também um processo de unificação monetária em torno de duas ou três grandes moedas, caminha para a uniformização dos mundos, sua convergência "num só mundo", no qual tudo é alinhado sob um mesmo padrão de valor: a moeda. Homens e mulheres são colocados em competição e a igualdade formal dos direitos cria as condições dessa competição. A avaliação em moeda do desempenho dos indivíduos faz que toda expressão da diferença entre os sexos que não possa se exprimir assim tenda a desaparecer ou a perder sua significação, enquanto as diferenças monetarizadas se acentuam. Elas se exprimem especialmente em diferenciais de remuneração (30% em média nos países industrializados), revelando uma tenaz desvalorização das mulheres apesar de medidas institucionais corretivas ou compensatórias. A segregação puramente ligada ao sexo seria responsável por 20% a 30% de uma diferença que, se pode ser menor nas fases de crescimento (14% na Suécia, em 1980), tende a crescer em situações de estagnação e desemprego. Em que medida sua diminuição é suscetível de se generalizar ou é ligada a uma conjuntura excepcional, como a dos Gloriosos Trinta, favorecendo a redistribuição? As conquistas das mulheres nos países desenvolvidos são um privilégio devido à sua posição dominante na economia mundial, necessitando, para serem defendidas, manter essa dominação ou podem se estender às outras mulheres do mundo, graças à difusão de uma norma universal em matéria de direitos femininos? O início de uma elite feminina mundializada, informada e de alto desempenho, que reivindica a paridade e a igualdade entre os sexos e afirma representar em todo o mundo os ideais do feminismo, tem seus prós e contras. Atuando como *lobby* e engajada em estratégias de obtenção de poder (*empowerment*), pode ser capaz de se comprometer com os poderes políticos, midiáticos ou financeiros.
2) A difusão de um modelo de transformação do estatuto das mulheres baseado no trabalho assalariado se generalizou pelos países socialistas e, em menor medida, no Terceiro Mundo, sob diversas formas segundo os períodos e os tipos de economia. Se pôde favorecer a promoção de um assalariamento estável e qualificado, hoje tende a tomar o aspecto de uma proletarização brutal (precarização do emprego,

desemprego, trabalho informal, migrações clandestinas e múltiplas formas de prostituição), precipitando as mulheres numa competição em que seu desempenho é avaliado em termos monetários (Talahite, 1998). Passando para o mercado, essa avaliação se faz também segundo normas. A competição ocorre num espaço e com regras de jogo cujas definição e configuração são hoje um desafio da mundialização. O resultado é paradoxal: enquanto convenções internacionais visam proteger as mulheres da discriminação e da violência, o recurso a uma norma mundializada deixa "sem voz" as mulheres das culturas dominadas (Spivak, 1988), e os modos de expressão da diferença dos sexos, próprios de cada cultura, se degradam e se depreciam. Ora, esta é ambivalente: fonte de desigualdades, também estrutura as sociedades humanas e dá sentido à existência e à ação. Nesse contexto de perda de sentido, o domínio de competição entre homens e mulheres se restringe, o que o torna mais brutal e discriminatório, enquanto, para uma grande parte, existência e ação se desenrolam fora do campo do valor mundializado. A outra vertente da mundialização é esse processo de exclusão que faz que a atividade de populações inteiras sujeitas ao "informal" e ao "não direito" não seja reconhecida; sua existência, medida pelo critério do valor mundializado, finalmente "não possui valor".

→ *Desenvolvimento – Divisão sexual do trabalho e relações sociais de sexo – Etnicidade e nação – Migrações – Precarização social*

► Charlier, Sophie; Ryckman, Hélène; Coral, Namur. *Rapports de genre et mondialisation des marchés,* Paris, L'Harmattan, 1999, 183p.

Hirata, Helena; Le Doaré, Hélène (Coords.). Les paradoxes de la mondialisation, *Cahiers du Gedisst,* 1998, n.21, 188p.

Sparr, Pamela (Ed.). *Mortgaging Women's Lives. Feminist Critique of Structural Adjustment,* Londres, Atlantic Highlands, NJ, Zed Books, 1994, 214p.

Standing, Guy. Global Feminisation through Flexible Labour, *World Development,* 1989, v.17, n.7, p.1077-95.

Wichterich, Christa. *La femme mondialisée,* Arles, Actes Sud, 1998, 263p. [edição em alemão no original, 1998.]

Zein Elabdin, Eiman. Development, Gender and the Environment, Theoretical or Contextual Link? Toward an Institutional Analysis, *Journal of Economic Issues,* dez. 1996, v.XXX, n.4.

* Traduzido por Vivian Aranha Saboia.

Ofício, profissão, "bico"*

Prisca Kergoat, Geneviève Picot e Emmanuelle Lada

Ofício

Do latim *menestier, mistier* ("serviço", "ofício"), a noção de ofício remete igualmente a dois conceitos gregos maiores, os de *métis* – inteligência prática – e de *techné* – inteligência raciocinada. Ocorre uma distinção entre o artesão dotado de inteligência prática, o que implica qualidades servis de obediência, e o de "técnico", que detém as regras de sua arte (Descolonges, 1996). Essa dicotomia se encontra nos exemplos encontrados no *Le petit Robert* (1977): "As mãos trabalham mais que a cabeça", "pequeno ofício", "pitoresco". O ofício abrange com toda evidência a divisão social do trabalho e mais particularmente a divisão entre a ação manual e a intelectual. As citações e expressões dos dicionários marcam igualmente a divisão social entre os sexos: "Ser um homem de ofício", "o mais velho ofício do mundo", "o ofício de rei é grande". As mulheres seriam essencialmente pouco afeitas tanto ao exercício da técnica como do poder. É, portanto, no cruzamento dessas duas dimensões que se deve problematizar a questão.

A idade de ouro do ofício faz referência às corporações, ao artesanato. A aquisição de um ofício demanda uma longa aprendizagem, com a obra-prima como seu produto final. É no decorrer do trabalho de historiadores que descobrimos um número sempre crescente de mulheres nas corporações. Existiam setores de ofícios feminizados: roupeiras, tecelãs, iluminuristas, vendedoras de grãos e até alguns ofícios masculinos em que havia mulheres: cirurgiãs, alquimistas, malabaristas etc. (*Livro dos ofícios*, 1268). Entretanto, a regra continua sendo a da especificidade dos ofícios. Mesmo sendo ofícios reconhecidos, ainda são "trabalhos de mulheres", entendidos como tarefas tradicionalmente atribuídas a estas últimas (Perrot, 1978). Essa divisão do trabalho testemunha a precariedade do limite entre as atividades produtivas e as reprodutivas.

Com a industrialização e a parcelarização do trabalho, assiste-se à extinção de inúmeros ofícios. Ao contrário dos artesãos, a grande maioria dos operários não domina o conjunto dos processos de produção (Naville, 1961). Mesmo com o movimento de salarização que dá às mulheres a possibilidade de se esquivar da lojinha ou do domicílio conjugal, a divisão do trabalho, certamente segundo novas modalidades, se desenvolve nas fábricas.

A noção de "ofício de mulher", surgida no fim do século XIX, definiu-se em torno de "qualidades naturais" nas mulheres, não reconhecidas como qualificação. Inúmeras historiografias ressaltam igualmente a utilização do corpo das mulheres como instrumento de trabalho: inúmeras são as prostitutas, amas de leite, domésticas etc. (Gardey, 1968) que participam da organização econômica e social do trabalho.

Com a evolução dos direitos da mulher ao longo do século XX, as problemáticas em Ciências Sociais se reorientam, nos anos 80, para análises em termos de feminização ou masculinização, de *profissões* ou *setores* em que a divisão sexual do trabalho está em constante reelaboração.

As diferentes abordagens sociológicas da noção de ofício referem-se a três dimensões que fazem aparecer a necessidade de raciocinar simultaneamente em termos de divisão técnica e social e em termos de divisão sexual do trabalho.

1) O ofício está associado ao domínio do conjunto de processos de produção, a um ato de criação.

A história industrial marca a oposição estruturante entre a ocupação de um "posto de trabalho" e de um "ofício". A primeira remete a uma divisão técnica do trabalho, a uma parcialização das tarefas, cujo protótipo é a situação taylorista: o indivíduo é despossuído de sua autonomia e de sua criatividade. Inversamente, a noção de ofício remete a regras de ação que se assemelham às regras da arte; não se trata de aplicar operações formalizadas e repetitivas, mas de assimilar um "saber fazer" (*savoir-faire*) refletido, compreendendo uma longa aprendizagem das regras formais e práticas, da matéria-prima ao produto final. Desses dois modelos, resulta uma divisão social e sexual do trabalho: as mulheres estão pouco presentes no artesanato e se encontram nos postos de trabalho mais desqualificados do setor industrial. Em contrapartida, são amplamente representadas nos "ofícios" ditos de serviço, tais como o comércio, os cuidados com pessoas e o setor terciário, onde se dão a flexibilidade e a parcialização do trabalho.

2) O ofício está associado à noção da experiência sancionada por um título ou diploma.

O nível de formação dos ofícios é amplamente determinado pelo setor e pelo sexo. No setor industrial – pouco feminizado –, as formações que preparam para um nível III (engenheiro) são mais difundidas que no setor terciário.

Essa distinção de reconhecimento vigente entre ofícios ditos masculinos e ofícios ditos femininos envolve a separação entre, de um lado, qualidades femininas – que seriam inatas, não adquiridas e, por conseguinte, não reconhecidas como verdadeiras qualificações – e, de outro, qualidades masculinas – consagradas por diplomas e, portanto, reconhecidas como tais (Kergoat, 1984). Essa lógica que remete ao saber fazer supostamente feminino (minúcia, cuidado etc.) pode ser reforçada pela noção de competência usada pelas empresas: o "saber fazer" (paciência, discrição, generosidade etc.) é um critério encontrado num certo número de ofícios ditos femininos, baseado num "saber ser com os outros" (secretária, telefonista, enfermeira, assistente social, cabeleireira etc.). Um dos perigos dessa noção não seria, ao revestir antigos lugares-comuns de uma aparência de modernidade e cientificidade (cf. a construção de referenciais de competências), ratificar e legitimar a diferença sexuada das carreiras, graças à dissociação entre as competências supostamente masculinas e as supostamente femininas?

3) O ofício é produtor de reconhecimento social.

Os ofícios supostamente femininos são menos valorizados por nossas sociedades; além disso, a valorização social pelo ofício é mais forte entre os homens do que entre as mulheres, em virtude do lugar atribuído a elas nas esferas da produção e da reprodução (Kergoat, 1988; Fortino, 1995). Mireille Dadoy (1984) observa a existência de uma forte reivindicação social do *retorno ao ofício* – noção que se enriquece com uma clara conotação positiva – *versus* desemprego, ausência de qualificação, parcelarização do trabalho, decomposição dos coletivos de trabalho, emprego instável que não dá acesso a uma carreira nem a um reconhecimento social. Entretanto, a reabilitação do ofício não parece se fazer em torno do(a) operário(a), da(o) artesã(o) ou do(a) empregado(a), mas da figura do técnico e do engenheiro, afirmando, assim, a persistência da divisão social e sexual do trabalho.

► Dadoy, Mireille. Le retour au métier, *Revue française des affaires sociales,* 1984, n.4, p.69-104.

Descolonges, Michèle. *Qu'est-ce qu'un métier?,* Paris, PUF, 1996, 259 p.

Fortino, Sabine. Le 'plaisir', au coeur des pratiques et stratégies professionnelles férninines?, *Cahiers du GEDISST,* 1995, n.14, p.127-147.

Gardey, Delphine. Perspectives historiques, *in* Margaret Maruani (dir.), *Les nouvelles frontières de l'inégalité. Hommes et femmes sur le marché du travail,* Paris, MAGE/La Découverte "Recherches", 1998, p.23-38.

Kergoat, Danièle. Le métier, *in* Christophe Dejours (dir.), *Plaisir et souffrance dans le travail,* Éditions de l'AOCIP, 1988, t.2, p.191-198.

Perrot, Michelle. De la nourrice à l'employée... Travaux de femmes dans la France du XIXe siècle, *Le mouvement social,* número especial, octobre-novembre 1978, n.105, p.3-10.

Profissão

O termo "profissão" (do latim *professio*) provém do verbo "professar", que é o ato de proclamar aquilo em que se crê, uma crença político-religiosa ou uma opinião. Na linguagem corrente, o termo tem inúmeros sentidos, podendo tanto designar "uma ocupação determinada da qual se tiram os meios de existência" como um "ofício que tem relativo prestígio social ou intelectual" (*Le petit Robert*, 1993).

A sociologia das profissões nos países anglo-saxões opõe as "verdadeiras profissões" às outras atividades de trabalho designadas como ocupações. As primeiras são dotadas de direitos específicos reconhecidos pelo Estado e pela legislação; elas organizam sua formação, controlam seu exercício, têm uma estruturação autônoma; comportam uma formação longa e teórica tanto quanto um saber prático. As segundas não desfrutam desses direitos particulares. Na França, a sociologia das profissões, chamada mais frequentemente de sociologia dos grupos profissionais, não faz diferença entre "verdadeira profissão" e ocupação; os membros de uma profissão são aqueles que exercem uma mesma atividade de trabalho; o sentido do termo aqui é próximo daquele de "corporação". Portanto, a noção de profissão comporta sentidos diferentes segundo os autores e seus pontos de vista sobre o trabalho, que podem se formular em termos de identidade, posição, especialização ou classificação profissional (Dubar e Tripier, 1998, p.12-3).

Historicamente, o exercício de uma profissão, como de todo trabalho que implique uma renda, é profundamente marcado pela divisão sexual do trabalho. Na França, as mulheres foram excluídas do modelo corporativo estatal, um sistema profissional hierarquizado que predominou durante o Antigo Regime e permaneceu posteriormente. Entretanto, durante certos períodos, elas puderam ter acesso a algumas corporações, particularmente as esposas, viúvas ou filhas de homens de ofício (Roux, 1994, p.90-1). A partir do fim do século XIX e começo do século XX, as mulheres passaram a exercer atividades de trabalho – como secretárias, enfermeiras, professoras – que se dizia serem "adequadas para uma mulher" (Cacouault, 1987), continuando excluídas de atividades mais prestigiosas, como o exercício da Medicina ou do Direito.

Entre os fundadores da Sociologia, enquanto alguns autores analisaram os grupos profissionais a fim de mostrar sua gênese e suas dinâmicas, pode-se dizer que está ausente toda interrogação em termos da sexuação da atividade profissional. Assim, para Émile Durkheim, os grupos profissionais deviam ser levados a desempenhar um papel central na organização social e moral de nossas sociedades modernas, e sobretudo assegurar uma função de regulação social como "corpos intermediários" entre o indivíduo e o Estado. Max Weber centra sua reflexão nos significados religiosos da atividade profissional; assim, os "profissionais" são, no início, religiosos (o mágico, o padre, o profeta) que encarnam a construção de legitimidades carismáticas ou tradicionais. Com a revolução industrial e a racionalização das atividades, aparece uma nova figura profissional, a do "especialista" (*expert*), que é representativa da construção de uma legitimidade legal-racional.

A pesquisa histórica e sociológica se propõe, num primeiro momento, a ressaltar as características das atividades profissionais exercidas por mulheres. A partir do fim dos anos 60, diante do maior acesso das mulheres ao setor terciário e aos grupos profissionais que lhes eram até então interditados, os trabalhos têm-se apoiado na feminização de um ofício ou de uma profissão. Estes se interrogam qual o sentido atribuído à noção de feminização (Zaidman, 1986), que remete tanto ao crescimento do número de mulheres num determinado grupo profissional – em pequeno ou grande número – como aos efeitos desse crescimento numérico em termos de transformação ou reprodução das relações sociais entre os sexos e das práticas profissionais. A noção de feminização está associada a diversas representações sociais. Ela pode ser analisada como uma "subversão" (Zaidman, 1986), um desregramento do sistema social quando, por exemplo, mulheres entram em pequeno número nas concentrações masculinas assimiladas a setores de poder. Ela pode ser, ao contrário, interpretada como uma vitória das mulheres em sua luta pelo acesso à igualdade – em direitos e em número –, no caso de uma entrada massiva das mulheres num grupo profissional. Em outros casos ainda, o processo de feminização pode ser analisado em relação à desvalorização de um exercício profissional e a uma perda de prestígio.

Desde o fim dos anos 90, algumas pesquisas se orientam mais para o estudo dos mecanismos sociais e econômicos que estão na origem das novas formas de divisão sexual do trabalho, levando em conta uma multiplicidade de fatores, como a evolução das representações sociais (Cacouault, 1987), as transformações estruturais (Mary, 1989; J. Collin, 1992), a influência dos contextos nacionais (Cacouault, 1987; Mary, 1989; Le Feuvre; Walters, 1993), as transformações da organização do trabalho (Cacouault, 1987; Picot, 1995), assim como as mudanças relacionadas à instituição familiar. Estudos sobre a masculinização de grupos profissionais permitem predizer uma ampliação dos questionamentos, inclusive sobre a noção de feminização (Cacouault-Bitaud, 1999; Picot, 2000).

Na sociologia dos grupos profissionais, os fenômenos de masculinização e feminização não são sempre levados em conta quando se busca compreender a evolução de um grupo profissional. Apesar de sua importância, permanecem elementos marginais ou ignorados nas análises. Na sociologia das relações sociais de sexo, o sentido a ser atribuído ao termo "profissão" (no contexto anglo-saxão ou francês) é um debate teórico ainda por ser feito. A novidade desse debate provém do acesso recente das mulheres a meios profissionais mais privilegiados e mais valorizados socialmente.

► Cacouault Marlaine, Prof... c'est bien pour une femme, *Le Mouvement social,* juillet-septembre 1987, n.140, p.107-119.

Collin Johanne, Les femmes dans la profession phamaceutique au Québec: rupture ou continuité?, *Recherches féministes,* 1992, v.5, n.2, p.31-56.

Le Feuvre Nicky, Walters Patricia, Égales en droit? La féminisation des professions juridiques en France et en Grande-Bretagne, *Sociétés contemporaines,* 1993, n° 16, p.41-62. Marry Catherine, Femmes ingênieurs: une (ir)résistible ascension?, *Information sur les sciences sociales,* juin 1989, voto 28, n.2, p.291-344.

Picot Geneviève, Le rapport entre médecin et personnel infirmier à l'hôpital public: continuités et changements, *Cahiers du Genre,* Paris, 2000, n.26.

Zaidman Claude, La notion de féminisation: de la description statistique à l'analyse des comportements, *in* Nicole Aubert, Eugene Enriquez, Vincent de Gaulejac (dir.), *Le sexe du pouvoir. Femmes, hommes et pouvoirs dans les organisations,* Paris, Desclée de Brouwer, 1986, p.281-289.

"Bico" (*Job*)

"Bico" (*job*) é um termo que, nas sociedades ocidentais contemporâneas, remete à fragmentação da relação salarial, de que a diversificação das formas e dos estatutos de emprego é um dos aspectos.

Na França, a palavra *job* não remete nem a uma apelação jurídica nem, em Ciências Sociais, a um conceito ou uma noção, diferentemente dos trabalhos anglo-saxões: é uma categoria, resultante da prática, pouco usada por pesquisadoras e pesquisadores, que preferem a expressão "pequenos expedientes" (*petits boulot*). Se o termo *job* remete, na Inglaterra do século XIV, a "um pedaço ou uma peça qualquer que possa ser arrastada" (Sennet, 1998, p.9), hoje ele faz parte de um linguajar familiar de origem inglesa que se refere, desde os anos 50, a um "trabalho, emprego remunerado, considerado sobretudo em função dos recursos que proporciona" e, em seguida, "toda ocupação profissional" (*Grand dictionnaire des lettres*, Larousse, 7 vols., 1986).

Atualmente, esse termo não denomina nenhuma realidade de emprego nas representações de jovens de zonas urbanas de ambos os sexos em começo de vida ativa, mas é um espaço intermediário plural de empregos, em contraposição a um emprego de tempo integral, com duração indeterminada e com um só empregador; inserido para os jovens de sexo masculino num jogo de oposição entre diferentes práticas informais (entre as quais o trabalho informal) e um emprego de duração indeterminada, ele se reveste para as jovens do sexo feminino de uma diferenciação entre trabalho informal, trabalho doméstico e emprego de duração indeterminada. Mesmo tornando visível um estatuto, o de "trabalhador" ou "trabalhadora", não fornece perspectiva de carreira e remete a momentos diferentes das trajetórias dos jovens de ambos os sexos.

Para as moças, trata-se de uma remuneração por um terceiro que transforma em *job* tarefas do âmbito da esfera doméstica: ensinar crianças *versus* ser babá temporária, cuidar de ascendentes *versus* auxiliar pessoas idosas...

Alguns trabalhos que procuraram definir os "pequenos expedientes" a partir de uma abordagem descritiva revelaram uma realidade plural (em termos de estatutos, condições de emprego e setores de atividade), mas sem propor uma definição unívoca. Assim, os "bicos" dizem respeito a atividades declaradas ou não, sobretudo no âmbito dos serviços à pessoa (Ème e Laville, 1988). Para outros estudiosos, eles pertencem exclusivamente à esfera do trabalho profissional e legal, no setor terciário, primário ou secundário (Elbaum, 1987). Nesse inciso da Divisão Emprego do INSEE – que é interessante mencionar, pois esse organismo participa, na França, da elaboração de nomenclaturas –, é a atividade reduzida, caracterizada pelo critério dos horários de trabalho, que define os "pequenos expedientes". Distinguem-se quatro tipos: "Os horários reduzidos e regulares, os horários reduzidos e instáveis, os contratos de trabalho temporário de curta duração e as atividades episódicas ou marginais". O trabalho temporário, os estágios e também o trabalho em tempo parcial com contrato de duração indeterminada fazem parte dos "pequenos expedientes" nessa definição.

Para Chantal Nicole-Drancourt (1991), eles têm um carater provisório e amador, e dizem mais especificamente respeito aos primeiros tempos da inserção juvenil. É interessante ressaltar esse ponto, pois, para Nicole-Drancourt, as diferentes formas de emprego temporário não são equivalentes, em razão principalmente de uma articulação diferente segundo o gênero e o momento biográfico.

É nos anos 80 e 90 que se difundem os termos *job* e "pequenos expedientes" nos escritos sociológicos, para se referir a uma realidade diferente do emprego estudantil. Eles são, todavia, pouco formalizados e questionados em relação à divisão sexual do trabalho. Estamos num contexto de amplas transformações do aparato produtivo. O crescimento do desemprego se mantém. A ruptura da norma de emprego construída no pós-guerra, as mudanças nas políticas públicas de emprego e o desenvolvimento do setor terciário têm consequências sobretudo para as mulheres, que se mantêm no mercado de trabalho após uma intensificação de sua entrada no assalariamento.

O termo *job* pertence ao entrecruzamento de debates sociais e políticos sobre a diversificação das formas de emprego, a inserção e a precarização. Em meados dos anos 80, propõe-se a ideia de que esses "pequenos expedientes" poderiam ser uma nova maneira de articular o econômico e o social, assim como uma "resposta inovadora aos desafios da precariedade e do desemprego" (Ème e Laville, 1988).

Os trabalhos sobre os "pequenos expedientes" e, mais amplamente, sobre a diversificação das formas de emprego (Coletivo, 1989) e o trabalho das mulheres (Lagrave, 1992), sublinham a segmentação sexuada dos mercados de trabalho e uma sexuação dessas formas de emprego que não suprimem as lógicas geracionais. Assim, são principalmente jovens e mulheres que se encontram nesses espaços e nesses períodos, que se prolongam para as menos qualificadas dentre elas.

Atualmente, num debate sobre as fontes potenciais de empregos, as orientações das políticas públicas de emprego e os discursos empresariais tendem a um processo de institucionalização desses "pequenos expedientes", num processo que reproduz a mais tradicional divisão sexual do trabalho.

O que ainda provoca debate é menos a definição dos pequenos expedientes e "bicos" e mais a interpretação que deve ser dada a seu desenvolvimento e seus objetivos. Um dos desafios hoje é refletir sobre a construção social sexuada dos empregos e denunciar a ideologia que sustenta o discurso sobre a "repartição" do trabalho entre homens e mulheres (Hirata; Senotier, 1996).

→ *Categorias socioprofissionais – Desemprego – Divisão sexual do trabalho e relações sociais de sexo – Emprego – Flexibilidade – Técnicas e gênero – Trabalho (o conceito de)*

► Coletivo. *Évolution des formes d'emploi,* Paris, La Documentation française, 1989, 280p. [Atas do colóquio da revista *Travail et emploi,* 3 e 4 de novembro de 1988.]

Elbaum, Mireille. Les petits boulots. Plus d'un million d'actifs en 1987, *Économie et statistiques,* 1987, n.205, p.49-58.

Ème, Bernard; Laville, Jean-Louis. *Les petits boulots en question,* Paris, Syros "Alternative", 1988, 231p.

Hirata, Helena; Senotier, Danièle (Dirs.). *Femmes et partage du travail,* Paris, Syros "Alternatives sociologiques", 1996, 281p.

Lagrave, Rose-Marie. Une émancipation sous tutelle. Éducation et travail des femmes au XXe siècle, *in* George Duby, Michelle Perrot (dirs.). *Histoire des femmes en Occident,* 1992, t.5 (cf. Referências bibliográficas), p.430-61.

Nicole-Drancourt, Chantal. *Le labyrinthe de l'insertion,* Paris, La Documentation française, 1991, 407p.

* Traduzido por Francisco Ribeiro Silva Júnior.

Paridade*

Hélène Le Doaré

O termo "paridade" designa uma representação igual de mulheres e homens nas instituições da República compostas por meio de eleições. O termo está associado a outra noção que torna mais explícita sua vinculação exclusiva ao campo do político, a noção de *democracia paritária*. A desigualdade dos sexos nos espaços de representação questiona os fundamentos da democracia representativa; a paridade que, em sua forma numérica, é concebida como uma modalidade específica da igualdade, deveria contribuir para reassentar as bases de um sistema democrático que é explicitamente deficiente, uma vez que não foi capaz de integrar metade dos cidadãos. Na França, essa batalha, que recentemente se tornou um preceito legislativo, buscou se distinguir da reivindicação por cotas defendida pelos movimentos de mulheres de numerosos países.

A noção de paridade, do ponto de vista político, surgiu no âmbito europeu; de fato, foram iniciativas desenvolvidas em escala europeia que favoreceram o impulso das mobilizações na França. A expressão "democracia paritária" foi lançada num colóquio organizado em 1989 pelo Conselho da União Europeia, em Estrasburgo; a questão da igualdade entre homens e mulheres foi colocada como um pressuposto/prerrequisito político. Mulheres com experiência de alta responsabilidade política, como Simone Veil e Edith Cresson, reuniram-se em 3 de novembro de 1992 em Atenas, a convite da Comissão Europeia. Diante da constatação de um déficit democrático, declararam que "as mulheres representam mais da metade da população. A igualdade impõe a paridade na representação e na administração das nações". Finalmente, 1992 é o ano em que se difunde, na França, a palavra "paridade", com a publicação do livro de Françoise Gaspard, Claude Servan-Schreiber e Anne Le Gall.

Uma maioria política a partir de uma palavra de ordem feminista contestada

A reivindicação da paridade tem uma história relativamente curta, pois sua fase de elaboração política se conclui com o voto do Congresso (que reúne a Assembleia Nacional e o Senado), em Versalhes, a 28 de junho de 1999. Sua aplicação na forma de lista paritária nas eleições municipais de 2001 demonstrou ao mesmo tempo a eficácia de uma imposição legal, pois as conselheiras municipais representaram 47% dos eleitos (haviam sido 25% em 1995) nos municípios com mais de 3.500 habitantes, e seus limites. Com efeito, se levamos em consideração o número de prefeitas eleitas (6,9% contra 3% em 1995), e a fraca representação de conselheiras nos executivos municipais que, em geral, recorriam à "competência feminina", percebemos que as chaves do poder permanecem na mão dos homens, que todavia controlam o acesso a outros escalões do poder político. A reivindicação de paridade se desenvolveu inicialmente num ambiente feminista dividido. Se essa reivindicação não suscitou uma real mobilização social em seu apoio, teve sucesso, no entanto, ao convergir numa só corrente múltiplas formas de intervenção: criação de uma associação, de uma rede, organização de colóquios e seminários, produção de ações de visibilidade, como o Manifesto dos 577, publicado no jornal *Le Monde* em 10 de novembro de 1993, reivindicando que a paridade se transformasse em lei.

Em que termos o movimento pela paridade defendeu seu projeto? A reivindicação da paridade, segundo esse movimento, integra um princípio e uma aposta.

O princípio: "[...] As mulheres foram subtraídas, em função de seu sexo, do corpo político na origem da democracia e [...] essa exclusão se instituiu como um princípio, [e] é como mulheres, numa relação de absoluta igualdade, que elas devem estar presentes nas assembleias eleitas" (Gaspard, in *Nouvelles questions féministes*, 1994, p.31). As mulheres não constituem uma categoria ou uma minoria, mas um dos dois componentes do corpo social; o estabelecimento de cotas se contrapõe ao princípio da igualdade.

A aposta, no plano simbólico e no plano concreto: "É claro que a instauração de assembleias paritárias... subverte a imagem que todas as mulheres fazem de si, e cada uma de si mesma e de sua capacidade para assumir responsabilidades políticas. Não há dúvida que essas subversões tornam, senão caducas, ao menos ilegítimas as discriminações persistentes, produzindo como reflexo outras mutações, apenas por sua força simbólica" (Viennot, *Nouvelles questions féministes*, 1994, p.79).

É uma aposta em relação às mulheres que supõe a abertura em direção a novos grupos de mulheres e a renúncia a uma aliança *a priori* com a esquerda. Essa estratégia política se situa no interior das instituições existentes na perspectiva de uma mudança possível da vida política e para as mulheres.

Paralelamente, iniciativas pontuais demonstram que a paridade entra, pouco a pouco, no debate e na cena política: em setembro de 1995, Alain Juppé cria o Observatório da Paridade. Em junho de 1996, *L'Express* publica o Manifesto das 10 em defesa da paridade, no qual mulheres políticas provenientes de horizontes diversos propõem sete medidas para renovar a prática do poder e da democracia. Finalmente, e principalmente, o "acesso igual de mulheres e homens aos mandatos e às funções" torna-se um desafio na vida dos partidos que transformam essa questão numa pedra angular da "modernização" das instituições. Já nas eleições europeias de 1994, seis listas eram paritárias ou quase. É preciso também dizer que a "opinião pública" parece manifestar sua adesão a essa demanda, apesar de sua radicalidade. As diversas sondagens revelam que em torno de dois terços das francesas e dos franceses aprovariam uma modificação da Constituição com o objetivo de introduzir como princípio geral a paridade homens-mulheres. Essa adesão majoritária, bastante surpreendente, pode se explicar pela esperança de uma renovação dos mecanismos da vida política, esperança reforçada pela proposta de feminização do governo de Leonel Jospin, levada a cabo com sucesso.

A história da reivindicação da paridade entra numa segunda etapa ao final de 1998, desencadeada pela discussão na Assembleia Nacional e no Senado da lei adotada em junho pelo Conselho de Ministros da União Europeia. Após um vaivém entre a Assembleia, que a votou por quase unanimidade, e o Senado, bastante reticente, no dia 4 de março chegou-se a um acordo entre as duas casas em relação à integração no artigo 3º: "A lei favorece o igual acesso de homens e mulheres aos mandatos eleitorais e às funções eletivas"; e no artigo 4º: "Os partidos políticos contribuem para implementar a paridade".

As discussões institucionais foram precedidas e posteriormente acompanhadas com repercussão inesperada pela imprensa, em que mulheres – e alguns homens – se exprimem longa e apaixonadamente, defendendo posições teóricas que fundamentam ou invalidam a inserção da paridade no artigo 3º da Constituição.

De um debate interno à disputa pública

A consignação da "paridade" tem fundamento como projeto político coerente em si? "Esse conceito de repartição entre homens e mulheres é, para mim, filosoficamente insustentável; mas é verdadeiro na prática, ou seja, é eficaz." Esse comentário de Geneviève Fraisse, no jornal *L'Humanité* em 13 de fevereiro de 1996, evidenciou a existência de um duplo nível que explica a aguda natureza do debate, impondo o deslocamento ambíguo de uma estratégia a um fundamento filosófico, do exercício compartilhado da cidadania ao pertencimento a uma humanidade única, ou dual.

O debate no interior dos meios feministas é menos a expressão de posições contraditórias sobre a participação das mulheres na esfera política do que a tradução de *duas* visões da luta feminista. O movimento pela paridade aglutina mulheres diversas, para quem a participação no poder é um desafio real ou virtual; real para aquelas que aí estão ou almejam entrar, e virtual para aquelas que pensam que a divisão do poder político é uma das últimas grandes batalhas das mulheres. O movimento pela paridade abrange uma estratégia limitada que tampouco se apoia sobre qualquer programa político de conjunto. Aquelas que exprimem uma oposição a essa luta – dificilmente podemos evocar a existência de uma corrente antiparidade – de fato têm pouco interesse por essa nova forma de contestação. Elas se incluem na continuidade da luta feminista ancorada numa visão global da sociedade, fundada sobre a crítica a todas as relações sociais e sobre a transformação renovada da divisão sexual do trabalho que está no cerne mesmo da dominação masculina. À paridade, algumas opõem a coexistência entre os sexos,[14] como uma estratégia de transformação das relações sociais de sexo agindo em todos os níveis da sociedade.

No momento em que a paridade entra na arena das instituições, o debate contraditório (*La Piège*, 1999) desenvolvido durante o primeiro período entre as militantes feministas que se referenciam em análises políticas diferentes transforma-se numa dinâmica de tomada de posições situadas em disciplinas científicas (Filosofia, Filosofia política, Psicanálise, História etc.) cujos fundamentos explicariam, além das opções políticas, as divergências proclamadas. Os discursos e as condições dos discursos mudaram; no entanto, os temas que são objeto de controvérsia são fundamentalmente os mesmos e podem ser reduzidos a dois: a defesa do universalismo e a acusação de naturalismo.

O princípio da universalidade, fundador da democracia, é negado pela representação das mulheres como mulheres, e essa negação coloca em risco o potencial igualitário da ideia republicana gerada pela noção de um indivíduo abstrato e da prevalência do interesse geral. "A subrepresentação das mulheres nada mais é que o exemplo mais flagrante da subrepresentação

14 Nesta obra, traduzimos *mixité*, sem equivalente em português, por "coexistência dos sexos". A edição espanhola traduziu esse termo por "grupos mixtos".

de uma série de grupos sociais" (Varikas, in *Nouvelles questions feministes*, 1995, p.90);[15] todo grupo discriminado teria o direito de reivindicar ser representado. O espaço democrático não seria mais que a expressão de interesses particulares.

Os pró-paridade defendem-se, sobretudo, de uma acusação de antirrepublicanos. As pragmáticas defendem, como Michelle Perrot, a ideia de uma "paridade universalista": o universal é um objetivo, não uma realidade (*Le Monde*, 25 fevereiro de 1999). E as "fundamentalistas", como Sylviane Agacinski, reivindicam uma humanidade universal dupla (*Le Monde*, 6 de fevereiro de 1999). O recurso a "desvios linguísticos" não contribuiu para que se abrisse um diálogo. A paridade é um retorno a uma concepção naturalista das mulheres, uma vez que sua presença, por si mesma, seria "naturalmente" uma força transformadora das regras do jogo político. O pensamento essencialista ligado a Luce Irigaray aparece pouco nesse debate, mas a introdução da diferença entre os sexos, definida em particular pela maternidade, para lastrear uma dualidade da espécie humana, é vista como uma regressão intolerável por algumas intelectuais e por numerosas feministas que lutaram contra a ideia de uma "natureza feminina". As defensoras da paridade como estratégia argumentam que se apoiam na igualdade como horizonte e não sobre a diferença como princípio.

A inscrição da paridade no artigo 4º da Constituição, como uma medida obrigatória aos partidos políticos, poria fim ao debate. Mas o compromisso político, no sentido próprio do termo, significava um alinhamento às posições de um Senado sob maioria do RPR (Reagrupamento pela República).

Por sua amplitude midiática, o debate possibilitou a entrada de uma nova noção na linguagem comum, superou os limites do jogo político e dos círculos de reflexão feministas, no mínimo relembrando ao conjunto da sociedade a existência de desigualdades entre homens e mulheres. A solução constitucional marca uma mudança importante na formalidade jurídica, mas o consenso majoritário nos faz pensar que ela deixará intactos os mecanismos das relações sociais entre os sexos.

→ *Cidadania – Coexistência dos sexos – Diferença dos sexos (teorias da) – Igualdade – Movimentos feministas – Poder(es) – Sexo e gênero – Universalismo e particularismo*

---

15 Publicado no Brasil em *Estudos Feministas*, v.4, 1/1996, p.65-94. "Refundar ou reacomodar a democracia? Reflexões críticas acerca da paridade entre os sexos." (N.T.)

► *Cahiers du* GEDISST, 1996, n.17, Principes et enjeux de la parité, 96p.
Gaspard, Françoise; Servan-Schreiber, Claude; Le Gall, Anne. *Au pouvoir citoyennes! Liberté, égalité, parité*, Paris, Seuil, 1992, 184p.
Mossuz-Lavau, Janine. *Femmes/hommes pour la parité*, Paris, Presses de Sciences Po, 1998, 128p.
Nouvelles questions féministes, 1994, v.15, n.4, "La parité 'pour'", 90p
Nouvelles questions féministes, 1995, v.16, n.2, "La parité 'contre'", 140p.
Le piège de la parité. Arguments pour un débat, Paris, Hachette, 1999, 253p.

* Traduzido por TATAU GODINHO.

Patriarcado (teorias do)*

Christine Delphy

"Patriarcado" é uma palavra muito antiga, que mudou de sentido por volta do fim do século XIX, com as primeiras teorias dos "estágios" da evolução das sociedades humanas, depois novamente no fim do século XX, com a "segunda onda" do feminismo surgida nos anos 70 no Ocidente.

Nessa nova acepção feminista, o patriarcado designa uma formação social em que os homens detêm o poder, ou ainda, mais simplesmente, o poder é dos homens. Ele é, assim, quase sinônimo de "dominação masculina" ou de opressão das mulheres. Essas expressões, contemporâneas dos anos 70, referem-se ao mesmo objeto, designado na época precedente pelas expressões "subordinação" ou "sujeição" das mulheres, ou ainda "condição feminina".

Antes do século XIX e da aparição de um sentido ligado à organização global da sociedade, o patriarcado e os patriarcas designavam os dignitários da Igreja, seguindo o uso dos autores sagrados, para os quais patriarcas são os primeiros chefes de família que viveram, seja antes, seja depois do Dilúvio. Esse sentido ainda é encontrado, por exemplo, na Igreja Ortodoxa, na expressão "o patriarca de Constantinopla".

História semântica

Esse sentido religioso é o primeiro a ser citado pelos dicionários franceses; o sentido "social" só vai aparecer em segundo ou terceiro lugar. Em contrapartida, os dicionários ingleses dão o sentido contemporâneo, feminista, como primeira acepção.

"Patriarcado" vem da combinação das palavras gregas *pater* (pai) e *arkhe*[16] (origem e comando). Essa raiz de duplo sentido se encontra em *ar*caico e mon*arquia*. Para o grego antigo, a primazia no tempo e a autoridade são uma só e a mesma coisa.

Portanto, o patriarcado é literalmente a autoridade do pai. Como o pai é forçosamente o primeiro e a origem em relação às gerações seguintes, a adição de *pater* com *arkhe* redobra a autoridade da origem, considerada uma evidência no termo *arqui* – e evidente na palavra grega *archontes* (descendentes das primeiras famílias instaladas num lugar e dirigentes da comunidade). Mas a palavra *pater* em si – a mesma em sânscrito, grego e latim – não designa o pai no sentido contemporâneo. Esse papel é preenchido pelo *genitor* – genitor. "A palavra *pater* tinha um outro sentido [...] Na língua do Direito [aplicava-se] a todo homem que não dependia de nenhum outro e que tinha autoridade sobre uma família e um domínio" (Fustel de Coulanges, 1864). A palavra "patriarcado" comporta, portanto, triplamente a noção de autoridade e nenhuma noção de filiação biológica.

São Morgan e Bachofen que lhe dão seu segundo sentido histórico, aquele que se manterá até os anos 70. Eles postulam a existência de um direito materno que teria sido substituído pelo direito paterno, explicitamente chamado por Bachofen de patriarcado. Ele é seguido por Engels e depois por Bebel (1893/1964).

Antes das denúncias dos autores socialistas, encontra-se bastante o adjetivo "patriarcal" em autores do século XIX, utilizado de maneira elogiosa em expressões como "as virtudes patriarcais", a saber, a simplicidade dos costumes, a frugalidade, a vida no campo. A palavra denota pequenas comunidades agrícolas compostas de unidades familiares de produção, cada uma sob o cajado de seu antepassado, sendo a vida comunitária regida pela reunião dos ancestrais, dos chefes de família. Para os autores, essa é a imagem de uma idade de ouro, que eles opõem à corrupção e à decadência provocadas pela vida na cidade, pela indústria e pelo assalariamento.

A mesma imagem de uma sociedade composta de famílias sob a autoridade de um *pater familias* e a mesma palavra que evocam, para os autores

16 Raiz abonada pelo *Dicionário Houaiss*, versão eletrônica 2003, verbete *patriarcado*. (N.T.)

dos séculos XVIII e XIX, uma idade de ouro tornam-se uma acusação para as feministas do século XX.

Atribui-se a invenção do terceiro sentido – o sentido feminista contemporâneo – a Kate Millet, em *Sexual politics* (*Política sexual*) (1971). Esse terceiro sentido está em clara continuidade com o segundo. Mas, diferentemente dos autores socialistas – ainda que Engels seja discutido até muito antes nos anos 70 –, as feministas, a exemplo de Simone de Beauvoir, não creem na existência de um matriarcado original, e a maioria não se interessa pelas teorias evolucionistas, desacreditadas pelas atuais Ciências Sociais.

Pai ou marido, é tudo igual, diz implicitamente a definição feminista. E é, na verdade, o caso de nossas sociedades, como da sociedade antiga que criou a palavra. Isso é, entretanto, a fonte de uma das objeções correntes contra a utilização de "patriarcado" para designar o(s) sistema(s) que oprime(m) as mulheres. A palavra exata, dizem aqueles e aquelas que levantam essa objeção, deveria ser "*viriarcado*". Na verdade, em certas sociedades, o marido e o pai são distintos: é o tio materno que detém a autoridade "paterna" sobre os filhos nas famílias. Mas essa objeção se funda num contrassenso etimológico, pois assimila o pai ao genitor, utilizando *pater* como "pai" no sentido moderno. O sentido dado pelas feministas prevaleceu, e é compreendido que a palavra designa a dominação dos homens, quer sejam eles pais biológicos ou não. Essa acepção está integrada ao mais recente dos dicionários ingleses usuais (Collins, *Thesaurus*, 1987: "*A form of social organization in which a male is the head of the family and descent*" ["Uma forma de organização social na qual um macho é o chefe da família e de sua descendência"]).

Patriarcado e teorias feministas

O patriarcado é rapidamente adotado pelo conjunto dos movimentos feministas militantes nos anos 70 como o termo que designa o conjunto do sistema a ser combatido. Em relação a seus quase sinônimos "dominação masculina" e "opressão das mulheres", ele apresenta duas características: por um lado, designa, no espírito daquelas que o utilizam, um sistema e não relações individuais ou um estado de espírito; por outro lado, em sua argumentação, as feministas opuseram "patriarcado" a "capitalismo" – o primeiro é diferente do segundo, um não se reduz ao outro. Isso se reveste de uma grande importância política num momento de reemergência do feminismo, em que as militantes são confrontadas a homens e mulheres de organizações políticas para quem a subordinação das mulheres não é mais que uma das consequências do capitalismo.

Patriarcado *ou* capitalismo, patriarcado *e* capitalismo: tais são os termos dos debates mais importantes entre os(as) partidários(as) de uma luta feminista autônoma e os(as) partidários(as) de uma luta feminista sujeita às organizações políticas anticapitalistas. Esses debates perdem seu vigor nos anos 80 por duas razões: as organizações de extrema esquerda se "resignaram" à multiplicidade de frentes, e renunciaram à distinção entre luta principal e luta secundária; também perderam sua força com a "crise do militantismo", que terminou por atingir também o movimento feminista no começo dos anos 80. Por conseguinte, essas lutas perdem seu impacto até desaparecerem nos anos 90.

Os estudos feministas aparecem no fim dos anos 70 na França, e parecem a expressão da força do movimento feminista, mas muito rapidamente torna-se aparente que, de fato, coincidem com seu enfraquecimento. Elas herdam conceitos forjados pelo movimento militante, mas sua legítima vontade de construir um lugar próprio nas esferas do conhecimento leva-os frequentemente a eufemizar seu vocabulário para se distinguir do militantismo.

Nos Estados Unidos e na Grã-Bretanha, em contrapartida, os estudos feministas foram menos tímidos porque foram menos combatidos. Também se encontra a palavra "patriarcado" não somente nos panfletos militantes, mas também em todas as obras teóricas. No entanto, as mesmas linhas divisórias entre feministas de sensibilidade mais "socialista" e feministas de sensibilidade mais autônoma são aparentes no uso ou evitação do termo. Um livro famoso editado por Zillah Eisenstein tenta tomar uma posição intermediária e conciliar as duas tendências, como indica seu título: *Capitalist patriarchy and the case for socialist feminism* (*Patriarcado capitalista e a defesa do feminismo socialista*) (1979). Outras feministas socialistas norte-americanas, como Heidi Hartmann (1981), não têm escrúpulos em utilizar o termo "patriarcado" nem em considerá-lo um sistema distinto do capitalismo.

Patriarcado, gênero, relações sociais de sexo*

Na França, os debates em torno da utilização do termo têm em parte as mesmas razões. Às vezes, o termo "patriarcado" levanta objeções, frequentemente da parte das mesmas pessoas que se opõem mais tarde ao emprego do conceito de gênero. As razões dessas reticências são às vezes claras: elas denotam a adesão a uma teoria que privilegia o capitalismo, no caso do patriarcado, e a uma teoria que privilegia a "diferença natural dos sexos", no caso do gênero. Mas às vezes essas reticências parecem manifestar uma hostilidade irracional contra aquilo que é visto como uma "importação do exterior". As sociólogas feministas criaram termos como "relações sociais de sexo", que são unicamente franceses e intraduzíveis em outra língua. Esse termo, agora o mais utilizado em Sociologia, foi inicialmente concebido como uma alternativa a "patriarcado", julgado insatisfatório, e mais tarde ao termo "gênero".

Uma outra objeção a "patriarcado" é sua generalidade: pode-se reprová-lo por universalizar uma forma de dominação masculina situada no tempo ou no espaço; ou então correr o risco de cair na falha inversa, de ser trans-histórico e transgeográfico. Alguns autores precisam o tempo e a localização de seu uso (Delphy, 1998), mas o uso atemporal também é legítimo, se não conceder poder explicativo ao termo e "patriarcado" for empregado de maneira descritiva. Assim, numa obra voltada aos feminismos não ocidentais, Chandra Mohanty, Ann Russo, Lourdes Torres (1991) utilizam-no vinte vezes.

O termo "patriarcado" continua a ser muito usado na língua inglesa. Ele é encontrado abundantemente, tanto em obras recentes (Walby, 1986; 1990) como num manual de sociologia da família britânica (D. Morgan, 1985); em francês, segundo uma sondagem efetuada sobre a base Francis por Nicole Girard, entre 1984 e 1996 ele foi utilizado em 47 revistas diferentes (quase todas francesas, com cerca de três exceções) de Sociologia, Estudos Culturais, Antropologia e Arqueologia. Parece, portanto, amplamente aceito nos anos 80 e 90.

Entretanto, nos países de língua inglesa, compete hoje, no domínio dos estudos feministas, com o conceito de gênero, que tem diferentes acepções; com frequência, gênero designa apenas a "variável sexo", mas possui também a acepção de sistema (sistema de gênero). Só o contexto da frase ou do parágrafo distingue essas acepções. Não mais que outros termos de Ciências Sociais, os termos "patriarcado", "gênero" ou "sistema de gênero", "relações sociais de sexo" ou "relações sociais de gênero", ou qualquer outro termo suscetível de ser empregado em seu lugar, não têm definição estrita e tampouco uma com a qual todos estejam de acordo.

Esses três termos – ou conceitos – têm, entretanto, em comum o fato de pretenderem descrever não atitudes individuais ou de setores precisos da vida social, mas um sistema total que impregna e comanda o conjunto das atividades humanas, coletivas e individuais. Assim, os três termos têm a mesma pretensão à generalidade e a mesma denotação de organização, que não é absolutamente casual.

No conjunto do léxico feminista, tanto militante como científico, eles se completam e opõem a termos como "sexismo" ou "machismo", que denotam mais o nível das atitudes e/ou das relações interindividuais. São igualmente mais conceituais ou teóricos que "dominação masculina" ou "opressão das mulheres". Enquanto estes últimos se contentam em fazer uma constatação – uma constatação orientada, evidentemente –, os termos precedentes visam o nível subjacente, explicativo, implicando no mínimo a existência de um sistema sociopolítico. Os termos podem ser tanto opostos como tomados como sinônimos, ou ainda como complementares, cada um deles, quando são todos utilizados, esclarecendo e enfatizando de modos um pouco diferentes o mesmo fenômeno.

→ *Dominação – Família – Movimentos feministas – Poder(es) – Sexo e gênero*

► Bebel, August. *La femme et le socialisme,* Paris, Éditions du Globe, 1964, 543p. [Édition originale en allemand, 1893].

Coulanges, Fustel de. *La Cité antique,* Paris, Hachette, 1864, 525p.

Delphy, Christine. *L'ennemi principal, Économie politique du patriarcat,* Paris, Syllepse "Nouvelles questions féministes", 1998, 293p.

Hartmann, Heidi. The Unhappy Marriage of Marxism and Feminism, *in* Lydia Sargent (Ed.), *Women and Revolution, a Discussion of the Unhappy Marriage of Marxism and Feminism,* Boston, South End Press, 1981, p.1-41.

Mohanty, Chandra; Russo, Ann; Torres, Lourdes. *Third World Women and the Politics of Feminism,* Bloomington, University of Indiana Press, 1991, 331p.

Walby, Sylvia. *Theorizing Patriarchy,* London, Blackwell, 1990, 229p.

* Traduzido por Francisco Ribeiro Silva Júnior.

Pesquisas de opinião*[17]

Hélène-Yvonne Meynaud

Desde as grandes pesquisas do INSEE[18] (recenseamento populacional, pesquisas setoriais) até as pesquisas de opinião realizadas pelos institutos especializados, em todos os casos o tratamento dos dados quantitativos requer uma leitura crítica. Esta pode tratar a construção simbólica das desigualdades entre homens e mulheres e fornecer uma análise das relações sociais sexuadas.

A palavra "sondagens", criada por Jean Stoetzel em 1938 (Stoetzel, 1948), designa um novo método de coleta e tratamento de dados quantitativos. Sua história começa na França com a criação do IFOP (Instituto Francês de Opinião Pública). A sondagem é um dos instrumentos de observação da realidade social: a amostra é uma espécie de modelo reduzido da população em questão, à qual se pede que dê uma opinião sobre valores, atitudes, comportamentos, práticas. A opinião assim condensada é uma construção social dependente das condições sociais nas quais ela se expressa.

Usos e interpretações sujeitos a controvérsias

A pesquisa de opinião, principalmente a sondagem eleitoral, aproveitou o progresso dos métodos de investigação sociológica e a capacidade crescente de oferta de serviços eficientes por parte dos institutos de pesquisa. Tornou-se relativamente barata, manejável, rápida e polivalente quanto ao tratamento das respostas de uma população às mais diversas questões. Mas continua sendo um instrumento delicado. Pode facilmente sofrer desvios de interpretação, ou uma simplificação escandalosa, especialmente se estiver a serviço de objetivos promocionais de curto prazo.

A utilização de sondagens ocasiona constantes controvérsias a respeito da coleta dos dados e sua interpretação, produção e aplicação dos resultados.

---

17 No original, *sondages*. Optamos por utilizar o termo equivalente "pesquisas de opinião" por ser de uso mais corrente no Brasil. (N.T.)

18 Refere-se ao instituto governamental francês INSEE (*Institut National de la Statistique et des Études Économiques*) [Instituto Nacional de Estatística e Estudos Econômicos] equivalente, no Brasil, ao IBGE. (N.T.)

O que suscita debate e polêmica é a pretensão da pesquisa dita "de opinião" de identificar e quantificar opiniões, cuja relação com as maneiras reais de pensar – muito mais complexas – não é esclarecida e nem geralmente questionada, desempenhando então um papel ativo na formação de uma mensagem ideológica. Pierre Bourdieu (1980) salientou que a opinião pública assim apresentada em jornais é "um puro e simples artefato cuja função é dissimular que o estado da opinião num dado momento é um sistema de forças, de tensões e que não há nada mais inadequado para representar o estado da opinião do que uma porcentagem". Essa abordagem crítica deu lugar a novas pesquisas significativas (Champagne, 1990; Blondiaux, 1998).

É analisando com atenção o processo de formação de opiniões que compreendemos como as pesquisas realizadas por meio de questionários são passíveis de destacar um sentido precário e contextual, ou ao contrário, de propor interpretações que forçam deliberada ou inconscientemente esse sentido. Embora já seja costumeiro, as pessoas não ficam indiferentes às pesquisas de opinião: um número crescente delas se recusa a respondê-las; diversos atores sociais e políticos reagem à publicação de pesquisas realizadas em período próximo de uma eleição; pesquisadores e universitários criticam, corrigem e reutilizam as sondagens para fins de pesquisa etc. A pesquisa de opinião está no cerne dos jogos de poder e de influência, a ponto de exigir uma melhor regulamentação política nos planos intelectual, ético e legal.

Análise das sondagens e relações sociais de sexo

As sondagens, utilizadas como atrativo para vender jornais, apresentam frequentemente a opinião de um cidadão médio, que tem posições medianas. Assim, Maryse Huet (1987) mostra que o caráter massivo do trabalho das mulheres é ocultado pelas sondagens, que "em geral apresentam o trabalho das mulheres como algo ocasional, uma questão de aspiração individual e aleatória, ou mesmo a condená-lo pelo seu caráter nocivo para a sociedade", e que essas pesquisas são frequentemente realizadas com um propósito de enxugar a estrutura de uma empresa ou de fazer uma gestão ainda mais "flexível" da mão de obra feminina. Numerosas sondagens têm medido a aspiração de mulheres ao trabalho de tempo parcial, construindo, em geral, uma representação "natural" dessa modalidade de trabalho.

A escolha das palavras na formulação das perguntas é muito importante porque às vezes permite ocultar estratos e opiniões muito divergentes. Por exemplo, nas sondagens sobre a guerra na Iugoslávia na primavera de 1999, questionaram as pessoas sobre a *intervenção* da OTAN e não sobre os *bombardeios*, e foi gerado um só resultado não estratificado socialmente. O resultado ligeiramente positivo de tais sondagens quase diárias permitiu justificar, dia após dia, a continuação da guerra. Ao contrário, uma sondagem (com amostra nacional representativa) do *Libération*/CSA, de 6-7 de abril de 1999, indicava que 54% dos franceses não confiam no governo americano para encontrar uma solução justa e duradoura no Kosovo, e que 75% dos altos executivos consideram "a influência dos Estados Unidos na Europa muito importante...".

Na maioria das pesquisas, o indivíduo é questionado como se ele fosse universal. Folheando as páginas de uma pesquisa sobre o trabalho, nem sempre se pode saber o sexo dos trabalhadores aos quais se faz referência. Quanto ao futuro das meninas, era outra história. A influência positiva das mães trabalhadoras sobre o destino das suas filhas e filhos é hoje igualmente mensurada, e a triagem "por sexo" tornou-se mais frequente. Assim, numa sondagem CSA/CGT de maio de 1998, se a opinião do francês médio é que "na sociedade francesa, homens e mulheres são desiguais" (62%), nota-se que essa é a opinião de 55% dos homens e de 67% das mulheres, de 74% dos altos executivos e de 48% dos agricultores...

Outra forma insidiosa da presença de uma mensagem ideológica no cerne de uma sondagem, sem que as questões sejam abertamente distorcidas, aparece quando reunimos uma série de pesquisas sobre temas próximos e observamos a qual universo de problemas se dá preferência.

Foi isso que fizeram, num trabalho muito esclarecedor, duas pesquisadoras do Boston College (Hesse-Biber e Brustein, 1981). Elas examinaram 3.361 perguntas feitas nos Estados Unidos entre 1936 e 1973 (documentação do Roper Public Opinion Research Center). Aproximadamente 10% dessas perguntas diziam respeito aos papéis de homens e mulheres. Verificou-se que as questões sobre profissões eram feitas basicamente em relação aos meninos e muito raramente em relação a meninas e jovens do sexo feminino. Da mesma maneira, as questões relativas à política e a ações de comando diziam respeito a homens em cerca de 144 casos, a mulheres em cerca de sete casos, e a ambos os sexos em apenas um caso. Simetricamente, as questões relativas a homens associavam-nos a posições dominantes e/ou de prestígio, como a política, os negócios, a educação e a pesquisa, ao passo que, quando se perguntava sobre o papel das mulheres, era para saber se consumiam bebidas alcoólicas, se deviam trabalhar como garçonetes com pouca roupa, se ainda deviam permanecer virgens até o casamento. Não havia – estranhamente – nenhuma questão desse tipo sobre os homens. Além disso, o conteúdo das perguntas não parece ter mudado ao longo dos anos quando, na realidade, os papéis sociais das mulheres americanas mudaram significativamente. As sondagens continuaram, como por inércia, a agir "como se" as mulheres não estivessem trabalhando, "como se" valorizassem sobretudo as atividades domésticas, ou ainda "como se" atuassem apenas em profissões subalternas. Dessa forma, as sondagens contribuíam claramente para retardar o debate social sobre a igualdade profissional.

Tais exemplos existem também na França: Eric Dupin (1990) menciona uma série de sondagens IFOP sobre o feminismo.

A primeira, em junho de 1985 (IFOP/Ministério dos Direitos da Mulher), indicou que os franceses consideram a existência de um Ministério dos Direitos da Mulher totalmente, ou de preferência, necessário (77%; homens, 74%; mulheres: 78%), o que não impediria esse Ministério de desaparecer.

A segunda, realizada por *L'Humanité-Dimanche*, em fevereiro de 1987, respondia à pergunta: "Quando falamos hoje da liberação da mulher, você acha que essa é uma realidade ultrapassada (16%), que há ainda muito a fazer (55%), que está conquistada (13%), com 13% de 'sem opinião'?". Quando haverá uma pergunta para "Quando falamos da dominação masculina hoje, ..."?

A terceira, em 1988, indica uma adesão em massa à questão: "Em 2000, você aceitaria ou acharia normal que uma mulher fosse eleita Presidente da República?" (91% favoráveis.) Por que jamais perguntar à opinião pública se ela deseja continuar a eleger homens, e por que jamais apresentar uma mulher presidenciável?

Na época das eleições regionais na França, em março de 2004, o fenômeno da diferenciação política dos gêneros se afirma, ao passo que as divergências de opinião política se equalizavam dentro de categorias socioprofissionais equivalentes.

Por outro lado, as sondagens são utilizadas no debate político em torno das desigualdades entre homens e mulheres. Numa sondagem CSA Opinion/CGT sobre "as mulheres, a igualdade na sociedade e o trabalho" (sondagem nacional representativa realizada entre 20 e 22 de maio de 1998), percebemos que, se 49% dos franceses acham que "o nível de salários deve ser reequilibrado em favor das mulheres", essa é a opinião de 46% dos homens. É com base na leitura de tais resultados que os deputados podem adotar, com maior rapidez, textos da lei sobre a paridade ou a igualdade profissional.

Assim, diante de qualquer pesquisa de opinião, é preciso perguntar a qual causa, política, econômica ou científica, ela serve.

→ *Categorias sócioprofissionais*

► Blondiaux, Loïc. *La fabrique de l'opinion. Une histoire sociale des sondages aux États-Unis et en France (1935-1965),* Tese de doutorado, IEP, 1994. Paris, Seuil, 1998, 601p.

Bourdieu, Pierre. L'opinion publique n'existe pas, *in Questions de sociologie,* Paris, Minuit, 1980, p.222-235.

Champagne, Patrick. *Faire l'opinion, le nouveau jeu politique,* Paris, Minuit, 1990, 312p.

Hesse-Biber, Sharlene J.; Burstein, I. The Second Sex: Women's Place in Polling Language, *Qualitative Sociology,* Verão 1981, v.4 (2), p.126-144.

Huet, Maryse. Le travail des femmes dans les sondages d'opinion: un questionnement sous influence, *in La mixité du travail, une stratégie pour l'entreprise,* Paris, La Documentation française, "Cahiers 'Entreprises'", 1987, p.46-50.

Meynaud, Hélène-Yvonne; Duclos Denis. *Les sondages d'opinion,* La Découverte "Repères", 1996 [3.ed.], 127p.

* Traduzido por NAIRA PINHEIRO.

Poder(es)*

Michèle Riot-Sarcey

Classicamente, o poder é pensado em termos do exercício de governo ou comando. Distinto de potência – virtude do homem, manifestação de sua inteligência, que Spinoza define pelo simples esforço de "perseverar em seu ser" –, o poder de um então se desdobra até os limites do direito natural do outro.

Do poder como da potência, as mulheres são excluídas pelo princípio de sujeição que as liga a seus maridos. A liberdade, a independência, privilégios masculinos, condições de acesso ao poder, são igualmente obstáculos para proibir às mulheres o direito de desfrutar naturalmente das virtudes essenciais do homem. Como a potência supõe a posse, as mulheres, "sob o poder de seus maridos", não podem desfrutar "naturalmente de um direito igual ao dos homens" (Spinoza, *A ética*, apud Duroux, 1992, p.105).

Com o advento da era das revoluções, é difícil manter as mulheres num estado de dependência sem buscar construir uma simetria compatível com os princípios das declarações de direitos. No século XIX, sobretudo, as mulheres são dotadas de uma potência cuja significação difere do sentido precedente: não se trata de uma potência estreitamente vinculada à inteligência, mas de uma potência mais misteriosa, mais obscura e até mais perniciosa. "As mulheres, que potência!", escreveu Michelet. Segundo Balzac, "nas classes inferiores, a mulher é não somente superior ao homem, mas também ela governa sempre" (Perrot apud Duby; Perrot, 1992, t.4, p.214).

A modernidade, sem perturbar a hierarquia, obriga a repensar o poder. Não se trata mais simplesmente de analisar seu exercício do ponto de vista do Príncipe ou do Estado, mas de compreender o sistema por meio das relações entre parceiros individuais e coletivos – de Hegel a Foucault. Definido como um "modo de ação", o poder se torna elemento constitutivo das sociedades, que não se pode conceber sem a resistência que ele engendra. No entanto, a interação entre poder e resistência não é sempre perceptível, pois a ordem dominante se reconstitui apagando os traços de sua contestação.

"O que define uma relação de poder é um modo de ação que não atua direta e imediatamente sobre os outros, mas que atua sobre sua própria ação. Uma ação sobre a ação, sobre ações eventuais ou atuais, futuras ou presentes" (Foucault, 1984, p.312-13).

Um poder político exclusivo

O poder, sua conquista ou sua conservação estão desde sempre no coração de todas as lutas que tecem a trama das crises de todas as sociedades humanas; nesse sentido, a modernidade não constitui exceção (Riot-Sarcey, 1993, p.9). Engajadas num mesmo desafio, as sociedades democráticas renovaram as regras do sistema de representação da soberania. As mulheres, legalmente identificadas como minoria pelo Código Civil, são afastadas dos espaços decisórios; elas foram, de fato, inferiorizadas na distribuição dos papéis sociais. Assim, sucessivas autoridades reservaram a exclusividade do exercício do poder político ao sexo masculino.

Os poderes liberais, republicanos ou socialistas elaboraram, cada um por sua vez, um dispositivo de exclusão, compatibilizado com os direitos individuais pela construção de uma diferença supostamente natural. Durante a Revolução, a Convenção se pronunciou bastante explicitamente contra a igualdade dos sexos: "1) As mulheres podem exercer os direitos políticos e participar ativamente nos negócios do governo? 2) Podem elas deliberar reunidas em associações políticas ou sociedades populares? Sobre essas duas questões, o comitê se decidiu que não [...]. Cada sexo é chamado a um tipo de ocupação que lhe é próprio; sua ação é circunscrita a esse círculo que ele não pode romper, pois a natureza, que colocou seus limites ao homem, comanda imperiosamente e não reconhece nenhuma lei" (Relatório Amar, 30 de outubro de 1793).

Num mesmo movimento, em 1849, Pierre Joseph Proudhon, considerado durante muito tempo um dos fundadores do socialismo contemporâneo, descartou a candidatura de Jeanne Deroin às eleições legislativas, precisamente em nome dos interesses do socialismo. "A igualdade política dos dois sexos, isto é, a assimilação da mulher ao homem nas funções públicas, é um dos sofismas rejeitados não somente pela lógica, mas também pela consciência e a natureza das coisas" (*Le Peuple*, 12 de abril de 1849). É em vão que, durante mais de um século e meio, mulheres argumentaram em favor da igualdade real e da verdadeira universalidade: de Mary Wollstonecraft, em 1790, a Jeanne Deroin, em 1848-1849; de Hubertine Auclert, em 1879, a Alexandra Kollontaï na década de 1920. Desse ponto de vista, não há nenhuma exceção francesa.

Os obstáculos ao poder de fazer

Todos os democratas esclarecidos consideraram justamente que direitos proclamados por todos sem o *poder* de exercê-los não eram mais do que engodos. Essa questão essencial se apresentou às mulheres, quando conseguiram obter o direito de cidadania. O sufrágio, realmente universal desde abril de 1944, na França, por exemplo, não permitiu às mulheres o acesso em número significativo ao estatuto de representantes. Na medida em que, do ponto de vista histórico, a dependência de umas foi construída em proveito da independência de outras, as mulheres, compreendidas dentro de uma coletividade assujeitada, nunca estiveram em condição de agir como sujeitos políticos. Sua "atribuição ao lar" foi a condição da liberdade do povo e o meio pelo qual o cidadão pôde aceder ao direito comum. Essa dissimetria entre o poder de uns e a restrição da individualidade das outras foi legitimada pela substituição da universalidade de direito pela universalidade da natureza, própria do gênero feminino que, assim, se tornou inapto às funções públicas. As regras da democracia representativa, em vigor até os nossos dias, foram fundadas sobre essa partição exclusiva. A entrada das mulheres na política nada mudou quanto aos mecanismos da representação, reservada aos profissionais do poder que se atribuíram, pontualmente, algumas representantes.

O impossível poder de dizer

De Rousseau a Kant, de Kant a Hegel, as mulheres continuam estranhas à elaboração filosófica do pensamento moderno que preside à organização social e política das sociedades. No coração desse dispositivo teórico, o estatuto de sujeito lhes escapa: "Nenhum dos pilares da teoria está nelas. Elas são, entretanto, o pilar (como causa do conjunto) de todo o movimento dos pensamentos e atos, no sentido em que a própria análise não se fomentou de outro modo" (Granoff, 1976, p.287). Assim, colocadas no centro da família, as mulheres são a razão de existência da ordem social, mas a própria formação de regras dessa ordem lhes escapa.

Também, cada uma de suas palavras, o essencial de seus discursos, vistos pelo crivo das regras do direito à expressão pública, é mediada pelo sexo que as comanda. Ao confundir "o feminino com o materno, priva-se as mulheres do direito e da possibilidade de intervir no campo do simbólico e batiza-se de feminino tudo aquilo que, entre os homens, diz respeito ao arcaísmo, ao corpo, à passividade, ao "não" senso (Marini, 1992, p.295). As palavras das mulheres são em geral encerradas entre o discurso de que elas são objeto e sua necessidade de se afirmarem diferentes, mas semelhantes em suas capacidades a seus homólogos masculinos.

O poder da língua se exprime pelo jogo de significação de que se revestem as palavras e os conceitos nos textos formadores de todo um povo. A doxa torna-se opinião comum apenas ao término de um processo de apropriação das palavras em proveito de uma causa jamais comum, mas sempre a serviço de interesses particulares: tal foi o destino da palavra "liberdade", "essa palavra nômade que fez todos os ofícios", segundo a frase de Paul Valéry.

O poder de dizer "eu"

A categoria mulher, pensada no não idêntico em relação ao universal – masculino –, contém o modo de ser individual de cada mulher; assim, o singular é subentendido na identidade coletiva.

"Essa forma de poder se exerce na vida cotidiana imediata, que classifica os indivíduos em categorias, designa-os por sua individualidade própria, ata-os à sua identidade, impõe-lhes uma lei de verdade que eles precisam conhecer e que os outros devem reconhecer neles" (Foucault, 1984, p.302). A mulher só pode aceder à autonomia transgredindo as normas do grupo, por definição coercivas. A identificação de uma às outras passa infalivelmente pelo modelo dominante e, portanto, pela heteronomia dos valores. Entre o indivíduo "que é dito" e o "sujeito responsável que se diz" (Ricoeur, 1987, p.55-6), abre-se o caminho da liberdade que autoriza a existência do sujeito pelo poder de dizer *eu*. A passagem do sujeito submisso a sujeito livre supõe o questionamento das formas do poder que se exerce sobre cada indivíduo. O poder de dizer *eu* é também uma luta contra as formas de sujeição – contra a submissão da subjetividade – de que as mulheres são especialmente vítimas. Alcançar o estatuto de sujeito livre faz parte da aprendizagem do poder, no respeito por si e pelo outro.

O poder do feminismo

A "mulher livre" foi por muito tempo identificada com a mulher pública e, portanto, objeto de escândalo. Anna Wheeler na Inglaterra, Claire Demar na França na década de 1830, e muitas outras, até Simone de Beauvoir em 1949, suscitaram sarcasmo e rejeição porque ousaram questionar a hierarquia de sexo, pacientemente enunciada e praticada pelas autoridades.

"Filósofos, teólogos, juristas, médicos, moralistas, pedagogos"... não cessaram, ao longo dos séculos, "de dizer incansavelmente" o que as mulheres deviam ser no interior de um espaço circunscrito "por seu lugar e seus deveres" (Duby; Perrot, 1991, t.1, p.3). É por isso que o feminismo, que pode se definir pelo combate a favor da igualdade, é para as mulheres o meio de chegar tanto ao poder da palavra como ao poder da ação. No entanto, no sistema hierárquico existente na democracia representativa, os lugares estratégicos dos poderes de decisão permanecem nas mãos da elite masculina. O feminismo não pode considerar acabada sua luta sem que sejam questionados os dispositivos políticos existentes na maioria dos países ditos democráticos, nos quais a igualdade enunciada é compatível com a desigualdade social. Desta, um dos fundamentos é constituída pela desigualdade de sexo.

→ *Cidadania – Dominação – Igualdade – Movimentos feministas – Universalismo e particularismo*

► Duby, Georges; Perrot, Michelle (Dir.). *Histoire des femmes en Occident. De l'Antiquité à nos jours,* 5v., Paris, Plon, 1990-1992 [cf. Bibliographie générale].

Duroux, Françoise. Des passions et de la compétence politique, *Les Cahiers du GRIF*, 1992, n.46, "Provenances de la pensée, Femmes/Philosophie", p.103-124.

Foucault, Michel. Deux essais sur le sujet et le pouvoir, *in* Hubert Dreyfus, Paul Rabinow, *Michel Foucault, un parcours philosophique,* Paris, Gallimard, 1984, 366p.

Granoff, Wladimir. *La pensée et le féminin*, Paris, Minuit, 1976, 470p.

Marini, Marcelle. La place des femmes dans la production culturelle, *in* Georges Duby, Michelle Perrot, *Histoire des femmes en Occident*, 1992, t.5, p.275-296.

Riot-Sarcey, Michèle (Dir.). *Femmes/pouvoirs,* Paris, Kimé, 1993, 154p. [Anais do Congresso Albi, 19-20 de março de 1992, Centre culturel de l'Albigeois].

* Traduzido por Francisco Ribeiro Silva Júnior.

Políticas sociais e familiares*

Jacqueline Heinen

As políticas sociais e familiares cobrem um espectro muito amplo de campos de ação do Estado, indo da demografia ao emprego, passando pela saúde, a educação e a moradia. Elas implicam uma intervenção dos poderes públicos na esfera do privado. Algumas têm um impacto mais específico nas relações sociais de sexo. É o caso, entre outras, das medidas adotadas no domínio da reprodução humana (aborto, anticoncepção, monitoramento da gravidez, novas técnicas reprodutivas) e todas aquelas que tratam do estatuto dos indivíduos, e especialmente das mulheres, na economia e na sociedade (educação dos jovens, salários, aposentadoria, transferências sociais e serviços para as pessoas dependentes).

Historicamente ligadas às medidas de proteção social desenvolvidas, desde o século XIX, nos campos da família, da demografia, da saúde e da educação, as políticas sociais e familiares constituem uma dimensão essencial do Estado de bem-estar social (*welfare*) nos países industrializados, sobretudo após a Segunda Guerra Mundial. Elas ganharam um impulso especial com a generalização da atividade profissional e contínua das mulheres, assim como a socialização do trabalho de reprodução – desenvolvimento de creches e pré-escolas, de residências para os idosos, de estabelecimentos especializados para as pessoas com deficiência etc.

Esse processo se concretizou em ritmos diversos conforme os países. Além disso, o próprio conteúdo das políticas colocadas em prática tem incidências muito variáveis para as populações afetadas. Desde o sistema de tipo universalista e igualitário que prevalece nos países escandinavos, até o centrado na noção de assistência, que caracteriza a Grã-Bretanha, existem múltiplos modelos de *welfare*, que apresentam diferenças perceptíveis. Tais diferenças dependem tanto do peso do mercado e da extensão dos serviços mercantis como da participação das famílias em tudo o que se refere à reprodução. Por todos os lados, entretanto, fica evidente que o trabalho das mulheres permanece determinante nas atividades relativas à esfera familiar – seja como profissionais, assalariadas nas instituições do setor público ou privado, ou como companheiras e mães. Ao mesmo tempo, as redes informais continuam a ter um papel primordial nesse campo.

Abordagens teóricas diferenciadas

A posição desigual de homens e mulheres no âmbito dos sistemas de *welfare* manteve-se, durante muito tempo, invisível nas teorias do Estado de bem-estar social. Tanto porque a maioria delas – a de Marshall (1992) e a de Esping-Andersen (1996), para citar apenas as mais conhecidas – não refletiam sobre o conceito de gênero, como porque as pesquisas feministas pouco se interessavam pelo tema do Estado. A situação mudou no final dos anos 80, com o advento, inicialmente nos países escandinavos e anglo-saxões, de trabalhos que acentuaram o papel do Estado na gestão da vida privada e na construção das identidades de sexo (Sainsbury, 1994; Zancarini-Fournel, 1995, 1999).

As contribuições das feministas, e especialmente das historiadoras, consistiram então em demonstrar que as mulheres estavam no coração da criação e, depois, da ampliação dos Estados de bem-estar social (Gordon, 1990; Lefaucheur, 1992), e que as políticas sociais tinham tido um papel decisivo na definição da cidadania (Del Re e Heinen, 1996). Os estudos feitos numa perspectiva internacional, como os de Jenson (1986) e Jenson & Sineau (1998), por sua vez, trouxeram à luz que, mais que os fatores econômicos, são os fatores políticos que desempenharam um papel decisivo no desenvolvimento e na forma dos diversos tipos de sistemas construídos a partir dos anos 30 e 40: o confronto entre os modelos de bem-estar europeus e as políticas americanas é reveladora nesse sentido. Esses trabalhos exerceram uma influência decisiva para a compreensão do Estado por parte de teóricos até então pouco sensíveis à dimensão do gênero (Rosanvallon, 1998; Esping-Andersen, 1996, em especial). Contribuíram também para a formação de novos conceitos, como o de cuidado (*care*), referente às responsabilidades para com pessoas dependentes (Knijn e Ungerson, 1997).

Isso posto, importantes divergências teóricas separam as abordagens feministas nesse âmbito. Por seu turno, as teorias marxistas e neomarxistas dos anos 70 e 80 (Barrett, 1980; Brenner, 1984; McIntosh, 1978; Wilson, 1977) enfatizavam sobretudo o papel do Estado como agente do capitalismo, entendendo-se a família como o lugar da opressão das mulheres. Algumas análises oriundas dessa corrente (Burstyn, 1983; Eisenstein, 1979) concentraram-se principalmente na noção de patriarcado, e sobre a articulação entre capitalismo e patriarcado. Por seu lado, as "feministas radicais" dos países anglo-saxões evitaram teorizar sobre o Estado, ou, quando o fizeram, como MacKinnon (1989), foi para desenvolver a ideia de que o Estado é uma instituição masculina que reflete o ponto de visto dos homens, que se apoiam em normas masculinas consagradas como universais. Já as análises da corrente pós-moderna, prolongando o ponto de vista desenvolvido por Foucault, recusam a ideia do caráter central do Estado. Aos seus olhos, o poder se encontra nas mãos de múltiplos atores, em múltiplos lugares (entre os quais o Estado, além de muitos outros). É importante, portanto, chamar atenção para os mecanismos de poder mais do que para o Estado em si, como instância específica.

No período recente, mais que endossar esta ou aquela corrente teórica e tentar produzir modelos globalizantes, as abordagens feministas têm sublinhado a necessidade de ressituar a emergência dos sistemas de bem-estar no seu contexto nacional, a fim de compreender a especificidade das políticas estatais num determinado país, ao mesmo tempo insistindo em dois pontos. De um lado, o interesse em compreender o caráter muitas vezes contraditório das medidas adotadas ao longo de um mesmo período, em função de relações de força instáveis e do impacto de um ou outro partido ou corrente política. De outro, a importância de reconhecer o papel desempenhado pelos movimentos de mulheres, entre os atores políticos e institucionais que influenciam nas práticas e nas representações. Nesse sentido, confrontar os casos nos quais esses movimentos realizaram ações e conseguiram mudanças essenciais em termos de políticas sociais, com outros casos, nos quais as mulheres, atomizadas, não conseguiram se fazer ouvir, é bastante esclarecedor para entender as evoluções diferenciadas dos sistemas de um país a outro, de uma época a outra (Gautier et Heinen, 1993).

No conjunto, essas análises deixam transparecer um quadro bastante díspare. Percebe-se que o desenvolvimento do *welfare* contribuiu para incrementar o poder das mulheres na sociedade, na medida em que elas aproveitaram a oportunidade de se expressar sobre questões que as tocam muito diretamente. Como mostrou Siim (1996), isso permitiu que elas pudessem influenciar a configuração e o conteúdo de políticas sociais e familiares. Mas aparece também – como sublinhado nas análises de Lewis (1998) ou Leira (1992) – que o Estado muitas vezes preservou, quando não acentuou, as desigualdades de sexo, por meio de sua intervenção ou sua não intervenção em medidas discriminatórias relativas às mulheres – como as licenças para a educação de filhos, definidas como licença-maternidade, antes de serem reclassificadas como licença-parental; ou o trabalho em tempo parcial, "reservado" à mão de obra feminina.

Crise do *welfare* e desigualdades de tratamento

Abordar a questão das políticas sociais e familiares pelo ponto de vista das relações sociais de sexo assume uma importância vital diante da crise do Estado de bem-estar social e das restrições orçamentárias que ela acarreta em todos os níveis – em relação ao aumento do desemprego e ao impasse nos sistemas de aposentadoria. Efetivamente, esses retrocessos têm consequências de proporções desiguais para um ou outro sexo. Pelo fato de ocuparem o escalão inferior na hierarquia dos salários e das aposentadorias, mas também em função das tarefas cotidianas que desempenham no lar, as mulheres – como grupo – pagam o preço mais alto da deterioração dos serviços de bem-estar.

É importante, contudo, sublinhar que elas são atingidas de forma muito desigual, segundo a origem social e o nível de educação. As que são assalariadas em empregos terciários ou são executivas em estruturas do Estado ou do setor privado enfrentam dificuldades no que se refere a suas carreiras ou como usuárias de equipamentos coletivos. Outras, pouco qualificadas ou não qualificadas, muitas vezes tendo perdido o emprego, enfrentam obstáculos de uma outra ordem como usuárias das instituições de assistência social: para elas e para quem depende delas, são problemas de sobrevivência que em geral decorrem tanto do rebaixamento das prestações assistenciais como da desagregação ou privatização dos serviços públicos.

Trabalhos do fim dos anos 80 (Williams, 1998) chamaram a atenção para o aumento das discriminações de ordem étnica: as mulheres imigrantes e as mulheres "de cor" sofrem problemas específicos (dependência em relação ao marido, superexploração nos serviços domésticos ou trabalho informal na economia subterrânea). Outros estudos têm mostrado as diferenciações sociais e as divergências de interesses que separam as mulheres entre si – especialmente quando as de alto nível de escolaridade, desejosas de se manter no mercado de trabalho, recorrem ao trabalho doméstico de outras mulheres, provenientes de categorias mais desfavorecidas. Esse último fenômeno tem sido bastante agravado pela mudança das políticas de Estado em relação aos serviços públicos (negligenciados ou relativizados), parcialmente substituídos pelo "emprego doméstico".[19] Voltar a atenção para esses fenômenos ganha um destaque especial no que diz respeito ao tratamento das desigualdades neste momento em que, pela primeira vez, o tema das políticas sociais e familiares faz parte da agenda política da União Europeia.

19 *Aides à la personne*, modalidade de "emprego doméstico" na França. (N.T.)

→ *Aborto e anticoncepção – Cidadania – Desemprego – Família – Movimentos feministas – Público privado – Trabalho doméstico*

► Gautier, Arlette; Heinen, Jacqueline (Eds.). *Le sexe des politiques sociales,* Paris, Côté-femmes, 1993, 188p.

Gordon, Linda (Ed.). *Women, the State and Welfare,* Madison, The University of Wisconsin Press, 1990, 312p.

Jenson, Jane; Sineau, Mariette (Eds.). *Qui doit garder le jeune enfant? Modes d'accueil et travail des mères dans l'Europe en crise,* Paris, LGDJ, 1998, 303p.

Knijn, Trudie; Ungerson, Clare (Eds.). Gender and Care Work in Welfare States, numéro spécial de *Social Politics. International Studies in Gender, State and Society,* 1997, v.4, n.3, 124p.

Sainsbury, Diane (Ed.). *Gendering the Welfare States,* Londres, Sage, 1994, 288p.

Williams, Fiona.; Genre, ethnicité, race et migrations, ou les défis de la citoyenneté en Europe, *Cahiers du Gedisst,* 1998, n.23, p.29-42.

* Tradução CELIA ALLDRIDGE.

Precarização social*

Béatrice Appay e Annie Thébaud-Mony

Entende-se por "precarização social" um processo de institucionalização da instabilidade, caracterizada pelo crescimento de diferentes formas de precariedade e de exclusão. Este processo multidimensional corresponde, no plano econômico, à busca de uma diminuição dos custos de produção e se apoia na flexibilidade. Esta é considerada, muito frequentemente, uma tendência inevitável das reestruturações contemporâneas para fazer face às novas regras da concorrência internacional (Appay e Thébaud-Mony, 1997). A precarização social se apoia na precarização do emprego (da qual o desemprego e o trabalho temporário são as dimensões mais visíveis) e na precarização do trabalho, que consiste em questionar a qualificação e o reconhecimento no trabalho, inclusive no âmbito de empresas estáveis.

Direito e precarização social

Desde o início dos anos 80, pesquisas, principalmente em Sociologia e Direito do trabalho, mostram uma certa desagregação dos direitos individuais e coletivos dos trabalhadores, associada ao desenvolvimento da subcontratação e ao uso do emprego precário (Linhart e Maruani, 1982; Vacarie, 1982). Enquanto as organizações sindicais, frequentemente pressionadas, negociavam planos sociais (nos ramos da siderurgia e da indústria têxtil), ou resistiam ao desmantelamento dos direitos adquiridos (como no CEA – Comissariado de Energia Atômica), as empresas garantiam suas reestruturações por meio dessas novas formas de organização do trabalho.

Laurent Vogel (*in* Appay e Thébaud-Mony, 1997) evidenciou duas grandes tendências. De um lado, situações que anteriormente não eram admitidas são agora legalizadas. Assim, em 1972, na França, houve a legalização do trabalho temporário; e também da subcontratação em 1975, desafiando um século de proibição da negociação da mão de obra. Por outro lado, "uma relativa equalização, uma aproximação [....] das condições de inúmeras situações atípicas com o emprego típico" (ibidem, p.122) tende a se realizar dentro do não exercício de direitos que em geral são reconhecidos. A precarização torna, assim, pouco eficaz um conjunto de instrumentos jurídicos que supostamente deveriam combater a discriminação contra as mulheres.

A ideologia da "fratura social"

Durante os anos 70 e 80, o discurso político consagrou a dissociação entre o econômico e o social, como se fossem realidades totalmente separadas. Do lado da economia, o trabalho de economistas e sociólogos tendeu a louvar o modelo japonês de produção enxuta, sem oferecer as chaves para sua compreensão. O elemento central da produção enxuta é a flexibilidade, que tem conotações positivas na linguagem da gerência. A flexibilidade é uma expressão abstrata, faz desaparecer os fenômenos materiais e reais sobre os quais se apoia, como a intensificação do trabalho, as demissões, a instalação do desemprego estrutural, o recurso ao trabalho temporário e à subcontratação. Robert Castel (1995) esboçou a construção histórica e social desse abalo da sociedade industrial ao analisar os processos que fazem "desagregar a condição salarial" nos últimos vinte anos: questiona a "função de integração da empresa" pela exclusão dos assalariados mais antigos e a precarização na entrada dos jovens, "dualização do mercado de trabalho", "desestabilização dos estáveis".

No entanto, tanto ao nível do discurso político como das problemáticas científicas, a precariedade tende a emergir como "calamidade social" dos tempos modernos, atingindo populações consideradas vulneráveis. Como decorrência, o olhar se volta para as populações vítimas da precariedade e da exclusão e para suas características. Em termos de uma resposta política, isto se traduziu na adoção, em 1989 [na França], da RMI – Renda Mínima de Inserção (*Revenu minimum d'insertion*). Estudos e pesquisas apontam as ligações entre desemprego, precariedade e problemas de saúde, em particular a psicológica. Essa análise sustenta a adoção de políticas de assistência, políticas sanitárias e sociais, e também da educação para a inserção no trabalho, como se os sujeitos que o sistema produtivo excluiu fossem, por sua "fragilidade" ou suas "deficiências" individuais ou coletivas, responsáveis por essa exclusão (Paugam, 1996; Alto Comitê de Saúde Pública, 1998; Michel Joubert, 2000).

O que é separado e desaparece entre esses dois fenômenos – o da reestruturação produtiva e o da precariedade – é o lugar onde uma e outra estão indissoluvelmente ligadas, a saber, a organização social do trabalho. Porque na interface entre "modernização" do sistema produtivo, pela flexibilidade e a precariedade estrutural na qual uma parte crescente das sociedades industriais se encontram prisioneiras, instala-se um processo permanente de precarização social que reforça continuamente a subjugação de homens e mulheres, ativos e inativos, às necessidade da produtividade e da competitividade das empresas.

A legitimidade neoliberal

A legitimidade política da precarização social repousa sobre o triunfo da ideologia que faz do crescimento monetário a finalidade última do desenvolvimento das sociedades. Sua legitimidade social e cultural se apoia nas relações sociais de dominação, em particular nas relações sociais de sexo. Tanto na vertente das reestruturações produtivas como do campo da saúde no trabalho, a precarização social encontra sua legitimidade nas formas instituídas da divisão do trabalho social (isto é, do trabalho na produção e na vida familiar, social e política), entre os homens e as mulheres. Uma reflexão científica coletiva, realizada no âmbito do IRESCO (Instituto de Pesquisa sobre as Sociedades Contemporâneas), por iniciativa das equipes do CNRS e do INSERM, permitiu elaborar uma análise crítica dos processos combinados da reestruturação produtiva e da alteração dos direitos sociais em relação à saúde no trabalho, questionando essas formas de legitimidade que levaram à emergência e ao desenvolvimento dos processos de precarização social. (Appay e Thébaud-Mony, 1997).

O trabalho em tempo parcial foi um dos primeiros instrumentos da flexibilização e da desregulação da jornada de trabalho. Representou – vinte anos antes da lei de Aubry (1998, 1999) – uma redução do tempo de trabalho das mulheres, com redução do salário. As mulheres são muito mais afetadas por isso, na medida em que representam atualmente 85% das famílias monoparentais (Lefaucheur, 1999). A legitimidade do tempo parcial se assenta no postulado de uma articulação necessária entre vida familiar e vida profissional, unicamente para as mulheres. É imposto às mulheres, sem nenhuma negociação salarial.

Na França,[20] a precarização do emprego se manifesta, de um lado, pelo aumento das "formas particulares de emprego": em 1998, um entre onze assalariados é empregado sob contrato com duração determinada (CDD), de trabalho temporário, estágios ou contratações vinculadas a incentivos públicos (INSEE, 1998, p.123). Nota-se que os CDDs constituem, no geral, mais de 70% dos recrutamentos nos estabelecimentos com cinquenta assalariados ou mais. Por outro lado, a precarização se manifesta pelo desenvolvimento do trabalho em tempo parcial. Em 1998, mais de 17% dos assalariados do setor privado eram empregados em tempo parcial (TTP), dos quais mais de 40% em situação de subemprego – TTP forçado (ibidem, p.16). O trabalho em tempo parcial é feminino (as mulheres representam 85%); o trabalho temporário é masculino (representam 75%) e operário (representam 80%). Atualmente, os empregos temporários representam mais de 80% das contratações.

Esses processos de precarização do trabalho e do emprego têm por consequência questionar o direito do trabalho, a proteção social e a modificação das formas de representação e de cidadania para todos aqueles que a precarização social remete ao que os discursos políticos chamam de "exclusão". As consequências patogênicas sobre a saúde das diversas formas de precarização do trabalho e do emprego estão atestadas nas estatísticas oficiais sobre acidentes do trabalho, doenças e riscos profissionais e condições de trabalho penosas e perigosas (CNAM-TS, Ministério do Trabalho). No entanto,

20 Os dados presentes neste artigo são datados e relativamente antigos.

nenhum movimento social de grande amplitude denuncia as "epidemias" modernas que são os cânceres profissionais, as deficiências definitivas ou as sequelas de milhões de acidentes de trabalho, a alteração precoce e duradoura na saúde de milhões de assalariados expostos ao barulho, ao trabalho repetitivo sob forte pressão de tempo, aos produtos tóxicos, aos raios ionizantes, mas também ao assédio psicológico ou sexual. A legitimidade dos riscos do trabalho e a invisibilidade de suas consequências permanecem intactas, porque a doença e a morte são fatos privados que as mulheres assumem sozinhas na gestão do cotidiano dentro do espaço doméstico e familiar, para maridos, irmãos, pais, sogros... e para elas mesmas.

Precarização e divisão internacional do trabalho

As palavras-símbolos do "pensamento único" – "mundialização", "globalização" – ocultam as formas diferenciadas de precarização social entre os países do Norte e os países do Sul. Ora, são elas que instituem a concorrência – com as relações de subcontratação internacionais – entre trabalhadores de países do Primeiro Mundo e os do Terceiro Mundo. Nos primeiros, a precarização social se apoia no recurso às formas precárias de emprego e no desenvolvimento acelerado do trabalho em tempo parcial. Contudo, permanece em vigor um conjunto de garantias sociais. Nos países do Sul é o caráter informal das relações de trabalho que é, sobretudo, emblemático da precarização (no Brasil, atualmente, 60% dos trabalhos são informais).[21] Para as empresas engajadas na corrida da competitividade, o ideal típico da gestão do assalariamento é a trabalhadora do sudoeste asiático, com seu modelo de organização do trabalho à base da submissão total, por um salário de miséria, na ausência de seguridade econômica e de proteção social, a inexistência de uma legislação do trabalho e de proteção ambiental, com a repressão implacável de toda organização coletiva. Essa divisão internacional do trabalho é, em grande parte, dissimulada pela invisibilidade social do trabalho feminino, precário por essência e estágio último da subcontratação internacional, que é a produção do setor supostamente informal ou da produção doméstica (Thébaud-Mony, 1991).

21 Dados relativos ao fim da década de 1990. Os dados da Pesquisa Nacional por Amostra de Domicílios (PNAD) para 2007 indica que o Brasil, naquele ano, tem 50,7% de contribuintes e 49,3% de não contribuintes de institutos de previdência em qualquer trabalho. (N.T.)

→ *Desemprego – Flexibilidade – Mundialização – Saúde no trabalho – Sindicatos – Trabalho (o conceito de)*

► Appay, Béatrice; Thébaud-Mony, Annie (Dir.). *Précarisation sociale, travail et santé*, Paris, IRESCO-CNRS, "Actions scientifiques fédératives de l'Iresco", 1997, 580p.

Castel, Robert. *Les métamorphoses de la question sociale: une chronique du salariat*, Paris, Fayard, 1995, 490p. (trad. brasil. Rio de Janeiro, Vozes).

Haut Comité à la Santé Publique. *Précarité, santé*, Paris, La Documentation française, 1998, 349p.

Joubert, Michel (Dir.), *Précarisation, risques et santé*, Paris, INSERM, "Questions en santé publique", 2000.

Linhart, Danièle; Maruani, Margaret. Précarisation et déstabilisation des emplois ouvriers, quelques hypothèses, *Travail et emploi*, 1982, n.11, p.21-40.

Paugam, Serge (Dir.). *L'exclusion: l'état des savoirs*, Paris, La Découverte, 1996, 579p.

* Tradução Vera Soares.

Prostituição I*

Claudine Legardinier

É comum tentar explicar a prostituição com base nas pessoas prostituídas, a ponta visível do *iceberg*. Longe de se limitar à pessoa que troca serviços sexuais por remuneração, a prostituição é, antes de tudo, uma organização lucrativa, nacional e internacional de exploração sexual do outro. Há muitos agentes envolvidos no sistema da prostituição: clientes, cáftens, Estados, o conjunto de homens e mulheres, pois essa instituição está fortemente enraizada tanto nas estruturas econômicas como na mentalidade coletiva. O conjunto de representações e mitos em torno da prostituição, que a encorajam e legitimam, é um fator essencial. A análise feminista considera a prostituição a situação mais extrema da relação de poder entre as categorias de sexo. Transformadas em objetos e então sujeitas à violência, as mulheres são coisificadas em prol da sexualidade irresponsável dos homens. (Unesco/FAI, Colóquio de Madri, 1986).

Historicamente, a prostituição é reduzida a um clichê. Além de não ser verdade que essa "é a mais velha profissão do mundo" – poderíamos citar os pastores ou as parteiras – esse clichê serve para defender o fatalismo e evitar qualquer questionamento sobre um assunto que provoca mal-estar. Na realidade, ligada à urbanização massiva e à aparição da sociedade de mercado, a prostituição sempre desconcertou os Estados, divididos entre sua proibição ou regulamentação, e termina fazendo que o peso do "pecado" recaia somente sobre as prostitutas, enclausuradas, estigmatizadas, desprezadas. Nesse campo, a França da segunda metade do século XIX é a grande teórica do internamento. Tomado pela obsessão de proteger o corpo social do risco sanitário (sífilis) e da desordem sexual (adultério), o poder burguês fez do prostíbulo fechado um dos pilares de sua política (Corbin, 1978). Lançada em 1870 pela inglesa Josephine Butler, escandalizada pelo sistema de inspeção policial e médico imposto às prostitutas do outro lado do Canal da Mancha, e que faz de toda mulher uma prostituta em potencial, a campanha pela abolição da regulamentação da prostituição adquire repercussão internacional. Na virada do século XX, o abolicionismo se torna um dos principais objetivos do movimento feminista, e essa questão é integrada à luta global pelos direitos da mulher e pela paz, até desaparecer do campo de preocupações sociais nos anos 40. Em 1975, com a organização das prostitutas em defesa de seus direitos, a questão recupera seu interesse. Trata-se de um debate candente.

Entre as feministas, muitas combatem a prostituição como uma violação dos direitos humanos, e até mesmo um crime contra as mulheres (Barry, 1979).

A era da banalização

Na intimidade, a prostituição continua tabu. Se a questão reaparece nos anos 80, o faz sob a perspectiva da saúde pública, pois o aumento da AIDS reacende medos que lembram os do século XIX em relação à sífilis. Como evidência, a intenção de reabertura dos bordéis, travestidos com a aparência da "modernidade". Algumas medidas financiadas pela Organização Mundial da Saúde, como o Ônibus das Mulheres,[22] tendem ao reconhecimento da prostituição como profissão, segundo denunciam na França o

22 A epidemia de AIDS nos anos 80 incentivou uma prostituta a se associar a pesquisadores e a profissionais da área da saúde para realizar ações de prevenção entre as prostitutas parisienses. Estas, apesar das ideias preconcebidas em voga, estão relativamente pouco contaminadas. Todavia tais ações têm o mérito de trazer algumas demandas à tona e levam à circulação de um ônibus nos locais de prostituição parisienses. O projeto "Ônibus das mulheres" é lançado em 1990, organizado sob a forma de uma associação de saúde comunitária em 1994, quatro anos após sua criação, chamada de "Os Amigos do Ônibus das Mulheres". Com um conselho de administração constituído paritariamente por prostitutas e não prostitutas, a associação trabalha na prevenção da saúde, na luta contra as discriminações e pelo acesso aos direitos fundamentais das pessoas prostitutas (nota redigida para a edição brasileira por Anaïs Leboeuf, doutoranda em Sociologia pela Universidade de Paris 8, Saint-Denis).

"Mouvement du Nid" e associações feministas. Tudo converge para uma banalização da prostituição. O grande mercado liberal assimila e monetariza os prazeres: a lógica consumista invade todos os domínios da vida e a expressão "trabalhadoras do sexo" legitima a ideia de que a mercadoria sexo se tornou um dado indiscutível da economia moderna. Toda noção ética é então varrida, toda relação de dominação é engolfada por uma lógica individualista. A prostituição se encontra assim excluída das formas de violência contra as mulheres. A presença crescente de rapazes na prostituição acaba por confundir a percepção das relações de desigualdade, mesmo se o rapaz prostituído está de fato excluído do *status* da masculinidade, como efeminado, travesti ou transexual. Pouco a pouco, as reivindicações feministas são pervertidas pelo *lobby* da indústria do sexo: o direito de dispor de seu corpo torna-se o direito de vendê-lo, o "direito de se prostituir" é entendido como expressão de liberdade. O "mercado do sexo" manipula a sexualidade para encorajar a demanda (pornografia, turismo sexual), buscando agora criar uma demanda feminina. O ciclo está então fechado: não há mais vítima, não há mais carrasco. Cada um explora o outro e a igualdade é enfim realizada!

Uma violência despercebida

A normalização da prostituição no campo social esconde cada vez mais os males vividos pelas pessoas prostituídas. Se a violência é dificilmente denunciada quando é visível (tráfico de mulheres e crianças), o ataque aos direitos humanos e os abusos cometidos na relação baseada na prostituição nunca são tratados, exceto pelos movimentos feministas ou por associações como o "Mouvement du Nid":[23] anestesia emocional, dissociação esqui-

23 O "Mouvement du Nid" nasce em 1937 na França, do encontro entre uma prostituta alcoolica, Germaine Campion e um padre. O apartamento desse último acolhe mulheres em dificuldade. Ele participa da campanha pública pelo encerramento dos bordéis, que culmina com a promulgação da lei de 13 de abril de 1946, conhecida como a Lei Marthe Richard. Sua ação é voltada para o auxílio às prostitutas; informar a opinião pública; agir sobre as causas e consequências da prostituição.
Ele se transforma em associação em 1946, e se funda sobre a ideia da prostituição como atividade incompatível com o respeito da dignidade humana e devendo ser erradicada. Nos anos 70, uma cisão divide a associação em duas, a "Amicale du Nid" e o "Mouvement du Nid"; a primeira se especializa no acompanhamento das prostitutas por profissionais, a segunda milita pela erradicação da prostituição (nota redigida para a edição brasileira por Anaïs Leboeuf, doutoranda em Sociologia pela Universidade de Paris 8, Saint-Denis).

zofrênica, sentimento de insegurança, medo constante, insultos, desgosto, destruição da autoimagem. O silêncio recobre a lenta e profunda degradação da vida sexual e afetiva das prostitutas. A prostituição constitui uma violência despercebida, como foram durante muito tempo outras violências (estupro, incesto, violência conjugal), todas expressões do direito de propriedade dos homens sobre as mulheres. O mesmo silêncio protege os clientes, historicamente legitimados em seu comportamento devido a mitos, dos quais o mais disseminado é o de "evitar estupros". O segredo que encobre suas atividades em nome do "privado" continua fortemente protegido. "A dominação masculina, como toda dominação, é estruturada sobre a falta de transparência das práticas dos dominantes" (Welzer-Lang, 1996). A quase ausência de estudos e pesquisas o confirma. Entretanto, continua sendo essencial medir as consequências do uso da prostituição sobre a violência masculina. O notável trabalho do sueco Sven Axel Mansson (1986) nesse domínio merece ser destacado.

A Europa dos cáftens

No âmbito europeu, os desafios são cruciais. À frente da regulamentação, partidária da prostituição organizada como um serviço público, a Holanda conseguiu validar a noção de "prostituição forçada" nos textos internacionais, começando pela declaração final da Conferência Mundial de Pequim (1995). Essa noção subentende a existência de uma prostituição "livre", a qual se trata de profissionalizar, como um disfarce para a despenalização do caftinagem. Essa distinção habilmente reduz a escolhas individuais a atuação de um gigantesco sistema de exploração e faz o jogo do lenocínio, conferindo-lhe mais legitimidade do que ele jamais pôde sonhar. Por conseguinte, cabe às vítimas provar a violência de que foram objeto! São estabelecidas distinções entre prostituição adulta e infantil, prostituição de mulheres estrangeiras e europeias. O que é crime aos 16 ou 18 anos menos um dia (segundo a idade de maioridade sexual em vigor) torna-se, de um dia para outro, um ato comercial banal. O que é legítimo em países do Norte deve se combater em países do Sul. Todas as diferenciações em matéria de luta contra certas formas de prostituição têm por função legitimar a prostituição em si. Marie-Victoire Louis (1997) recusa portanto toda distinção entre prostituição livre e forçada – quem ousaria justificar o *apartheid* pelo consentimento de alguns à servidão? – e defende um verdadeiro projeto político de recusa a toda mercantilização do corpo e da sexualidade. Aos partidários de uma prostituição "livre" e profissionalizada, invocando a dignidade reencontrada das pessoas prostituídas, não poderíamos opor a "dignidade" conferida à indústria que as explora (Raymond, 1995)? Ao mesmo tempo, a Organização Internacional do Trabalho (OIT) propõe a entrada da prostituição no mercado de trabalho, defendendo a exclusão apenas de seus aspectos mais chocantes, como a prostituição infantil (Lim, 1998). A prostituição torna-se, assim, oficialmente reconhecida como uma solução viável para os problemas das mulheres. Paralelamente, a legitimidade da prostituição como sistema vai sendo aos poucos ratificada pelo Direito (lei belga de 13 de abril de 1995); o que é perverso é que a lei se concentra somente sobre casos de extremo abuso ou extrema violência. A União Europeia se organiza para lutar contra o "tráfico ilegal de pessoas", abrindo assim caminho para o tráfico "legal" e abandonando toda referência à Convenção da ONU de 1949, "pela repressão do tráfico de seres humanos e a exploração da prostituição do outro". Essa Convenção afirmava em seu preâmbulo que a prostituição era "incompatível com a dignidade e o valor da pessoa humana". Lembremos que esse é o texto ao qual a França abolicionista se referencia até aqui.

Por uma terceira via

Neste contexto, a política sueca é fortemente contrastante. Desde 1º de janeiro de 1999, é proibida a compra de "serviços sexuais". A repressão visa os clientes, passíveis de seis meses de prisão, e não as pessoas prostituídas; essa decisão pertence a um conjunto de medidas de combate à prostituição levadas a cabo há bastante tempo, entre quais as mais criativas propõem aos clientes serviços de escuta telefônica ou consultas com psicólogos. A Suécia é portanto o único país a declarar que a prostituição é uma violência contra a mulher e a integrá-la em sua ação política e legislativa "pela paz das mulheres". Segundo a ministra da Igualdade dos Sexos, Margaretha Wimberg, "tratar uma pessoa como mercadoria, mesmo com seu consentimento, é crime". Aí está a abertura de uma nova possibilidade. Hoje aparece a ideia nova e audaciosa de uma sociedade sem prostituição – afirmada há muito tempo pelo "Mouvement du Nid". Esse projeto deve se assentar sobre uma real vontade política, com a realização de ações de prevenção e educação a respeito das causas profundas da prostituição – sociais, econômicas, políticas, culturais –, desarraigando hábitos machistas na luta contra os abusos e maus-tratos sexuais. A prostituição foi por muito tempo uma "fatalidade" para as mulheres, reafirmando a ideia de que seu corpo é perpetuamente disponível para o prazer do outro, de que elas são seres por "natureza" submissas a seu sexo, condenadas ao serviço e ao desprezo, submetidas às assim chamadas necessidades dos homens, excluídas do reino do pensamento e da cultura.

No limiar do século XXI, como lutar pela paridade sem combater a prostituição?

→ *Sexualidade – Violências*

► Barry, Kathleen. *The Prostitution of Sexuality,* New York, University Press, 1995, 382p.

Legardinier, Claudine. *La prostitution,* Toulouse, Milan "Les Essentiels", 1996, 64p.

Louis, Marie-Victoire. À propos des violences, de la prostitution, de la traite, de la sexualité, *Chronique féministe,* mai-juin 1997, p.12-21.

Montreynaud, Florence. La prostitution, un droit de l'homme?, *Le Monde diplomatique. Manière de voir,* mars-avril 1999, n.44, p.19-21.

Raymond, Janice. *Rapport au rapporteur spécial sur la violence contre les femmes,* Genève, ONU, 1995, 24p. UNESCO/Coalition against Trafficking in Women, *The Penn State Report,* 1991, 40p.

* Traduzido por Míriam Nobre.

Prostituição II*

Gail Pheterson

A troca de serviços sexuais por uma compensação financeira ou material pode ser caracterizada como prostituição, mas também pode estar presente em relações como namoros ou o casamento. A existência de um *continuum* nos intercâmbios econômicos e sexuais entre mulheres e homens é um traço recorrente da organização social em distintas culturas e ao longo da história (Tabet, 1987). Esse tipo de transação é legalmente definido como prostituição, e geralmente como crime de prostituição, quando mulheres, travestis ou homossexuais solicitam aos homens de forma explícita, verbal ou não, dinheiro como contrapartida por serviços sexuais específicos, efetuados em espaços públicos, privados ou comerciais. Os códigos penais ou civis não especificam as identidades sexuadas ou sexuais, mas as ações policiais têm como alvo invariavelmente os grupos subordinados. São quase exclusivamente homens que pagam por sexo – em dinheiro ou bens – a mulheres que o provêm. Quando são homossexuais ou homens transgênero que fornecem os serviços sexuais, isso não muda em nada a relação de sexo/gênero, porque, da mesma forma que as mulheres, eles servem aos homens. Sublinhamos que quem demanda dinheiro em troca de serviços sexuais são definidos em função de sua atividade como "prostitutos(as)", um estatuto ilegítimo e até mesmo ilegal; os que pagam pelo sexo raramente são destacados em meio à população masculina em geral.

A prostituição é uma instituição que serve à regulação das relações sociais de sexo. Assim, todo comportamento transgressivo por parte das mulheres num dado contexto pode provocar sua estigmatização como "prostituída" ou "puta" e levar a punições que daí decorrem. Por exemplo, qualquer que seja sua profissão ou suas intenções, mulheres que trabalham no espaço público, ou simplesmente que aí circulam; que viajam sozinhas ou com outras mulheres, podem ser rotuladas de "mulheres públicas" ou "*common women*",[24] "mulheres livres", e podem ser perseguidas, agredidas e eventualmente detidas por prostituição ou inclusive mortas, como as acusadas de violar os códigos sexualmente discriminatórios de regimes matrimoniais ou indumentários (Pheterson, 1996).

As descrições mais antigas de prostitutas na Europa moderna são atribuídas ao escritor italiano Pietro Aretino, do século XVI, que inventou a fórmula de um diálogo satírico entre putas para zombar das convenções e das hipocrisias sociais. Tais diálogos dominaram a tradição pornográfica europeia até o século XVIII. No início do século XIX, a pornografia tinha perdido a maior parte da sua mordacidade política, e a literatura abandonou a crítica social para se centrar unicamente na excitação sexual dos homens. Um fato revelador é que, ao mesmo tempo em que ocorreu uma transformação na maneira de retratar as prostitutas – que de mulheres cúmplices, cheias de espírito e subversivas passaram a simples objetos de luxúria –,

24 Expressão utilizada no período medieval na Inglaterra. (N.T.)

também houve uma mudança nos argumentos da censura, que passaram do plano político para o moral (Hunt, 1996).

Um trabalho a ser reconhecido ou uma violência a ser abolida?

Como a pornografia, a prostituição é tema de controvérsia e de controle. Desde as sociedades antigas, intermediários manipularam o sistema de relações sociais de sexo para seu próprio proveito material recrutando mulheres e vendendo-as, transportando-as ou oferecendo-as como presente aos homens. Há séculos, políticos, reformadores religiosos, autoridades médicas e científicas discutem se o comércio sexual deve ser legalizado, proibido, tolerado ou abolido. Nesses debates, a prostituta serve de símbolo da desordem social, da imoralidade e da doença (Corbin, 1978).

As posições das feministas sobre o assunto são tão divididas quanto as das autoridades. Nas últimas décadas do século XIX, na Inglaterra e na França, surgiu um movimento feminista, liderado por Josephine Butler, contra a regulamentação estatal da prostituição, especialmente contra o assédio policial às prostitutas e outras trabalhadoras. No início do século XX, esse movimento foi eclipsado por uma campanha de "pureza social" cujos objetivos eram combater a prostituição em si e ampliar os poderes da polícia, em vez de reduzi-los. O objetivo repressivo era punir os clientes e os exploradores por um lado e, por outro, "salvar" ou "reabilitar" as prostitutas (Walkowitz, 1980).

Durante os anos 70, nos Estados Unidos e na Grã-Bretanha, as prostitutas partilharam o sentimento feminista de indignação de Butler e retomaram o movimento contra a criminalização pelo Estado e contra o assédio policial às mulheres. Politicamente, identificando-se como "trabalhadoras do sexo", exigiram o reconhecimento social e legal da prostituição como trabalho e das pessoas que fornecem serviços sexuais como cidadãs legítimas. A posição dessas militantes e suas aliadas feministas se chocou de imediato com a das feministas da corrente abolicionista. Estas definem o comércio sexual em si como uma violência, independentemente das condições de autonomia ou coerção das mulheres que o realizam. Desde os anos 80, a tensão ideológica e estratégica entre aquelas que reconhecem a prostituição como trabalho e aquelas que a definem como violência contra as mulheres tornou-se um ponto de cisão política feroz no âmbito do feminismo internacional. Enquanto as primeiras lutam ao lado das prostitutas contra as condições de exploração e de violência na indústria do sexo, as segundas lutam para que o Estado intervenha de maneira mais rigorosa para proibir essa indústria.

Na França, as prostitutas começaram a se organizar nos anos 70 contra as discriminações policiais e sociais e por seus plenos direitos como cidadãs e trabalhadoras. Na época, apoiadas pela Igreja de um lado e pelas feministas de outro, encontraram seus principais aliados nos anos 80 e 90 fora do país. A França é conhecida na Europa como um país fortemente abolicionista. Essa reputação se deve, sobretudo, ao importante "Mouvement du Nid",[25] nascido no pós-guerra na corrente do catolicismo social e que pertence à Federação Europeia pelo Desaparecimento da Prostituição (Fedip). Esse movimento oferece ajuda concreta às prostitutas, esperando levá-las a deixar e rejeitar a prostituição, posição moral que vai numa direção oposta à política das militantes, que lutam pelos seus direitos, e no sentido da política das abolicionistas feministas da França. Para estas últimas, a prostituição não é pecado nem trabalho, mas uma violência infligida pelos homens às mulheres e, por isso, deve ser reprimida pelo Estado. Também as prostitutas exigem a condenação estatal das violências, mas sublinham o fato de que a prostituição, assim como a caftinagem, são definidas na lei unicamente pelo lucro econômico e não pelas condições de coerção. A proibição desses fenômenos não significa então para as mulheres uma interrupção da violência, mas sim um aumento do controle social e policial, do assédio físico e das privações econômicas.

No plano internacional, as Nações Unidas partilham a posição abolicionista e proibicionista da França, interditando a facilitação de transações econômico-sexuais de pessoas "com ou sem seu consentimento" (ver sobretudo a *Convenção Internacional sobre a Repressão do Tráfico de Seres Humanos e da Exploração da Prostituição de Outrem*, 1949).

Um fenômeno nacional e internacional...

Embora alguns países signatários apelem para essa convenção a fim de justificar suas práticas repressivas, os governos regulam a indústria do sexo sobretudo em função de seus interesses e, neste caso, a partir de quatro pon-

25 Cf. Nota sobre o "Mouvement du Nid" no verbete anterior, "Prostituição I".

tos: a renda nacional, a política de imigração, a ocupação (neo)colonial e a saúde pública. Mais particularmente, a intensificação dos controles coincide, segundo os desafios nacionais, com: 1) a crescente dependência do Estado em relação aos fundos gerados pela indústria do sexo nos próprios países ou pela renda da prostituição enviada do exterior pelas mulheres emigrantes; 2) a dependência do Estado em relação ao trabalho das mulheres migrantes nos setores não oficiais da economia, juntamente com as crescentes restrições à imigração legal; 3) a oferta de sexo e "lazer" a militares e, mais recentemente e em larga escala, a turistas e homens de negócio; 4) as reivindicações públicas pelo controle das doenças sexualmente transmissíveis, especialmente a sífilis no século XIX e a AIDS hoje. Consideradas agentes de propagação da doença, as prostitutas são o bode expiatório e servem de alvo dos controles discriminatórios do Estado, apesar da lógica científica e de evidências históricas a respeito do fracasso sanitário desses controles (Brandt, 1985).

As leis sobre a prostituição emergem principalmente do nível nacional, mas a realidade da economia contemporânea, sexual ou não, ganhou desde 1970 um caráter cada vez mais internacional. Milhões de mulheres migram cada ano no interior e para outros países, em busca de renda para prover suas necessidades e as de suas famílias. Esse é frequentemente um meio de fugir da coerção e da exploração que elas sofrem em seus países. Na ausência de direitos para viajar, trabalhar ou imigrar de maneira autônoma, elas precisam com frequência contar com intermediários mais ou menos honestos que organizam o transporte das mulheres e jovens das zonas rurais para as zonas urbanas, e de países mais pobres em direção a países mais ricos, principalmente para estabelecê-las como prostitutas, domésticas ou esposas em casamentos arranjados (Wijers e Lap-Chew, 1997). Do lado dos homens no sistema desigual de gênero, os viajantes e militares vindos de países industrializados sustentam uma florescente indústria do sexo nos países em via de desenvolvimento, que chega a produzir de 2% a 14% do produto interno bruto de algumas economias regionais (Lim, 1998).

... que se organiza na base

A atual expansão das migrações de trabalho e o desenvolvimento correlato da indústria do sexo aumentaram massivamente os lucros e os abusos. As mulheres que se identificam como trabalhadoras do sexo reagiram a essas evoluções, da mesma forma que à epidemia mundial de AIDS, com organizações de base. Em meados dos anos 80, elas denunciam em todos os continentes a violação de seus direitos humanos em colóquios nacionais e internacionais (Pheterson, 1989). Depois, com o apoio de subvenções não governamentais e governamentais para o trabalho de prevenção da AIDS, elas mobilizaram milhares de mulheres em reuniões regionais e transregionais, principalmente na América Latina e na Ásia; esta é a primeira vez na História que prostitutas se beneficiam de um estatuto legítimo como educadoras para a saúde. Protestando contra a hipocrisia da sociedade e do Estado, esses "diálogos entre putas" dão uma voz política às mulheres que agora falam em seu próprio nome, para reivindicar a solidariedade dos organismos responsáveis pelo trabalho e por migrações e dos movimentos feministas, exigindo o fim do assédio sexista, racista e colonialista das autoridades públicas, assim como o pleno acesso aos direitos cívicos e humanos.

→ *Divisão sexual do trabalho e relações sociais de sexo – Migrações – Sexualidade – Violências*

► Corbin, Alain. *Les filles de noce: misère sexuelle et prostitution, XIXe et XXe siècles*, Paris, Flammarion, 1978, 571p. [Rééd. Flammarion "Champs", 1982, 494p.].

Lim, Lin Lean (Ed.) *The Sex Sector: The Economic and Social Bases of Prostitution in Southeast Asia*, Genève, Bureau international du travail, 1998, 232p.

Pheterson, Gail (Ed.). *A Vindication of the Rights of Whores*, Seattle, Seal, 1989, 293p.

__________. *The Prostitution Prism*, Amsterdam, Amsterdam University Press, 1996, 176p. [Trad. franç. Paris, L'Harmattan, 2003].

Tabet, Paola. Du don au tarif: Les relations sexuelles impliquant une compensation, *Les Temps modernes*, mai 1987, n.490, p.1-53.

Walkowitz, Judith. *Prostitution and Victorian Society: Women, Class, and the State*, Cambridge, Cambridge University Press, 1980, 347p.

* Traduzido por Alessandra Ceregatti.

Público/privado*

Diane Lamoureux

A distinção entre o domínio público e o domínio privado é ao mesmo tempo fundamental e muito antiga no pensamento político. Certamente, os contornos do privado e do público variaram de acordo com a época, mas ainda assim podem-se verificar algumas constantes: o governo é sempre da competência do público, enquanto o doméstico faz inevitavelmente parte do privado.

Às origens do público e do privado

Como muitos outros elementos da nossa tradição política, a distinção entre a esfera privada e a esfera pública nos é dada pelos gregos, notadamente Aristóteles, para quem essa distinção reproduz duas outras dicotomias: a primeira entre necessidade e liberdade, e a segunda entre relações políticas e relações naturais.

Na Grécia antiga, "o capital" principal do cidadão era o tempo. De fato, as exigências da vida com os concidadãos e da ação em grupo implicavam se livrar das necessidades do cotidiano para alcançar a liberdade. Os seres privados eram aqueles cujos relacionamentos com seus semelhantes passavam pela produção material, enquanto os seres públicos estabeleciam relações marcadas pela gratuidade. A necessidade caracterizava os relacionamentos humanos centrados na reprodução física e na manutenção material dos seres humanos, bem como na produção de objetos – economia e arte. Esses relacionamentos desenrolavam-se sob o signo de uma relativa naturalidade, por um lado, e de uma privação, por outro, ou seja, de uma invisibilidade social daqueles e daquelas que lhe consagravam o essencial da sua existência. Em tal contexto, ser livre era, em primeiro lugar e sobretudo, libertar-se das necessidades da existência, tendo a possibilidade de encarregar disso outras pessoas que não a si próprio, ou seja, mulheres ou escravos. É por isso que o homem livre era um chefe de família, mas ele era livre apenas na medida em que pudesse sair da sua família para se juntar aos seus semelhantes – na ágora, na palestra ou na assembleia – para criar um mundo instituído do *ekkhon logon*, um mundo em que a palavra, e não as coisas, é a mediadora das relações sociais. Para Aristóteles, as relações políticas são a finalidade "natural" da humanidade, uma vez que ele, o ser humano, é definido como um *zoon politikon*, mas a cidade é algo distinto dos agrupamentos humanos meramente naturais, como o casal heterossexual, a família e o clã, que têm em comum o fato de proverem a manutenção da vida, o primeiro pela procriação, o segundo pela produção material e o terceiro pela guerra e a divisão do trabalho. Mas dado que o homem – no sentido masculino do termo – não está sobre a terra somente para viver, mas para bem viver, para atingir o *eudaimonia*, as relações que permitem alcançar essa boa vida são as da cidade, que se distinguem dos outros tipos de relações pelo fato de repousarem sobre uma igualdade abstratamente construída.

A redefinição moderna dos termos

Essa maneira de conceber as relações entre a esfera pública e a esfera privada influenciaria significativamente a delimitação que os modernos introduziriam entre esses dois termos. Na aurora das revoluções modernas assiste-se a uma redefinição do espaço público a partir da dupla lógica cidadania (participação) / soberania (poder público). Assim, para Rousseau, o cidadão moderno se distingue do homem natural em virtude de a cidadania ser uma segunda natureza, em certa medida mais verdadeira do que a primeira, porque totalmente dependente da razão humana e de sua capacidade criadora. O acesso à cidadania reproduz assim a controvérsia natureza x cultura.

Portanto, as teorias modernas do contrato social, como destaca Pateman (1988), conduzem a uma definição da esfera pública centrada num indivíduo cujas características essenciais são a independência, a responsabilidade e a razão. Quanto à esfera privada, ela se reduz cada vez mais à intimidade e à família, uma vez que a economia moderna sai da esfera doméstica para se tornar social mediante o duplo mecanismo do mercado e da divisão social do trabalho.

Devemos a Rousseau a mais elaborada formulação da divisão entre esfera pública e esfera privada, divisão que reproduz exatamente os papéis sociais de sexo. Para tanto, ele procede a uma completa naturalização das mulheres, a uma construção de sua dependência e invisibilidade social por meio da associação entre "mulher" e "mãe". Para ele, a mãe não pode participar do contrato social uma vez que não pode atingir a imparcialidade necessária à constituição de uma vontade geral.

É nesse compasso que os pensadores dos séculos XVIII e XIX (dentre os quais Hegel, Hume, Kant, Nietzche, Proudhon e Schopenhauer) desenvolvem a noção de "esferas separadas", uma separação que tem como funções essenciais interditar o acesso das mulheres ao universo político e introduzir um "duplo padrão" sexuado no outro domínio público, o do mercado de trabalho.

Mas mesmo que essas esferas sejam separadas, sua impermeabilidade não é perfeita: os homens, como chefes de família, autorizam-se um vai-e-vem entre elas; as mulheres são destinadas ao privado e se expõem a diversos ataques à sua integridade quando saem: é por isso que a distinção entre a operária e a prostituta é frequentemente tênue. O discurso das esferas separadas alimenta e se nutre de um discurso da diferença "natural" entre os sexos, que distribui os papéis sociais segundo a filiação sexual. O homem público obtém consideração; a mulher pública é objeto de escárnio.

Grande parte do trabalho das feministas, a partir do século XIX, consistiu justamente em romper com o confinamento das mulheres na esfera privada e em lhes permitir o acesso seguro à esfera pública por meio da formulação de reivindicações em áreas tão diversas como a da igualdade jurídica, do acesso à educação e ao emprego remunerado, do direito ao voto ou ainda do direito ao aborto.

"O privado é político", *slogan* do feminismo

Podemos afirmar que, em grande parte, o feminismo que se recompôs a partir do final dos anos 60 fez um uso no mínimo polissêmico dessa expressão. Há de fato um abismo entre os grupos de consciência do feminismo americano e do feminismo italiano, centrados sobre a análise do "vivido", e a compreensão do social a partir das experiências pessoais e das práticas mais ideológicas do movimento francês de libertação das mulheres. No entanto, no mundo inteiro os grupos feministas se reconheciam nessa expressão e faziam dela um elemento crucial do seu radicalismo.

Em primeiro lugar, isso faz parte da vontade, não exclusiva do feminismo, de afirmar que "tudo é político". Uma análise retrospectiva do uso da expressão permite constatar que ela foi adotada para enunciar que toda relação de poder, dominação e opressão é de fato política. Isso também permitiu evidenciar que a "natureza" está longe de ficar em paz no mundo moderno, e que a esfera privada é amplamente marcada pelo político, sobretudo na era do Estado-Providência e do surgimento do social (Arendt, 1958), enquanto o Estado passa a ser essencialmente um gestor de "populações".

Em segundo lugar, essa afirmação contribuiu para legitimar as reivindicações das mulheres na esfera política. Por exemplo, o aborto é uma questão política e pode ser formulado sob a forma de um direito, não só porque permite pôr fim a uma gravidez indesejada, mas também porque o direito à segurança e à integridade da pessoa, que está na base do individualismo moderno, passa, para as mulheres, pela possibilidade de controlar sua fecundidade. Além disso, ao insistir sobre a capacidade das mulheres de decidir, torna-se visível a sua autonomia moral, outra característica central do individualismo moderno.

Por fim, esse *slogan* permite criticar o modelo de indivíduo abstrato, que está na base das teorias modernas de cidadania (Lamoureux, 2001). Nós somos necessariamente indivíduos encarnados, e é apenas a partir da nossa situação que podemos aparecer no espaço público; é importante lembrar a época em que o debate sobre a paridade tomou a forma de uma oposição entre particularistas e universalistas, como se só o feminino fosse específico. Enfatizar que não podemos aparecer na esfera pública senão como indivíduos encarnados não significa, no entanto, que a mediação entre a esfera privada e a esfera pública não é mais necessária: ela se faz de outra maneira.

Neste aspecto, é interessante notar a diferença entre "temos o direito de" e "nós queremos". No primeiro caso, apela-se a uma razão comum, enquanto no segundo não se faz mais do que projetar necessidades, específicas por definição, no domínio da competição de interesses. No primeiro caso, há um alargamento da esfera de inclusão política – o direito a ter direitos –, enquanto no segundo há simplesmente o surgimento de novos atores na esfera de gestão do Estado, que assim é colocado no papel de árbitro entre os diversos grupos de interesse.

Com certeza não há unanimidade entre as feministas quanto ao sentido que se deve dar à relação entre a esfera pública e a esfera privada num contexto de cidadania igualitária para homens e mulheres. Algumas optam por insuflar a esfera política com novos valores que as mulheres puderam desenvolver no calor do privado (Gilligan, 1982; Irigaray, 1989; Ruddick, 1989). Outras insistem simultaneamente sobre a importância de uma esfera da intimidade que escapa ao olhar público e sobre a necessidade de uma redefinição inclusiva, tanto do privado como do público (F. Collin, 1986a; Jones, 1993; Young, 1990).

Isso evidencia que, mesmo que as mulheres tenham acedido à cidadania durante a primeira metade do século XX, o discurso sobre a diferença sexual e as esferas separadas não se amenizou. Sem querer reduzir a vida humana a um único domínio, tal como fizeram os regimes totalitários trazendo as consequências que conhecemos de desaparecimento do espaço público de ação e de atomização social, resta elaborar novos modos de vida e de organização social que permitam a todas e a todos participar plenamente tanto da esfera pública quanto da privada.

→ *Cidadania – Igualdade – Família – Maternidade – Movimentos feministas – Políticas sociais e familiares – Trabalho (o conceito de) – Universalismo e particularismo*

► Arendt, Hannah. *The Human Condition,* University of Chicago Press, 1958, 333p. [trad. franc., *Condition de l'homme moderne,* Paris, Calmann-Lévy, 1961].

Butler, Judith; Scott, Joan W. (Eds.). *Feminists theorize the Political,* Nova York, Routledge, 1992, 485p.

Collin, Françoise. Du privé et du public, *Cahiers du GRIF,* 1986a, n.33 p.47-67.

Jones, Kathleen. *Compassionate Authority,* Nova York, Routledge, 1993, 265p.

Pateman, Carole. *The Sexual Contract,* Stanford University Press, 1988, 264p.

Young, Iris. *Justice and the Politics of Difference,* Princeton University Press, 1990, 286p.

*Traduzido por NAIRA PINHEIRO.

Religiões*

Maria José F. Rosado Nunes

Para as Ciências Sociais, as religiões são socialmente construídas. As práticas religiosas, certas expressões da fé, as representações simbólicas e os discursos são reveladores de relações sociais. Assim, pertencer a uma classe, uma "raça" ou um sexo determina ou delimita as práticas religiosas, inclusive as que são percebidas como as mais íntimas. Além disso, as crenças, práticas e representações religiosas agem sobre a realidade, seja reforçando as estruturas sociais, seja modificando-as. Compreender as religiões como espaços complexos e portadores de contradições, de produção, reprodução e transformação das relações sociais, em todos os domínios, do culto, dos símbolos e do saber, e não apenas o da organização religiosa, é um desafio teórico. Assim, é no contexto das relações sociais de sexo, de "raça" e de classe que devem ser analisadas as relações das mulheres com as religiões e das religiões com as mulheres. Estas últimas são, em parte, moldadas pelas crenças e práticas religiosas, enquanto as primeiras são, em parte, moldadas pelas relações sociais. Esta tomada de posição teórica e metodológica supõe uma abordagem dinâmica das religiões e da relação das mulheres com as religiões. A observação empírica mostra então que elas não funcionam sempre e em todas as sociedades como forças conservadoras de reforço à subordinação das mulheres. Em algumas circunstâncias, funcionam como forças inovadoras, como um catalisador de mudanças sociais e políticas. Na condição de fiéis, as mulheres podem se sujeitar ao poder disciplinar das religiões, mas, por sua ação, podem igualmente contribuir para sua mudança. A propósito da Reforma, Nancy Roelke (cf. Zemon Davis, 1979) vê, nas mulheres huguenotes, esposas e viúvas de caráter decidido e extremamente independente, que encontraram na causa da Reforma uma chance de ampliar o seu campo de ação. Estes diferentes cenários pertencem a situações históricas concretas que não podem ser apreendidas senão por meio de pesquisas de campo.

A divisão do trabalho religioso

Os estudos sobre a relação entre as mulheres e as religiões se desenvolveram paralelamente aos estudos feministas em geral. Num primeiro momento, a crítica das religiões foi desenvolvida no plano político e militante; as feministas lançaram então contra elas um anátema radical: eram um dos instrumentos mais eficazes de controle das mulheres e manutenção da sua subordinação. Pesquisas posteriores, mais analíticas e apoiadas numa base empírica, aplicaram nesse campo conceitos e métodos desenvolvidos por pesquisadoras feministas. Estas revelaram os vínculos contraditórios e ambíguos que existem entre a organização religiosa e as mulheres, como em todas as instituições sociais. Teólogas cristãs, brancas, ocidentais foram as primeiras a empreender uma crítica do judaísmo e do cristianismo, seguidas por mulheres de religiões orientais – hinduísmo, budismo, islamismo – e as africanas. Elas teceram críticas sobre o conteúdo da fé: monoteísmo, imagem masculina da divindade, figura submissa e virginal de Maria; sobre as interpretações dos textos tidos como sagrados: a Bíblia, o Corão, o Talmud, os escritos de Buda, e sobre a organização masculina e hierárquica das instituições religiosas. Essas teólogas questionaram a existência de uma única "verdade" religiosa, contida numa única religião, salvadora e portadora de redenção. Tais críticas levaram-nas a considerar mudanças em seu próprio credo, ou a criar novos grupos religiosos, com base em antigas crenças, recuperando as figuras femininas de deusas e bruxas, bem como rituais considerados pagãos.

Pesquisadoras feministas questionaram igualmente o campo da sociologia da religião e evidenciaram o sexismo da abordagem clássica. Em *As formas elementares da vida religiosa*, Durkheim (1912) propõe uma rígida divisão entre sagrado e profano como algo constitutivo das religiões e da sociedade. De acordo com ele, só os homens são portadores do sagrado, protagonistas das crenças e dos ritos pelos quais são criadas novas relações e a própria sociedade. As mulheres, por sua vez, são relegadas ao profano, ao cotidiano repetitivo, portanto incapazes de serem portadoras de uma força criadora. Ritos e crenças devem contribuir para manter o mundo ideal dos homens, separado do mundo das mulheres, mesmo nas sociedades modernas e secularizadas. Max Weber (1920) distingue dois tipos de religiões. As baseadas no ascetismo, no racionalismo, defendem a ação no seio da sociedade; permitem a existência de heróis, líderes carismáticos ou profetas; são associadas aos homens. Outras têm um caráter mágico, extático, incorporando o erotismo, são orientadas para o amor; estão distantes da ação e são associadas às mulheres.

Ao analisar a natureza e o funcionamento do poder religioso, as sociólogas feministas mostraram como o tratamento abstrato das categorias utilizadas, supostamente neutras quanto às relações de sexo, não permitem perceber os elementos fundamentais da realidade das instituições religiosas. Elas mostraram que o poder religioso tem por base a divisão sexual do trabalho social. A divisão clero/laicato, no catolicismo romano, por exemplo, remete à separação homens/mulheres; mesmo se as mulheres não são as únicas leigas, o poder é monopolizado pelos homens. A obrigação do celibato masculino para o exercício do ministério sacerdotal, no catolicismo romano, remete as mulheres ao estatuto de profanadoras do sagrado: para desempenhar as funções rituais de ligação da comunidade dos fiéis com o sagrado o sacerdote não deve tocar uma mulher. Assim, a subordinação das mulheres na esfera religiosa não se revela apenas na impossibilidade objetiva de estas chegarem a posições de liderança em igrejas e outras organizações religiosas. Ela pode ser detectada e analisada mais amplamente no conjunto do espaço religioso e em cada um dos seus componentes, os discursos, as representações, as práticas, como a expressão de relações sociais que estão em ação na sociedade em geral e no campo religioso em particular. Contudo, a complexidade e a ambiguidade do jogo de exclusão e inclusão das mulheres, empreendido pelas instituições religiosas, permitem o aparecimento de contradições e conflitos que tornam possíveis mudanças favoráveis às mulheres.

Ambivalência das religiões

Uma das mais sérias discussões nesta área concentrou-se sobre a existência de possibilidades reais de mudança no campo religioso em favor das mulheres; podemos destacar duas abordagens distintas. Para algumas especialistas, como Mary Daly (1973), as religiões existentes são lugares de pura dominação das mulheres, que sofrem aí a influência de grupos religiosos e das igrejas. O androcentrismo peculiar às religiões históricas é intrínseco e, portanto, imutável. O investimento da população feminina na religião constituiria então a prova do seu conservadorismo. Para outras, como a teóloga feminista Elisabeth Schussler Fiorenza (1986), o problema das religiões institucionalizadas em igrejas foi o de sua apropriação pelos homens. O objetivo das pesquisas é assim recuperar as tradições e os fundamentos próprios das religiões, de modo que as mulheres encontrem aí o seu lugar. Outra abordagem se interessa sobretudo pelo poder institucional e pelos efeitos sociais e políticos da participação religiosa das mulheres. Nessa linha, alguns estudos empíricos, como os de Carol Drogus (1997) e outros sobre catolicismo no Brasil, mostram que as religiões constituem realidades sociais complexas, ambivalentes. É preciso compreender como as atividades simbólicas, as crenças, os ritos e discursos, e a organização do poder religioso, que parece escapar às relações sociais de sexo, são, na realidade, moldados por elas.

Pistas para novas pesquisas

Apesar do processo de secularização que deu forma às sociedades modernas, as religiões conservam um grande poder de atração sobre as mulheres, quer seja nas sociedades mais urbanizadas ou naquelas distantes da modernidade. As mulheres representam ainda o público mais significativo nas diferentes religiões do mundo e, mais recentemente, nas novas religiões e nos novos movimentos religiosos. Portanto, examinar os efeitos desse investimento para as populações femininas continua sendo um tema atual. Vários campos abrem-se à pesquisa feminista para compreender e explicar as relações das mulheres com o fenômeno religioso e o seu lugar nas religiões históricas. Quais são os efeitos sobre a vida das mulheres e, consequentemente, sobre a dos homens, das mudanças contemporâneas no campo da religião, tanto no Ocidente como no Oriente? Qual o significado da proliferação de grupos fundamentalistas, liderados por homens, que cada vez mais atingem a vida e o corpo das mulheres? Num contexto de reivindicação de direitos sexuais e reprodutivos, como as religiões procuram apropriar-se do corpo das mulheres e controlar a sua capacidade reprodutiva e a sua sexualidade? Resta analisar as condições de produção de novas práticas, discursos e símbolos religiosos pelas mulheres e seus efeitos sobre as religiões e sobre a totalidade de crentes, mulheres e homens. Finalmente, é preciso proceder a pesquisas empíricas que abram novas pistas para compreender a realidade das religiões nas sociedades do terceiro milênio.

→ *Dominação – Poder(es) – Sexualidade*

► Caron, Anita (Ed.). *Femmes et pouvoir dans l'Église,* Montreal, VLB, 1991, 254p.

Erickson, Victoria Lee. *Where Silence speaks. Feminism, Social Theory and Religion,* Mineápolis, Fortress Press, 1993, 219p.

Gross, Rita. *Feminism and Religion. An Introduction,* Boston, Beacon Press, 1996, 279p.

Rosado Nunes, Maria José F. Women, Family and Catholicism in Brazil: The Issue of Power, *in* Sharon K. Houseknecht, Jerry G. Pankhurst, *Family, Religion and Social Change in Diverse Societies,* Nova York, Oxford University Press, 2000, p.347-362.

Schussler Fiorenza, Élisabeth. *En mémoire d'Elle. Essai de reconstruction des origines chrétiennes selon la théologie féministe,* Paris, Cerf, 1986, 482p.

Sharma, Arvind (Ed.). *Women in World Religions,* Albany, State University of New York Press, 1987, 302p.

*Traduzido por NAIRA PINHEIRO.

Saúde no trabalho*

Annie Thébaud-Mony

Saúde no trabalho designa dois tipos de realidade: o estabelecimento da saúde de homens e mulheres no local de trabalho, e o conjunto de dispositivos legislativos, regulamentares e institucionais com os quais se supõe prevenir e reparar os danos à saúde relacionados ao trabalho.

Questionar a saúde no trabalho a partir da problemática das relações sociais de sexo nos permite estudar qual o papel que a divisão social do trabalho entre homens e mulheres tem na construção diferencial de sua saúde, na articulação da vida produtiva e da vida reprodutiva. Permite também desenvolver uma análise crítica da elaboração das leis e regulamentações, mas também das práticas institucionais e sindicais em saúde ocupacional.

Construção diferencial da saúde de homens e mulheres

A história da saúde dos homens e das mulheres no trabalho continua a ser escrita principalmente a partir de numerosos trabalhos monográficos, por vezes muito ricos, sobre a experiência das condições de trabalho em diferentes épocas, em diferentes países e em tipos de atividades bastante diversificados: agricultura, mineração, serviços, instituições de cuidados da saúde. A problemática das relações sociais de sexo constitui uma chave de interpretação particularmente pertinente para construir essa história e dela extrair lições numa perspectiva da saúde pública. Alguns psicólogos do trabalho tentaram utilizá-la para esclarecer em especial as atitudes diferentes de homens e mulheres diante dos riscos do trabalho. Esta abordagem, no entanto, tende a naturalizar a virilidade como traço psicológico, em detrimento de uma abordagem dinâmica da construção social das condições e situações de exposição a riscos profissionais e da mobilização diferenciada da saúde no trabalho. No entanto, esta última permite destacar não apenas os tipos de danos à saúde segundo o lugar das mulheres e dos homens na divisão social do trabalho, mas igualmente indicar – em especial para as mulheres – as estratégias de resistência aos danos à saúde ligados ao trabalho. Na verdade é preciso destacar que, desde a recusa do trabalho por produção na indústria têxtil até a rejeição do trabalho por peça na indústria eletrônica, pelos trabalhadores dos anos 60, verifica-se a resistência das mulheres à fadiga nervosa que afeta a sua saúde e acarreta problemas na sua vida extraprofissional (Saurel-Cubizolles, Messing e Lert, 1996).

A problemática das relações sociais de sexo ocorre em três tipos de trabalhos.

Numa abordagem sócio-histórica, Alain Cottereau (1983) identifica dois modelos de deterioração precoce da saúde: um – masculino –, mais ligado a condições de trabalho perigosas e insalubres cujas consequências têm visibilidade social, em especial devido aos acidentes de trabalho; o outro – feminino –, que ele relaciona "à sobrecarga de trabalho" associada a tarefas repetitivas sob condições de forte restrição de tempo, e aos encargos maternos. As consequências são marcadas pela invisibilidade.

Numa leitura sociojurídica crítica da prevenção em saúde do trabalho na Europa, Laurent Vogel (1994) dá um amplo destaque à invisibilidade do trabalho feminino e às suas consequências sobre a saúde. Ele questiona a tradição científica que parte de patologias medicamente constatadas para remetê-las a condições de trabalho não reinseridas nas relações sociais de dominação que asseguram a sua perenização. Ele critica essa abordagem dominante que – afora os aspectos ligados à reprodução (gravidez, maternidade) – não leva em conta nem a construção diferencial dos percursos profissionais, nem as modalidades específicas de alteração e desgaste da saúde das mulheres associadas à sua dupla jornada de trabalho – produtivo e reprodutivo. Essa análise encontra um eco imediato nos debates sobre o trabalho noturno. Proibido às mulheres na França pela lei de 1892, hoje ele é autorizado, como nos outros países da União Europeia, sob o pretexto da não discriminação entre homens e mulheres no emprego. Essa lei que, além disso, limitava o dia de trabalho das mulheres a 11 horas por dia, poderia aparecer como uma forma de discriminação positiva. Contudo, Michelle Zancarini-Fournel aponta quanto os argumentos foram indubitavelmente sexistas e cristãos: "Se vocês desejam que a mãe de família possa preparar a refeição da noite, que esta esteja ao forno e à mesa quando o seu marido e as suas crianças retornarem, é indispensável que o seu dia de trabalho termine o mais tardar às 19 horas" (Auslander e Zancari-Fournel, 1995, p.82). De fato, a lei adotada não dizia respeito ao comércio, aos escritórios, mas à indústria, e baseava-se numa representação da feminilidade e do papel da mulher casada ligada aos interesses demográficos nacionais e a um eugenismo que visava a preservação "da raça". Hoje em dia, a decisão de suprimir a proibição do trabalho noturno para mulheres depende menos de uma referência à regra da igualdade entre homens e mulheres do que do reforço das lógicas de produtividade e competitividade, ao possibilitar a utilização permanente dos equipamentos produtivos e a flexibilização da jornada de trabalho, independentemente do setor de atividade. Numa perspectiva de proteção à saúde, tendo em vista os efeitos patogênicos do trabalho noturno, efeitos conhecidos há décadas, a única medida legítima teria sido, ao contrário, a extensão da interdição do trabalho noturno aos homens. Tal medida teria tido como efeito dar aos trabalhadores, no âmbito das negociações de redução da jornada de trabalho, a oportunidade de declarar o trabalho noturno como derrogatório em relação a essa interdição, e de negociar o recurso em posição de força para obter o descanso compensatório na medida do dano sofrido por aqueles constrangidos a aceitá-lo.

Por fim, várias pesquisas socioantropológicas evidenciam o papel desempenhado pelas relações sociais de sexo e sua influência sobre a saúde no trabalho no contexto de uma generalização da precarização social. Elas permitiram revelar dois processos que se conjugam. Por um lado, as mulheres foram as primeiras atingidas pelo trabalho em tempo parcial e pela intermitência dos empregos precários. Em ambos os casos, a legitimidade do recurso a essas formas específicas de emprego (em relação ao modelo do emprego fixo, de tempo integral) – para as mulheres – teve por base a necessária articulação entre trabalho produtivo e trabalho reprodutivo (Bretin, Frigul e Thébaud-Mony *in* Appay e Thébuad-Mony, 1997). Não se empreendeu nenhum protesto social contra a redução da jornada de trabalho para as mulheres com redução concomitante de salário. Por outro lado, a precarização do trabalho dos homens tomou a forma de uma mobilidade e de uma disponibilidade permanentes, de acordo com os imprevistos da produção, em especial no caso de relações de trabalho estabelecidas por subcontratação (Thébaud-Mony, 2000). Essa disponibilidade temporal e espacial dos homens aparece como legítima em relação à divisão sexual do trabalho reprodutivo, no qual as mulheres asseguram a continuidade da gestão das tarefas afetivas, educativas e domésticas na família. Esses dois processos contribuem de forma duradoura para a invisibilidade das consequências da precariedade do trabalho e do emprego sobre a saúde.

Essas pesquisas socioantropológicas assentam sobre uma definição sociológica da saúde elaborada pelo grupo de pesquisa que as conduziu: a saúde é um processo dinâmico pelo qual o indivíduo caminha, um processo que registra no corpo, na pessoa, as marcas do trabalho, das condições de vida, das dores, do prazer e do sofrimento, de tudo aquilo de que é feito uma história individual em sua singularidade, mas também coletiva pela influência de múltiplas lógicas entre as quais ela se insere. A dinâmica das relações sociais de sexo ganha aqui toda a sua relevância.

Leis, regulamentações, práticas institucionais: uma análise crítica

A gênese e a evolução da legislação sobre saúde no trabalho inseriu-se, no último século, numa lógica de segurança que tende a reduzi-la apenas à dimensão dos riscos profissionais, "neutros" e objetivamente determináveis, reconhecidos como passíveis de indenização nos termos das negociações acordadas entre os parceiros sociais. A maioria das tabelas de indenização por doenças profissionais diz respeito a riscos físicos ou químicos característicos das indústrias químicas, de mineração e metalurgia e de construção (Código da Seguridade Social, art. L 461-4 da legislação francesa). Nessa perspectiva, uma parcela significativa das doenças profissionais desaparece do campo de conhecimento dos danos relacionados ao trabalho e das origens sociais dos problemas de saúde. As estatísticas administrativas de doenças profissionais, realizadas anualmente na França pelo Instituto Nacional de Seguro de Saúde, não incluem a variável sexo. No entanto, a pesquisa "Condições de trabalho", realizada a cada cinco anos, em média, pelo Ministério do Trabalho na França com uma amostra representativa de trabalhadores assalariados, aponta de modo constante desigualdades significativas entre homens e mulheres. Estas, mais do que os homens, estão sujeitas a trabalhos repetitivos sob severas restrições de tempo e sofrem a insalubre evolução de novas formas da jornada de trabalho (tempos parciais instáveis, horários irregulares, "banco de horas" etc.). A explosão em âmbito mundial de lesões por esforço repetitivo (LER) ou dos distúrbios musculoesqueléticos (DME), que atingem principalmente as mulheres, é associada por muitos especialistas à divisão sexual do trabalho (Pearson, 1998). Esses distúrbios orgânicos são um sintoma da hiper-socialização de homens e mulheres no trabalho, que se reflete também em diversas formas de sofrimento psíquico, conforme o demonstram inúmeros estudos de psicoterapia do trabalho (Guiho-Bailly, 1996; Davezies, Dejours, *in* Coletivo, 1997)

Uma revisão da literatura realizada no início dos anos 80, relativa à saúde das mulheres, destacou a influência das relações sociais de sexo tanto na seleção e desenvolvimento de políticas de pesquisa como em matéria de legislação e ações sindicais (Thébaud-Mony e Lert, 1982).

Lucila Scavone (1997), socióloga brasileira, apropriou-se de outra perspectiva, complementar à anterior, qual seja, a da influência da divisão sexual do trabalho na construção da invisibilidade social das doenças profissionais. São as mulheres que assumem – por meio do seu trabalho sanitário profano – a responsabilidade social pelo cuidado dos homens e das mulheres que sofrem de doenças profissionais, assim como a gestão de suas consequências familiares. Para resistir à transformação das consequências do trabalho sobre a saúde em meras deficiências individuais e privadas, o desenvolvimento de pesquisas sociológicas sobre a saúde no trabalho que levem em conta as relações sociais de sexo pode contribuir para a análise crítica da organização social do trabalho.

→ *Divisão sexual do trabalho e relações sociais de sexo – Flexibilidade – Precarização social – Técnica e gênero – Trabalho (o conceito de)*

► Appay, Béatrice; Thébaud-Mony, Annie. *Précarisation sociale, travail et santé,* Paris, IRESCO-CNRS, "Actions scientifiques fédératives de l'IRESCO", 1997, 580p.

Cottereau, Alain. Usure au travail. Destins masculins et destins féminins dans les cultures ouvrières, en France, au XIXe siècle, *Le Mouvement social,* jul.-set. 1983, n.124, p.71-112.

Scavone, Lucila. Invisibilidad social de dolencias profesionales ligadas a la exposición al amianto, *Cuadernos Mujer Salud,* 1997, n.2, p.143-7.

Thébaud-Mony Annie; Lert, France. Emploi, travail et santé des femmes: la législation et les recherches face aux mouvements sociaux, *Droit social,* 1982, n.12, p.781-92.

Vogel, Laurent. *L'organisation de la prévention sur les lieux de travail. Un premier bilan de la directive-cadre communautaire de 1989,* Bruxelas, Bureau technique syndical européen pour la santé et la sécurité, 1994, 287p.

* Traduzido por NAIRA PINHEIRO.

Sexo e gênero*

Nicole-Claude Mathieu

Diferenciação biológica, diferenciação social

De modo geral, opomos o sexo, que é biológico, ao gênero (*gender*, em inglês), que é social. Na Biologia, diferenciação é a aquisição de propriedades *funcionais* diferentes por células semelhantes. A diferença é o resultado de uma diferenciação. O estudo das sociedades animais, incluindo a dos nossos primos primatas, revela uma grande variedade (indo do maior contraste até a quase similitude) de "diferenças" – a assimetria entre fêmeas e machos – características sexuais secundárias e comportamentos que asseguram a reprodução, a criação dos filhotes e a obtenção de alimento (cf., por exemplo, Hrdy, 1981).

A humanidade faz parte das espécies de reprodução sexuada, por isso ela tem dois "sexos" anatomofisiológicos com uma única função de sua perpetuação física: a produção de novos indivíduos. No entanto, sua marca distintiva, já detectável nos primatas superiores, é a perda do estro (coincidência entre excitação sexual e período fértil, nas fêmeas animais). Donde, para as mulheres, há a possibilidade do desejo e de relações sexuais sem risco de gravidez, mas também de gravidez sem desejo sexual (estupro, um ato social, parece peculiar ao homem).

As sociedades humanas, com uma notável monotonia, *sobrevalorizam* a diferenciação biológica, atribuindo aos dois sexos funções diferentes (divididas, separadas e geralmente hierarquizadas) no corpo social *como um todo*. Elas lhe aplicam uma "gramática": um gênero (um tipo) "feminino" é culturalmente imposto à fêmea para que se torne uma mulher social, e um gênero "masculino" ao macho, para que se torne um homem social. O gênero se manifesta materialmente em duas áreas fundamentais: 1) na divisão sociossexual do trabalho e dos meios de produção, 2) na organização social do trabalho de procriação, em que as *capacidades* reprodutivas das mulheres são transformadas e mais frequentemente exacerbadas por diversas intervenções sociais (Tabet, 1985/1998). Outros aspectos do gênero – diferenciação da vestimenta, dos comportamentos e atitudes físicas e psicológicas, desigualdade de acesso aos recursos materiais (Tabet, 1979/1998) e mentais (Mathieu, 1985b/1991a) etc. – são marcas ou consequências dessa diferenciação social elementar.

Assim, a extensão para a quase totalidade da experiência humana daquilo que é apenas uma diferenciação funcional em *uma* área leva a maioria dos seres humanos a pensar em termos de *diferença* entre os sexos como uma divisão ontológica irredutível em que sexo e gênero coincidem e cada um deles é exclusivo em relação ao outro. Mas a gramática do gênero, ideal e factual, ultrapassa por vezes a "evidência" biológica da bicategorização – aliás, ela própria problemática – conforme o demonstram a complexidade dos mecanismos de determinação do sexo (Peyre e Wiels, 1997) e os estados interssexuais. Algumas sociedades, mas não as ocidentais modernas, e alguns fenômenos marginais das nossas sociedades modernas mostraram que definições de sexo e gênero, assim como as fronteiras entre sexos e/ou entre gêneros, não são tão claras.

Outros sexos e outros gêneros

O conceito de sexo parece ser universal. Héritier (1996, 19ss) vê na própria diferença anatômica entre os sexos uma barreira última do pensamento, inserindo a oposição entre o idêntico e o diferente na origem dos sistemas conceituais binários. No entanto, as teorias sobre a origem da sua bipartição, sobre sua função na procriação, ou sobre o sexo "real" de um bebê são muito diferentes, desde antes de Aristóteles até os biólogos modernos, de um lado a outro do planeta. Conforme a sociedade, ou sempre houve dois sexos (ordem divina ou ordem natural), ou primeiro um só (sugestivamente, porém, já sexuado ou andrógino, o que dá no mesmo), ou dois seres do mesmo sexo. Para a procriação, ou só o homem ou só a mulher, ou a mulher com a ajuda de um espírito, é que contribui para a concepção da criança; às vezes o pai é tão necessário quanto a mãe para continuar a produzir biologicamente a criança após o nascimento etc. E às vezes a criança muda de sexo no momento do nascimento ou não pertence ao seu sexo aparente. No entanto, apesar da diversidade das representações de sexo e da sexualidade, as sociedades instauram concretamente (por meio de ritos, regras de casamento e prescrições diversas) *uma* diferença entre os sexos e sua "complementaridade", geralmente hierárquica (Mathieu, 1991b).

Na maioria das sociedades, a bipartição do gênero deve estar calcada na bipartição do sexo, realizada sob forma normal e normatizada na heterossexualidade. O gênero "traduz" o sexo. Deve haver uma *adequação* entre gênero e sexo, com uma ênfase neste último. Daí a necessidade, para os transexuais modernos, de mudar de sexo para estar em conformidade com o gênero vivido: o do sexo oposto. Ou, como entre os inuit, a necessidade de vestir e criar um bebê-menina como menino (travestismo), se a pessoa que reencarnou nela era do sexo masculino (e vice-versa), o que cria uma espécie de "terceiro sexo", pelo menos até o casamento heterossexual, quando a criança retorna ao seu sexo/gênero "biológico".

Mas uma segunda maneira de conceber a relação entre sexo e gênero é admitir a sua divergência eventual dando prioridade ao gênero, ou seja, à bipartição social de funções e atitudes. O gênero pode ser um símbolo do sexo e vice-versa. É uma lógica pragmática, mais "heterossocial" do que heterossexual, que permite uma relativa flexibilidade de comportamentos, incluindo-se o sexual. Assim, os travestis modernos (desprezados) ou os *berdaches* ameríndios (indivíduos passando oficialmente ao gênero oposto) não querem mudar de sexo, mas sim marcar sua preferência pelo outro gênero. O caso africano de casamentos institucionais entre homens ou entre mulheres, em que as normas de gênero (prerrogativas do "marido" e serviços da "esposa") eram respeitadas, atestam que o casamento não se define principalmente pela função reprodutiva – como bem o havia observado Lévi-Strauss (1956) – mas garante um conjunto de direitos do sexo/gênero "homem" sobre o sexo/gênero "mulher".

As diversas análises da relação entre sexo e gênero

Não obstante algumas obras de autores importantes como Friedrich Engels (1884), Margaret Mead (1935; 1948), Virginia Woolf (1929; 1938) ou Simone de Beauvoir (1949), a questão da construção social das diferenças entre os sexos permaneceu e ainda é marginal nas Ciências Humanas, como o demonstra a invisibilidade ou o desprezo que ainda atingem os estudos feministas no mundo acadêmico, na França mais do que em outros países ocidentais. Antes do ressurgimento dos movimentos feministas no final dos anos 60, a História se interessava eventualmente por algumas mulheres de poder e/ou célebres; a Psicologia e a Psicanálise, pelas "diferenças entre os sexos" na fronteira entre biologia e socialização (controvérsia natureza x educação); a Psicologia e a Sociologia, pelos "papéis sexuais" esperados ou prescritos (o que representava um progresso). A Etnologia constatava a "complementaridade dos sexos" e se questionava, às vezes, acerca de seus fundamentos (controvérsia natureza x cultura).

Note-se que no início dos estudos feministas, nos Estados Unidos como noutros países, não se falava de "gênero", mas de *mulheres* e sua invisibilização pela sociedade e por uma ciência androcêntrica, de sua opressão/exploração pelos *homens* e das condições de sua libertação. "Como mulheres", nós pensávamos e reivindicávamos. Mas o que é uma mulher? Os debates entre tendências dentro do movimento "de mulheres" revelam diversas concepções subjacentes da *relação entre sexo e gênero*, algumas das quais não diferem muito das duas concepções mencionadas anteriormente. Uma tendência francesa, inspirada numa dada corrente da Psicanálise, está associada ao primeiro modo de pensamento, baseado no sexo: homens e mulheres são diferentes; o problema é que a nossa sociedade não permitiu que a mulher "chegasse" psicológica e socialmente à sua especificidade. Mas as opções mais comuns estão no segundo modo de pensamento, que abre espaço para a ambiguidade entre sexo e gênero: elas abordam as *modalidades* de construção do gênero, concebido como elaboração cultural da diferença sexual, analisando e denunciando as desigualdades entre os sexos a fim de rearranjar equitativamente os conteúdos dos dois gêneros. Finalmente, uma terceira corrente conceitual da relação entre sexo e gênero (apresentada na França pelo coletivo da revista *Questões feministas*, 1977 ~ 1980) considera que os sexos não são simples categorias bissociais, mas classes (no sentido marxista) constituídas por e na relação de poder dos homens sobre as mulheres, que é o *próprio eixo* da definição de gênero (e de sua primazia sobre o sexo, cf. Delphy, 1991b/2001): o gênero *constrói* o sexo. As tendências lésbicas políticas próximas desta corrente encaram a heterossexualidade não como um comportamento sexual entre outros, mas como o sistema fundador da definição de "mulheres" por uma relação obrigatória de dependência dos homens. Quando Simone de Beauvoir disse: "Não se nasce mulher, torna-se mulher", Monique Wittig (1980/2001) acrescentou: "[...] 'mulher' não tem sentido senão nos sistemas de pensamento e nos sistemas econômicos heterossexuais. As lésbicas não são mulheres".

As críticas feministas das ciências focaram, entre outras, a naturalização da categoria "mulher". Dado o amálgama biofisiopsicológico que a definia e a ocultação de relações de poder que a constituem, fazia-se necessário introduzir análises e, portanto, os termos, mostrando claramente o funcionamento social da categorização por sexo. Daí o advento, na França, das noções de "sexo social" (Mathieu, 1971/1991a), de "sexagem" (Guillaumin, 1978/1992) para descrever, em relação a certas formas de escravidão e servidão, um sistema de apropriação das mulheres ("sexismo", mais restrito, se referia mais a atitudes), e da expressão, rapidamente generalizada aos países francófonos, "relações *sociais* de sexo", correspondente à inglesa *gender relations* (relações de gênero). Nos Estados Unidos, o termo *gender*, até então ocasionalmente utilizado em estudos psicológicos sobre a identidade pessoal (por exemplo, o trabalho de John Money e Stoller, 1968), ganha uma acepção sociológica (por exemplo, Oakley, 1972). E a antropóloga Gayle Rubin (1975/1999) propôs a expressão *sex/gender systems* para destacar a interdependência sistêmica entre os regimes matrimoniais que oprimem as mulheres (nos quais elas não têm sobre si mesmas, sobre as outras mulheres e sobre os homens, os "direitos" – privilégio de gênero – que estes têm sobre elas e sobre a sua sexualidade) e os processos econômicos e políticos globais.

Desvios da noção de gênero

Desde os anos 80, nota-se uma tendência nos escritos em inglês, feministas ou não (e, mais recentemente, em francês) de um uso exclusivo do termo "gênero". Isso acarreta vários problemas:

1) O termo "gênero" isolado tende a ocultar que o "sexo" (a definição ideológica e prática que lhe é dada) funciona efetivamente como parâmetro na variabilidade das relações sociais concretas e das elaborações simbólicas. Quaisquer que sejam os modos de articulação entre sexo e gênero, detecta-se constantemente um funcionamento assimétrico do gênero (e de suas transgressões) em função do sexo. Sem dúvida há os gêneros "homem-mulher", mas na base inferior da escala do gênero há fêmeas: sexo social "mulher" (Mathieu, 1989/1991a). Como no caso da substituição do termo "raça" por "etnia", deixar o sexo fora do campo do gênero implica o risco de manter incontornável o seu estatuto de realidade. (E de realidade imutável, esquecendo-se de que a "biologia" e, em especial a fisiologia da fecundidade, é amplamente dependente do ambiente social.)
2) Evidentemente, as análises feministas mostram que o funcionamento do gênero, incluindo as estruturas sociocognitivas (Hurtig e Pichevin, 1991), é hierárquico. Mas o termo continua a ser usado pela maioria das pessoas como uma bicategorização *inofensiva*. Falar de *gender studies* é então bem menos comum (ou "particularista"), do que *women's studies* ou *gay and lesbian studies*, e parece mais tranquilo (ou "objetivo") do que *feminist studies*. Isso permite estudar os aspectos simbólicos e ideológicos do masculino e do feminino, sem referência à opressão do sexo feminino.

3) Pode-se constatar que muitos escritos em inglês, inclusive feministas, utilizam *gender* em diversos sentidos, e principalmente como um eufemismo para *sexo* (o que aumenta a confusão frequente entre *sexo* e *sexualidade*). Segundo Brigitte Lhomond (1997), o abandono de toda distinção entre sexo e gênero conduz ao risco de naturalizar o gênero.
4) A partir dos anos 90 surge nos Estados Unidos um novo desvio do gênero, representado em alguns espetáculos da cantora Madonna e promovido por ativistas e alguns universitários com o nome de movimento e teoria *queer* (*queer*: bizarro, ambíguo, insulto usado para designar homossexuais, reivindicado aqui para afirmar e *reunir* todos os comportamentos diferentes daquele da heterossexualidade normativa: homossexuais, lésbicas, transexuais, travestis, bissexuais etc.). Inspirados por uma forma de pós-modernismo e reprovando os movimentos feministas, lésbicos e gays anteriores por terem centrado o seu foco sobre questões relativas às identidades coletivas constituídas, os *queer* consideram que as categorias de oposição binária (homens/mulheres, homo/heterossexual) são ultrapassadas ou mesmo "essencialistas" (enquanto nós havíamos demonstrado que elas são *construídas* pela opressão!). Trata-se então de ultrapassar o gênero (*transgendering*), embaralhando, desordenando, "perturbando" (Butler, 1990) as categorias de sexo e sexualidade. Eles se interessam pelo(s) gênero(s) como uma "representação" quase teatral (*performance*), que cada indivíduo poderia desempenhar à sua maneira (ver os artigos críticos de F. Collin, 1994; Charest, 1994; Mathieu, 1994). Os aspectos simbólicos, discursivos e paródicos do gênero são privilegiados em detrimento da realidade material histórica das opressões sofridas pelas mulheres, e essa tendência encontra forte oposição entre algumas lésbicas e feministas, especialmente as feministas "de cor" americanas e as do Terceiro Mundo.

Três debates em torno das categorias de gênero e de sexo

A atualidade social, tanto conceitual como jurídica, das categorias de sexo e gênero é evidenciada, nos países ricos, por meio de três debates:

1) A "feminização" da linguagem. Na maioria das línguas europeias, em graus diferentes, o gênero gramatical é hierárquico: o masculino representa o geral e, no plural, engloba o feminino. O protesto feminista contra o ocultamento do sexo/gênero "mulher" deu lugar, muito precocemente, a várias criações em romances, ensaios, cartazes e, hoje, em fanzines: colocar todas as palavras no feminino (raro, mas chocante!), ou usar a forma feminina plural acentuada tipograficamente para designar um conjunto misto (*as alunAs, as universitáriAs*), ou evitar ao máximo termos que identifiquem o sexo, ou encontrar uma palavra "neutra' e universalizante – por exemplo, o *on* (Wittig, 1985/1992 e 2001) em francês, "as pessoas" em português – ou substituir *chairman* por *chairperson* no inglês etc. No Quebec, o Instituto de Língua Francesa editou, há vinte anos, recomendações para a feminização ou bissexualização dos termos: por exemplo, *um-a professor-a, os(as) alunos(as)* (ou, em francês, *une professeure, les étudiant-e-s* – sob os auspícios da feminização dos nomes das profissões na França, cf. Houdebine-Gravaud, 1999). Mas o que subjaz à "feminização"? Claire Michard (1999) revela que os significantes masculino/feminino não possuem significados simétricos – humano masculino/humano feminino (como pretende a linguística clássica ao falar de "gênero natural" ou gênero "verdadeiro") –, mas sim de humano/*fêmea*. A questão então é saber se uma sobressexua(liza)ção da linguagem não bloqueará toda possibilidade de se avançar em direção à abolição do gênero.
2) A "paridade" entre homens e mulheres na representação política está na ordem do dia na Europa, e alguns países têm quase chegado lá. As possibilidades e especialmente as modalidades dessa paridade são fortemente dependentes das tradições políticas. Na França, um vivo debate opõe as feministas. Para todas, é o sexo/gênero "mulheres" que é inferiorizado, mas para algumas é preciso, por isso mesmo, constituir o "sexo" como uma categoria jurídica da representação política, enquanto outras receiam que isso ratifique a ideia, já muito enraizada, de uma natureza diferente entre mulheres e homens, de uma especificidade sexuada dos valores, do pensamento e da ação, enquanto a inferiorização das mulheres é uma questão "de gênero".

3) Mais recentemente, os movimentos sociais têm procurado contestar a preeminência da *diferença dos sexos* num domínio que parecia no entanto ser o seu reduto: a família, e principalmente a questão central da filiação e do "parentesco". Constata-se que a família atual já não é mais (supondo-se que o tenha sido alguma vez) constituída pela tríade mãe-pai-filho(s): testemunho disso são as ditas famílias monoparentais (na realidade estatística, a mãe como única presença parental após abandono, divórcio ou estupro), as recomposições familiares, as famílias adotivas, as mulheres que recorrem a métodos artificiais de procriação, as lésbicas e os homens gays que são também pais biológicos e/ou desejam adotar. Estes exigem atualmente a integração oficial das "homoparentalidades" entre essas situações plurais em que nada impediria as crianças de ter mais de dois pais, biológicos ou sociais – o que não faria mais do que reencontrar as múltiplas formas de "família" já conhecidas pela Etnologia.

Em relação direta com essas reivindicações verificam-se demandas de legalização da união de vida entre pessoas do mesmo sexo, sob a forma de legítimo casamento civil ou religioso em alguns países, ou sob outras formas, como o PACS (Pacto Civil de Solidariedade) na França. A parcela dos movimentos homossexuais que reivindica essa legalização considera que sua luta é contra uma discriminação que atribui apenas aos heterossexuais (casados ou em regime de concubinato) o reconhecimento social da sua união com as vantagens de segurança social que ela representa. Outra parte dos movimentos homossexuais, lésbicos e feministas lembra que a família é a expressão do "heterossexismo" que eles haviam denunciado, que ela ratifica, além disso, a dependência dos socialmente mais fracos, e que outra solução seria o estabelecimento de direitos vinculados não ao casal, mas à pessoa individual.

→ *Diferença sexual (teorias da) – Divisão sexual do trabalho e relações sociais de sexo – Dominação – Educação e socialização – Feminilidade, masculinidade, virilidade – Família – Linguagem científica (sexuação da) – Sexualidade*

► Delphy, Christine. Penser le genre: quels problèmes?, *in* Marie-Claude Hurtig, Michèle Kail, Hélène Rouch (Ed.), *Sexe et genre. De la hiérarchie entre les sexes*, Paris, Éditions du CNRS, 1991b, p.89-101. [Republicado in C. Delphy, 2001, p.243-260.]

Guillaumin, Colette. *Sexe, race et pratique du pouvoir. L'idée de Nature*, Paris, Côté-femmes "Recherches", 1992, 241p. [Textos de 1977 a 1992].

Herdt, Gilbert (Ed.). *Third sex, third gender. Beyond sexual dimorphism in culture and history*, Nova York, Zone Books, 1994, 614p.

Héritier, Françoise. *Masculin/féminin. La pensée de la différence*, Paris, Odile Jacob, 1996, 332p. [Textos de 1978 a 1993].

Hurtig, Marie-Claude; Pichevin, Marie-France (Ed.). *La difference des sexes. Questions de psychologie*, Paris, Tierce "Sciences", 1986, 356p.

Mathieu, Nicole-Claude. Identité sexuelle/sexuée/de sexe? Trois modes de conceptualisation du rapport entre sexe et genre, *in* Anne-Marie Daune-Richard, Marie-Claude Hurtig, Marie-France Pichevin (Ed.). *Catégorisation de sexe et constructions scientifiques*, Aix-en-Provence, Université de Provence "Petite collection CEFUP", 1989. [Republicado *in* Mathieu, Nicole-Claude, *L'Anatomie politique. Catégorisations et idéologies du sexe*, 1991a].

Rubin, Gayle. L'économie politique du sexe: Transactions sur les femmes et systèmes de sexe/genre, *Cahiers du CEDREF*, 1999, n.7, 82p. [Ed. orig. nos Estados Unidos, 1975].

Tabet, Paola. *La construction sociale de l'inégalité des sexes. Des outils et des corps*, Paris, L'Harmattan "Bibliothèque du féminisme", 1998, 206p. [Textos de 1979 e 1985].

* Traduzido por NAIRA PINHEIRO.

Sexualidade*

Brigitte Lhomond

A sexualidade humana diz respeito aos usos do corpo e, em particular – mas não exclusivamente – dos órgãos genitais, a fim de obter prazer físico e mental, e cujo ponto mais alto é chamado por alguns de orgasmo. Fala-se de conduta, comportamento, relações, práticas e atos sexuais.

De uma maneira mais ampla, a sexualidade pode ser definida como a construção social desses usos, a formatação e ordenação dessas atividades, que determina um conjunto de regras e normas, variáveis de acordo com as épocas e as sociedades. Essas regras e normas proíbem uma série de atos sexuais e prescrevem outros, e determinam as pessoas com as quais tais atos podem ou não e devem ou não ser praticados. Não podemos abordar a sexualidade sem nos referirmos, num primeiro momento, à "fábrica do sexo" (Laqueur, 1990-1992), ou seja, às diversas concepções do sexo antomofisiológico e suas respectivas funções, bem como às intervenções físicas sobre os órgãos genitais – particularmente as mutilações sexuais que atingem, atualmente, cerca de 130 milhões de mulheres. Essas concepções participam da construção, numa determinada sociedade, de qual é e de qual deve ser o sexo de cada indivíduo – definição dos machos e fêmeas humanos(as) – assim como do grupo social de sexo ao qual cada um(a) pertence, com características e funções às quais todos devem se conformar: a definição de homens e de mulheres. As regras da aliança – ou seja, quem pode ou deve se unir com quem –, conjugadas à instituição da heterossexualidade e à obrigatoriedade de reprodução, são os outros elementos que organizam a sexualidade. Em todas as sociedades, a fertilidade está sujeita a um forte controle pela exposição ao coito e a obrigação de reprodução, por um lado – em que as mulheres executam o trabalho de reprodução – e, por outro, pela limitação dos nascimentos, proibida ou imposta (contracepção, aborto, infanticídio) (Tabet, 1985).

Legislar

Nas sociedades ocidentais modernas, a sexualidade foi objeto de controle por parte da Igreja, hegemônica até o século XVIII, no que a sucederam, sem jamais destroná-la totalmente, a Medicina e os Direitos civil e penal (Foucault, 1976). A lei determina a idade a partir da qual é lícito ter relações sexuais (que pode variar, dependendo do tipo de relação, homo ou heterossexual), bem como a idade na qual se pode casar (geralmente menor para as meninas do que para os meninos). O Direito regula também as interdições de casamento, segundo o grau de parentesco e o sexo. O casamento é a instituição que legitima e prescreve as relações sexuais. Diversas condutas que negam essa norma e a sua condenação – legal ou moral – variam ao longo do tempo. Pode-se citar, por exemplo, a masturbação – prática sexual solitária, extremamente reprovada até meados do século XX –, o adultério – relação sexual fora do casamento, cuja penalização era maior para as mulheres –, a prostituição – relação sexual em troca de dinheiro, na qual as prostitutas, que vendem e são em sua maioria mulheres, estão sujeitas a um estigma que não afeta os clientes que compram e são quase exclusivamente homens –, o estupro e violências sexuais – das quais as mulheres, qualquer que seja sua idade, são as principais vítimas e os homens, a quase totalidade dos autores –, assim como a homossexualidade – tratada na lei de formas diversas, de acordo com o país. As relações sexuais entre homens são punidas com maior frequência, e a condenação legal do lesbianismo seria menos necessária, sobretudo em virtude da eficácia do controle exercido sobre o conjunto das mulheres.

Classificar, prescrever

No final do século XIX, a psiquiatria e a sexologia emergentes definiram como perversão sexual todo uso da sexualidade desviado de seu objetivo coital e, nesse período, a homossexualidade é construída como uma grande perversão que, assim definida, não deveria mais ser punida pela lei. Atos sexuais anteriormente considerados isoladamente e, como tal, proscritos (sodomia, safismo, por exemplo) são unificados numa personalidade particular, transformando-se em seus sinais. Essa personalidade é caracterizada por uma mistura dos sexos, tanto física como mental e comportamental: a homossexualidade torna-se uma espécie de "terceiro sexo" (teorias de Hirschfeld, von Krafft-Ebing e Havelock Ellis, para citar apenas os mais conhecidos). Esse trabalho de classificação das perversões se dá em paralelo com o desenvolvimento de prescrições para a vida sexual conjugal, centradas no coito (o número de vezes, os momentos, as posições, a duração, o lugar etc.).

Na mesma época, a psicanálise coloca a sexualidade no centro da sua teoria. Sigmund Freud a concebe como uma força fundamental. Submissa tanto às exigências sociais como às intrapsíquicas, a energia sexual ou libido deve ser canalizada da sexualidade infantil, descrita como perversa e polimorfa, para a genitalidade adulta, dita normal. Outros médicos ou psicanalistas, como Wilhelm Reich, por exemplo, fizeram do livre exercício da sexualidade uma condição necessária ao equilíbrio dos indivíduos e ao desenvolvimento de sociedades não autoritárias. Precursora da "liberação sexual", a corrente da reforma sexual, muito ativa em nível internacional no início do século XX e que teve o seu apogeu no movimento dos anos 60 e 70, foi uma das alavancas de mudança das normas sexuais. A estruturação da família, a desigualdade jurídica e social dos sexos dentro e fora do casamento, a homossexualidade masculina e o lesbianismo, a reprodução e a limitação de nascimentos, a sexualidade pré-conjugal, a violência sexual, a mercantilização da sexualidade (prostituição, pornografia etc.) foram transformadas tanto na maneira como são percebidas quanto na prática. Elas constituem questões fundamentais nas lutas políticas e sociais.

Nosso corpo nos pertence

Os movimentos feminista e homossexual são a ponta de lança de uma crítica radical das normas sexuais. Mudanças na legislação ocorreram sob pressão deles (Mossuz-Lavau, 1991). O movimento de liberação das mulheres, na França, se manifestou em duas lutas fundadoras: pelo aborto livre e gratuito – a partir de 1970 – e contra o estupro e a violência – desde 1975. Os primeiros textos relativos à sexualidade no número especial da revista *Partisans* – "Libération des femmes année zéro" ("Liberação das Mulheres Ano Zero", 1970) falam de orgasmo e "frigidez", bem como de maternidade, aborto e estupro. A discussão sobre o orgasmo "vaginal", até então definido como o verdadeiro prazer, e o orgasmo "clitoriano", não dependente do coito (após o trabalho de sexólogos estadunidenses, em especial William Masters e Virginia Johnson), encontrou subsequentemente pouco eco, tanto nas produções teóricas como nas ações do feminismo. A questão do prazer sexual e do "dever do orgasmo" vai se tornar, sobretudo, o objeto central da sexologia de finalidade terapêutica (Béjin, 1982).

Num primeiro momento, a crítica feminista, cuja característica fundamental é a análise das relações de dominação dos homens sobre as mulheres, centrou-se, no que diz respeito à sexualidade, na questão da livre disposição do próprio corpo pelas mulheres. O questionamento da heterossexualidade como sistema de apropriação das mulheres foi em seguida desenvolvido por feministas e lésbicas radicais (Wittig,1980). Outros debates internacionais dão lugar a vívidas polêmicas nos países anglo-saxões, mas permanecem marginais na França: o lugar, na opressão das mulheres, da pornografia e do trabalho sexual, particularmente a prostituição; os tipos de atividades e relações sexuais desejáveis, aceitáveis, ou a evitar para mulheres ou entre mulheres (como as relações *butch-fem* em que a parceira *butch* se comporta de modo dito "masculino", enquanto a outra adota uma conduta considerada "feminina"), além do sadomasoquismo (Vance, 1984).

Os comportamentos sexuais em números

Os primeiros dados quantitativos sobre comportamentos sexuais foram fornecidos pela demografia e se centravam na fertilidade, mas falavam também da escolha do cônjuge, da coabitação entre jovens, da idade de casamento, das práticas de contracepção etc. (Jaspard, 1997). A partir dos trabalhos pioneiros de Alfred Kinsey e seus colaboradores (1948; 1954) foram efetuadas pesquisas quantitativas em diversos países para responder às preocupações sociais relativas à sexualidade. Assim, na França, as questões da contracepção e do aborto deram origem ao Relatório sobre o comportamento sexual dos franceses (Simon, 1972), e a AIDS suscitou várias pesquisas (Spira, Bajos et al. 1994; Lagrange, Lhomond et al., 1997). O estudo da época em que o jovem se inicia na sexualidade e das práticas sexuais de homens e mulheres reflete mudanças no comportamento sexual, principalmente entre as mulheres. Mas o número de parceiros sexuais e as expectativas de cada sexo continuam sendo divergentes.

Os comportamentos homossexuais, dada a importância que esse modo de transmissão do HIV tem nos países desenvolvidos, são abordados de forma detalhada em todos os estudos recentes, e particularmente naqueles realizados a partir de 1985 sobre homens homossexuais, por Michaël Pollak e Marie-Ange Schiltz (1991).

A sexualidade contemporânea se caracteriza, nas sociedades ocidentais, por sua possibilidade da prática independente (autônoma) da reprodução e pela legitimação do seu exercício fora da instituição do casamento. Ao mesmo tempo, as mudanças das estruturas familiares e o progressivo reconhecimento social e jurídico de certas relações sexuais (por exemplo, as homossexuais) dão lugar a fortes tensões.

→ *Aborto e contracepção – Assédio sexual – Feminilidade, masculinidade, virilidade – Movimentos feministas – Prostituição – Tecnologias de reprodução humana – Violências*

▸ Foucault, Michel. *La volonté de savoir*, Paris, Gallimard, 1976, 211p.

Plummer, Kenneth (Ed.). *Modern homosexualities.* Fragments of Lesbian and Gay Experience, Londres/Nova York, Routledge, 1992, 282p.

Tabet, Paola. Fertilité naturelle, reproduction forcée, *in* Nicole-Claude Mathieu (Ed.), *L'arraisonnement des femmes. Essais en anthropologie des sexes*, Paris, Éd. de l'ehess, 1985, p.61-146. [Reeditado in Tabet, Paola. *La construction sociale de l'inégalité des sexes. Des outils et des corps*, Paris, L'Harmattan, 1998, p.77-180.]

Vance, S. Carol (Ed.). *Pleasure and danger. Exploring female sexuality*, Boston, London, Melbourne & Henley, Routledge & Kegan, 1984, 462p.

Wittig, Monique. *La pensée straight*, *Questions féministes*, 1980, n.7, p. 45-53. [Republicado em inglês in *The straight mind and other essays*, Boston, Beacon Press, 1992, 110p.]

* Traduzido por Naira Pinheiro.

Sindicatos*

Chantal Rogerat e Marie-Hélène Zylberberg-Hocquard

As origens

Em 21 de março de 1884, a lei Waldeck-Rousseau põe fim à lei Le Chapelier (1791), permitindo a formação de sindicatos profissionais de operários e de trabalhadores de escritório. No entanto, desde o início do século XIX, uma série de sociedades de fundos mútuos – autorizadas e às vezes até mesmo incentivadas pelo Estado ou pelos patrões –, transformaram-se, por um ato temporário, em sociedades de resistência. As mulheres mal remuneradas e não podendo, portanto, arcar com a sua cotização, por menor que fosse, ficavam praticamente excluídas, ainda mais porque aparentemente suas doenças e partos esvaziavam o fundo comum. Ignorando a proibição, câmaras sindicais foram fundadas no final do Segundo Império, em especial em Paris, frequentemente por ocasião de uma greve.

Elas são mais ou menos toleradas pelas autoridades, que, em 1864, retiram a greve da ilegalidade (Auzias e Houel, 1982). As câmaras sindicais reúnem de início os operários qualificados, que podem retirar de seus salários a quantia necessária para a manutenção da organização; muito poucas mulheres se encontram nessa condição! E, quando os trabalhadores se sindicalizam, trata-se sempre basicamente de profissões "masculinas", da construção, por exemplo. A lei de 1884 que de fato procura instaurar a calma na cidade criando um local de educação social e política para os trabalhadores, um órgão regulador – fazendo que os litígios entre eles e os patrões se concluíssem pacificamente – vem coroar o edifício republicano das liberdades públicas, indispensáveis ao exercício da cidadania.

A primeira proposta de lei nesse sentido (1876) suscitou o medo dos eleitos: isso não seria legalizar a desordem social ao dar aos trabalhadores o direito de se unirem para defender seus interesses profissionais? A lei de 1884 encontrou relutância também entre os ativistas operários que receavam um aumento do controle do Estado. Com efeito, ela enquadra e controla de forma estrita os sindicatos, aos quais proíbe toda atividade política. A sua existência deve ser compatível com os grandes princípios individuais da liberdade do trabalho. Os nomes daqueles que "são responsáveis pela administração ou pela direção" são registrados na Prefeitura. A liberdade sindical não se aplica aos funcionários públicos até 1924, enquanto as professoras, algumas das quais atuam em grupos feministas no final do século XIX, desempenham um papel-chave no movimento de sindicalização das trabalhadoras (Sohn, 1973; Liszek, 1994).

Se até 1938 o Código Civil proíbe as esposas de terem um emprego sem a permissão dos seus maridos, a lei de 1884 não impede sua sindicalização. Ela é inteiramente redigida no masculino, sem dúvida subentendido como gênero neutro. A circular que o Ministério do Interior envia para os prefeitos em 25 de agosto de 1884 especifica "que os estrangeiros, as mulheres, em uma palavra todos aqueles que são capazes, nos termos do nosso Direito, de constituir convenções regulares, podem fazer parte de um sindicato", mas curiosamente ela não faz distinção entre as mulheres que devem "obediência a seus maridos" e as "solteiras".

Por que os textos são tão vagos? Desejo de ver a sociedade construir, na prática, uma jurisprudência? Ou vontade de marginalizar o trabalho assalariado feminino? Enquanto em 1886 especifica-se que uma esposa pode aderir livremente a um fundo de pensão e, em 1907, que ela pode dispor livremente do seu salário, somente em 1920 é aprovada a lei que acha necessário especificar que, para se sindicalizar, ela não necessita da autorização do marido. O que estava em questão era o trabalho assalariado das mulheres, não sua sindicalização.

As trabalhadoras não tomam a iniciativa de criar um sindicato, a não ser em caso excepcional, especialmente se ele deve ser misto. Elas são, às vezes, organizadas pela Igreja, que vê isso como um instrumento de coesão social; na maior parte das vezes, pelos sindicatos masculinos, prontos a acolhê-las quando emerge uma crise numa empresa de mão de obra predominantemente feminina. Eles são então confrontados com a questão do lugar das mulheres na sociedade: seres que devem permanecer em casa, servir de complemento do homem, ou cidadãs potencialmente ativas? Concorrentes mal remuneradas ou companheiras de trabalho (Bouvier, 1983)?

No entanto, até a década de 1970 (Colin, 1975), mais do que uma questão de os sindicatos não se adaptarem a elas, são elas que têm de se adaptar ao sindicato, estruturado num formato masculino. As greves dos ferroviários do início do século desempenharam um papel fundamental no desenvolvimento de uma imagem do trabalhador agente do seu futuro. Isso é verdadeiro no sindicalismo "revolucionário", evidentemente; os sindicatos "livres", criados pela Igreja antes de 1914, são certamente lugares de liberdade feminina, liberdade de pensamento, liberdade de expressão, mas, na medida em que se adaptam perfeitamente a uma sociedade patriarcal que pretendem consolidar, não são lugares onde se pode construir uma sociedade sexualmente igualitária (Chabot, 1998). Os breves encontros entre o movimento feminista e o sindicalismo são muito rapidamente interrompidos, ainda mais porque o esquecimento do passado é fato comum. Às vésperas de 1914, embora as mulheres constituíssem quase 37% da força de trabalho, elas não chegavam a totalizar nem mesmo 10% nos sindicatos (Guilbert, 1975). O sindicalismo na França é assunto de uma elite, o que favorece a ascendência do militante herói, sobrecarregado de responsabilidades, ameaçado de perseguição, até mesmo de prisão; como consequência, as mulheres dificilmente encontram aí um lugar senão como esposas dedicadas, zelando pela administração. Além disso, apenas em 1921 é que pela primeira vez uma mulher foi eleita para o cargo de secretária federal (CGT Alimentação) e só em 1945 é que uma delas se tornou secretária da Confederação (CGT). Em 1945, as mulheres tanto quanto os homens "arregaçaram as mangas", e essa reconstrução, obra de todos, foi realizada de acordo com um esquema bem sexuado: aos homens, o mundo do trabalho: às mulheres, mesmo ativas, o da família, o do bairro (Dubesset e Zancarini-Fourniel, 1993). Isso levou os sindicatos a não questionar, a não ser muito raramente, os velhos hábitos, em que o trabalhador permanecia idealmente um ser neutro. O renascimento do feminismo na França depois de 1968 atravessou o sindicalismo, que teve de reagir à afirmação: "O privado é político". No entanto, após um período ativo na CFDT[26] e na CGT, o movimento amainou progressivamente.

Os silêncios e os esquecimentos

Passados trinta anos, questiona-se o sindicalismo e o sindicalismo se autoquestiona quanto à sua capacidade de superar a crise da representatividade, de efetivos e de eficácia no âmbito das lutas sociais.

26 *Confédération Française Démocratique du Travail* (Confederação Francesa Democrática do Trabalho). (N.T.)

A maior parte dos trabalhos sobre o sindicalismo, no entanto, deixa na sombra a contribuição que poderia fazer uma abordagem que coloca o gênero no centro das lógicas econômicas, políticas e sociais.

Quanto aos próprios sindicatos, eles não estabeleceram ainda essa ligação, embora o papel das mulheres no sindicalismo tenha sido objeto de debates internos e de conflitos entre dirigentes sindicais homens e mulheres. Se, por exemplo, a história sabe hoje prestar contas do caso Couriau,[27] as lutas dos anos 70 e 80 como Grandin ou LIP e o conflito em 1982 no jornal feminino da CGT, Antoinette, precisariam ser conhecidas e analisadas. É inegável que o sindicalismo, antigo bastião masculino, continua assim em muitos aspectos; no entanto, a hostilidade masculino-sindical ao trabalho profissional das mulheres, que sustentava a oposição manifesta à sua sindicalização, desaparece ou assume novas formas. A força da divisão sexual do trabalho nas suas manifestações contemporâneas – marginalização das mulheres no trabalho remunerado, concorrência exacerbada entre homens e mulheres por conta do desemprego e da precarização do trabalho – é, apesar disso, compreendida como devendo estruturar a ação sindical? Essa é uma questão atual à qual os sindicatos estão tentando responder, sabendo que não pode haver uma só resposta. As mulheres conquistaram "um lugar" no mundo sindical, e é pelo estudo do seu estatuto no trabalho assalariado (Puydesseau-Siwek, 1996) que se pode atingir um conhecimento mais refinado do sindicalismo nos dias de hoje. Essa é uma condição necessária, se não suficiente. A palavra mixité,[28] que não aparece ainda em nenhum dicionário recente (Hetzel et al., 1998), é uma orientação reivindicada pela CFDT nos anos 70 e tratada pela CGT após a Conferência de Mulheres Assalariadas, em 1977 (Rogerat, 1978). Ela se tornou hoje o símbolo de uma igualdade profissional entre homens e mulheres que falta ainda conquistar. Vista às vezes como o equivalente (adaptado às situações de trabalho) da paridade no plano da política, a coexistência entre os sexos[29] pode

27 Trata-se do caso de Emma Couriau, tipógrafa e esposa de tipógrafo, que solicita, em abril de 1913, a sua admissão ao sindicato da categoria em Lyon, França. Não só o seu pedido é recusado como também o nome de seu marido é desarrolado (Marie-Victoire Louis, "L'Affaire Couriau", *1913*. www.marievictoirelouis.net/document.php?id=542&themeid=). (N.T.)

28 Referência à presença conjunta de homens e mulheres num determinado ambiente, contexto ou grupo. (N.T.)

29 A palavra original em francês é *mixité*, para a qual não há um termo equivalente em português, pelo que foi aqui traduzida por "coexistência entre os sexos". (N.RT.)

ser considerada um modo de regulação das relações sociais de sexo, uma visibilização do peso das mulheres no aparelho produtivo, em suma, um elemento desestabilizador da divisão sexual do trabalho. Reivindicar tal coexistência torna-se então o que Cynthia Cockburn (1999) chama de gender proofing, expressão que sintetiza a medida a tomar para submeter todas as políticas, sindicais, públicas e empresariais, a uma análise de gênero a fim de verificar quais são as suas consequências para as mulheres. No entanto, convém notar que essa coexistência entre os sexos não é efetivamente objeto de lutas sociais.

Os atrasos e os fracassos

Analisar as práticas sindicais a partir dessa concepção sexuada do trabalho não explica as condições de entrada das mulheres no sindicalismo. A história está aí para nos lembrar disso (Liszek, 1994). Incluir as mulheres na vida sindical ainda hoje significa – mas de forma mais complexa do que antes – integrá-las com base no modelo dominante, do trabalhador masculino. É aí, sem dúvida, que reside o maior mal-entendido entre os movimentos feministas e o sindicalismo. Não é algo evidente para o sindicalismo que a contribuição das mulheres nas lutas seja fator de progresso social (Zylberberg-Hocquard, 1981). Apesar do seu assalariamento acelerado, não sabemos se é preciso "categorizar" as mulheres ou "assimilá-las" (Rogerat, 1995). De certa maneira, o seu processo de integração no mundo sindical está atrasado frente à sua integração no mundo do trabalho remunerado. Do ponto de vista das próprias mulheres, o modo de passagem da esfera privada à esfera pública é problemático; abordar o que a história contemporânea do movimento social chama às vezes de cidadania do trabalho, que pressupõe a prática do sindicalismo, cria de fato uma nova relação de poder entre os sexos. Ao longo das últimas décadas, o sindicalismo – exceto nos sindicatos recém-criados onde o lugar das mulheres é tema de uma batalha ideológica constantemente renovada – acreditou responder a esse problema recorrendo à noção de complementaridade correspondente, nos termos da concepção dominante. Denunciada pela CFDT nos anos 70 (Laot, 1977), essa concepção entra de novo em voga no sindicalismo pelo viés da divisão de poderes. No entanto, o surgimento de lideranças femininas no sindicalismo e a sua reconhecida representatividade não são acompanhados por um movimento significativo de sindicalização das mulheres. A sua taxa de sindicalização permanece inferior à dos homens.

Ao paradoxo contemporâneo do duplo fenômeno de afluxo das mulheres ao mundo do trabalho e sua maciça marginalização em relação ao modelo dominante de emprego estável corresponde uma defasagem sempre reativada do estatuto sindical desigual de homens e mulheres. Isso afeta sua função social de organização e representação dos assalariados, assim como sua credibilidade.

→ *Divisão sexual do trabalho e relações sociais de sexo – Coexistência entre os sexos – Igualdade – Movimentos feministas – Movimentos sociais – Poder(es) – Público/privado*

► Cockburn, Cynthia. Les relations internationales ont un genre. Le dialogue social en Europe, *Travail, Genre et Sociétés*, 1999, n.2, p.113-39.

Guilbert, Madeleine. *Les femmes dans l'organisation syndicale avant la guerre de 1914*, Paris, Éditions du CNRS, 1966, 507p.

Loiseau, Dominique. *Femmes et militantisme: Saint-Nazaire et sa région 1930-1980*, Paris, L'Harmattan, 1996, 239p.

Maruani, Margaret. *Les syndicats à l'épreuve du féminisme*, Paris, Syros, 1979, 271p.

Rogerat, Chantal. *Femmes et syndicalistes. Assimilation ou intégration? La dynamique du compromis, in Collectif, La liberté du travail*, Paris, Syllepse, 1995, p. 65-83.

Zylberberg-Hocquard, Marie-Hélène. *Féminisme et syndicalisme en France*, Paris, Anthropos, 1978, 326p.

* Traduzido por Naira Pinheiro.

Técnicas e gênero*

Danielle Chabaud-Rychter e Delphine Gardey

A relação entre técnicas e gênero baseia-se em três considerações: 1) as técnicas não têm "aspectos sociais", mas têm uma constituição social; 2) a definição de feminino e masculino não é dada, mas tem uma história, uma sociologia, uma antropologia; 3) essas duas construções às vezes caminham juntas, e é então possível dizer que o gênero e as técnicas se constroem mutuamente.

As diferenças no trabalho

No início da reflexão sobre gênero e tecnologia, encontramos uma série de pesquisas sobre o trabalho. A sociologia e a história do trabalho até os anos 70 e 80 se interessam pela técnica sob a forma de técnicas de produção, principalmente do maquinismo industrial. As análises têm por objeto os efeitos dessas técnicas e suas mudanças sobre as relações sociais de produção e, em particular, sobre a divisão do trabalho e a qualificação profissional (Braverman, 1976). As feministas destacam então que as relações sociais de sexo não haviam sido levadas em conta nas relações de produção e insistem sobre os efeitos das mudanças nas técnicas sobre a divisão do trabalho entre os sexos e a qualificação. As mulheres têm práticas e competências que não são reconhecidas como tais – aquelas que desenvolvem continuamente na esfera doméstica – e que podem ser reutilizadas no processo produtivo (Kergoat, 1982).

Nesses primeiros trabalhos, a análise das técnicas permanece, no entanto, periférica. Entendidas como macro-objetos explicativos, as técnicas parecem, com efeito, escapar à análise.

Durante os anos 80, na França, surgem análises menos deterministas, apoiadas em estudos de caso concretos que apreendem melhor a dinâmica das relações entre trabalho, técnica, relações sociais de sexo e organização. Helena Hirata (1993), por exemplo, constata a variedade de configurações geográficas e sociais das mesmas técnicas. Helen Harden Chenut (1987) evidencia na história da indústria de confecção os processos complexos de alocação e realocação da mão de obra feminina e masculina em função das técnicas, concluindo que, como caracterização do masculino, a qualificação vem antes da determinação técnica. No caso dos ofícios da composição de livros, a verdadeira técnica é a dos operários da indústria gráfica à "moda antiga"; a realização do trabalho através da informática e pelas mulheres não seria mais um "belo ofício" nem seria capaz de ser fonte de valor (Maruani e Nicole, 1989). A nobreza da cultura operária masculina opõe-se à obviedade e simplicidade dos "trabalhos das senhoras".

Durante a década de 1990, alguns estudos consolidam essas duas constatações: 1) o impacto das mudanças tecnológicas sobre o trabalho de homens e mulheres é variável; 2) se as mudanças técnicas favorecem e muito a "ressexualização do trabalho", a análise das relações entre feminização, mecanização e proletarização deve levar em conta que a qualificação é uma construção social sempre atrelada ao gênero. Parece ser mais interessante então falar, como no caso da estenografia, de coconstrução de uma prática técnica, de uma profissão e de uma nova identidade feminina (Gardey,1999).

Paralelamente à análise do trabalho, numerosas pesquisas se interessam pela participação desigual das jovens nas áreas técnicas e científicas. Setores mistos e segregações condicionam as possibilidades das meninas, além da eventual atualização da formação científica e técnica das mulheres no mercado de trabalho (Imbert, Ferrand e Marry, 2000). Participando da reformulação das questões, a história e a sociologia das mulheres engenheiras constituem hoje um promissor campo de pesquisas comparativas (Canel e Zachmann, 1997)

A relação com as técnicas como origem

Paola Tabet (1979) foi uma das raras pesquisadoras a questionar a relação entre homens, mulheres e técnicas, extraindo da Antropologia os elementos para compreender a sempre reiterada afirmação da exterioridade das mulheres às técnicas. Esse trabalho sobre os imaginários sociais ou a longa duração das formas simbólicas e materiais da dominação teve sequência principalmente no artigo de Michelle Perrot, "Mulheres e maquinismos no século XIX" (1983).

A audácia de Paola Tabet foi a de formular a hipótese segundo a qual o controle das ferramentas e das armas (isto é, das técnicas) é muito desigualmente distribuído na maioria das sociedades. Ela fala de uma subequipagem tecnológica das mulheres e de um hiato entre os dois sexos, que determinam uma capacidade desigual de ampliar a influência sobre a realidade. Ela insiste na valorização, pela heroicização, da realização de numerosas tarefas masculinas. Parece, por sua função de reprodução, que as mulheres seriam para os homens o que a técnica é: uma ferramenta, uma possível influência.

Algumas proposições de feministas estrangeiras fazem eco à análise de Paola Tabet. É o caso, por exemplo, da tradição crítica escandinava de ecologistas e feministas: os grandes sistemas tecnocientíficos e poluentes da segunda metade do século XX são concebidos como dependentes de uma visão de mundo masculina. Essa crítica se faz também nos Estados Unidos:

atribuem-se "naturalmente" as técnicas aos homens, isto é, as "técnicas" são os *big toys for big boys* (brinquedos grandes para meninos grandes), ou o que os homens brancos ocidentais engenheiros ou cientistas fazem há décadas: a conquista da lua, pontes, aviões, armas... Uma parte da sociologia e da história das técnicas atuais retoma a ideia dessa dominação masculina assentada no domínio dos artefatos atuais (Lerman, Mohun e Oldenziel, 1997).

A mútua construção das técnicas e do gênero

Sociólogos como Cockburn, Wajcman ou Berner analisam a técnica como cultura masculina. Ela pode assumir formas diferentes. Cockburn (1983) estudou subculturas das profissões; Berner (1997), a cultura das escolas de engenharia; Turkle (1986), a dos hackers em informática. No entanto, ao ler esses trabalhos, a cultura técnica masculina parece ter componentes constantes, como a submissão de si mesmo a provas e a busca do controle físico e intelectual no confronto com as máquinas. As relações entre os homens no trabalho estão baseadas na competição, na avaliação mútua da competência técnica e em sua submissão a provas heroicas. A cultura técnica é assim um dos elementos constitutivos da identidade masculina. Excluídas pelos homens das profissões ou dos lugares em que estes "fazem" técnica, as mulheres o são também porque ali se produz o masculino. Então, entendemos melhor certos processos pelos quais as mulheres se autoexcluem de práticas técnicas: "a falta de habilidade técnica das mulheres se torna de fato parte integrante da identidade de gênero feminina, ao mesmo tempo em que é um estereótipo de gênero" (Wajcman, 1991). Há não obstante técnicas femininas, mas a cultura masculina da técnica não as reconhece como tais e esse não reconhecimento é retransmitido pelas próprias mulheres.

Paralelamente a esses trabalhos feministas desenvolve-se uma nova sociologia das técnicas, fortemente inspirada pela sociologia das ciências. Duas tendências representativas, ditas construtivistas, interessam particularmente às feministas. Trata-se do programa SCOT (Social Construction of Technology) proposto por Wiebe Bijker e Trevor Pinch (1989), e da teoria do ator-rede desenvolvida por Michel Callon, John Law (cf. Callon, 1989), Bruno Latour (1989) e Madeleine Akrich (1987). Os trabalhos dessas duas escolas estão centrados na concepção e no desenvolvimento de técnicas.

Um das concepções centrais do programa SCOT é a flexibilidade interpretativa. Esta aponta para o fato de "grupos sociais diferentes terem interpretações radicalmente diferentes do mesmo objeto técnico". O fracasso ou o sucesso de uma inovação depende da convergência de interpretações que se estabelecem entre os grupos sociais envolvidos nas controvérsias e negociações surgidas no decorrer do processo de inovação. Essa abordagem abre caminho para se levar em consideração as usuárias e os usuários desse processo.

Na teoria do ator-rede, o social e o técnico se constroem conjuntamente. Os inovadores implementam estratégias para "interessar" os seres, humanos e não humanos, por sua empresa, associando-os em redes sociotécnicas. A construção dessas redes híbridas, que associam artefatos, objetos naturais, atores individuais e coletivos e seus porta-vozes, faz existir, transforma e consolida de modo indissociável objetos técnicos e relações sociais.

As pesquisadoras feministas encontraram numerosas convergências e ao mesmo tempo divergências importantes entre os seus trabalhos e essa teoria. Uma das críticas principais é que essa sociologia da inovação adota o ponto de vista dos inovadores e não diz nada acerca dos usuários, nem sobre os atores secundários da inovação, nem sobre os que são excluídos pelas redes (Star, 1991). Elas propõem então ampliar o campo de pesquisa às técnicas negligenciadas pela sociologia das técnicas, como as domésticas, e também estudar não só a inovação, mas ainda toda a trajetória seguida pelos objetos técnicos, desde sua concepção até o uso (Chabaud-Rychter,1994).

Além da construção mútua da sociedade e da técnica na teoria do ator-rede, as pesquisadoras retiveram a possibilidade de abordar a construção mútua das técnicas e do gênero ao longo dos processos de inovação, produção, distribuição e uso das técnicas. Tanto quanto as técnicas, o gênero e as relações de gênero não são fixas, mas constantemente redefinidas e reconstruídas, no decorrer das atividades humanas, e as técnicas, as atividades técnicas, as relações que os homens e as mulheres estabelecem com as técnicas, desempenham um papel importante nas construções e redefinições do gênero (Cockburn e Ormrod,1993; Chabaud-Rychter, 1997).

Na fronteira entre técnicas e ciências, novas pesquisas sobre a medicina e as tecnologias de reprodução apontam para a hibridização das técnicas e dos corpos. Aqui a técnica participa da construção dos corpos sexuados, questionando assim a distinção entre o gênero (social) e o sexo (biológico) (Oudshoorn, 1998; Akrich e Laborie,1999; Gardey e Löwy, 2000).

→ *Divisão sexual do trabalho e relações sociais de sexo – Ciências e gênero – Feminilidade, masculinidade, virilidade – Linguagem científica (sexuação da) – Ofício, profissão, emprego — Trabalho (o conceito de)*

► Akrich, Madeleine; Laborie, Françoise (Coord.). De la contraception à l'enfantement. L'offre technologique en question, *Cahiers du Genre*, 1999, n.25, 204p.

Chabaud-Rychter, Danielle (Coord.). Genre et techniques domestiques, *Cahiers du Gedisst*, 1997, n.20, 162p.

Cockburn, Cynthia; Ormrod, Susan. *Gender and technology in the making*, Londres, Thousand Oaks, Nova Delhi, Sage, 1993, 185 p.

Gardey, Delphine. Mécaniser l'écriture et photographier la parole. Utopies, monde du bureau et histoires de genre et de techniques, *Annales, Histoire, Sciences sociales*, maio-jun. 1999, n.3, p.587-614.

Tabet, Paola. Les mains, les outils, les armes, *L'Homme*, jul.-dez. 1979, v.19, n.3-4, p.5-61.

Wajcman, Judy. *Feminism confronts Technology*, Cambridge, Polity Press, 1991, 184p.

* Traduzido por NAIRA PINHEIRO.

Tecnologias da reprodução humana*

Françoise Laborie

Conjunto de técnicas médicas destinadas, a princípio, a compensar diversas formas de esterilidade, possibilitando a concepção de crianças na ausência de relações sexuais, e às vezes pelo recurso a terceiros. Inventada para contornar a esterilidade masculina, a inseminação artificial com esperma do futuro pai (IAC) ou de um doador (IAD) precedeu o desenvolvimento da fertilização in vitro (FIV) para compensar a esterilidade feminina de origem tubária, assim como o de diversas técnicas derivadas.

Desenvolvimento exponencial

Em 1978, nascia na Inglaterra o primeiro bebê por meio de uma FIV; na França, isso se deu em 1982. Por toda parte observa-se um forte desenvolvimento – quase exponencial na França – do número de centros e tentativas, como se os casos de esterilidade definitiva houvessem subitamente se generalizado. A oferta tecnológica gerou, sob um fundo de medo da esterilidade, uma demanda tanto maior quanto o aumento de indicações de esterilidade de origem masculina, de esterilidades não explicadas e de hipofertilidades. Ora, a FIV é uma técnica pesada para as mulheres: estimulações hormonais intensivas, punção cirúrgica de numerosos óvulos, seguida por sua fecundação por espermatozóides em laboratório. Se forem obtidos embriões, eles podem ser selecionados, transferidos para o útero ou congelados, se forem muito numerosos. Os insucessos são consideráveis: em aproximadamente 25% dos casos, a transferência é seguida de uma falsa gravidez. Só 10% das tentativas resultam no nascimento de crianças – frequentemente múltiplas – vivas e saudáveis, dentre as quais muitas são prematuras. Por causa do aumento de indicações, pesadas intervenções são cada vez mais frequentemente realizadas em mulheres férteis, de forma que a criança venha de um esperma do cônjuge. A invenção do ICSI – a FIV cuja etapa de fertilização é realizada por meio de injeção mecânica forçada de um esperma dentro de um óvulo – é destinada assim exclusivamente para contornar a esterilidade masculina definitiva. O primeiro bebê assim gerado nasceu em 1992 na Bélgica. As recentes evoluções (injeção de diversos precursores de espermatozóides) seguem no mesmo sentido, de forma que, mesmo sem espermatozóides, os homens possam gerar crianças portadoras dos seus genes, e que a sua "paternidade biológica" seja assegurada. Além disso, o desenvolvimento do DPI (Diagnóstico Pré-Implante de Embriões) (antes da sua transferência) que permite eliminar embriões portadores de mutações genéticas nocivas –, estende ainda as indicações de FIV para uma nova população, a dos casais que correm o risco de dar à luz crianças portadoras de doenças genéticas. Ao todo, em 1998, 500.000 crianças, das quais 30.000 na França, tinham vindo ao mundo após o recurso a uma ou outra dessas tecnologias.

Ênfase e críticas

Os debates sobre as novas tecnologias da reprodução (NTRs), geralmente muito midiatizados, oscilaram entre a ênfase dos médicos e dos pais satisfeitos com esta ou aquela grande première tecnológica e o catastrofismo de diversas análises. Foram frequentemente citados o surgimento de certas demandas de acesso a modos de reprodução que evitam as relações heterossexuais, os riscos de seleção e manipulação dos embriões – às vezes da espécie humana –, o receio de ver as definições das relações de filiação, em particular maternas, terem de ser repensados.

Por toda parte, as feministas ficaram divididas entre duas posições divergentes que podem ser esquematicamente resumidas da seguinte forma: ao abrir possibilidades inéditas (que uma mulher forneça o seu óvulo enquanto outra carregue o embrião), as NTRs oferecem novas escolhas às mulheres? Ou, pelo contrário, permitem um maior controle social sobre a reprodução e sobre a vida e a maternidade das mulheres?

Desde os anos 80 nos Estados Unidos, e especialmente a partir de 1985 no cenário internacional, muitas feministas começaram a analisar as consequências sociais do desenvolvimento das NTRs, principalmente para as mulheres, e a confrontar, debater e tornar públicas as suas análises. Assim, em 1984, houve duas conferências feministas fortemente contraditórias quanto às suas premissas. Uma na Inglaterra, consoante com as posições de Sulamith Firestone (1970), para quem as futuras NTRs seriam ferramentas de liberação que permitiriam às mulheres escapar das suas limitações corporais. Essa primeira conferência fixou-se nas novas escolhas, nos novos direitos disponibilizados às mulheres com o desenvolvimento das NTRs. Já a segunda, na Holanda, levou em 1985 à criação da "Rede Internacional de Resistência Feminista ao Desenvolvimento das NTRs e das Manipulações Genéticas" (FINRRAGE). Muito ativa, fez circular uma grande quantidade de informações, editou vários livros (Corea, 1985, 1987; Spallone e Steinberg, 1987) e uma revista, *Reproductive and Genetic Engineering. Journal of International Feminist Analysis*; organizou colóquios, debates públicos no Parlamento Europeu em 1986, conferências de imprensa, especialmente nos Estados Unidos, para denunciar a situação das mães portadoras e assegurar a defesa de todas aquelas que queriam ficar com a criança. Os textos revelaram as consideráveis taxas de insucesso da FIV e de lucro das empresas farmacêuticas multinacionais. Chamaram atenção para até que ponto a tecnologização se faz acompanhar de uma industrialização da produção de seres vivos. Isso é feito a partir da matéria-prima original – até então pouco acessível – que constitui os óvulos recolhidos em grandes quantidades, de mulheres previamente submetidas a fortes estímulos hormonais, num procedimento cujo caráter experimental é perigoso para sua saúde, o que foi omitido pelos médicos e tem sido amplamente denunciado e enfatizado pelas pesquisadoras feministas. Enquanto médicos e biólogos frequentemente afirmam se contentar apenas em responder a solicitações dos casais e das mulheres, elas são utilizadas como "melhores" objetos de experimentos diversos, reduzidas ao estatuto de provedoras de óvulos ou de incubadoras humanas, quando o seu útero se faz necessário – às vezes considerado hostil – para que se desenvolvam os embriões.

Nos Estados Unidos, a comercialização da procriação é organizada não só mediante a venda de gametas humanos, mas também da de mães portadoras: esse cenário cria uma classe de mulheres, escolhidas às vezes em catálogo, reduzidas a nada mais que instrumentos temporários de produção de crianças destinadas a homens desejosos de assegurar sua descendência genética. É por isso, dizem as feministas críticas, que destacar a aflição dos casais estéreis, ampliar as indicações das NTRs, inflar os índices de sucesso, minimizar o risco para a saúde das mulheres e das crianças faz parte das estratégias desenvolvidas pelos médicos por toda parte. Descrever as NTRs como tratamento da esterilidade mascara efetivamente a parte invisível do iceberg. Esta inclui, no lado ocidental, as biotecnologias de manipulação e seleção do genoma humano, assim como do animal e vegetal, colocando-se como desafios para as indústrias farmacêuticas, veterinárias e agroalimentares e, nos países em desenvolvimento, diversas técnicas de controle da população (contraceptivos de longa duração, esterilizações) que assegurem uma geopolítica demográfica.

As feministas diante da oferta tecnológica

Na França, apesar de uma forte midiatização das NTRs e da importância desse desenvolvimento tecnológico – realizaram-se em 1988 proporcionalmente oito vezes mais tentativas de FIV na França do que nos Estados Unidos (Laborie, in Testart, 1990) –, reinava uma relativa indiferença da parte dos grupos de mulheres resultante, provavelmente, do fato de as análises feministas da maternidade, centradas na atribuição histórica das mulheres a essa função, haverem reduzido a demanda de liberdade de reprodução ao direito de acesso das mulheres à contracepção e ao aborto, sem uma reflexão sobre o desejo de ter filhos. Algumas pesquisadoras – francesas e do Quebec –, majoritariamente críticas diante das NTRs, desenvolveram diversas análises, publicadas em obras coletivas, após terem sido apresentadas nos colóquios organizados pelo Conselho do Estatuto da Mulher em

Quebec (1988), pelo Movimento Francês para o Controle da Natalidade (1989) e durante uma conferência internacional de avaliação das NTRs que elas organizaram em Paris em julho de 1990, paralelamente ao VII Congresso Mundial de Médicos das NTRs. O desafio central das NTRs, das quais o corpo materno é o alvo e a permutabilidade dos órgãos a lógica, é o de repensar o lugar reservado às mulheres na gestão social da reprodução (Braidotti,1987). Procurando compreender quais mudanças sociais estão levando numerosas mulheres para os centros que oferecem as NTRs, elas analisaram as formas de construção social da esterilidade e de legitimidade das NTRs (Gavarini, in MFPF, 1989), as complexas relações das mulheres com o desejo de ter filhos, e das feministas com a maternidade (F. Collin, in MFPF, 1989); postularam que os médicos, desejando controlar "a origem das origens" em matéria de procriação, apresentam a FIV como um modelo ideal, porque científico, para toda reprodução.

Analisando as práticas, elas enfatizaram o caráter eugenista, até mesmo demiúrgico, de intervenções inéditas – análise e seleção de embriões – em matéria de produção de seres vivos (F. Collin, in MFPF, 1989). Mostraram o quão mascarada é a forte diferenciação sexual das técnicas, pesadas, e implicando riscos sociais (perda de trabalho) e à saúde, envolvendo principalmente as mulheres; mostraram como é promovida a discriminação social entre mulheres quanto ao acesso às NTRs, e evidenciaram os meios pelos quais se desenvolvem um mercado da reprodução humana e um campo de pesquisa em expansão (Laborie, in CSF, 1988; in MFPF, 1989; in Testart, 1990). Foram recolhidos dados precisos sobre os efeitos sanitários dos tratamentos sofridos pelas mulheres e sobre aqueles que, devido à grande prematuridade, incidem sobre a saúde das crianças, frequentemente múltiplas, e sobre a dos seus pais, esgotados pelas extenuantes tarefas de cuidado requeridas pelos bebês (Laborie, 1994). No plano ideológico e político, os discursos e atividades que estruturam as NTRs promovem a recolocação do foco normativo no casal e na família nuclear heterossexual (Dhavernas, 1990). As NTRs, como parte do processo de dominação e exploração da natureza, sujeitas às estratégias masculinas de controle político e jurídico sobre sua descendência, constroem a invisibilidade das mulheres e a sua coisificação (Vandelac, in CSF, 1988; in Testart, 1990). A produção e a conservação de numerosos embriões em laboratório redefinem de formas diferentes os direitos respectivos do pai, da mãe e dos médicos e, ao favorecer a reabertura de debates sobre o estatuto ontológico do embrião, abrem o caminho ao questionamento do direito das mulheres ao aborto (Novaes e Laborie, 1996).

A revisão prevista das leis sobre bioética poderá autorizar o diagnóstico pré-implante dos embriões (DPI), depois de tê-la proibido em 1994. A questão de suma importância dos riscos induzidos por essas técnicas sobre a saúde, um dos principais aspectos das críticas feministas nos últimos quinze anos, começa a ser reconhecida, ao menos no que diz respeito à saúde das crianças.

→ *Aborto e contracepção – Família – Maternidade*

▸ CSF Conseil du statut de la femme. *Sortir la maternité du laboratoire*, Bibliothèque nationale du Québec, 1988, 423p.

Corea, Gena (Ed.). *Man made women. How new reproductive technologies affect women*, Bloomington, Indiana University Press, 1987, 109p.

MFPF Mouvement français pour le Planning familial. *L'ovaire dose. Les nouvelles méthodes de procréation*, Paris, Syros, 1989, 322p.

Novaes, Simone; Laborie, Françoise. Parents et médecins face à l'embryon; relations de pouvoir et décision, *in* Feuillet-Le Mintier, Brigitte (Dir.). *L'embryon humain. Approche multidisciplinaire*, Paris, Economica, 1996, p.185-202.

Spallone, Pat; Steinberg, Deborah Lynn (Eds.). *Made to order. The myth of reproductive and genetic progress*, Oxford/Nova York, Pergamon Press, 1987, 267p.

Testart, Jacques (Dir.). *Le magasin des enfants*, Paris, François Bourin, 1990, 338p.

* Traduzido por NAIRA PINHEIRO.

Trabalho (conceito de)*

Helena Hirata e Philippe Zarifian

A noção moderna de trabalho, como foi formalizada pela economia política clássica, nos remete a uma dupla definição.

A primeira se apresenta como uma definição antropológica, em que o trabalho constitui uma característica geral e genérica da ação humana. Para Marx (1867/1965), o trabalho é essencialmente um ato que se passa entre o homem e a natureza. O próprio homem exerce, em relação à natureza, o papel de uma potência natural específica. Ele põe em movimento sua inteligência e suas forças a fim de transformar matérias e lhes dar uma forma útil à sua vida. Ao mesmo tempo em que age por esse movimento sobre a natureza exterior e a modifica, ele transforma sua própria natureza e desenvolve suas faculdades aí adormecidas.

A segunda definição reinterpreta a primeira, ao considerar que as trocas entre homem e natureza sempre se produzem em condições sociais determinadas: estamos nas condições do artesanato, da escravidão ou do assalariamento? O trabalho útil é executado sob a chibata do feitor de escravos ou sob o olho interessado do capitalista? É a partir desta segunda reinterpretação que o conceito de trabalho assalariado pode ser desenvolvido: o assalariado trabalha sob o controle do capitalista ao qual pertence o produto de seu trabalho.

Essa dupla definição tem o mérito de situar a atividade do trabalho no ponto preciso de imbricação de dois tipos de relação (homem-natureza e homem-homem), porém ela é ainda muito insuficiente. Primeiro, porque parte de um modelo assexuado de trabalho. O sujeito do trabalho – o homem – é apresentado nessa definição como universal: de fato é o masculino que é elevado a universal. Em segundo lugar, ela também é problemática de outro ponto de vista, na medida em que as relações suscitadas não são apreendidas de maneira idêntica. As relações homem-natureza tendem a ser naturalizadas e fixadas como uma base imutável da produção da vida humana, enquanto as relações sociais – as condições sociais do trabalho – são historicizadas. Sendo assim, essa dupla definição não pode ser pertinente, se considerarmos as relações historicamente, que é o que torna possível considerar o sexo social.

Se extrairmos todas as consequências da tese do "homem" como ser social, não existem trocas genéricas entre o homem e a natureza, mas trocas sempre específicas entre os homens e as naturezas. E os próprios homens são os homens e as mulheres: assim, torna-se possível falar de sexo do trabalho.

Tempo e trabalho

À luz de sua etimologia, antes de sua acepção moderna, o trabalho era sinônimo de sofrimento e/ou imobilização forçada. A definição da economia política clássica (século XVIII) teria, de alguma forma, enobrecido o trabalho ao lhe conferir a virtude de estar na origem da produção material da vida humana. Tão logo enobrecido, esse trabalho recobrou seu antigo sentido, pois, sob o jugo do assalariamento, o trabalho logo se tornaria sinônimo de constrangimento e sofrimento para quem o exercesse.

Podemos nos perguntar se não existe aí um jogo de ilusão, pois o trabalho assalariado no sentido moderno, tal como emerge no capitalismo nascente, não tinha de fato nenhuma origem. O uso dessa noção emerge sob uma forma inédita: a de uma atividade social que podemos objetivar, isto é, descrever, analisar, racionalizar, prescrever em termos precisos: uma sequência de operações, consideradas numa abstração generalizante, e o tempo mensurável necessário para realizá-la. Esse trabalho moderno, disfarçado sob a expressão "atividade que pode ser objetificada", é considerado desde então na relação salarial nascente, porque se desenrola em torno da questão doravante central, que é a apropriação do tempo do assalariado pelo capitalista. A noção moderna de trabalho surgiu então sob o impacto de um verdadeiro golpe de força política e social: a separação entre uma sequência de operações que podem ser objetificadas e a capacidade humana de realizá-las. O trabalho, de um lado; a força de trabalho, de outro. E, entre os dois, o tempo, referência central de avaliação da produtividade dessa combinação entre trabalho e trabalhador. O nascimento da noção de trabalho assalariado é a história dessa separação, que opõe uma forma objetificada a uma potência subjetiva. O trabalhador, ser de subjetivação, torna-se prisioneiro daquilo a que ele deve se reportar: as operações objetificadas.

Ao contrário, a noção de trabalho doméstico é o oposto da objetificação: ela é ligada às relações afetivas da família e baseada na "disponibilidade" materna e conjugal das mulheres (Chabaud-Richter et al., 1985). Sendo a forma privilegiada de expressão do amor na esfera dita "privada", os gestos repetitivos e os atos cotidianos de manutenção do lar e da educação dos filhos são atribuídos exclusivamente às mulheres. Os homens podem legitimamente pretender escapar deles. Esse trabalho é refratário à mensuração; mesmo que aproximações pelo "orçamento-tempo" tenham sido utilizadas para apreendê-lo, elas não conseguem esclarecer a natureza desse trabalho. Nos debates sobre o tema, a existência de uma perpétua hesitação entre o trabalho assalariado exclusivo, de um lado, e o trabalho doméstico ou útil em geral, de outro, não é nada mais do que um indicador do fato de que duas questões, a captação do tempo e a produção do viver, se interpenetram sem, no entanto, se confundirem.

As relações sociais de sexo permitem assim lançar sobre esse duplo desafio um olhar particularmente revelador. Pois, de um lado, a captação do tempo pelo outro não pode mais ser reduzida somente ao tempo de trabalho assalariado. Percebe-se que o tempo do assalariamento é condicionado pelo tempo do trabalho doméstico. E, quando as mulheres começam a entrar massivamente no assalariamento, é sob um status duplo: como assalariadas e como portadoras das condições gerais – temporais – do assalariamento. De outro lado, a produção do viver, por interpelar a dimensão útil do trabalho, é levada pelas mulheres além das fronteiras das esferas de vida nas quais os homens estão estabelecidos e excerceram sua dominação. Para as mulheres, os limites temporais se dobram e multiplicam entre trabalho doméstico e profissional, opressão e exploração, se acumulam e articulam, e por isso elas estão em situação de questionar a separação entre as esferas da vida – privada, assalariada, política – que regem oficialmente a sociedade moderna.

O conceito de trabalho e seu futuro

O desenvolvimento histórico do conceito de trabalho foi formalmente questionado nos anos 70 com o desenvolvimento de pesquisas que introduziam a dimensão sexuada nas análises do trabalho. É a partir da problemática da divisão sexual do trabalho que Danièle Kergoat procede a uma desconstrução/reconstrução do conceito de trabalho e seus conceitos conexos, como o de qualificação, introduzindo a dimensão do trabalho doméstico e a esfera da reprodução. Junto com outras que atuam no mesmo campo (no CNRS, na universidade, mas também fora das instituições) algumas pesquisadoras do GEDISST, com Kergoat, propuseram uma reconceituação do trabalho, para incluir o sexo social e o trabalho doméstico no conceito de trabalho. Essa reconceituação abrangeu também o trabalho não assalariado, não remunerado, não mercantil e informal. Trabalho profissional e trabalho doméstico, produção e reprodução, assalariamento e família, classe social e sexo social são considerados categorias indissociáveis.

A conjuntura de recessão e desemprego em massa dos anos 90, com o desenvolvimento de formas de trabalho precário, tornaram novamente atual o debate sobre o trabalho e sua crise, com a proposição de políticas públicas. A questão da divisão do trabalho e as leis de redução da jornada de trabalho constituíram uma das principais recorrências do debate teórico atual sobre o "fim do trabalho", o "fim do valor trabalho" e a "centralidade do trabalho". Para clarear esse debate é útil retornar à distinção estabelecida por Hannah Arendt (1958/1988) entre: 1) o trabalho como atividade do animal *laborans*, governado pela necessidade de subsistência humana, produzindo coisas efêmeras, destinadas a serem destruídas pelo consumo; 2) a obra como atividade do *homo faber*, produzindo coisas duráveis, destinadas a tornar o mundo habitável, e engendrando a cultura; 3) a ação, propriamente dita, que não produz coisas separadas do agente e consiste em atos nos quais se condensa a iniciativa humana em face dos outros humanos, num espaço privilegiado, o da política.

Essa distinção hierarquiza as atividades humanas e inferioriza aquela denominada "trabalho", de maneira que, de uma vez só, eterniza a separação e encerra cada atividade em sua destinação. Ao mesmo tempo, a política é hipoteticamente inserida no reino da liberdade e eleita terra privilegiada da autonomia, e tudo se passa como se o trabalho moderno, reduzido somente à sua dimensão de heteronomia, não devesse ser subvertido, mas limitado e contornado para encontrar, em outras esferas da vida, as verdadeiras fontes da emancipação.

Mas emancipação de quem? E em relação a quê? O paradoxo das teses sobre o fim do valor trabalho é que elas eternizam o golpe de força que constituiu a imposição da relação assalariada e fazem como se uma relação política libertadora, inspirada na cidadania grega como reivindicava Arendt, pudesse se desenvolver ao largo e apesar do sistema capitalista, deixando subsistir para a maioria o trabalho tal como ocorre hoje. A abordagem em termos de relações sociais de sexo mostra claramente que os deslocamentos entre as esferas da vida, como hoje se encontram socialmente separadas, e contra os quais queremos radicalizar a oposição, só trazem uma opressão redobrada.

Um segundo debate, que também tem implicações para o pensamento científico atual, é teorizado por Jurgen Habermas (1981-1987). O conceito de trabalho, prisioneiro de uma visão industrialista da realidade, remete a uma ação instrumental sobre a natureza, em que o humano é ele mesmo instrumentalizado na ação finalizada, enquanto a noção de interação remete à definição intersubjetiva de normas de ação que uma comunidade humana poderia debater e validar. Aí também a hierarquização é clara: o trabalho é restrito a uma visão estreitamente instrumental. Relega-se a esfera econômica e o trabalho assalariado ao seu triste destino, enquanto se busca num hipotético espaço público o engendramento da elevação moral.

Poderíamos tomar esse debate sobre o fim do trabalho ao pé da letra e dizer: fim do trabalho = fim da definição que a economia política instaurou para o trabalho. Ou seja: fim do assalariamento. Mas um debate não pode se assentar em bases nominalistas. Se ele pode ter sentido, é justamente porque existem tendências objetivas e subjetivas. De uma parte, para questionar o status atual do tempo e, então, dar ao tempo outro status. De outra, para tratar a produção do viver não como um efeito secundário da valorização do capital, ou como pura satisfação de necessidades vitais, mas como um questionamento social que permite estabelecer uma ponte entre as diferentes esferas de atividade.

→ *Categorias socioprofissionais – Desemprego – Divisão sexual do trabalho e relações sociais de sexo – Ofício, profissão, "bico" – Precarização social – Público/privado – Técnicas e gênero – Trabalho doméstico*

► Arendt, Hannah. *Condition de l'homme moderne*, Paris, Calmann-Lévy "Agora", 1988, 368p. [Édition originale, *The Human Condition*, 1958].

Chabaud-Rychter, Danielle; Fougeyrollas-Schwebel, Dominique; Sonthonnax, Françoise. *Espace et temps du travail domestique*, Paris, Librairie des Méridiens-Klincksieck "Réponses sociologiques", 1985, 156p.

Collectif, Le sexe du travail. Structures familiales et système productif, Grenoble, PUG, 1984, 320p.

Daune-Richard, Anne-Marie. Gender relations and female labor: a consideration of sociological categories, *in* Jane Jenson et al. (Eds.). *Feminization of the Labour Force. Paradoxes and Promises*, Nova York, Oxford University Press, 1988, p.260-75.

Marx, Karl. Le Capital, livre I, *in Œuvres, Économie I*, Paris, NRF "Bibliothèque de la Pleiade", 1965, 1818p. [1re édition 1867].

Vandelac, Louise. Et si le travail tombait enceinte? Essai féministe sur le concept de travail, *Sociologies et sociétés*, out. 1981, v.XIII, n.2, p.67-82.

* Traduzido por Miriam Nobre.

Trabalho doméstico*

Dominique Fougeyrollas-Schwebel

Trabalho doméstico, produção doméstica, economia doméstica, serviço doméstico, atividades do lar, atividades domésticas, cuidadora de pessoas, dona de casa, esposa, mãe, todos esses termos têm conotações disciplinares e conceituais distintas que suscitam controvérsias sobre o significado que se deve dar à expressão "trabalho doméstico".

Definimos o trabalho doméstico como um conjunto de tarefas relacionadas ao cuidado das pessoas e que são executadas no contexto da família – domicílio conjugal e parentela – trabalho gratuito realizado essencialmente por mulheres.

Foi incontestavelmente o movimento de liberação das mulheres no final dos anos 60 que, na França, como no conjunto dos países ocidentais e apoiando-se na denúncia da invisibilidade de uma parte do trabalho das mulheres, colocou na ordem do dia novas elaborações científicas e políticas. Essa invisibilidade aparece como resultado de dois grandes fatores: para todas as correntes de pensamento, a família nos anos 60 é definida como um lugar de consumo; com a industrialização, ela teria perdido toda função ou papel produtivo. O segundo fator decorre de que as diferenças de funções e atividades entre mulheres e homens são percebidas antes de tudo como "naturais". Fala-se de responsabilidades familiares sem aprofundar o questionamento. Os únicos estudos demonstrando a relevância das atividades das mães de família e também de todas as atividades domésticas são, na época, as pesquisas sobre o uso do tempo, repetidas periodicamente na França pelo INSEE,[30] desde 1965.

Teorização do trabalho doméstico

Christine Delphy mostra, numa das primeiras publicações feministas na França, que o trabalho doméstico determina a condição de todas as mulheres (Delphy, 1998). O modo de produção familiar regido pelo patriarcado organiza as relações sexuais, a educação das crianças, os serviços domésticos e a produção de certos bens, como pequenas produções mercantis. Rompendo com a oposição frequentemente asseverada entre produção mercantil e não mercantil, a exclusão do trabalho doméstico das mulheres do domínio econômico não decorre da natureza da sua produção. Com efeito, quando os mesmos bens são produzidos fora da família, o trabalho que os produz é remunerado e, inversamente, o trabalho das mulheres permanece gratuito

30 Refere-se ao instituto governamental francês INSEE (Institut National de la Statistique et des Études Économiques) [Instituto Nacional de Estatística e Estudos Econômicos]. (N.T.)

até mesmo quando sua produção é objeto de troca no mercado; assim, o trabalho das mulheres na agricultura, no artesanato, ou quando o seu marido exerce uma profissão liberal é, naquela época, ilustração direta dessa questão. A partir dos anos 80 na França, as esposas de agricultores, artesãos, comerciantes, como resultado de uma forte demanda por parte delas, podem se beneficiar do estatuto de colaboradoras, com reconhecimento de sua contribuição para a empresa familiar. Para Christine Delphy, a família permanece o lugar de uma exploração econômica das mulheres; ela conclui daí a apropriação material pelos homens da sua força de trabalho, qualquer que seja seu estatuto familiar, quer sejam elas esposas, mães, filhas ou irmãs.

No decorrer dos anos 70, essa análise suscitou forte controvérsia devido à preponderância de uma problemática marxista e dos confrontos para saber qual peso dar às relações de produção e, consequentemente, às relações sociais determinantes, visando transformações sociais. O aspecto importante a reter desses debates é o abandono, tanto para mulheres como para homens, de análises ou representações não historicizadas do trabalho.

Por outro lado, as pesquisas históricas, econômicas ou sociológicas destacam, a partir de então, que a sociedade salarial não se reduz unicamente à esfera produtiva. Elas mostram assim que o desenvolvimento do trabalho assalariado e o fortalecimento da esfera privada são dois processos concomitantes que contribuem para o processo de autonomização do indivíduo. Mas são distintas as modalidades de inserção de homens e mulheres em cada uma dessas esferas, conduzindo a processos específicos de individuação. A configuração da esfera privada como principal local de exercício do cuidado das pessoas é acompanhada pela do trabalho específico das mulheres: o ambiente doméstico. Danielle Chabaud-Rychter, Dominique Fougeyrollas-Schwebel, Françoise Sonthonnax (1985) analisaram também como o trabalho doméstico, ao contrário da esfera econômica em que as mercadorias são trocadas por outras, se realiza dentro de uma relação entre pessoas: a disponibilidade permanente do tempo das mulheres a serviço da família. Essa relação de serviço, relação social de sexo que caracteriza o processo de trabalho doméstico, não está circunscrita ao núcleo conjugal, mas deve ser estudada no âmbito do conjunto da parentela. Ligada às mudanças da família e do conjunto da sociedade salarial, o conteúdo do trabalho doméstico expressa essa coordenação multifuncional entre a família e as outras instituições da reprodução. É preciso se precaver de qualquer analogia entre o trabalho doméstico e o trabalho assalariado: sem contrato de trabalho e muito menos a definição de um estatuto, fundamento das identidades e da socialização femininas. É contra essa redução do trabalho doméstico a um simples fazer e para ressaltar as dimensões intelectuais e emocionais que Monique Haicault (1984) desenvolve o conceito de carga mental.

Economistas, instigados pelos questionamentos feministas, têm reconsiderado as definições de consumo e introduzido novas abordagens da família como produtora de serviços, efetuando escolhas entre os diversos tempos – assalariado, doméstico, tempo livre (Becker, 1976). A produção doméstica é então definida como "o conjunto das atividades dos domicílios que é possível substituir pelas de terceiros", em que as atividades de homens e mulheres são consideradas dentro de um mesmo conjunto (Chadeau e Fouquet, 1981).

As pesquisas de uso do tempo do INSEE[31] ("Emploi du temps" – 1975, 1986, 1999) e de produção doméstica na França ("Production domestique" – 1988) mostram como as mulheres e os homens ainda têm papéis domésticos diferentes (as atividades relacionadas com a roupa são quase exclusivamente realizadas por mulheres); mas em termos de tempo gasto, a partilha das tarefas está um pouco menos desigual: se o volume global de tempo doméstico permaneceu estável, as atividades predominantemente masculinas (pequenos trabalhos e reparos) aumentaram, enquanto as femininas (cozinha, louça, roupa) diminuíram. "As mulheres consagram menos tempo às tarefas estritamente domésticas do que há treze anos: meia hora para as inativas e sete minutos para aquelas que exercem uma atividade profissional – mulheres ativas ocupadas: 3h13 em 1986 e 3h06 em 1999; mulheres inativas: 4h26 e 3h59. [...] Quanto aos homens [...], o tempo gasto em atividades domésticas é praticamente estável entre 1986 e 1999: cerca de uma hora para os homens que exercem uma profissão e uma hora e meia para os outros" (Dumontier e Pan Ké Shon, 1999). O tamanho da casa, o número de crianças, suas idades, a idade do casal são os principais fatores de variabilidade da produção doméstica; as variações nas condições socio-

31 Refere-se ao instituto governamental francês INSEE (Institut National de la Statistique et des Études Économiques). (N.T.)

profissionais têm mais influência para os homens do que para as mulheres. Poucas mulheres, qualquer que seja a sua condição social, escapam do trabalho doméstico.

A ideia de que o trabalho remunerado seria reservado exclusivamente ao homem e o trabalho doméstico, à mulher é uma norma que não corresponde às práticas sociais, a não ser por períodos históricos bem definidos. A igualdade como modo de regulação do novo contrato entre os sexos é hoje uma norma tão prescritiva que a persistência das desigualdades, principalmente no âmbito da família, é, consequentemente, percebida por grande parte da Sociologia como escolha individual e feminina, resultante das interações do casal (Kaufmann, 1992). Porém o exercício de uma atividade profissional não questiona as relações de dependência que, por outro lado, são vivenciadas pelas mulheres, devido ao fato de que se lhes atribui o trabalho doméstico; isso implica maior rigidez na organização dos usos do tempo. Instala-se assim uma necessidade obsessiva de programação do tempo, obsessão exagerada até a exaustão quando as mulheres procuram responder ao padrão de excelência que se espera delas. Portanto, para levar adiante seus projetos profissionais, as mulheres devem dispor de uma rede de substituição infalível; mais do que o recurso ao cônjuge, a organização familiar repousa sobre ajudas externas.

Políticas sociais e socialização do trabalho doméstico

O estudo das mudanças ocorridas nas últimas três décadas evidencia que um número crescente de tarefas do trabalho doméstico está sendo transformado pela ampliação do consumo de mercado ou realizado por instituições públicas, privadas e comunitárias: a guarda de crianças, particularmente as mais novas; o cuidado de pessoas idosas que as mulheres precisam necessariamente delegar durante o tempo em que estão exercendo uma atividade profissional; e uma grande parte das outras tarefas será transferida para o fim de semana ou realizada, de acordo com a disponibilidade financeira, por trabalhadoras(es) domésticas(os) remuneradas(os).

Economistas e sociólogos têm convergido para uma abordagem global das relações de serviços pessoais que vinculam atividades domésticas e serviços domésticos remunerados. Para responder aos cortes nos orçamentos públicos, ampliando as condições de acesso à licença parental, por um lado, e o trabalho de tempo parcial, por outro, a França adotou uma política ativa de desenvolvimento de empregos familiares por meio de medidas de redução fiscal. Constatando a fragilidade evidente do recurso a empregadas domésticas e outros trabalhadores da casa, essas medidas contam com o desenvolvimento potencial desses postos de trabalho, uma vez que o seu custo baixaria (Flipo e Hourriez, 1995).

As políticas de promoção dos empregos familiares se inserem numa multiplicidade de lógicas mais comumente contraditórias do que convergentes: reduzir os gastos públicos sem, contudo, questionar radicalmente o compromisso anteriormente anunciado, em termos de justiça social, de garantir a todas as mulheres acesso à atividade profissional. Estas políticas pretendem ser também uma resposta à crise do emprego e a uma demanda cada vez maior pelos serviços de cuidado a pessoas. Mas, diante dos novos estatutos que propõe para os empregados (rumo à extinção do contrato de trabalho) e do nível de remuneração que oferece (responder às necessidades de custos mais baixos), essa promoção de empregos coloca em xeque, efetivamente, o reconhecimento social que pretenderia incentivar para esses postos de trabalho. A grande proporção de mão de obra imigrante existente nesses setores testemunha que se trata de tarefas que preferimos deixar para os outros. A contratação de trabalhadores domésticos é um fato social antigo, mas a novidade está nos desdobramentos desses empregos, implicando a emergência de relações entre empregador e empregado nas classes médias (as categorias intermediárias do INSEE) e nas classes populares, e o aumento de polarizações nos empregos femininos. Essa perspectiva demonstra a importância de análises que combinem relações de sexo, de classe e de "raça".

→ *Divisão sexual do trabalho e relações sociais de sexo – Educação e socialização – Família – Movimentos feministas – Patriarcado – Políticas sociais e familiares – Público/privado – Técnicas e gênero – Trabalho (o conceito de)*

▸ Chabaud-Rychter, Danielle; Fougeyrollas-Schwebel, Dominique; Sonthonnax, Françoise. *Espace et temps du travail domestique,* Paris, Librairie des Méridiens-Klincksieck, "Réponses sociologiques", 1985, 156p.

Chadeau, Ann; Fouquet, Annie. Peut-on mesurer le travail domestique?, *Économie et statistique,* 1981, n.136, p.29-42.

Delphy, Christine. *L'ennemi principal. 1. Économie politique du patriarcat,* Paris, Syllepse, "Nouvelles questions féministes", 1998, 293p. [Reedição de artigos publicados desde 1970].

Haicault, Monique. La gestion ordinaire de la vie en deux, *Sociologie du travail*, 1984, n.3, p.268-77.

Lemel, Yannick. Les activités domestiques: qui en fait le plus?, *L'Année sociologique*, 1993, 3. série, v.43, p.235-52.

Vandelac, Louise; Belisle, Diane; Gauthier, Anne; Pinard, Yolande. *Du travail et de l'amour. Les dessous de la production domestique*, Montreal, Éditions Saint-Martin "Femmes", 1985, 418p.

* Traduzido por NAIRA PINHEIRO.

Transmissões intergeracionais*

Jean-Pierre Terrail

Conjunto de atividades essenciais à permanência das formas de vida social além dos limites da existência individual, as transmissões intergeracionais estão no cerne da reprodução das relações sociais de sexo, de sua renovação e transformações.

Transmissões materiais e transmissões simbólicas

A sociologia das transmissões intergeracionais se interessa ao mesmo tempo pela circulação material de bens e serviços entre as classes de idade e pelas transferências simbólicas de disposições e valores inerentes à socialização das mulheres e dos homens das gerações jovens. Ela distingue aquilo que, nesse processo, é da competência da esfera privada e se articula no seio das linhagens familiares, da ação pública que intervém na formação dos jovens, redistribui os recursos – financiando a escolaridade pelo imposto antecipado sobre os ativos, fixando a idade e o montante das aposentadorias etc. Esses dois planos interagem. As políticas estatais e institucionais podem completar e reforçar as políticas e as solidariedades privadas. Elas podem também ser significativamente diferentes; assim, enquanto as ajudas financeiras familiares se direcionam principalmente dos aposentados para os ativos, os auxílios públicos circulam no sentido inverso –, podem até mesmo ser contrários, no caso, por exemplo, em que a escola difunde valores contraditórios com a ética familiar.

O desenvolvimento de políticas sociais não enfraqueceu as solidariedades privadas, cujas formas variam, mas cuja importância pode ser averiguada em todos os países desenvolvidos (Attias-Donfut, 1995). A manutenção de relações com a parentela permanece uma norma importante, justificada pelo valor do afeto entre parentes, sustentada pelas ideias de continuidade da linhagem e da força dos laços de sangue, do dever de reconhecimento etc. (Pitrou, 1978). No contexto de uma sociedade maciçamente salarial, a adesão ao princípio de herança continua relevante. As doações anteriores representam quase o equivalente daquilo que é legado em morte, e se refere tanto às filhas como aos filhos (Gotman, 1988). Ajudas financeiras e serviços prestados favorecem a instalação dos jovens casais, contribuindo nas classes populares sobretudo para a subsistência dos descendentes, e nas classes médias e superiores para sua promoção social (Pitrou, op. cit.). Essas doações são em parte restituídas com a ajuda destinada aos pais idosos nos momentos difíceis da velhice. Por outro lado, a dívida é transferida para a geração seguinte. As mulheres estão no coração dessa economia de prestações intergeracionais (Insee, 1995). Dada sua proximidade da mãe, as filhas se envolvem mais do que os seus irmãos nas preocupações e responsabilidades para com os pais; e elas serão mais frequentemente solicitadas quando estes envelhecerem. As mães consagram mais tempo cotidiano à educação e à ajuda nas tarefas escolares das crianças; e ajudarão as filhas, que por sua vez se tornaram mães, a conciliar suas atividades familiares com as profissionais. Mais voltados para o ambiente de trabalho, a sociabilidade e as preocupações dos homens são também mais limitadas ao horizonte da sua própria geração, fato cujo impacto sobre a diferenciação cultural dos sexos certamente não é negligenciável.

É também por sua participação na correspondência epistolar e em todas as formas de circulação familiar da palavra que as mulheres contribuem mais para manter vivos os elos entre as gerações; isso faz delas depositárias privilegiadas do conhecimento genealógico e da memória da linhagem, cuja transmissão é um elemento essencial na formação da identidade individual (Muxel, 1996). Esta última evidencia a recorrência dos empréstimos – eles próprios fortemente marcados pela sexualização – aos modelos parentais: sucesso escolar, posição social, escolhas profissionais parecem ser suscetíveis de transmissão de uma geração a outra, tanto na linhagem masculina (Thélot, 1982) como na feminina, da mesma maneira que os hábitos de vida (domésticos, residenciais, modelos conjugais, educativos, de fecundidade etc.), e os valores, principalmente religiosos, mas muitas vezes também os políticos (Percheron, 1994).

Fontes muito variadas

Todas as sociologias são afetadas pelas relações entre gerações. Principalmente a sociologia da mobilidade social – e portanto intergeracional – que se constitui nos Estados Unidos no período entre as duas guerras. Na França, a sociologia da educação é a primeira a colocar a questão das transmissões simbólicas (Bourdieu e Passeron, 1964). Na década de 1970, a sociologia da família amplia a pesquisa às transmissões materiais (Roussel, 1976; Pitrou, 1978), enquanto a sociologia política, por meio do trabalho pioneiro de Annick Percheron, aborda o campo dos valores. Durante a década seguinte, a abordagem biográfica e genealógica, impulsionada sobretudo por Daniel Bertaux e Isabelle Bertaux-Wiame (1988), centra-se nas transmissões envolvendo várias gerações, assim como sobre as condições sociais gerais dos processos intrafamiliares. Em outro nível, a Sociologia redescobre que há gerações na sociedade, e não somente na família (Attias-Donfut, 1988). Os anos 90 viram emergir uma sociologia da mobilidade social interessada especificamente nos destinos profissionais femininos (cf. Vallet, 1991). Eles vão evidenciar, sobretudo, a preocupação com uma compreensão abrangente das transmissões entre gerações, conjugando a abordagem de economistas, sociólogos e psicanalistas (cf. Referências bibliográficas).

O que significa transmitir?

A sociologia das transmissões materiais e das transmissões simbólicas se defronta com problemas bastante diferentes. A primeira encontra dificuldades de descrição (da complexidade das transferências governamentais, da densa teia de benefícios familiares) e de compreensão das lógicas que inspiram essas trocas (como a do princípio de dom e dos critérios de justiça em vigor na economia e na dívida intrafamiliar). A segunda é confrontada com a especificidade dos legados simbólicos. A metáfora comum que evoca a transmissão do capital cultural, como falamos de transmissão do capital econômico, incita a associá-lo a uma herança material, como se a incorporação das capacidades, disposições e valores que inspiram as gerações mais velhas fosse autoevidente. Considerando, contudo, que os legados simbólicos supõem uma atividade própria do herdeiro, muitos sociólogos preferem falar de apropriação (um processo cujos resultados não são jamais previsíveis), em vez de interiorização (termo que parece se referir ao automatismo de uma pura e simples transferência).

As heranças mais bem assimiladas não provêm jamais de uma espécie de mimetismo, merecendo, nesse sentido, serem elas próprias questionadas. No que diz respeito à continuidade intergeracional das escolhas profissionais, Daniel Bertaux e Isabelle Bertaux-Wiame (1988) preferem portanto se referir à mobilização dos recursos legados mais do que à imposição de um modelo; e em lugar de aprendizado do comportamento político dos ascendentes, Annick Percheron (1994) prefere falar da aquisição de critérios de avaliação do mundo, na base desses comportamentos.

Se o destino da herança não é previsível, em primeiro lugar é porque ele se tece ao longo da história subjetiva do herdeiro, segundo suas sucessivas identificações. A apropriação dos ideais paternos, nesse registro próprio da intersubjetividade que medeia o impacto do legado e dos eventos biográficos "objetivos" pode, assim, ao mesmo tempo permitir transcender a precariedade dos recursos transmitidos, proporcionando a força subjetiva de empreendimentos sociologicamente improváveis, tal como o sucesso escolar das meninas de meios populares (Terrail, 1995), e favorecer a perpetuação intergeracional de comportamentos domésticos marcados pela dominação masculina. É também porque herdar é um processo sem fim – "aquilo que os teus pais te legaram, passe a tua vida adquirindo-o" (Goethe) –, marcado pela ambivalência e a pluralidade das disposições adquiridas, disposições que encontrarão ou não como se realizar na confrontação do herdeiro com as condições sempre renovadas de sua ação biográfica.

Questões de equidade

As relações entre gerações, nas quais se tecem a continuidade assim como as mudanças da vida social, representam um desafio permanente para a pesquisa sociológica. A crescente preocupação com o futuro das aposentadorias, ameaçadas pela combinação de desemprego com envelhecimento de muitas gerações destinadas a viver mais tempo, também as projetou à frente da arena pública. Os termos do debate que se seguiu – principalmente nos Estados Unidos – sobre a equidade entre gerações, são com frequência abusivamente simplificados, ocultando os problemas reais de um questionamento do financiamento público das aposentadorias (Attias-Donfut, 1995). Favorecendo completamente os interesses financeiros inerentes aos sistemas de proteção por capitalização, este provocaria um aumento das desigualdades sociais, com as solidariedades privadas podendo, nos meios populares menos do que em outros, compensar as perdas sofridas; e acentuaria as desigualdades de sexo, pois a aposentadoria do dito "Estado-Providência" penalizaria primeiro as mulheres que estão à frente das solidariedades familiares – o que nos leva a lembrar que elas já representam, na França, 80% das pessoas com renda igual ou inferior à renda mínima.

→ *Divisão sexual do trabalho e relações sociais de sexo – Educação e socialização – Família – Maternidade – Ofício, profissão, emprego – Trabalho doméstico*

► Attias-Donfut, Claudine (Dir.). *Les solidarités entre générations*, Paris, Nathan, "Essais et recherches", 1995, 352p.

Muxel, Anne. *Individu et mémoire familiale*, Paris, Nathan "Essais et recherches", 1996, 230p.

Percheron, Annick. *La socialisation politique*, Paris, Armand Colin "U", 1994, 226p.

Pitrou, Agnès. *Vivre sans famille?*, Toulouse, Privat, 1978, 235p.

Singly, François de et al. (Dir.). *La famille en questions. État de la recherche*, Paris, Syros, 1996, 325p.

Terrail, Jean-Pierre. *La dynamique des générations*, Paris, L'Harmattan, 1995, 190p.

* Traduzido por Naira Pinheiro.

Universalismo e particularismo*

Eleni Varikas

O binômio universalismo-particularismo faz parte de uma configuração política moderna. Embora esses termos remontem ao fim do século XVI, a oposição propriamente dita é mais recente. Ela pertence à época das revoluções do Direito natural, do qual a Revolução Francesa fornece o modelo. Essas revoluções foram erigidas contra sociedades feitas de particularidades hierarquicamente estruturadas, sem denominador comum, sociedades fundadas sobre o princípio de liberdades particulares (privilégios) e de deveres próprios a cada nível da hierarquia social.

Apresentando a humanidade comum dos indivíduos como uma base de comparação entre as diversas condições particulares, essas revoluções fizeram do conceito abstrato de "homem" um poderoso fundamento para a pretensão do particular de participar do universal. Declarado ilegítimo, o princípio das liberdades particulares foi substituído por uma "lei geral válida para todos, conhecida de todos e elaborada por todos". Expressão da vontade geral, uma vez que é elaborada por todos, a lei tem um caráter universal porque se aplica a todos. A sua universalidade é enfim garantida por sua impessoalidade e pelo caráter geral dos assuntos de que trata.

O universalismo como relação de força

Se o binômio universalismo-particularismo é impensável fora dessa distinção entre lei geral e privilégio, ele se desenvolve de modo particular no conceito de cidadania e no âmbito do desafio que o instaura: a capacidade do ser humano de subordinar o seu interesse particular ao interesse geral.

Ora, enquanto o conceito abstrato de humanidade em geral fazia a sua entrada triunfal como horizonte da universalidade de direitos, os "homens" aos quais se tratava de aplicá-la eram indivíduos concretos, historicamente situados, física, cultural e socialmente diferenciados, que, por suas histórias e posição nas relações sociais, tinham necessidades e interesses diferentes, bem como diferentes formas de expressá-los. Sob a influência das relações de poder, a humanidade como sujeito e fonte de direitos foi geralmente concebida e interpretada como um padrão dominante que, confundindo a sua própria particularidade com o universal, exclui grupos inteiros de indivíduos da universalidade de direitos. Em vez de um processo sempre aberto às particularidades que o compõem, o universal tendeu a se identificar com o mais forte, rejeitando o fraco como particular e até mesmo como particularismo.

A relação problemática das mulheres com o universal tem aqui um valor paradigmático. "Substrato de uma subordinação interminável no plano conceitual, de uma submissão sem fim na realidade prática" (Adorno e Horkheimer, 1974), a posição das mulheres nos sistemas políticos universalistas ilustra o duplo processo conceitual e sociopolítico que marca a dinâmica exclusiva do universalismo moderno. A exclusão das mulheres remonta de fato às origens da Filosofia ocidental: os conceitos com os quais Platão e Aristóteles representavam o mundo já refletia com a mesma clareza "as leis da física, a igualdade dos cidadãos e a inferioridade das mulheres, crianças e dos escravos" (ibidem). Mas a intervenção da relação de força na formação das categorias de pensamento se radicaliza com o positivismo cientificista e a pretensa "imparcialidade" da linguagem científica moderna, que "retira de todo aquele que não tem poder a possibilidade de se expressar" (ibidem).

Privadas dessa possibilidade, as mulheres são chamadas a se submeter a uma definição de universal da qual não participaram. Não só foram excluídas durante muito tempo do sufrágio dito "universal" – uma expressão cujo uso ilustra melhor do que qualquer outro a cumplicidade entre a exclusão política e a exclusão conceitual – como também a sua posição na distinção moderna entre público e privado as identificou com o interesse particular, com o particularismo da família. Com efeito, enquanto a cidadania democrática supõe a *virtude cívica* do homem, a sua capacidade de subordinar o seu interesse particular ao *interesse geral*, a virtude feminina exige sobrepor o interesse da família a qualquer outro.

O particularismo como negação da pluralidade

O entendimento político estabelece, assim, entre privado e público, uma relação de negação e constituição recíproca, que é também uma relação contraditória entre indivíduo e comunidade, particularidade e universalidade. Ele suspeita não só do particularismo dos interesses privados, mas também da singularidade irredutível do ser humano, de sua capacidade de expressar, em termos generalizáveis, seus desejos e necessidades. Ameaçando a unidade do corpo político, estes são repelidos para fora daquilo que é da ordem do interesse geral, para a esfera privada, subtraídos à crítica da autoridade arbitrária. Preservar o espaço público da irrupção das paixões incontroláveis das quais o desejo sexual fornece o protótipo, conter "a desordem das mulheres" que ameaça dividir o "eu moral coletivo" (Rousseau) são imperativos que, do absolutismo à democracia, comandam da mesma forma a separação entre *oikos* (o domínio familiar) e *polis* (a cidade, as instâncias políticas).

Mas, como foi destacado pela crítica feminista de Olympe de Gouges (1791) e de Mary Wollstonecraft (1790) aos dias de hoje, essa distinção sexuada esvazia desde o início a legitimidade do interesse geral, que se torna uma unidade metafísica existente de forma independente da vontade de cada cidadão. O lugar aporético das mulheres, vocacionadas ao mesmo tempo a obedecer ao interesse particular do chefe de família e a fazer amar a virtude cívica, ilustra mais uma vez as aporias de uma tradição que insere a universalidade numa relação contraditória não com o particularismo, mas com as particularidades ou especificidades.

Ainda hoje surge o problema do universalismo *versus* particularismo, quando se trata de reivindicações relacionadas com a discriminação ou a dominação sexual. O interesse geral está tão associado a uma visão homogênea e uniforme do "corpo" político que qualquer expressão de particularidades é imediatamente tida como suspeita de um particularismo ameaçador do princípio da universalidade dos direitos, que fundou a sacrossanta República.

Oposta quase que automaticamente às reivindicações gerais, a expressão "reivindicações específicas das mulheres" sugere, por si só, essa dificuldade histórica de falar em termos universais, ou seja, como parte do princípio da universalidade dos direitos, de desigualdades que atingem metade da população.

Pelo fato de a exclusão das mulheres do universal ser uma das mais invisíveis e não reconhecidas, as lutas pela igualdade entre os sexos, e mais tarde as do feminismo, foram desde o início confrontadas com o embuste que consistia em ocultar, por trás da retórica abstrata dos direitos humanos, as desigualdades reais que fundam os sistemas universalistas modernos. A Declaração dos direitos da mulher e da cidadã de Olympe de Gouges sugeria, já em 1791, que esse embuste só pode ser exposto nomeando essas desigualdades e aquelas que são as vítimas. Daí a irrupção paradoxal, nos artigos gerais e impessoais da sua Declaração, "de casos particulares", que especificam os requisitos concretos de uma verdadeira universalidade de direitos: "A livre comunicação de pensamentos e opiniões é um dos direitos mais preciosos da mulher [...]. Toda cidadã pode, portanto, dizer livremente: 'eu sou a mãe de uma criança que vos pertence', sem que um preconceito bárbaro a force a dissimular a verdade".

Porque há "preconceitos bárbaros" que pesam exclusivamente sobre as mulheres, porque, como diria Flora Tristan no Union Ouvrière (1843), estas são tratadas como "verdadeiros párias", a mesma organização política e social afeta os dois sexos de modo similar e diferente: "mencionar as mulheres" na Declaração dos direitos do homem, proclamar a "liberdade absoluta do homem e da mulher" na *Charte de l'Union Universelle des Ouvriers et des Ouvrières* (Carta do Sindicato Universal dos Trabalhadores e Trabalhadoras) é a condição necessária a assegurar os requisitos concretos da universalidade dos direitos.

Universalidade: horizonte ou exigência de uma justiça generalizável

Porque o *homem em geral* não existe em lugar nenhum, porque os sujeitos de direitos universais são seres humanos concretos, diferentemente situados na hierarquia social e nas relações de poder, o princípio da universalidade dos direitos só pode se realizar se corresponder à diversidade e à pluralidade de experiências de opressão e de injustiça. Se, durante os últimos dois séculos, as mulheres têm frequentemente lutado, e continuam a lutar, pelo reconhecimento do seu direito à palavra é porque, na ausência da garantia desse direito pelo qual comunicamos aos outros as nossas experiências, necessidades e desejos, é impossível construir regras comuns generalizáveis, ou seja, suscetíveis de garantir as condições concretas de liberdade e igualdade para todos e para todas.

A questão do universalismo e do particularismo está, portanto, inextricavelmente ligada à da democracia, no sentido de que a definição das necessidades plurais, a partir das quais se constrói o alcance universal de uma reivindicação, de um objetivo, de uma batalha, não podem resultar nem de leis (da natureza, da economia, da demografia etc.), nem de qualquer visão prévia de interesses "objetivos" de um grupo social; é uma questão de democracia, porque exige essa interação recíproca e frequentemente conflituosa pela qual se busca o interesse geral na expressão autônoma, na confrontação e na reformulação dos pontos de vista e dos desejos de cada um. A afirmação de demandas "particulares" constitui assim um momento necessário da construção de qualquer objetivo político com desígnio universal.

Um momento necessário, mas não suficiente. Porque, e este é o grande desafio que o universalismo lança ao feminismo, o critério para julgar o universalismo e o particularismo de uma demanda não é o número daqueles e daquelas que a colocam, nem o número daqueles e daquelas aos (às) quais diz respeito, e tampouco o seu caráter particular: é a sua capacidade de invocar um princípio de justiça generalizável que nos permite reformular a reivindicação mais "específica", a mais "particular" de maneira que ninguém deve ser tratado assim.

→ *Cidadania – Dominação – Igualdade – Linguagem científica (sexuação da) – Movimentos feministas – Público/Privado*

► Adorno, Theodor W.; Horkheimer, Max. *La dialectique de la raison*, Paris, Gallimard, 1974, 281p.

De Gouges, Olympe. Déclaration des droits de la femme et de la citoyenne (1791), *in* *Écrits politiques 1788-1791*, Paris, Côté-femmes, 1993, p.204-15.

Rousseau, Jean-Jacques. *Émile ou de l'éducation*, Paris, Flammarion, 1966, 629p.

Tristan, Flora. *Union ouvrière*, Paris, Des femmes, [1843] 1986, 366p.

Varikas, Eleni. Pour avoir oublié les vertus de son sexe. Olympe de Gouges et la critique de l'universalisme abstrait, *Sciences politiques*, 1993, n.4-5, p.17-34.

Wollstonecraft, Mary. Vindication of the Rights of Men [1790], *in* Janet Todd, Marilyn Butler (Eds.). *The Works of Mary Wollstonecraft*, London, William Pickering, 1989.

* Traduzido por NAIRA PINHEIRO.

Violências*

Carme Alemany

As violências praticadas contra as mulheres devido ao seu sexo assumem múltiplas formas. Elas englobam todos os atos que, por meio de ameaça, coação ou força, lhes infligem, na vida privada ou pública, sofrimentos físicos, sexuais ou psicológicos com a finalidade de intimidá-las, puni-las, humilhá-las, atingi-las na sua integridade física e na sua subjetividade.

O sexismo vulgar, a pornografia, o assédio sexual no local de trabalho também se incluem aí. Trataremos aqui das violências corporais que, como expressão de relações entre poder masculino e sexualidade, fazem parte da aprendizagem da virilidade, e são em geral legitimados socialmente. Ferindo diretamente muitas mulheres, privando-as da sua liberdade de ir e vir, do seu sentimento de segurança, da sua autoconfiança, de sua capacidade de construir relacionamentos, de seu gosto pela vida, essas violências se referem e afetam todas as mulheres que são vítimas potenciais (Hanmer, 1977), e constituem uma das formas extremas de relação entre os sexos.

As feministas americanas foram as primeiras que, desde o início dos anos 70, denunciaram a violência sexual. Destacando que o estupro particularmente supõe o não consentimento da vítima, elas desenvolvem análises teóricas distinguindo-se dos estudos criminológicos que, com seus preconceitos androcêntricos, privilegiam as teorias vitimológicas (ou interacionistas), que fazem da relação entre a vítima e o autor um elemento explicativo fundamental. Esses estudos tiveram grande eco em outros países anglo-saxões e depois na França.

Práticas teóricas, politizadas e militantes

O primeiro trabalho de síntese sobre estupro escrito por Michèle Bordeaux et al. numa perspectiva feminista foi publicado em 1990. Lembrando que entre 1970 e 1980 as feministas na França evoluíram da crítica do direito à reivindicação de leis, ela fornece uma análise quantitativa abrangente dos delitos sexuais, analisa os dados fornecidos nas denúncias, as estratégias criminais e as reações das vítimas, efetua uma abordagem crítica da legislação e das práticas judiciais e, procurando compreender o lugar do estupro, ressitua a vítima no seu relacionamento com a sociedade, mais do que com o violador. As feministas realizaram ao mesmo tempo estudos sobre a violência doméstica e no trabalho, a prostituição, o estupro, organizaram manifestações, iniciaram ações de apoio a mulheres estupradas e levaram o debate para o campo jurídico. Surgiram várias associações, abrindo centros de acolhimento e de abrigo para mulheres vítimas de espancamento ou estupro, criando um atendimento telefônico permanente, divulgando na mídia as suas ações: tudo isso permitiu revelar publicamente a relevância do problema. Na França, as associações pressionaram os poderes públicos para organizarem campanhas de informação e prevenção da violência conjugal (em 1989) e a coleta de dados por sexo. Elas denunciaram também a excisão e a infibulação, mutilações sexuais realizadas em milhões de meninas em diversos países, incluindo a França.

A produção feminista sobre a violência conjugal se ampliou a partir de análises de pesquisadores do sexo masculino que trabalham numa perspectiva feminista. Daniel Welzer-Lang (1988, 1996) estuda os homens violentos e, comparando seus discursos com os das mulheres vítimas de espancamento, destaca a assimetria de percepções e de posições. Ele desconstruiu alguns mitos, como o da sua dupla personalidade – homens gentis e violentos.

A teoria feminista ampliou a análise da violência no exercício do poder político e militar, estudando a relação entre militarismo, nacionalismo, violência do Estado e diversas formas de violências contra as mulheres durante as invasões, as guerras ou conflitos sociais: estupro, prostituição forçada, torturas (Cockburn, 1998). Os conflitos na ex-Iugoslávia foram acompanhados por estupros massivos, repetidos e sistemáticos, impunes, de um grande número de mulheres de todas as idades. Véronique Nahoum-Grappe (1997) mostra que, numa cultura da virilidade agressiva, na qual se considera que o esperma é o único veículo de transmissão da linhagem, "o estupro fere a honra e destrói os bens dos homens aos quais a vítima pertence por elos de 'sangue' ou matrimônio. Decapitação de homens e estupro de mulheres são crimes análogos que visam o mesmo objeto, o elo genealógico de transmissão da linhagem".

Da realidade e das leis

Se ficou mais difícil negar e escarnecer da violência contra as mulheres, o debate parlamentar sobre o novo Código Penal – votado em 1992 e no qual não figura a expressão "violências conjugais" – mostra que ainda há muito que fazer (Louis, 1994). A Conferência Mundial sobre Direitos Humanos em Viena (1993) reconheceu que a violência contra as mulheres constitui uma violação dos direitos humanos. A IV Conferência Mundial das Nações Unidas sobre as Mulheres, em Pequim (1995), conseguiu que os governos dos países representados se comprometessem a fazer um balanço, a combater as violências contra as mulheres e a desenvolver estruturas de apoio às vítimas.

Lutas feministas obrigaram a mudar as leis. Assim, na França, foi revogado em 1975 o artigo 324 do Código Penal que inocentava o cônjuge do assassinato da esposa apanhada em flagrante delito de adultério no domicílio conjugal. A lei aprovada em 1980, que, pela primeira vez, dá ao estupro uma definição jurídica – a de um crime – não inclui o estupro conjugal, impossível de provar. Ora, as vítimas não têm de provar as violências sofridas? Além disso, as mudanças verificadas nas leis são acompanhadas de práticas que perpetuam o não reconhecimento das violências sofridas pelas mulheres. A pressão internacional relembra aos poderes públicos o seu compromisso de agir contra as violências feitas às mulheres (Fougeyrollas-Schwebel, Houel e Jaspard, 2000). Uma ampla pesquisa foi realizada na França.

Estima-se de forma geral que os atos de violência contra as mulheres são muito numerosos e ainda muito pouco denunciados. No entanto, na França, o número de queixas por estupro mais do que duplicou entre 1985 e 1995, mesmo estimando-se que apenas um em cada quatro estupros é denunciado. As violências conjugais continuam sendo ocultadas e a sua demonstração estatística é difícil porque elas aparecem sob diferentes rubricas (golpes e agressões, estupros, agressões sexuais, assassinatos etc.). Estimativas estatísticas anglo-saxãs indicam frequências diferentes (11% de mulheres nos Estados Unidos, 29% no Canadá), de acordo com o país. Além disso, a violência conjugal pode ser exercida durante a gravidez ou imediatamente após (Cubizolles-Saurel et al., 1998). Estima-se que há, na França, dois milhões de mulheres vítimas de espancamento.

De acordo com uma pesquisa realizada em 1994 com associações femininas e feministas para preparar a Conferência de Pequim (Laborie et al., 1994), as suas ações, embora dificultadas por obstáculos financeiros e jurídicos, possibilitaram, no entanto, dar voz às mulheres vitimadas, respeitaram suas denúncias de violência e a visibilização da extensão e da gravidade do problema. Uma dupla atitude persiste, no entanto, na esfera da Justiça, em sua recusa de levar a sério as denunciantes que têm dificuldade para estabelecer a prova da violência sofrida, e em sua indulgência para com os homens autores de violência.

A abordagem estatística global das violências conjugais ou aquela, mais detalhada, realizada pelas associações (Monnier, 1997) é, às vezes, criticada. Nadège Séverac (1997) acusa-a de não levar em conta o fenômeno e até mesmo de tornar impossível compreendê-lo. Isso só seria possível se fosse incluída "a questão embaraçosa do consentimento feminino", que possibilitaria entender porque tantas mulheres são espancadas.

As análises das violências exercidas na esfera doméstica são as que têm suscitado mais controvérsias. Segundo Daniel Welzer-Lang (1996), os autores que analisaram as publicações distinguem, além das análises feministas, três correntes teóricas. A corrente psicanalítica procura diferenças entre os homens agressores e os outros, em vez de examinar se a construção social da virilidade não permitiria evidenciar alguns pontos comuns entre eles. As teorias da aprendizagem social do masculino influenciaram bastante o tratamento terapêutico da violência masculina no Canadá e nos Estados Unidos. A corrente sociocultural finalmente demonstrou, após o movimento feminista, a importância da instituição familiar como lugar de violência e incluiu o peso das desigualdades sociais e das normas culturais. As feministas alegam que o fato de não levar em conta o sexo social da pessoa violenta tem por efeito fazer que todas as violências pareçam equivalentes.

Finalmente, reaparece nos trabalhos recentes uma crítica endereçada às feministas de terem constituído a violência da mulher em tabu. Linda Gordon (1992) já havia dito o mesmo a propósito das análises das violências familiares baseadas em estereótipos da violência masculina e da doçura feminina, que negam a violência das mulheres, principalmente em relação às crianças. Conduzidas por historiadoras, antropólogas e filósofas, esses trabalhos (Dauphin e Farge, 1997) mostram que, ao contrário da violência masculina, a violência das mulheres não é jamais aprendida, nem legitimada socialmente. Além disso, qualificam-se como "violentos" comportamentos, principalmente verbais, que seriam considerados triviais nos homens. No que diz respeito à participação ativa das mulheres nas rebeliões parisienses do século XVIII, Arlette Farge pergunta: em nome de que elas estariam ausentes quando a revolta cresce? Marie-Elizabeth Handman observa que, em duas aldeias gregas contemporâneas, a violência é exercida por ambos os sexos em modalidades e proporções diferentes, mas como escapar a ela enquanto for necessário fazer as meninas aceitarem o postulado da superioridade masculina e os meninos, a necessidade de perpetuar a ilusão contra todas as evidências"?

→ *Assédio sexual – Dominação – Movimentos feministas – Prostituição – Sexualidade*

► Bordeaux, Michèle; Hazo, Bernard; Lorvelles, Soizic. *Qualifié viol*, Paris, Librairie des Méridiens-Klincksieck, 1990, 232p.

Hanmer, Jalna. Violence et contrôle social, *Questions féministes*, nov. 1977, n.1, p.69-90.

Louis, Marie-Victoire. Le Nouveau Code pénal français, *Projets féministes*, out. 1994, n.3, p.40-69.

Monnier, Viviane. Violences conjugales, éléments statistiques, *Les cahiers de la sécurité intérieure*, 1997, n.28, p.69-73.

Nahoum-Grappe, Véronique. Guerre et différence des sexes: les viols systématiques (ex--Yougoslavie, 1991-1995), *in* Cécile Dauphin, Arlette Farge (Dir.). *De la violence et des femmes*, Paris, Albin Michel, 1997, p.159-84.

Welzer-Lang, Daniel. *Les hommes violents*, Paris, Indigo & Côté-femmes, 1996, 367p.

* Traduzido por Naira Pinheiro.

Referências bibliográficas

ADORNO, T. W.; HORKHEIMER, M. *La dialectique de la raison*. Paris: Gallimard, 1974. 281p.

AFFICHARD, J. (coord.). *Pour une histoire de la statistique*. Paris: INSEE/Economica, 1987. t.2, 969p.

AGUITTON, C.; CORCUFF, P. Mouvements sociaux et politique: entre anciens modèles et enjeux nouveaux. *Mouvements* n.3, p.8-18, 1999.

AKRICH, M.; LABORIE, F. (coords.). De la conception à l'enfantement. *Cahiers du Genre*, n.25, 1999, 204p.

__________. Comment décrire les objets techniques? *Techniques et culture*, p.49-63, janv.-juin 1987.

ALBERTS, B. et al., *Molecular Biology of the Cell*. New York: Garland Pub., 1989 [1983], 44p.

ANDERMAHR, S.; LOVELL, T.; WOLKOWITZ, C. *A Concise Glossary of Feminist Theory*. London/New York/Sydney/Auckland: Arnold, 1997. 287p.

ANDERSON, B. *Imagined Communities*: Reflections on the Origin and Spread of Nationalism. London: Verso, 1991. 224p.

ANTHIAS, F. YUVAL-DAVIS, N.; HARRIET, C. *Racialized Boundaries. Race, Nation, Gender, Colour and Class and the Anti-racist Struggle*. London/New York: Routledge, 1992. 226p.

APFELBAUM, E. Relations of Domination and Movements for Liberation: An Analysis of Power between Groups. In: WORCHEL, S.; AUSTIN, W. G. (eds.). *The Social Psychology of Intergroup Relations*. Monterey: Cole, 1979. p.188-204. [reproduzido em *Feminism and Psychology*, n.3, p.267-73, 1999.]

APPAY, B.; THÉBAUD-MONY, A. *Précarisation sociale, travail et santé*. Paris: IRESCO-CNRS, 1997. 580p. (Actions scientifiques fédératives de l'IRESCO)

ARENDT, H. *The Human Condition*. Chicago: University of Chicago Press, 1958. 333p. [trad. franc., *Condition de l'homme moderne*. Paris: Calmann-Lévy, 1961. reed. Agora: 1988. 368p.]

ARISTÓTELES. *La politique*. Paris: Vrin, 1987. 595p.

ASSISES POUR LE DROIT DES FEMMES. *En avant toutes*. Paris: Le Temps des cerises, 1998. 308p.

ATTIAS-DONFUT, C. (dir.). *Les solidarités entre générations*. Paris: Nathan, 1995. 352p. (Essais et recherches)

__________. *Sociologie des générations*. Paris: PUF, 1988. 249p.

AUSLANDER, L.; ZANCARINI-FOURNEL, M. (dirs.). *Différence des sexes et protection sociale (XIXe-XXe siècle)*. Saint-Denis: PUV, 1995. 232p.

AUZIAS, C.; HOUEL, A. *La grève des ovalistes, Lyon, juin-juillet 1869*. Paris: Payot, 1982. 182p.

AVFT. *De l'abus de pouvoir sexuel. Le harcèlement sexuel au travail*. Paris: La Découverte/Le Boréal, 1990. 255p.

BADINTER, E. *L'un est l'autre*: des relations entre hommes et femmes. Paris: Odile Jacob, 1986. 361p.

__________. *L'amour en plus. Histoire de l'amour maternel XVIIe-XXe siècle*. Paris, Flammarion: 1980. 372p.

BARRÈRE-MAURISSON, M.-A. *La division familiale du travail*. Paris: PUF, 1992. 251p.

BARRETT, M. *Women's Oppression today*: Problems in Marxist Feminist Analysis. London: Verso, 1980. 269p.

BARRY, K. *The Prostitution of Sexuality*. New York: University Press, 1995. 382p.

__________. *L'esclavage sexuel des femmes*. Paris: Stock, 1982. 424p. [ed. orig., *Female Sexual Slavery*, 1979]

BATTAGLIOLA, F. *La fin du mariage? Jeunes couples des années 80*. Paris: Syros, 1988. 142p.

__________; COMBES, D.; DAUNE-RICHARD, A.-M.; DEVREUX, A.-M.; FERRAND, M.; LANGEVIN, A. *À propos des rapports sociaux de sexe. Parcours épistémologiques*. Paris: CSU-CNRS, 1986. [reed. 1990, 252p.]

BAUDELOT, C.; ESTABLET, R. *Allez les filles!* Paris: Seuil, 1992. 351p.

BAUDOUX, C.;ZAIDMAN, C. *Égalité entre les sexes. Mixité et démocratie*. Paris: L'Harmattan, 1992. 302p.

BAWIN-LEGROS, B. *Familles, mariage, divorce*. Liège-Bruxelles: Pierre Mardaga, 1988. 213p.

BEAUVOIR, S. de. *Le deuxième sexe*. Paris: Gallimard, 1949. 2t. [t.1: *Les faits et les mythes*, 395p.; t.2: *L'expérience vécue*, 577p.]

BEBEL, A. *La femme et le socialisme*. Paris: Éd. du Globe, 1964. 543p. [ed. orig. em alemão, 1893]

BECKER, G. *The Economic Approach to Human Behaviour*. Chicago: University of Chicago Press, 1976. 286p.

BÉJIN, A. Crépuscule des psychanalystes, matin des sexologues. *Sexualités occidentales*, 1982a, n.35, p.159-77.

______. Le pouvoir des sexologues et la démocratie sexuelle. *Sexualités occidentales*, 1982b, n.35, p. 178-192.

BELOTTI, E. G. *Du côté des petites filles*. Paris: Des femmes, 1974. 261p.

BERNER, B. L'ingénieur ou le génie du mâle: masculinité et enseignement technique au tournant du XXe siècle. *Cahiers du GEDISST*, n.19, p.7-25, 1997.

BÉROUD, S.; MOURIAUX, R.; VAKALOULIS, M. *Le mouvement social en France*. Paris, La Dispute: 1998. 223p.

BERTAUX, D. BERTAUX-WIAME, I. Le patrimoine et sa lignée. *Récits de vie*, n.4, p.8-26, 1988.

BEVERIDGE, W. *Unemployment in London*. London: Toynbee Record, 1904. v.17, n.1, p.9-15.

BISILLIAT, J.; VERSCHUUR, C. *Cahiers Genre et développement*, n.1 (Le genre: un outil nécessaire), 2000. 264p.

______. (dir.). *Face aux changements, les femmes du Sud*. Paris: L'Harmattan, 1997. 367p.

______. (dir.). *Femmes du Sud, chefs de famille*. Paris: Karthala, 1996. 410p.

BLAYO, C. Régulation de la fécondité en Europe. *Entre nous. La revue européenne de planification familiale*, n.22-23, p.3-9, 1993.

BLEIER, R. (ed.). *Feminist Approaches to Science*. New York: Pergamon Press, 1986. 212p.

BLONDIAUX, L. *La fabrique de l'opinion. Une histoire sociale des sondages aux États-Unis et en France (1935-1965)*. Paris: Seuil, 1998. 601p. [Tese (Doutorado) – IEP, 1994]

BOCK, G.; JAMES, S. (eds.). *Beyond Equality and Difference*: Citizenship, Feminist Politics and Female Subjectivity. London/New York: Routledge, 1992. 210p.

BONNET, M.-J. *Les relations amoureuses entre femmes du XVIe au XXe siècle*. Paris: Odile Jacob, 1995. 416p. [1.ed., *Un choix sans équivoque*. Paris: Denoël-Gonthier, 1981.]

BORDEAUX, M.; HAZO, B.; LORVELLES, S. *Qualifié viol*. Paris: Librairie des Méridiens/Klincksieck, 1990. 232p.

BOSERUP, E. *La femme face au développement économique*. Paris: PUF, 1983 [1970]. 315p. (Sociologie d'aujourd'hui)

BOUDON, R.; BOURRICAUD, F. *Dictionnaire critique de la sociologie*. Paris: PUF, 1982. 714p.

BOUILLAGUET-BERNARD, P.; GAUVIN-AYEL, A.; OUTIN, J.-L. *Femmes au travail. Prospérité et crise*. Paris: Economica, 1981. 294p.

BOURDIEU, P. *La domination masculine*. Paris: Seuil, 1998. 146p.

______. L'opinion publique n'existe pas. In: ______. *Questions de sociologie*. Paris: Minuit, 1980. p.222-35.

______; PASSERON, J.-C. *Les Héritiers*. Paris: Minuit, 1964. 183p.

BOUVIER, J. *Mes mémoires. Une syndicaliste féministe, 1876-1935*. Paris: La Découverte/Maspero, 1983. 285p.

BOYER, R. (ed.). *La flexibilité du travail en Europe*. Paris: La Découverte, 1986. 330p.

BRAIDOTTI, R. Des organes sans corps. *Les Cahiers du GRIF*, n.36, p.7-32, 1987.

__________. U-topies, des non-lieux postmodernes. *Les Cahiers du GRIF*, n.30, 1985.

BRANDT, A. *No Magic Bullet: A Social History of Venereal Disease in the United States since 1880*. New York: Oxford University Press, 1985. 245p.

BRAVERMAN, H. *Travail et capitalisme monopoliste. La dégradation du travail au XXe siècle*. Paris: Maspero, 1976. 360p.

BRENNER, J. Rethinking Women's Oppression. *New Left Review*, n.144, p.33-71, 1984.

BRITTAN, A.; MAYNARD, M. *Sexism, Racism and Oppression*. Oxford: Basil Blackwell, 1984. 236p.

BRUBAKER, R. *Nationalism Reframed. Nationhood and the National Question in the New Europe*. Cambridge: Cambridge University Press, 1996. 202p.

BUIJS, G. *Migrant Women, Crossing Boundaries and Changing Identities*. s. l.: Center for Cross-Cultural Research on Women/Queen Elizabeth House/University of Oxford, 1998. 225p.

BURSTYN, V. Masculine Dominance and the State. *Social Register*, 1983.

BUTLER, J.; SCOTT, J. W. (eds.). *Feminists Theorize the Political*. New York: Routledge, 1992. 485p.

__________. *Gender Trouble: Feminism and the Subversion of Identity*. London: Routledge, 1990. 172p.

CACOUAULT, M. Prof... c'est bien pour une femme. *Le Mouvement social*, n.140, p.107-19, juil.-sept., 1987.

CACOUAULT-BITAUD, M. Égalité formelle et différenciation des carrières entre hommes et femmes chez les enseignants du second degré. *La Revue de l'IRES*, n.29, p.95-129, hiver 1999.

Cahiers de l'APRE, n.5 "Rapports intrafamiliaux et rapports sociaux de sexe". CNRS-PIRTTEM, 1986. 59p.

Cahiers du CEDREF, n.8/9 "Femmes en migration", 2000.

Cahiers du GEDISST, n.17 "Principes et enjeux de la parité", 1996. 96p.

CALLON, M. (dir.). *La science et ses réseaux. Genèse et circulation des faits scientifiques*. Paris: La Découverte/Conseil de l'Europe, 1989. 214p. (Textes à l'appui)

CANEL, A.; ZACHMANN, K. (eds.). Gaining Access, crossing Boundaries: Women in Engineering in a Comparative Perspective. *History and Technology*, v.14, n.1-2, 1997.

CARON, A. (ed.). *Femmes et pouvoir dans l'Église*. Montréal: VLB, 1991. 254p.

CASTEL, R. *Les métamorphoses de la question sociale: une chronique du salariat*. Paris: Fayard, 1995. 490p.

CASTELLS, M. *Le pouvoir de l'identité*. Paris: Fayard, 1999. 538p.

CAUSSE, M. *Contre le sexage*. Paris: Balland, 2000.

CAVARERO, A. Il modello democratico nell'orizzonte della differenza sessuale, *Democrazia e diritto*, n.2, 238p, 1990.

CENTRE LYONNAIS D'ÉTUDES FÉMINISTES (CLEF). *Chronique d'une passion. Le mouvement de libération des femmes à Lyon*. Paris: L'Harmattan, 1989. 272p.

CHABAUD, D. Problématiques de sexes dans les recherches sur le travail et la famille. *Sociologie du travail*, n.3, p.346-58, 1984.

CHABAUD-RYCHTER, D. (coord.). Genre et techniques domestiques. *Cahiers du GEDISST*, n.20, 162p, 1997.

__________. Women Users in the Design Process of a Food Robot: Innovation in a French Domestic Appliance Company. In: COCKBURN, C.; FÜRST-DILIC, R. (eds.). *Bringing Technology Home*. Buckingham: Open University Press, 1994. p.77-93.

__________; FOUGEYROLLAS-SCHWEBEL, D.; SONTHONNAX, F. *Espace et temps du travail domestique*. Paris: La Librairie des Méridiens/Klincksieck, 1985. 156p. (Réponses sociologiques)

CHABOT, J. *Le syndicalisme féminin chrétien en France de 1899 à 1970*. 1998. Tese (Doutorado) – Université de Paris VIII.

CHADEAU, A.; FOUQUET, A. Peut-on mesurer le travail domestique? *Économie et statistique*, n.136, p.29-42, 1981.

CHAMPAGNE, P. *Faire l'opinion, le nouveau jeu politique*. Paris: Minuit, 1990. 312p.

CHAREST, D. Madonna ou les boucles. In: DION, M. (ed.). *Madonna*. Érotisme et pouvoir. Paris: Kimé, 1994. p.41-53.

CHARLIER, S.; RYCKMAN, H.; CORAL, N. *Rapports de genre et mondialisation des marchés*. Paris: L'Harmattan, 1999. 183p.

CHAZEL, F. Mouvements sociaux. In: BOUDON, R. (dir.). *Traité de sociologie*. Paris, PUF, 1992. p.263-312.

CHENU, A. La descriptibilité statistique des professions. *Sociétés contemporaines*, n.26, p.109-34, 1997.

CHOQUET, C.; DOLLFUS, O.; LE ROY, E.; VERNIÈRES, M. (dirs.). *État des savoirs sur le développement*. Paris: Karthala, 1993. 229p.

CIXOUS, H.; CLÉMENT, C. *La jeune née*. Paris: Union générale d'éditions, 1975, 296p. (Série Féminin futur)

COCKBURN, C. Les relations internationales ont un genre. Le dialogue social en Europe. *Travail, Genre et Sociétés*, n.2, p.113-39, 1999.

__________. *The Space between us*: Negotiating Gender and National Identities in Conflict. London/New York: Zed Books, 1998. 247p.

__________; ORMROD, S. *Gender and Technology in the Making*. London: Thousand Oaks; New Delhi: Sage, 1993. 185p.

__________. *Brothers. Male Dominance and Technological Change*. London: Pluto Press, 1983. 264p.

CODRIGNANI, G. *Molestie sessuali e "in"certezza del diritto*. Milano: Franco Angeli, 1996. 155p.

COHEN, Y.; THÉBAUD, F. (eds.). *Féminisme et identités nationales. Les processus d'intégration des femmes en politique*. Lyon: CNRS, 1998. 306p. (Programme pluriannuel en sciences humaines Rhône-Alpes)

COLIN, M. *Ce n'est pas d'aujourd'hui... femmes, syndicats, lutte des classes*. Paris: Éd. Sociales, 1975. 248p.

COLLECTIF. *Actes du Colloque international de psychodynamique et psychopathologie du travail*. Paris: CNAM, 1997. t.1, 302p.

__________. *Évolution des formes d'emploi*. Paris: La Documentation française, 1989. 280p. [Actes du Colloque de la revue *Travail et emploi*, 3-4 nov. 1988].

__________. *Le sexe du travail. Structures familiales et système productif*. Grenoble: PUG, 1984. 320p.

__________. *Home Girls*: A Black Feminist Anthology. New York: Kitchen Table/ Women of Color Press, 1983. 377p.

COLLIN, F. *Le différend des sexes*. Paris: Pleins feux, 1999. 76p.

__________. La Madonna connection. In: DION, M. (ed.). *Madonna. Érotisme et pouvoir*. Paris: Kimé, 1994. p.34-40.

__________. Le sujet et l'auteur ou lire "l'autre femme". *Cahiers du CEDREF*, n.2, p.9-20, 1990.

__________. Du privé et du public. *Cahiers du GRIF*, n.33, p.47-67, 1986a.

__________. Héritage sans testament. *Cahiers du GRIF*, n.34, p.81-92, 1986b.

COLLIN, J. Les femmes dans la profession pharmaceutique au Québec: rupture ou continuité? *Recherches féministes*, v.5, n.2, p.31-56, 1992.

COMBES, D.; DEVREUX, A.-M. Les droits et les devoirs parentaux ou l'appropriation des enfants. *Recherches féministes*, v.7, n.1, p.43-58, 1994.

__________. Oppression des femmes et solidarités de couple. *Les Temps modernes*, n.513, p.95-102, 1989.

COMMAILLE, J.; MARTIN, C. *Les enjeux politiques de la famille*. Paris: Bayard Éditions, 1998. 199p.

__________. *Les stratégies des femmes. Travail, famille et politique*. Paris: La Découverte, 1993. 188p. (Textes à l'appui/Série sociologie)

CONCIALDI, P.; PONTHIEUX, S. L'emploi à bas salaire: les femmes d'abord. *Travail, Genre et Sociétés*, n.1, p.23-43, 1999.

CONSEIL DU STATUT DE LA FEMME (CSF). *Sortir la maternité du laboratoire*. Québec: Bibliothèque nationale du Québec, 1988. 423p.

CORBIN, A. *Les filles de noce: misère sexuelle et prostitution, XIXe et XXe siècles*. Paris, Aubier-Montaigne, 1978, 571p. (Coll. historique) [reed. Flammarion, 1982. 494p. (Champs)]

COREA, G. (ed.). *Man made Women. How New Reproductive Technologies affect Women*. Bloomington: Indiana University Press, 1987. 109p.

__________. *The Mother Machine. From Artificial Insemination to Artificial Wombs*. New York: Harper & Row, 1985. 374p.

CORIAT, B. *L'atelier et le robot*. Paris: Christian Bourgois, 1990. 302p.

COTTEREAU, A. Usure au travail. Destins masculins et destins féminins dans les cultures ouvrières, en France, au XIXe siècle. *Le mouvement social*, n.124, p.71-112, juil.-sept. 1983.

COULANGES, F. de. *La Cité antique*. Paris: Hachette, 1864. 525p.

COVA, A. Les féministes du passé et l'apologie de la maternité. *Panoramiques*, n.40, p.14-7, 1999.

CROMER, S. *Le harcèlement sexuel. La levée du tabou, 1985-1990*. Paris: La Documentation française, 1994. 228p.

DADOY, M. Le retour au métier. *Revue française des affaires sociales*, n.4, p.69-104, 1984.

DALY, M. *Beyond God the Father*: Toward a Philosophy of Women's Liberation. Boston: Beacon Press, 1973. 225p.

DAUNE-RICHARD, A.-M.; DEVREUX, A.-M. Rapports sociaux de sexe et conceptualisation sociologique. *Recherches féministes*, v.5, n.2, p.7-30, 1992.

__________. Gender Relations and Female Labor: A Consideration of Sociological Categories. In: JENSON, J. et al. (eds.). *Feminization of the Labour Force. Paradoxes and Promises*. New York: Oxford University Press, 1988. p.260-75.

DAUPHIN, C.; FARGE, A. (dir.). *De la violence et des femmes*. Paris: Albin Michel, 1997. p.159-84.

__________. et al. Culture et pouvoir des femmes. Essai d'historiographie. *Annales*, n.2, p.271-93, mars-avril 1986.

DE GOUGES, O. Déclaration des droits de la femme et de la citoyenne (1791). In: __________. *Écrits politiques 1788-1791*. Paris: Côté-femmes, 1993. p.204-15.

DECOUFLÉ, A.-C.; MARUANI, M. Pour une sociologie de l'emploi. *Revue française des affaires sociales*, n.3, p.7-27, 1987.

DEJOURS, C. Adolescence: le masculin entre sexualité et société. *Adolescence*, n.6, p.89-116, 1988.

DEL RE, A. Reproducción social y reproducción biológica en la Italia del fin de milenio. *Papers*, n.53, p.25-36, 1997.

__________; HEINEN, J. (eds.). *Quelle citoyenneté pour les femmes? La crise des États-providence et de la représentation politique en Europe*. Paris: L'Harmattan, 1996. 320p.

DELPHY, C. *L'ennemi principal*. 2: Penser le genre. Paris: Syllepse, 2001. 389p. (Nouvelles questions féministes)

__________. *L'ennemi principal*. 1: Économie politique du patriarcat. Paris: Syllepse, 1998. 293p. (Nouvelles questions féministes) [reedição de artigos publicados depuis 1970]

__________. Égalité, équivalence et équité: la position de l'État français au regard du droit international, *Nouvelles questions féministes*, 1995, v.16, n.1, p.5-58.

__________. Libération des femmes ou droits corporatistes des mères? *Nouvelles questions féministes*, n.16-17-18, p.93-118, 1991a. [republicado em __________. *L'ennemi principal*. 2: Penser le genre. Paris: Syllepse, 2001. p.91-119]

__________. Penser le genre: quels problèmes? In: HURTIG, M.-C.; KAIL, M.; ROUCH, H. (eds.). *Sexe et genre. De la hiérarchie entre les sexes*. Paris: Éditions du CNRS, 1991b. p.89-101.

__________; KERGOAT, D. Études et recherches féministes et sur les femmes en sociologie. *Femmes, féminisme et recherches*. Toulouse: AFFER, 1984. p.894. [Actes du colloque national de Toulouse, déc. 1982]

__________. *Les femmes dans les études de stratification* [1977]. [reed. em __________. *L'ennemi principal*. 1: Économie politique du patriarcat. Paris: Syllepse, 1998.]

Democrazia e Diritto, n.2, 317p., 1993.

DERRIDA, J. *Points de suspension: entretiens*. Paris: Galilée, 1992. 419p. (La philosophie en effet)

DESCOLONGES, M. *Qu'est-ce qu'un métier?* Paris: PUF, 1996. 259p.

DESROSIÈRES, A. *La politique des grands nombres. Histoire de la raison statistique*. Paris: La Découverte, 1993. 437p.

__________; THÉVENOT, L. *Les catégories socioprofessionnelles*. Paris: La Découverte, 1988. 128p. (Repères)

DEVREUS, A.-M. Sociologie "généraliste" et sociologie féministe: les rapports sociaux de sexe dans le champ professionnel de la sociologie. *Nouvelles questions féministes*, v.16, n.1, p.83-110, 1995.

DHAVERNAS, M.-J. Bioéthique, avancées scientifiques et reculs politiques. *Futur antérieur*, n.3, p.63-75, 1990.

DHAVERNAS, O. *Droits des femmes, pouvoir des hommes*. Paris: Seuil, 1978. 389p.

DIETZ, M. Context is All. Feminism and Theories of Citizenship. In: PHILLIPS, A. (ed.). *Feminism and Politics*. Oxford: Oxford University Press, 1998. p.78-100.

DONIOL-SHAW, G. et al. *Les plans d'égalité professionnelle*. Paris: La Documentation française, 1989. 190p.

DROGUS, C. A. *Women, Religion and Social Change in Brazil's Popular Church*. Notre Dame: University of Notre Dame Press, 1997. 226p.

DU TERTRE, C. *Technologie, flexibilité, emploi*. Paris: L'Harmattan, 1989. 333p.

DUBAR, C.; TRIPIER, P. *Sociologie des professions*. Paris, Armand Colin, 1998. 256p.

DUBESSET, M.; ZANCARINI-FOURNEL, M. *Parcours de femmes, réalités et représentation, Saint-Étienne 1880-1950*. Lyon: PUL, 1993. 270p.

DUBY, G.; PERROT, M. *Femmes et histoire*. Paris: Plon, 1993. 197p.

______; PERROT, M. (dirs.). *Histoire des femmes en Occident. De l'Antiquité à nos jours*. Paris: Plon, 1991-1992. 5v. [dirigidos por SCHMITT-PANTEL, P. (1. *L'Antiquité*, 591p.), KLAPISCH-ZUBER, C. (2. *Le Moyen Âge*, 576p.), FARGE, A.; ZÉMON-DAVIS, N. (3. *L'époque moderne*, 571p.), FRAISSE, G.; PERROT, M. (4. *Le XIXe siècle*, 640p.), THÉBAUD, F. (5. *Le XXe siècle*, 661p.)]

______. *Le chevalier, la femme et le prêtre*: le mariage dans la France féodale. Paris: Club français du livre, 1981. 311p.

DUMONTIER, F.; PAN KÉ SHON, J.-L. En 13 ans, moins de temps contraints et plus de loisir, *INSEE-Première*, n.675, 4p, 1999.

DUPIN, E. *Oui, non, sans opinion. 50 ans de sondages IFOP*. Paris: InterÉditions, 1990. 319p.

DUPOIRIER, E.; PARODI, J.-L. (dirs.). *Les indicateurs sociopolitiques aujourd'hui*. Paris: L'Harmattan, 1997. 364p. (Logiques politiques)

DURAND-DELVIGNE, A.; DURUT-BELLAT, M. Mixité scolaire et construction du genre. In: MARUANI, M. (ed.). *Les nouvelles frontières de l'inégalité. Hommes et femmes sur le marché du travail*. Paris, Mage/La Découverte, 1998. p.83-92. (Recherches)

______. Jeu du soi et du genre: les effets structurels de la coéducation. *Les Cahiers du Mage*, n.1, p.9-16, 1995.

DURIEZ, B.; ION, J.; PINÇON, M.; PINÇON-CHARLOT, M. Institutions statistiques et nomenclatures socioprofessionnelles. Essai comparatif: Royaume-Uni, Espagne, France. *Revue française de sociologie*, v.XXXII, n.1, p.29-59, janv.-mars 1991.

DURKHEIM, E. *Éducation et sociologie*. Paris: PUF, 1977 [1922]. 130p. (Le Sociologue)

______. *Les formes élémentaires de la vie religieuse*. Paris: Librairie Félix Alcan, 1912. 647p.

DUROUX, F. Des passions et de la compétence politique. *Les Cahiers du GRIF*, n.46 (Provenances de la pensée, Femmes/Philosophie), p.103-24, 1992.

DURU-BELLAT, M. Note de synthèse: filles et garçons à l'école, approches psychologiques et psychosociales. 2. La construction sociale de la différence entre les sexes. *Revue française de pédagogie*, n.110, p.75-111, 1995.

______. Note de synthèse: filles et garçons à l'école, approches psychologiques et psychosociales. 1. Des scolarités sexuées, reflet de différences d'aptitudes ou de différences d'attitudes? *Revue française de pédagogie*, n.109, p.111-43, 1994a.

______. La "découverte" de la variable sexe et ses implications théoriques dans la sociologie de l'éducation française contemporaine. *Nouvelles questions féministes*, v.15, n.1, p.35-68, 1994b.

DUTHEIL, C.; LOISEAU, D. Petite contribution à la question des femmes dans l'analyse sociologique. *Utinam*, n.24, p.149-72, 1997.

EISENSTEIN, Z. *Capitalist Patriarchy and the Case for Socialist Feminism*. New York/London: Monthly Review Press, 1979. 394p.

ELBAUM, M. Les petits boulots. Plus d'un million d'actifs en 1987. *Économie et statistiques*, n.205, p.49-58, 1987.

ELSHTAIN, J. *Public Man, Private Woman*: Women in Social and Political Thought. Princeton: Princeton University Press, 1981. 378p.

ÈME, B.; LAVILLE, J.-L. *Les petits boulots en question*. Paris: Syros, 1988, 231p. (Alternative)

ENGELS, F. *L'origine de la famille, de la propriété privée et de l'État*. Paris: Éd. Sociales, 1974 [1884]. p.15-191.

EPHESIA. *La place des femmes. Les enjeux de l'identité et de l'égalité au regard des sciences sociales*. Paris: La Découverte, 1995. 740p. (Recherches)

ERBÈS-SEGUIN, S. (dir.). *L'emploi*: dissonances et défis. Paris: L'Harmattan, 1994. 327p. (Logiques sociales)

ERICKSON, V. L. *Where Silence speaks. Feminism, Social Theory and Religion*. Minneapolis: Fortress Press, 1993. 219p.

ESPING-ANDERSEN, G. *Welfare States in Transition. National Adaptations in Global Economies*. London: Sage, 1996. 276p.

FADERMANN, L. *Surpassing the Love of Men*. New York: William Morrow & Co., 1981. 496p.

FARLEY, L. *Sexual Shakedown*. New York: McGraw-Hill, 1978. 228p.

FAUCHEUX, H.; NEYREY, G. *Évolution de la pertinence des catégories socio-professionnelles (CSP)*. Rapport de l'Inspection générale de l'INSEE, 142p., mars 1999.

FIRESTONE, S. *The Dialectic of Sex: The Case for Feminist Revolution*. New York: Morrow, 1970. 274p.

FLIPO, A.; HOURRIEZ, J.-M. Recourir à une femme de ménage. *INSEE-Première*, n.411, 4p., 1995.

FONTAINE, J.-M. *Mécanismes et politiques de développement économique. Du "big push" à l'ajustement structurel*. Paris: Cujas, 1994. 189p.

FOREST, L. L'école primaire "mixte": une école pour les filles, une école pour les garçons. In: BAUDOUX, C.; ZAIDMAN, C. (eds.). *Égalité entre les sexes. Mixité et démocratie*. Paris: L'Harmattan, 1992. p.41-62.

FORTÉ, M.; NISS, M.; REBEUH, M.-C.; TRAUTMANN, J.; TRIBY, E. De la division sexuée au partage du travail? *Travail et emploi*, n.74, p.51-62, 1998.

FORTINO, S. De la ségrégation sexuelle des postes à la mixité au travail: étude d'un processus. *Sociologie du travail*, n.4, v.41, p.363-84, 1999.

________. Le "plaisir", au cœur des pratiques et stratégies professionnelles féminines? *Cahiers du GEDISST*, n.14, p.127-47, 1995.

FOUCAULT, M. Deux essais sur le sujet et le pouvoir. In: DREYFUS, H.; RABINOW, P. *Michel Foucault, un parcours philosophique*. Paris: Gallimard, 1984. 366p.

______. *La volonté de savoir*. Paris: Gallimard, 1976. 211p.

FOUGEYROLLAS-SCHWEBEL, D.; HOUEL, A.; JASPARD, M. Approche quantitative des violences envers les femmes au travail, quelles analyses privilégier. *Travailler*, n.4, p.139-54, 2000.

______. De la réclusion au cloisonnement. Travail domestique et salariat. In: DEFALVARD, H.; GUIENNE, V. *Le partage du travail. Bilan et perspectives*. Paris: Desclée de Brouwer, 1998. p.157-68.

______. Le féminisme des années 1970. In: FAURÉ, C. (ed.). *Encyclopédie politique et historique des femmes*. Paris: PUF, 1997, p.729-70.

______; JASPARD, M. Critique féministe des statistiques. Jalons pour une confrontation européenne. *Cahiers du GRIF*, n.45, p.137-47, 1990.

FOUQUE, A. *Il y a deux sexes: essai de féminologie, 1989-1995*. Paris: Gallimard, 1995. 277p. (Le Débat)

FOUQUET, A.; RACK, C. Les femmes et les politiques d'emploi. *Travail, Genre et Sociétés*, n.2, p.47-71, 1999.

FOUQUET, C.; KNIBIELHER, Y. *Histoire des mères*. Paris: Montalba, 1977. (Pluriel) [reed. Paris: Hachette, 1982. 359p. (Pluriel)]

FOX KELLER, E. *Refiguring Life*: Metaphors of Twentieth Century Biology. New York: Columbia University Press, 1995. 134p.

______. Gender and Science: An Update. In: FOX KELLER, E. *Secrets of Life, Secrets of Death. Essays on Language, Gender and Science*. New York/London: Routledge, 1992. p.15-36.

FRAISSE, G. *Les femmes et leur histoire*. Paris: Gallimard, 1998. 614p. (Folio)

______. *La raison des femmes*. Paris: Plon, 1992. 294p.

FREEMAN, J. *The Politics of Women's Liberation. A Case Study of an Emerging Social Movement and its Relation to the Policy Process*. New York/London: David McKay, 1975. 268p.

GADREY, J.; GADREY, N. *La gestion des ressources humaines dans les services et le commerce. Flexibilité, diversité, compétitivité*. Paris: L'Harmattan, 1991. 223p.

GARDEY, D.; LÖWY, I. (dir.). *L'invention du naturel: les sciences et la fabrication du féminin et du masculin*. Paris: Éd. des Archives contemporaines, 2000. 228p.

______. Mécaniser l'écriture et photographier la parole. Utopies, monde du bureau et histoires de genre et de techniques. *Annales, histoire, sciences sociales*, n.3, p.587-614, mai-juin 1999.

______. Perspectives historiques. In: MARUANI, M. (dir). *Les nouvelles frontières de l'inégalité. Hommes et femmes sur le marché du travail*. Paris: Mage/La Découverte, 1998, p.23-38. (Recherches)

GASPARD, F.; KHOSROKHAVAR, F. *Le foulard et la République*. Paris: La Découverte, 1995. 213p.

__________; SERVAN-SCHREIBER, C.; LE GALL, A. *Au pouvoir citoyennes! Liberté, égalité, parité*. Paris: Seuil, 1992. 184p.

GAUTIER, A.; HEINEN, J. (eds.). *Le sexe des politiques sociales*. Paris: Côté-femmes, 1993. 188p.

GAUVIN, A. Le surchômage féminin à la lumière des comparaisons internationales. In: MARUANI, M. (dir.). *Les nouvelles frontières de l'inégalité. Hommes et femmes sur le marché du travail*. Paris, Mage/La Découverte, 1998. p.201-12. (Recherches)

GENDER AND BIOLOGY STUDY GROUP. The Importance of Feminist Critique for Contemporary Cell Biology. In: TUANA, N. *Feminism and Science*. Bloomington: Indiana University Press, 1989. p.172-87.

GILLIGAN, C. *In a Different Voice*. Cambridge: Harvard University Press, 1982. 184p. [trad. franc., *Une si grande différence*. Flammarion, 1986. 269p.]

GODELIER, M. *L'idéel et le matériel*. Paris: Fayard, 1984. 348p.

__________. *La production des grands hommes: pouvoir et domination masculine chez les Baruya de Nouvelle-Guinée*. Paris: Fayard, 1982. 370p. [reed., Fayard, 1996. 389p.]

__________. Pouvoir et langage. Réflexions sur les paradigmes et les paradoxes de la "légitimité" des rapports de domination et d'oppression. *Communications*, v.28, p.21-9, 1978.

GORDON, L. Violence par inceste, États-Unis XIXe siècle. *Projets féministes*, n.1, p.68-79, 1992.

__________. (ed.). *Women, the State and Welfare*. Madison: The University of Wisconsin Press, 1990. 312p.

GOTMAN, A. *Hériter*. Paris: PUF, 1988, 246p. (Économie et liberté)

GRANOFF, W. *La pensée et le féminin*. Paris: Minuit, 1976. 470p.

GREEN, S. *Urban Amazons. Lesbian Feminism and beyond in the Gender, Sexuality and Identity Battles of London*. London: Mac Millan, 1997. 234p.

GRISENDI, A. *Giù le mani*. Milano: Mondadori, 1992. 223p.

GROSS, R. *Feminism and Religion. An Introduction*. Boston: Beacon Press, 1996. 279p.

GROUPE DU 6 NOVEMBRE. *Warriors/Guerrières*. Paris: Nomades' Langues Éditions, 2001. 125p.

GUICHAOUA, A.; GOUSSAULT, Y. *Sciences sociales et développement*. Paris, Armand Colin, 1993. 190p. (Cursus)

GUIHO-BAILLY, M.-P.; DONIOL-SHAW, G. Emploi, conditions de travail et santé des employées dans les services. *Les Cahiers du Mage*, n.4, p.15-33, 1996.

GUILBERT, M. *Les femmes dans l'organisation syndicale avant la guerre de 1914*. Paris: Éd. du CNRS, 1966. 507p.

GUILLAUMIN, C. *Sexe, race et pratique de pouvoir. L'idée de Nature*. Paris: Côté-femmes, 1992, 241p. (Recherches) [textos de 1977 a 1992]

__________. Pratique de pouvoir et idée de nature: 1. L'appropriation des femmes. *Questions féministes*, n.2, p.5-30, fév. 1978a. [reproduzido em __________. *Sexe, race et pratique de pouvoir. L'idée de Nature*. Paris: Côté-femmes, 1992.]

__________. Pratique de pouvoir et idée de nature: 2. Le discours de la nature. *Questions féministes*, n.3, p.5-28, mai 1978b. [reproduzido em __________. *Sexe, race et pratique de pouvoir. L'idée de Nature*. Paris: Côté-femmes, 1992.]

HABERMAS, J. *Théorie de l'agir communicationnel*. Paris: Fayard, 1987 [1981], 2t. (t.I, 448p.; t.II, 477p.)

HAICAULT, M. La gestion ordinaire de la vie en deux. *Sociologie du travail*, n.3, p.268-77, 1984.

HALL, S. Gramsci's Relevance for the Study of Race and Ethnicity. *Journal of Communication Inquiry*, v.10, n.2, p.5-27, 1986.

HANDMAN, M.-E. L'enfer et le paradis? Violence et tyrannie douce en Grèce contemporaine. In: DAUPHIN, C.; FARGE, A. (dirs.). *De la violence et des femmes*. Paris: Albin Michel, 1997. p.159-84.

HANMER, J. Violence et contrôle social. *Questions féministes*, n.1, p.69-90, nov. 1977.

HARAWAY, D. Modest Witness: Feminist Diffractions in Science Studies. In: GALISON, P.; STUMP, D. J. (eds.). *The Disunity of Science: Boundaries, Contexts and Power*. Stanford: Stanford University Press, 1996 p.428-525.

__________. Situated Knowledges: The Science Question in Feminism and the Privilege of Partial Perspective. *Feminists Studies*, 14 (3), p.575-99, 1988.

HARDEN CHENUT, H. Changements techniques et métiers à maille: la division sexuelle des techniques dans la bonneterie troyenne, 1860-1939. In: CHABAUD-RYCHTER, D.; DONIOL-SHAW, G.; HARDEN CHENUT, H. *Division sexuelle des techniques et qualification*. Rapport de recherche CNRS-PIRTTEM-GEDISST, p.55-74, 1987.

HARDING, S. Rethinking Standpoint Epistemology: What is "Strong Objectivity". In: FOX KELLER, E.; LONGINO, H. (eds.). *Feminism and Science*. New York: Oxford University Press, 1996. p.235-48.

HARTMANN, H. The Unhappy Marriage of Marxism and Feminism. In: SARGENT, L. (ed.). *Women and Revolution, a Discussion of the Unhappy Marriage of Marxism and Feminism*. Boston: South End Press, 1981. p.1-41.

HAUT COMITÉ À LA SANTÉ PUBLIQUE. *Précarité, santé*. Paris: La Documentation française, 1998. 349p.

HEINEN, J.; TRAT, J. (coords.). Hommes et femmes dans le mouvement social. *Cahiers du GEDISST*, n.18, 187p, 1997.

__________; MATUCHNIAK-KRASUSKA, A. *L'avortement en Pologne*: la croix et la bannière. Paris: L'Harmattan, 1992. 240p.

HERDT, G. (ed.). *Third Sex, Third Gender. Beyond Sexual Dimorphism in Culture and History*. New York: Zone Books, 1994. 614p.

HÉRITIER, F. *Masculin/féminin. La pensée de la différence*. Paris: Odile Jacob, 1996. 332p. [textos de 1978 a 1993]

HÉRITIER-AUGÉ, F. Le sang du guerrier et le sang des femmes. Notes anthropologiques sur le rapport des sexes. *Les Cahiers du GRIF*, p.7-21, 1984.

HESSE-BIBER, S. J.; BURSTEIN, I. The Second Sex: Women's Place in Polling Language. *Qualitative Sociology*, v.4 (2), p.126-44, Summer 1981.

HETZEL, A.-M.; LEFÈVRE, J.; MOURIAUX, R.; TOURNIER, M. *Le syndicalisme à mots découverts. Dictionnaire des fréquences (1971-1990)*. Paris: Syllepse, ANO?. 350p.

HIRATA, H.; KERGOAT, D. La division sexuelle du travail revisitée. In: MARUANI, M. (dir.). *Les nouvelles frontières de l'inégalité. Hommes et femmes sur le marché du travail*. Paris: La Découverte, 1998. p.93-104.

__________; LE DOARÉ, H. (coord.). Les paradoxes de la mondialisation. *Cahiers du GEDISST*, n.21, 188p., 1998.

__________; SENOTIER, D. (dir.). *Femmes et partage du travail*. Paris: Syros, 1996. 281p. (Alternatives sociologiques)

__________. Division sexuelle et internationale du travail. In: *Paradigmes du travail*. Paris: L'Harmattan, 1993. v.2, p.27-35. (Futur antérieur)

__________; KERGOAT, D. La classe ouvrière a deux sexes, dans le dossier "Y a-t-il encore des classes sociales?". *Politis, la revue*, n.4, p.55-8, 1993.

__________; KERGOAT, D. Rapports sociaux de sexe et psychopathologie du travail. In: DEJOURS, C. (dir.). *Plaisir et souffrance dans le travail*. t.II. Paris: AOCIP, 1988. p.131-63.

HOUDEBINE-GRAVAUD, A.-M. Femmes/langue/féminisation: une expérience de politique linguistique en France. *Nouvelles questions féministes*, v.20, n.1, p.23-52, 1999.

HRDY, S. B. *Des guenons et des femmes. Essai de sociobiologie*. Paris: Tierce, 1984. 308p. [ed. orig. nos Estados Unidos, 1981]

HUET, M. Le travail des femmes dans les sondages d'opinion: un questionnement sous influence. In: *La mixité du travail, une stratégie pour l'entreprise*. Paris: La Documentation française, 1987. p.46-50. (Cahiers "Entreprises")

__________. La progression de l'activité féminine est-elle irréversible? *Économie et statistique*, n.145, p.3-17, 1982.

HUNT, L. (ed.). *The Invention of Pornography*. New York: Zone Books, 1996. 411p.

HURTADO, A. *The Color of Privilege. Three Blasphemies on Race and Feminism*. Ann Arbor: University of Michigan Press, 1996. 203p.

HURTIG, M.-C.; PICHEVIN, M.-F. Catégorisation de sexe et perception d'autrui. In: HURTIG, M.-C.; KAIL, M.; ROUCH, H. (eds.). *Sexe et genre. De la hiérarchie entre les sexes*. Paris: Éd. du CNRS, p.169-80, 1991.

______; PICHEVIN, M.-F. (eds.). *La Différence des sexes. Questions de psychologie*. Paris: Tierce, 1986. 356p. (Sciences)

IMBERT, F.; FERRAND, M.; MARRY, C. *L'excellence scolaire: une affaire de famille. Le cas des normaliennes et normaliens scientifiques*. Paris: L'Harmattan, 2000. 210p.

IRIGARAY, L. *Le temps de la différence*. Paris: Librairie générale française, 1989. 123p. (Le Livre de poche)

______. *Speculum de l'autre femme*. Paris: Minuit, 1974. 473p. (Critique)

JACOBY, E. E. "Le sexe, catégorie sociale", Masculin-féminin. *Actes de la recherche en sciences sociales*, n.84, p.16-27, 1990.

JARDINE, A. *Gynesis*: configurations de la femme et de la modernité. Paris: PUF, 1991. 329p. (Perspectives critiques)

JASPARD, M. *La sexualité en France*. Paris: La Découverte, 1997. 124p.

JENNY, J. Rapports sociaux de sexe et autres rapports de domination sociale: pour une intégration des rapports sociaux fondamentaux. *Cahiers du GEDISST*, n.13, p.109-30, 1995.

JENSON, J.; SINEAU, M. (eds.). *Qui doit garder le jeune enfant? Modes d'accueil et travail des mères dans l'Europe en crise*. Paris: LGDJ, 1998. 303p.

______. La citoyenneté à part entière. Peut-elle exister? In: DEL RE, A.; HEINEN, J. (eds.). *Quelle citoyenneté pour les femmes? La crise des États-providence et de la représentation politique en Europe*. Paris: L'Harmattan, 1996. p.25-46.

______. The Talents of Women, the Skills of Men: Flexible Specialization and Women. In: WOOD, S. (ed.). *The Transformation of Work?* London: Unwin Hyman, 1989. p.141-55.

______. Gender and reproduction: Or Babies and the State. *Studies in Political Economy*, n.20, p.9-45, 1986.

JETIN, B. La flexibilité du travail en Corée du Sud. *Revue Tiers Monde*, n.154, p.403-50, 1998.

JOEKES, S. *Women in the World Economy*: An INSTRAW Study. New York/Oxford: Oxford University Press, 1987. 161p.

JOIN-LAMBERT, M.-T. et al. *Politiques sociales*. Paris: Presses de Sciences Po et Dalloz, 2.ed., 1997. 717p.

JONES, K. *Compassionate Authority*. New York: Routledge, 1993. 265p.

JONSTON, J. *Lesbian Nation*. New York: Simon & Schuster, 1973. 282p.

JORDANOVA, L. Gender and the Historiography of Science. *British Journal of the History of Science*, n.26, p.469-83, 1993.

JOUBERT, M. (dir.). *Précarisation, risques et santé*. Paris: INSERM, 2000. (Questions en santé publique)

JUTEAU, D. *L'ethnicité et ses frontières*. Montréal: Presses de l'Université de Montréal, 1999. 226p.

JUTEAU-LEE, D. La production de l'ethnicité ou la part réelle de l'idéel. *Sociologie et sociétés*, v.15, n.2, p.39-54, 1983.

KANDEL, L. L'École des femmes et le discours des sciences de l'homme. In: COLLECTIF.*Les femmes s'entêtent*. Paris: Gallimard, 1975. p.86-128. (Idées)

KAPLAN, C.; ALARCON, N.; MOALLEM, M. (eds.). *Between Woman and Nation. Nationalisms, Transnational Feminisms and the State*. Durham/London: Duke University Press, 1999. 407p.

KATZENSTEIN, M. F.; MUELLER, C. M. (eds.). *The Women's Movements of the United States and Western Europe*: Consciousness, Political Opportunity and Public Policy. Philadelphia: Temple University Press, 1987. VII, 321p.

KAUFMANN, J.-C. *La trame conjugale. Analyse du couple par son linge*. Paris: Nathan, 1992. 216p. (Essais et recherches)

KERGOAT, D. La division du travail entre les sexes. In: KERGOAT, J.; BOUTET, J.; JACOT, H.; LINHART, D. (dir.). *Le monde du travail*. Paris: La Découverte/Syros, 1998. p.319-27.

__________. Les absentes de l'histoire, *Autrement*, n.126, p.73-83, 1992a. (Mutations)

__________. La gestion de la mixité dans un mouvement social: le cas de la coordination infirmière. In: BAUDOUX, C.; ZAIDMAN, C. (eds.). *Égalité entre les sexes. Mixité et démocratie*. Paris: L'Harmattan, 1992b. p.261-78.

__________. À propos des rapports sociaux de sexe. *Revue M*, n.53-54, p.16-20, avr.-mai 1992c.

__________; IMBERT, F.; LE DOARÉ, H.; SENOTIER, D. *Les infirmières et leur coordination (1988-1989)*. Paris: Lamarre, 1992. 192p.

__________. Le métier. In: DEJOURS, C. (dir.). *Plaisir et souffrance dans le travail*. Éd. de l'AOCIP, 1988. t.2, p.191-8.

__________. Plaidoyer pour une sociologie des rapports sociaux. De l'analyse critique des catégories dominantes à la mise en place d'une nouvelle conceptualisation, In: COLLECTIF. *Le sexe du travail. Structures familiales et système productif*. Grenoble: PUG, 1984. p.207-20.

__________. *Les ouvrières*. Paris: Le Sycomore, 1982. 142p.

KERR, A.; FAULKNER, W. On seeing Brockenspectres: Sex and Gender in Twentieth Century Science. In: KRIGE, J.; PESTRE, D. *Science in the Twentieth Century*. London: Harwood, 1997. p.43-60.

KINSEY, A. et al. *Le comportement sexuel de la femme*. Paris: Amiot-Dumont, 1954. 765p.

__________. et al. *Le comportement sexuel de l'homme*. Paris: Éd. du Pavois, 1948. 1022p.

KNIBIELHER, Y. *Histoire des mères et de la maternité en Occident*. Paris: PUF, 2000. 128p. (Que sais-je?)

__________. *La révolution maternelle. Femmes, maternité, citoyenneté depuis 1945*. Paris: Perrin, 1997. 370p.

KNIJN, T.; UNGERSON, C. (eds.). Gender and Care Work in Welfare States. *Social Politics. International Studies in Gender, State and Society*, v.4, n.3, 1997. 124p. (número especial)

KOFMAN, S. *Lectures de Derrida*. Paris: Galilée, 1984. 190p. (Débats)

__________. *Le respect des femmes*: Kant et Rousseau. Paris: Galilée, 1982. 156p. (Débats)

KRISTEVA, J. *Histoires d'amour*. Paris: Denoël, 1983. 358p.

__________. *Pouvoirs de l'horreur*: essai sur l'abjection. Paris: Seuil, 1980. 247p. (Tel quel)

LABORIE, F. NTR: risques pour la santé des femmes et des enfants. In: AID-ELF, n.6, *Les modes de régulation de la reproduction humaine*. Paris: PUF, 1994. p.757-77.

__________. et al. *Évolution des droits des femmes. Analyses des discours et pratiques du mouvement associatif féminin*. Paris: GEDISST-CNRS, 1994. 118p.

LAGRANGE, H.; LHOMOND, B. et al. *L'entrée dans la sexualité. Les comportements des jeunes dans le contexte du sida*. Paris: La Découverte, 1997. 431p.

LAGRAVE, R.-M. Une émancipation sous tutelle. Éducation et travail des femmes au XXe siècle. In: DUBY, G.; PERROT, M. (dirs.). *Histoire des femmes en Occident. De l'Antiquité à nos jours*. Paris: Plon, 1992, t.5, p 430-61.

LALLEMENT, M. *Les gouvernances de l'emploi*. Paris: Desclée de Brouwer, 1999. 252p.

LAMOUREUX, D. *L'amère patrie*. Montréal: Les Éditions du Remue-ménage, 2001. 181p.

LANGEVIN, A.; CATTANÉO, N. *Les retraites des femmes salariées affiliées au régime général*. Rapport de recherche. Paris: IRESCO/CNRS, 1999. 168p.

__________. La construction des bornes d'âge. *Revue française des affaires sociales*, numéro hors série, p.37-54, oct. 1997.

__________. Pour une nouvelle réflexion sur les âges de la vie. In: VALABRÈGUE, C. et al. *Ces maternités que l'on dit tardives*. Paris: Robert Laffont, 1982. p.125-215.

LAOT, J. *Stratégie pour les femmes*. Paris: Stock, 1977. 250p.

LAQUEUR, T. *The Making of Sex: Body and Gender from the Greeks to Freud*. Cambridge: Harvard University Press: 1990. 313p. [*La fabrique du sexe*: essai sur le corps et le genre en Occident. Paris: Gallimard, 1992. 355p.]

LATOUCHE, S. *L'occidentalisation du monde*. Paris: La Découverte, 1988. 144p.

LATOUR, B. *La science en action*. Paris: La Découverte, 1989. 450p. (Textes à l'appui)

LAZARSFELD, P.; JAHODA, M.; ZEISEL, H. *Les chômeurs de Marienthal*. Paris: Minuit, 1981 [1931]. 146p.

LE DŒUFF, M. *Le sexe du savoir*. Paris: Aubier, 1998. 378p.

__________. Gens de science: essai sur le déni de mixité. *Nouvelles questions féministes*, v.13, n.1, p.5-35, 1992.

LE FEUVRE, N.; WALTERS, P. Égales en droit? La féminisation des professions juridiques en France et en Grande-Bretagne. *Sociétés contemporaines*, n.16, p.41-62, 1993.

LE QUENTREC, Y. *Employés de bureau et syndicalisme*. Paris: L'Harmattan, 1998. 198p. (Logiques sociales)

LEFAUCHEUR, N. Mères seules, travail et pauvreté. *Panoramiques*, n.40, p.152-5, 1999.

__________. Maternité, famille, État. In: DUBY, G.; PERROT, M. (dirs.). *Histoire des femmes en Occident. De l'Antiquité à nos jours*. Paris: Plon, 1992, t.5, p.411-30.

__________. *Rapport à la CEE sur les familles monoparentales en France*. Paris: GRASS/IRESCO, 1988. 75p.

LEGARDINIER, C. *La prostitution*. Toulouse: Milan, 1996. 64p. (Les Essentiels)

LEIRA, A. *Welfare States and Working Mothers. The Scandinavian Experience*. Cambridge: Cambridge University Press, 1992. 200p.

LEMEL, Y. Les activités domestiques: qui en fait le plus? *L'Année sociologique*, 3ª série, v.43, p.235-52, 1993.

LEMOINE, C.; RENARD, I. (dirs.). *Attirances. Lesbiennes fems, lesbiennes butchs*. Paris: Éditions gaies et lesbiennes, 2001. 416p.

LERMAN, N.; PALMER, M. A.; OLDENZIEL, R. Versatile Tools: Gender Analysis and the History of Technology. *Technology and Culture*, v.38, n.1, p.1-30, janv. 1997.

Les Cahiers du GRIF, n.36 "De la parenté à l'eugénisme", 1987.

__________, n.17/18 "Mères-femmes", 1977.

__________, n.9/10 "Les femmes et les enfants d'abord", 1975.

LES CHIMÈRES. *Maternité esclave*. Paris: Union générale d'éditions "10/18", 1975. 319p.

Les Temps modernes, n.358 "Petites filles en éducation", mai 1976.

LÉVI-STRAUSS, C. La Famille. *Annales de l'Université d'Abidjan*, série F-3, fasc. 3, 1971, p.5-29, 1956. [ed. orig. em inglês, 1956; versão remaniée em __________. *Le regard éloigné*. Paris: Plon, 1983.]

LEWIS, J. *Gender, Social Care and Welfare State restructuring in Europe*. London: Ashgate, 1998. 283p.

LHOMOND, B. D'un antinaturalisme à un a-sociologisme: comment penser les catégories de sexe et la sexualité? *GRAAT*, n.17, p.33-7, 1997.

__________. Mélange des genres et troisième sexe. In: HURTIG, M.-C.; KAIL, M.; ROUCH, H. *Sexe et genre. De la hiérarchie entre les sexes*. Paris: Éd. du CNRS, 1991. p.109-14.

LIM, L. L. (ed.). *The Sex Sector*: The Economic and Social Bases of Prostitution in Southeast Asia. Genève: Bureau international du travail, 1998. 232p.

LINHART, D.; MARUANI, M. Précarisation et déstabilisation des emplois ouvriers, quelques hypothèses. *Travail et emploi*, n.11, p.21-40, 1982.

LISTER, R. *Citizenship, Feminist Perspectives*. London: Macmillan, 1997. 284p.

LISZEK, S. *Marie Guillot, de l'émancipation des femmes à celle du syndicalisme*. Paris: L'Harmattan, 1994. 316p.

LOISEAU, D. *Femmes et militantisme*: Saint-Nazaire et sa région 1930-1980. Paris: L'Harmattan, 1996. 239p.

LONGINO, H. *Science as Social Knowledge*. Princeton: Princeton University Press, 1990. 262p.

LORDE, A. *Zami*: A New Spelling of my Name. Trumansberg: Crossing Press, 1982. 256p.

LOUIS, M.-V. À propos des violences, de la prostitution, de la traite, de la sexualité. *Chronique féministe*, p.12-21, mai-juin 1997.

__________. *Le droit de cuissage en France, 1860-1930*. Paris: Les Éd. Ouvrières, 1994a. 319p.

__________. Le Nouveau Code pénal français. *Projets féministes*, n.3, p.40-69, oct. 1994b.

MacKINNON, C. *Toward a Feminist Theory of the State*. Cambridge: Harvard University Press, 1989. 330p.

__________. *Sexual Harassment of Working Women*: A Case of Sex Discrimination. New Haven: Yale University Press, 1979. 312p.

MacPHERSON, C. B. *La théorie politique de l'individualisme possessif*. Paris: Gallimard, 1971. 345p.

MANASSEIN, M. de. (dir.). *De l'égalité des sexes*. Paris: CNDP, 1995. 317p.

MÅNSSON, S. A. *L'homme dans le commerce du sexe*. Rapport pour l'UNESCO. Lund: s. n., 1986. 70p.

MARINI, M. La place des femmes dans la production culturelle. In: DUBY, G.; PERROT, M. (dirs.). *Histoire des femmes en Occident. De l'Antiquité à nos jours*. Paris: Plon, 1992, t.5, p.275-96.

MARQUES-PEREIRA, B. (ed.). Citoyenneté. *Sextant*, n.7 (número especial), 206p., 1997.

MARRY, C. Femmes ingénieurs: une (ir)résistible ascension? *Information sur les sciences sociales*, v.28, n.2, p.291-344, juin 1989.

MARSHALL, T. H. *Citizenship and Social Class*. London: Pluto Press, 1992. 104p.

MARTIN, E. The Egg and the Sperm: How Science has constructed a Romance based on Stereotypical Male-Female Roles. *Signs*, n.16 (3), p.485-501, 1991.

MARTIN, J. Politique familiale et travail des femmes mariées en France. *Population*, n.6, p.1119-54, 1998.

MARUANI, M.; REYNAUD, E. *Sociologie de l'emploi*. Paris La Découverte, 1993; 3.ed. atualizada, 2001. 122p. (Repères)

__________. *Travail et emploi des femmes*. Paris: La Découverte, 1.ed., 2000. 125p.; 2.ed. atualizada, 2003. 124p. (Repères)

__________. (dir.). *Les nouvelles frontières de l'inégalité. Hommes et femmes sur le marché du travail*. Paris: Mage/La Découverte, 1998. 285p. (Recherches)

__________; NICOLE, C. *Au labeur des dames. Métiers masculins, emplois féminins*. Paris: Syros, 1989. 191p. (Alternatives)

__________; NICOLE, C. *Au carrefour de la flexibilité. Conditions d'emploi et politiques de gestion de la main-d'œuvre dans le commerce*. Rapport de recherche. Paris: CNAM, 1988. 140p.

__________. *Les syndicats à l'épreuve du féminisme*. Paris: Syros, 1979. 271p.

MARX, K. *Le Capital*, livre I. In: *Œuvres, Économie I*. Paris: NRF, 1965 [1867]. 1818p. (Bibliothèque de la Pléiade)

MATHIEU, N.-C. Bourdieu ou le pouvoir auto-hypnotique de la domination masculine. *Les Temps modernes*, n.604, p.286-324, mai-juil. 1999.

__________. Dérive du genre/stabilité des sexes. In: DION, M. (ed.). *Madonna. Érotisme et pouvoir*. Paris: Kimé, 1994. p.54-70.

__________. *L'anatomie politique. Catégorisations et idéologies du sexe*. Paris: Côté-femmes, 1991a. 293p. (Recherches) [textos de 1971 a 1989]

__________. Études féministes et anthropologie. In: BONTE, P.; IZARD, M. (eds.). *Dictionnaire de l'ethnologie et de l'anthropologie*. Paris: PUF, 1991b. p.275-8.

__________. Différenciation des sexes. In: BONTE, P.; IZARD, M. (eds.). *Dictionnaire de l'ethnologie et de l'anthropologie*. Paris: PUF, 1991c. p.660-4.

__________. Identité sexuelle/sexuée/de sexe? Trois modes de conceptualisation du rapport entre sexe et genre. In: DAUNE-RICHARD, A.-M.; HURTIG, M.-C.; PICHEVIN, M.-F. (ed.). *Catégorisation de sexe et constructions scientifiques*. Aix-en-Provence: Université de Provence, 1989. (Petite collection CEFUP) [republicado em __________. *L'anatomie politique. Catégorisations et idéologies du sexe*. Paris: Côté-femmes, 1991a]

__________. *Critiques épistémologiques de la problématique des sexes dans le discours ethno-anthropologique*, 1985a. In: __________. *L'anatomie politique. Catégorisations et idéologies du sexe*. Paris: Côté-femmes, 1991a. p.75-127.

__________. Quand céder n'est pas consentir. Des déterminants matériels et psychiques de la conscience dominée des femmes, et de quelques-unes de leurs interprétations en ethnologie. In: __________. (ed.). *L'arraisonnement des femmes. Essais en anthropologie des sexes*. Paris: Éd. de l'EHESS, 1985b. p.169-245. (Les Cahiers de l'Homme) [republicado em __________. *L'anatomie politique. Catégorisations et idéologies du sexe*. Paris: Côté-femmes, 1991a]

__________. Homme-culture et femme-nature. *L'Homme*, v.XIII, n.3, p.101-13, 1973. In: __________. *L'anatomie politique. Catégorisations et idéologies du sexe*. Paris: Côté-femmes, 1991a. p.43-61.

__________. Notes pour une définition sociologique des catégories de sexe. *Épistémologie sociologique*, n.11, p.19-39, 1971. In: __________. *L'anatomie politique. Catégorisations et idéologies du sexe*. Paris: Côté-femmes, 1991a.

McADAM, D.; TARROW, S.; TILLY, C. To map Contentious Politics. *Mobilization*, n.1, p.17-34, 1996.

McINTOSH, M. The State and the Oppression of Women. In: KUHN, A.; WOLPE, A. (eds.). *Feminism and Materialism*. London: Routledge & Kegan Paul, 1978. p.254-89.

MEAD, M. *L'un et l'autre sexe. Les rôles d'homme et de femme dans la société*. Paris: Gonthier, 1966. 350p. [ed. orig., *Male and Female*, 1948]

__________. *Trois sociétés primitives de Nouvelle-Guinée*. Livre I. In: __________. *Mœurs et sexualité en Océanie*. Paris: Plon, 1963. 533p. [ed. orig., *Sex and Temperament in three Primitive Societies*, 1935]

MEMMI, A. *L'homme dominé*. Paris: Payot, 1968-1973. 232p.

MEULDERS-KLEIN, M.-T.; THÉRY, I. (dirs.). *Les recompositions familiales aujourd'hui*. Paris: Nathan, 1993. 350p.

MEYNAUD, H.-Y. L'absence de mixité dans les entreprises du secteur public français: la construction sociale de l'inégalité professionnelle. In: BAUDOUX, C.; ZAIDMAN, C. (eds.). *Égalité entre les sexes. Mixité et démocratie*. Paris: L'Harmattan, 1992. p.107-24.

__________; DUCLOS, D. *Les sondages d'opinion*. Paris, La Découverte, 3.ed., 1996. 127p. (Repères)

MICHARD, C. Humain/femelle: deux poids deux mesures dans la catégorisation de sexe en français. *Nouvelles questions féministes*, v.20, n.1, p 53-95, 1999.

MICHEL, A. *Activité professionnelle de la femme et vie conjugale*. Paris: Éd. du CNRS, 1974. 190p.

__________. *Sociologie de la famille et du mariage*. Paris: PUF, 1972. 264p.

__________. *Les travailleurs algériens en France*. Paris: CNRS, 1955. 239p.

MICHON, F. Flexibilité et marché du travail. In: "Flexibilité du travail", *Cahiers français*, n.231, mai-juin 1987.

__________; SEGRESTIN, D. (dirs.). *L'emploi, l'entreprise et la société. Débats Économie-Sociologie*. Paris: Economica, 1990. 301p.

MILKMAN, R. *Gender and Work*: The Dynamics of Job Segregation by Sex during World War II. Urbana: University of Illinois Press, 1987. 213p.

MILLETT, K. *La politique du mâle*. Paris: Stock, 1971. [trad. franc. de *Sexual Politics*. New York: Avon, 1971. 512p.].

MOGROVEJO, N. *Un amor que se atrevió a decir su nombre. La lucha de las lesbianas y su relación con los movimientos homosexual y feminista en América latina*. México: Plaza y Valdés/CDAHL, 2000. 397p.

MOHANTY, C.; RUSSO, A.; TORRES, L. *Third World Women and the Politics of Feminism*. Bloomington: University of Indiana Press, 1991. 331p.

MOLINIER, P. Virilité défensive, masculinité créatrice. *Travail, Genre et Sociétés*, n.3, p.25-44, 2000.

__________. Autonomie morale subjective et construction de l'identité sexuelle: l'apport de la psychodynamique du travail. *Revue internationale de psychosociologie*, v.III, n.5, p.53-62, 1997.

MONNIER, V. Violences conjugales, éléments statistiques. *Les Cahiers de la Sécurité intérieure*, n.28, p.69-73, 1997.

MONTREYNAUD, F. La prostitution, un droit de l'homme? *Le Monde diplomatique. Manière de voir*, n.44, p.19-21, mars-avr. 1999.

MORAGA, C.; ANZALDÚA, G. *This Bridge Called my Back*: Writings by Radical Women of Color. Watertown: Persephone Press, 1981. 261p. [reed., New York: Kitchen Table-Women of Color Press, 1984].

MORGAN, D. *The Family, Politics and Social Theory*. London: Routledge, 1985. 320p.

MOROKVASIC, M. Roads to Independence. Self-Employed Immigrants and Minority Women in Five European States. *International Migration*, v.XXIX, n.3, p 407-420, 1991.

__________. Les femmes yougoslaves en France et en RFA. *Hommes et migrations*, n.915, p.12-33, 1976.

MOSCONI, N. *Femmes et rapport au savoir. La société, l'école et la division sexuelle des savoirs*. Paris: L'Harmattan, 1994. 362p.

__________. Les ambiguïtés de la mixité scolaire. In: BAUDOUX, C.; ZAIDMAN, C. (eds.). *Égalité entre les sexes. Mixité et démocratie*. Paris: L'Harmattan, 1992. p.63-75.

__________. *La mixité dans l'enseignement secondaire*: un faux-semblant? Paris: PUF, 1989. 288p.

MOSSUZ-LAVAU, J. *Femmes/hommes pour la parité*. Paris: Presses de Sciences Po, 1998. 128p.

MOSSUZ-LAVAU, J. *Les lois de l'amour*: les politiques de la sexualité en France de 1950 à nos jours. Paris: Payot, 1991. 346p.

MOUFFE, C. Feminism, Citizenship and Radical Democratic Politics. In: BUTLER, J.; SCOTT, J. (eds.). *Feminists theorize the Political*. London: Routledge, 1992. p.369-84.

MOUVEMENT FRANÇAIS POUR LE PLANNING FAMILIAL (MFPF). *Europe & elles. Le droit de choisir*. Paris: MFPF, 1992. 228p.

__________. *L'ovaire dose. Les nouvelles méthodes de procréation*. Paris: Syros, 1989. 322p.

MUXEL, A. *Individu et mémoire familiale*. Paris: Nathan, 1996. 230p. (Essais et recherches)

NAHOUM-GRAPPE, V. Guerre et différence des sexes: les viols systématiques (ex-Yougoslavie, 1991-1995). In: DAUPHIN, C.; FARGE, A. (dirs.). *De la violence et des femmes*. Paris: Albin Michel, 1997. p.159-84.

NAVILLE, P. *L'automation et le travail humain*. Paris: Éd. du CNRS, 1961. 741p.

NEVEU, E. *Sociologie des mouvements sociaux*. Paris: La Découverte, 1996. 123p. (Repères)

NEWMAN, K. (ed.). *Progress postponed*: Abortion in Europe in the 1990s. London: IPPF, 1993. 173p.

NICOLE-DRANCOURT, C. *Le labyrinthe de l'insertion*. Paris: La Documentation française, 1991. 407p.

NOIRIEL, G. *Le creuset français*. Paris: Seuil, 1988. 425p.

Nouvelles questions féministes, v.16, n.2, "La Parité 'contre'", 140p., 1995.

________, v.15, n.4, "La Parité 'pour'", 90p., 1994.

NOVAES, S.; LABORIE, F. Parents et médecins face à l'embryon; relations de pouvoir et de décision. In: FEUILLET-LE MINTIER, B. (dir.). *L'embryon humain. Approche multidisciplinaire*. Paris: Economica, 1996. p.185-202.

OAKLEY, A. *Sex, Gender and Society*. London: Temple Smith, 1972. 225p.

OBERSCHALL, A. *Social Conflict and Social Movements*. Englewood: Prentice Hall, 1973. 371p.

OLSON, M. *Logique de l'action collective*. Paris: PUF, 1978. 199p.

OUDSHOORN, N. Hormones, techniques et corps. L'archéologie des hormones sexuelles (1923-1940). *Annales, Histoire, Sciences sociales*, n.4-5, p.775-94, juil.-oct. 1998.

PARK, R. E.; BURGESS, E. W.; McKENZIE, R. D. *The City*. Chicago: The University of Chicago Press, 1925. 239p.

Partisans, n.54-55 "Libération des femmes année zéro", 1970. [reed., Paris: Librairie François Maspero, 1972. 190p.]

PATEMAN, C. *The Sexual Contract*. Stanford: Stanford University Press, 1988. 264p.

PAUGAM, S. (dir.). *L'exclusion*: l'état des savoirs. Paris: La Découverte, 1996. 579p.

PEARSON, R. La mondialisation et les emplois informatisés. *Cahiers du GEDISST*, n.21, p.59-80, 1998.

PELLETIER, M. *L'éducation féministe des filles*. Paris: Syros, 1978 [1914]. 175p.

PERCHERON, A. *La socialisation politique*. Paris: Armand Colin, 1994. 226p. ("U")

PERROT, M. *Les femmes ou les silences de l'Histoire*. Paris: Flammarion, 1998. 491p.

________. Femmes et machinisme au XIXe siècle. *Romantisme*, n.41, 1983. [reed. em ________. 1998, p.177-89.]

________. De la nourrice à l'employée... Travaux de femmes dans la France du XIXe siècle. *Le Mouvement social*, n.105, p.3-10, oct.-nov. 1978.

PEYRE, E.; WIELS, J. Le sexe biologique et sa relation au sexe social. *Les Temps modernes*, n.593, p.14-48, 1997.

PHARR, S. *Homophobia*: A Weapon of Sexism. Inverness: Chardon Press, 1988. 91p.

PHETERSON, G. *The Prostitution Prism*. Amsterdam: Amsterdam University Press, 1996. 176p. [trad. franc., *Le prisme de la prostitution*. Paris: L'Harmattan, 2001. 214p. (Bibliothèque du féminisme)]

________. (ed.). *A Vindication of the Rights of Whores*. Seattle: Seal, 1989. 293p.

PHILLIPS, A. (ed.). *Feminism and Politics*. Oxford: Oxford University Press, 1998. 471p.

PICOT, G. Le rapport entre médecin et personnel infirmier à l'hôpital public: continuités et changements. *Cahiers du Genre*, n.26, p.121-30, 2000.

__________. Les femmes médecins ou l'accès des femmes à une profession traditionnellement masculine. *Cahiers du GEDISST*, n.13, p.73-84, 1995.

PICQ, F. *Libération des femmes. Les années-mouvement*. Paris: Seuil, 1993. 380p.

Piège de la parité. Arguments pour un débat. Paris: Hachette, 1999. 253p.

PINCH, T.; BIJKER, W. E. The Social Construction of Facts and Artifacts: Or how the Sociology of Science and the Sociology of Technology might benefit each other. In: BIJKER, W. E.; HUGHES, T. P.; PINCH, T. (eds.). *The Social Construction of Technological Systems*. Cambridge/London: The MIT Press, 1989. p.17-50.

PIORE, M.; SABEL, C. *The Second Industrial Divide. Possibilities for Prosperity*. New York: Basic Books, 1984. 355p. [trad. franc., Paris: Hachette, 1989].

PITCH, T. *Un diritto per due. La costruzione giuridica di genere, sesso e sessualità*. Torino: Il Saggiatore, 1998. 281p.

PITROU, A. *Vivre sans famille?* Toulouse: Privat, 1978. 235p.

PLUMMER, K. (ed.). *Modern Homosexualities. Fragments of Lesbian and Gay Experience*. London/New York: Routledge, 1992. 282p.

POLLAK, M.; SCHILTZ, M.-A. *Six années d'enquête sur les homo- et bisexuels masculins face au sida*. Rapport de recherche. Paris: CNRS-ANRS, 1991. 160p.

POLLERT, A. L'entreprise flexible: réalité ou obsession? *Sociologie du travail*, n,1, p.75-106, 1989.

POUTIGNAT, P.; STREIFF-FENART, J. *Théories de l'ethnicité*. Paris: PUF, 1995. 270p.

PRÉVOST, J.; MESSING, K. Quel horaire, *what schedule*? La conciliation travail-famille et l'horaire de travail irrégulier des téléphonistes. In: SOARES, A. (dir.). *Stratégie de résistance et travail des femmes*. Montréal/Paris: L'Harmattan, 1997. p.251-70.

Questions féministes, n.1 "Variations sur des thèmes communs", Introduction, p.12-6, 1977.

QUIMINAL, C. Les associations de femmes africaines en France. Nouvelles formes de solidarité et individualisation. *Cahiers du GEDISST*, n.21, p.111-30, 1998.

RAYMOND, J. *Rapport au rapporteur spécial sur la violence contre les femmes*. Genève: ONU, 1995. 24p.

Reproductive and Genetic Engineering. Journal of International Feminist Analysis. New York/Oxford: Pergamon Press. [primeiro número publicado em 1988].

RICH, A. La contrainte à l'hétérosexualité et l'existence lesbienne. *Nouvelles questions féministes*, n.1, p.15-43, mars 1981.

RICŒUR, P. Individu et identité personnelle. In: COLLECTIF. *Sur l'individu*. Paris: Seuil, 1987. 122p.

RIOT-SARCEY, M. (dir.). *Femmes/pouvoirs*. Paris: Kimé, 1993. 154p. [Actes du Colloque d'Albi, 19-20 mars 1992, Centre culturel de l'Albigeois].

ROGERAT, C. Femmes et syndicalistes. Assimilation ou intégration? La dynamique du compromis. In: COLLECTIF. *La liberté du travail*. Paris: Syllepse, 1995. p.165-83.

__________. *Les questions qui font bouger*, 6e Conférence CGT "Femmes salariées d'aujourd'hui". Paris: Antoinette-CGT, 1978. 175p.

__________; SENOTIER, D. L'enchaînement des emplois précaires et du chômage. La construction du leurre. In: APPAY, B.; THÉBAUD-MONY, A. *Précarisation sociale, travail et santé*. Paris: IRESCO-CNRS, 1997. p.341-55.

__________; SENOTIER, D. *Le chômage en héritage. Parole de femmes*. Vincennes: GREC, 1994. 246p.

ROSADO NUNES, M. J. F. Women, Family and Catholicism in Brazil: The Issue of Power. In: HOUSEKNECHT, S. K.; PANKHURST, J. G. *Family, Religion and Social Change in Diverse Societies*. New York/ Oxford: Oxford University Press, 2000. p.347-62.

ROSANVALLON, P. *La nouvelle question sociale. Repenser l'État-providence*. Paris: Seuil, 1998. 240p.

ROUSSEAU, J.-J. *Œuvres complètes*. t. III: "Écrits politiques"; t.IV: "Émile". Paris: Gallimard, 1985. (Bibliothèque de la Pléiade)

__________. *Émile ou de l'éducation*. Paris: Flammarion, 1966. 629p.

ROUSSEL, L. *La famille après le mariage des enfants*. Paris: PUF, 1976. 262p.

ROUX, S. *Le monde des villes au Moyen Âge, XIe-XVe siècle*. Paris: Hachette, 1994. 190p.

RUBENSTEIN, M. *La dignité de la femme dans le monde du travail. Rapport sur le problème du harcèlement sexuel dans les États membres des Communautés européennes*. Luxembourg: Office des publications de Communautés européennes, 1987. 161p.

RUBIN, G. L'économie politique du sexe: transactions sur les femmes et systèmes de sexe/genre. *Cahiers du CEDREDF*, n.7, 82p., 1999. [ed. orig. nos Estados Unidos, 1975]

__________. Thinking sex: Notes for a Radical Theory of Sexuality. In: VANCE, C. S. (ed.). *Pleasure and Danger. Exploring Female Sexuality*. Boston/London/ Melbourne/Henley: Routledge/Kegan, 1984. p.267-319.

RUDDICK, S. *Maternal Thinking*. Boston: Beacon Press, 1989. 291p.

SAGAERT, M. La libre maternité au début du siècle: histoires d'hier, questions d'aujourd'hui. *Nouvelles questions féministes*, v.20, n.2, p.3-54, 1999.

SAINSBURY, D. (ed.). *Gendering the Welfare States*. London: Sage, 1994. 288p.

SALAIS, R.; BAVEREZ, N.; REYNAUD, B. *L'invention du chômage*. Paris: PUF, 1986. 267p.

SAMOIS (COLLECTIF). *Coming to Power. Writings and Graphics on Lesbian S/M*. Berkeley: Samois, 1981.

SAUREL-CUBIZOLLES, M.-J.; BLONDEL, B.; LELONG, N.; ROMITO, P. Violence conjugale après une naissance. *Chronique féministe*, n.64, p.15-9, 1998.

__________; MESSING, K.; LERT, F. Activité professionnelle et santé des femmes. In: SAUREL-CUBIZOLLES, M.-J.; BLONDEL, B. *La santé des femmes*. Paris: Flammarion, 1996, p.326-49. (Médecine-Sciences)

SAYAD, A. Tendances et courants des publications en sciences sociales sur l'immigration en France depuis 1960. *Current Sociology*, AIS-Sage Publication, v.32, parte 2, p.219-303, Winter 1984.

SCAVONE, L. Invisibilidad social de dolencias profesionales ligadas a la exposición al amianto. *Cuadernos Mujer Salud*, n.2, p.143-7, 1997.

SCHNAPPER, D. *La France de l'intégration. Sociologie de la nation en 1990*. Paris: PUF, 1991. 374p.

SCHUMPETER, J. Les classes sociales en milieu ethnique homogène [1927], republicado em __________. *Impérialisme et classes sociales*. Paris: Flammarion, 1984. (Champs)

SCHÜSSLER, F. E. *En mémoire d'Elle. Essai de reconstruction des origines chrétiennes selon la théologie féministe*. Paris: Cerf, 1986. 482p.

SCOTT, J. *La citoyenne paradoxale. Les féministes françaises et les droits de l'homme*. Paris: Albin Michel, 1998. 287p. (Bibliothèque Histoire)

__________. "L'ouvrière, mot impie, sordide..." Le discours de l'économie politique française sur les ouvrières, 1840-1860. *Actes de la recherche en sciences sociales*, n.83, p.2-15, 1990. [trad. de SCOTT, J., 1988a, cap.7, p.139-63].

__________. *Gender and the Politics of History*. New York: Columbia University Press, 1988a. 242p.

__________. Genre: une catégorie utile d'analyse historique. *Les Cahiers du GRIF* "Le Genre de l'histoire", n.37-38, p.125-53, 1988b.

SENNETT, R. *The Corrosion of Character. The Personal Consequences of Work in the New Capitalism*. New York/London: W. W. Norton & Co., 1998. 176p. (trad. franc., Paris: A. Michel, 2000).

SERVICE DES DROITS DES FEMMES (INSEE). *France, portrait social, 1998-1999*. Paris: INSEE, 1998. 204p.

__________. *Les Femmes*. Paris: INSEE, 1995. 220p. (Contours et caractères)

SÉVERAC, N. Comment évaluer les violences conjugales? L'approche compréhensive. *Les Cahiers de la Sécurité intérieure*, n.28, p.59-68, 1997.

SHARMA, A. (ed.). *Women in World Religions*. Albany: State University of New York Press, 1987. 302p.

SIIM, B. Genre, pouvoir et démocratie: éléments du débat en Scandinavie. In: DEL RE, A.; HEINEN, J. (eds.). *Quelle citoyenneté pour les femmes? La crise des États-providence et de la représentation politique en Europe*. Paris: L'Harmattan, 1996. p.75-95.

SILVERA, R. Femmes et flexibilité du temps, *Mouvements*, n.2, p.20-6, janv. févr. 1999.

SIMON, G. *Géodynamique des migrations internationales dans le monde*. Paris: PUF, 1995. 429p.

SIMON, P. et al. *Rapport sur le comportement sexuel des Français*. Paris: Julliard-Charron, 1972. 353p.

SINGER, J. L'immigration en chiffres. Dossier "L'immigré, l'État et le droit", *Travail* (Paris), n.7, p.9-15, 1985.

SINGLY, F. de. et al. (dirs.). *La famille en questions. État de la recherche*. Paris: Syros, 1996. 325p.

__________. *La famille, l'état des savoirs*. Paris: La Découverte, 1991. 447p.

__________. *Fortune et infortune de la femme mariée. Sociologie de la vie conjugale*. Paris: PUF, 1987. 229p.

SISSA, G. Philosophies du genre. In: DUBY, G.; PERROT, M. (dirs.). *Histoire des femmes en Occident. De l'Antiquité à nos jours*. Paris: Plon, 1991, t.1, p.65-99.

SIWEK-PUYDESSEAU, J. *Le syndicalisme des cols blancs*. Paris: L'Harmattan, 1996. 236p.

SOHN, A.-M. *Féminisme et syndicalisme, les institutrices de la Fédération unitaire de l'enseignement*. 1973. Tese (3e cycle) – Université de Paris I.

__________; THÉLAMON, F. (dir.). *Une histoire sans les femmes est-elle possible?* Paris: Plon, 1998. 427p.

SOLLORS, W. *Beyond Ethnicity. Consent and Descent in American Culture*. New York/Oxford: Oxford University Press, 1986. 294p.

SPALLONE, P.; STEINBERG, D. L. (eds.). *Made to Order. The Myth of Reproductive and Genetic Progress*. Oxford/New York: Pergamon Press, 1987. 267p.

SPARR, P. (ed.). *Mortgaging Women's Lives. Feminist Critique of Structural Adjustment*. London/Atlantic Highlands: Zed Books, 1994. 214p.

SPIRA, A.; BAJOS, N. et al. *Les comportements sexuels en France*. Paris: La Documentation française, 1993. 351p.

SPIVAK, G. C. *A Critique of Postcolonial Reason: Toward a History of the Vanishing Present*. Cambridge: Harvard University Press, 1999. 449p.

STANDING, G. Global Feminisation through Flexible Labour. *World Development*, v.17, n.7, p.1077-95, 1989.

STANKO, E. Keeping Women in and out of Line: Sexual Harassment and Occupational Segregation. In: WALBY, S. *Gender Segregation at Work*. Milton Keynes: Open University Press, 1988. 280p.

STAR, S. L. Craft vs. Commodity, Mess vs. Transcendence: How the Right Tool became the Wrong one in the Case of Taxidermy and Natural History. In: CLARKE, A. E.; FUJIMURA, J. H. *The Right Tools for the Job*. Princeton: Princeton University Press, 1992. p.257-86.

__________. Power, Technologies and the Phenomenology of Conventions: On being Allergic to Onions. In: LAW, J. (ed.). *A Sociology of Monsters. Essays on Power, Technology and Domination*. London/New York: Routledge, 1991. p.26-56.

STOETZEL, J. *Les sondages d'opinion publique*. Paris: Scarabée, 1948. 63p.

STOLLER, R. J. *Recherches sur l'identité sexuelle, à partir du transsexualisme*. Paris: Gallimard, 1978. [ed. orig., *Sex and Gender*, 1968].

TABET, P. *La construction sociale de l'inégalité des sexes: des outils et des corps*. Paris: L'Harmattan, 1998. 206p. (Bibliothèque du féminisme) [textos de 1979 e 1985]

__________. Du don au tarif: Les relations sexuelles impliquant une compensation, *Les Temps modernes*, n.490, p.1-53, mai 1987.

__________. Fertilité naturelle, reproduction forcée. In: MATHIEU, N.-C. (ed.). *L'arraisonnement des femmes. Essais en anthropologie des sexes*. Paris: Éd. de l'EHESS, 1985. p.61-146. [reed. em TABET, P. 1998, p.77-180.]

__________. Les mains, les outils, les armes. *L'Homme*, v.19, n.3-4, p.5-61, 1979. [reed. em __________. 1998, p.9-75.]

TABOADA, I. *Femmes et immigrées*: insertion des femmes immigrées en France. Paris: La Documentation française, 1978. 129p.

TAHON, M.-B. *La famille désinstituée. Introduction à la sociologie de la famille*. Les Presses de l'Université d'Ottawa, 1995. 230p. (Sciences sociales)

TALAHITE, F. L'emploi des femmes au Maghreb: de l'ajustement au post-ajustement, *Cahiers du GEDISST*, n.21, "Les paradoxes de la mondialisation", p.35-7, 1998.

TAMAGNE, F. *Histoire de l'homosexualité en Europe*: Berlin, Londres, Paris, 1919-1939. Paris: Seuil, 2000. 691p. (L'Univers historique)

TARAVELLA, L. *Bibliographie analytique sur les femmes immigrées, 1965-1979*. Paris: CIEMM, 1980. 63p.

TAYLOR, V.; WITTIER, N. Gender and Social Movements. *Gender and Society*, v.12, n.6, 1998; v.13, n.1, 1999.

TERRAIL, J.-P. *La dynamique des générations*. Paris: L'Harmattan, 1995. 190p.

TESTART, J. (dir.). *Le magasin des enfants*. Paris: François Bourin, 1990. 338p.

THADANI, G. *Sakhiyani. Lesbien Desire in Ancient and Modern India*. London: Cassell, 1996. 129p.

THÉBAUD, F. Les féministes ont-elles raté la maternité? *Panoramiques*, n.40, p.18-23, 1999.

__________. *Écrire l'histoire des femmes*. Fontenay/Saint-Cloud: ENS Éd., 1998. 226p.

THÉBAUD-MONY, A. *ATM. L'industrie nucléaire. Sous-traitance et Servitude*. Paris: INSERM-EDK, 2000. (Questions en Santé publique)

__________. *L'envers des sociétés industrielles*. Paris: L'Harmattan, 1991. 204p.

__________; LERT, F. Emploi, travail et santé des femmes: la législation et les recherches face aux mouvements sociaux. *Droit social*, n.12, p.781-92, 1982.

THÉLOT, C. *Tel père, tel fils?* Paris: Dunod, 1982. 249p.

THÉRY, I. *Couple, filiation et parenté aujourd'hui.* Paris: Odile Jacob/La Documentation française, 1998. 413p.

THIBAULT, M.-N. *Les militantes de la CFDT et le féminisme (1964-1982).* Paris: CNRS-ATP, 1988. 43p. (Femmes)

THOMAS, W. I.; ZNANIECKI, F. *Le paysan polonais en Europe et en Amérique*: récit de vie d'un migrant. Paris: Nathan, 1998 [1927]. 346p. (Essais et recherches)

THRELFALL, M. (ed.). *Mapping the Women's Movement*: Feminist Politics and Social Transformation in the North. London/New York: Verso, 1996. VII, 312p.

TILLY, C. *From Mobilization to Revolution.* Reading: Addison-Wesley Pub. Co., 1978. 349p.

TIMMERMAN, G.; ALEMANY, C. *Le harcèlement sexuel sur le lieu de travail dans l'Union européenne.* s. l.: Commission européenne, Direction générale, 1999. 230p. (Emploi, relations industrielles et affaires sociales)

TOPALOV, C. *Naissance du chômeur.* Paris: Albin Michel, 1994. 626p.

TORNS, T. Chômage et tolérance sociale à l'exclusion. *Les Cahiers du Mage,* n.3/4, p.47-57, 1997.

TOURAINE, A. *Comment sortir du libéralisme.* Paris: Fayard, 1999. 164p.

TOURAINE, A. *La voix et le regard.* Paris: Seuil, 1978. 309p.

TRAT, J. La lutte des assistantes sociales: un mouvement de femmes salariées conjugué au masculin. In: ________. *Les coordinations de travailleurs dans la confrontation sociale.* Paris: L'Harmattan, 1994. p.103-40. (Futur antérieur)

TRISTAN, F. *Union ouvrière* [1843]. rééd. Des femmes, 1986. 365p.

TRITON, S. De Radclyffe Hall aux butchs: réflexions sur les lesbiennes masculines. *Espace lesbien,* n.1 (Toulouse, Bagdam Espace Éditions), p.143-68, oct. 2000. [Actes du Colloque national d'études lesbiennes Toulouse, 13-14 mai 2000].

TUANA, N. (ed.). *Feminism and Science.* Bloomington: Indiana University Press, 1989. 249p.

TURCOTTE, L. L'itinéraire d'un courant politique: le lesbianisme radical au Québec. In: DEMCZUK, I.; REMIGGI, F. W. *Sortir de l'ombre. Histoire des communautés gaies et lesbiennes à Montréal de 1950 à 1970.* Montréal: VLB, 1998. p.369-98.

TURKLE, S. *The Second Self. Computers and the Human Spirit.* New York: Simon & Schuster, 1984. 362p. [trad. franc. *Les enfants de l'ordinateur.* Paris: Denoël, 1986. 318p.].

UNESCO/Coalition against Trafficking in Women. *The Penn State Report.* s. l.: s. n., 1991, 40p.

UNITED NATIONS. *World Survey on the Role of Women in Development. Women in a Changing Global Economy.* New York: s. n., 1995. 105p.

VACARIE, I. Stratégie d'emploi des grandes entreprises et droit du travail. In: ________. *L'Emploi. Enjeux économiques et sociaux*. Paris: François Maspero, 1982. p.113-21. (Textes à l'appui)

VALABRÈGUE, C.; BERGER-FORESTIER, C.; LANGEVIN, A. *Ces maternités que l'on dit tardives, un nouvel itinéraire pour les femmes*. Paris: Robert Laffont, 1982. 224p.

VALLET, L.-A. *La mobilité sociale des femmes en France*. 1991. Tese (Doutorado) – Université de Paris IV – Sorbonne.

VANCE, C. S. (ed.). *Pleasure and Danger. Exploring Female Sexuality*. Boston/London/Melbourne/Henley: Routledge/Kegan, 1984. 462p.

________. Pleasure and Danger: Toward a Politics of Sexuality. In: ________. (ed.). *Pleasure and Danger. Exploring Female Sexuality*. Boston/London/Melbourne/Henley: Routledge/Kegan, 1984. p.9-27.

VANDELAC, L. ...Et si le travail tombait enceinte? Essai féministe sur le concept de travail. *Sociologies et sociétés*, v.XIII, n.2, p.67-82, oct. 1981.

________; BÉLISLE, D.; GAUTHIER, A.; PINARD, Y. *Du travail et de l'amour. Les dessous de la production domestique*. Montréal: Éd. Saint-Martin, 1985. 418p. (Femmes)

VARIKAS, E. Sentiment national, genre et ethnicité. *Tumultes*, n.11, p.87-99, 1998.

________. Pour avoir oublié les vertus de son sexe. Olympe de Gouges et la critique de l'universalisme abstrait. *Sciences politiques*, n.4-5, p.17-34, 1993.

VERRET, M. Statistiques de classes, dans le dossier "Y a-t-il encore des classes sociales?". *Politis, la revue*, n.4, p.39-42, 1993.

VILAINE, A.-M. de.; GAVARINI, L.; LE COADIC, M. (dirs.). *Maternité en mouvement*. Grenoble: PUG; Montréal: Éd. Saint-Martin, 1986. 244p.

VOET, R. *Feminism and Citizenship*. London: Sage, 1998. 182p.

VOGEL, L. *L'organisation de la prévention sur les lieux de travail. Un premier bilan de la directive-cadre communautaire de 1989*. Bruxelles: Bureau technique syndical européen pour la santé et la sécurité, 1994. 287p.

VOLKOFF, S. Flexibilité du travail ouvrier: une approche chiffrée, *Travail*, n.12, 1987.

WAJCMAN, J. *Feminism confronts Technology*. Cambridge: Polity Press, 1991. 184p.

WALBY, S. *Theorizing Patriarchy*. London: Blackwell, 1990. 229p.

________. *Patriarchy at Work*. London: Polity, 1986. 292p.

WALKOWITZ, J. *Prostitution and Victorian Society*: Women, Class, and the State. Cambridge: Cambridge University Press, 1980. 347p.

WARNER, L.; LUNT, P. *The Status System of a Modern Community*. Wesport: Greenwood Press, v.II, 1973 [1942]. 246p. (Yankee City Series)

________; LUNT, P. *The Social Life of a Modern Community*. New Haven: Yale University Press, v.I, 1941. 460p. (Yankee City Series)

WEBER, M. *Sociologie des religions*. Paris: Gallimard, 1976 [1920], 545p. ("NRF")

__________. *Économie et société*, t.1 (chap. III: "Les types de domination", p.285-387), Paris, Plon, 2t., 1971-1995. [trad. do alemão, *Wirtschaft und Gesellschaft*. 4.ed. Tübingen: Mohr, 1956 [1921]].

__________. *Économie et société*. Paris: Plon, 1971. 651p.

WEINSTEIN, N. *Kinder, Küche, Kirsche, as Scientific Law*: Psychology constructs the Female. Boston: New England Free Press, 1968 [reproduzido em *Feminism and Psychology*, 1997, n.4, p.450-60.]

WELZER-LANG, D. (dir.). *Nouvelles approches des hommes et des masculinités*. Toulouse: Presses Universitaires du Mirail, 2000. 362p. (Féminin/masculin)

__________. *Les hommes violents*. Paris: Lierre & Coudrier Éd., 1991. 332p. (Écarts) [reed. Paris: Indigo/Côté-femmes, 1996. 367p.]

__________. *Le viol au masculin*. Paris: L'Harmattan, 1988. 253p.

__________; DUTEY, P.; DORAIS, M. (dir.). L'homophobie, la face cachée du masculin. In: __________. *La peur de l'autre en soi, du sexisme à l'homophobie*. Montréal/Paris: VLB/Le Jour, 1994. p.13-91.

__________; FILIOD, J.-P. (dir.). *Des hommes et du masculin*. Aix-en-Provence/Lyon: CEFUP/CREA/Presses Universitaires de Lyon, 1992. 245p.

WHITE, W. F. *Street Corner Society*. Chicago: The University of Chicago Press, 1943. 284p.

WICHTERICH, C. *La femme mondialisée*. Arles: Actes Sud, 1998. 263p. [ed. orig. em alemão, 1998]

WIERINGA, S.; BLACKWOOD, E. (eds.). *Same Sex Relations and Female Desires. Transgender Practices across Cultures*. New York: Columbia University Press, 1999. 348p.

WIJERS, M.; LAP-CHEW, L. *Trafficking in Women, Forced Labour and Slavery-like Practices in Marriage, Domestic Labour and Prostitution*. Utrecht/Bangkok: Foundation against Trafficking in Women (STV), 1997. 323p.

WILLIAMS, F. Genre, ethnicité, race et migrations, ou les défis de la citoyenneté en Europe. *Cahiers du GEDISST*, n.23, p.29-42, 1998.

WILSON, E. *Women and the Welfare State*. London: Tavistock, 1977. 208p.

WITTE, P. de. (dir.). *Immigration et intégration. L'état des savoirs*. Paris: La Découverte, 1999. 438p.

WITTIG, M. *La pensée "straight"*. Paris: Balland, 2001. 157p. (Le Rayon/Modernes) [versão franc. de *The Straight Mind and other Essays*. Boston: Beacon Press, 1992.]

__________. The Mark of Gender [1985]. In: __________. *The Straight Mind and other Essays*. Boston: Beacon Press, 1992. p.76-89.

__________. La pensée *straight*. *Questions féministes*, n.7, p.45-53, 1980. [republicado em inglês em *The Straight Mind and other Essays*. Boston: Beacon Press, 1992. 110p.]

WOLLSTONECRAFT, M. Vindication of the Rights of Men [1790]. In: TODD, J.; BUTLER, M. (eds.). *The Works of Mary Wollstonecraft*. London: William Pickering, 1989.

__________. *Défense des droits des femmes*. Paris: Payot, 1976. 256p.

WOOLF, V. *Trois guinées*. Paris: Des femmes, 1977 [1938]. 332p. [ed. orig., *Three Guineas,* 1938].

__________. *Une chambre à soi* (Marin, 1951). reed. Paris: Gonthier, 1965. [ed. orig., *A Room of One's Own,* 1929].

YOUNG, I. *Justice and the Politics of Difference*. Princeton: Princeton University Press, 1990. 286p.

YUVAL-DAVIS, N. *Gender and Nation*. London: Sage, 1997. 157p.

ZAIDMAN, C. *La mixité à l'école primaire*. Paris: L'Harmattan, 1996. 238p.

__________. La notion de féminisation: de la description statistique à l'analyse des comportements. In: AUBERT, N.; ENRIQUEZ, E.; GAULEJAC V. de. (dir.). *Le sexe du pouvoir. Femmes, hommes et pouvoirs dans les organisations*. Paris: Desclée de Brouwer, 1986. p.281-9.

ZANCARINI-FOURNEL, M. (ed.). Protection et politiques sociales en Europe. *Matériaux pour l'histoire de notre temps*, n.53 (número especial), 64p., 1999.

__________; AUSLANDER, L. (eds.). *Différences des sexes et protection sociale*. Saint-Denis: PUV, 1995. 232p. (Culture et société)

ZARIFIAN, P. *Éloge de la civilité*: critique du citoyen moderne. Paris: L'Harmattan, 1997. 269p.

ZEIN-ELABDIN, E. Development, Gender and the Environment, Theoretical or Contextual Link? Toward an Institutional Analysis. *Journal of Economic Issues*, v.XXX, n.4, déc. 1996.

ZEMON-DAVIS, N. *Les cultures du peuple*: rituels, savoirs et résistances au XVIe siècle. Paris: Aubier, 1979. 444p. (Collection historique)

ZYLBERBERG-HOCQUARD, M.-H. *Femmes et féminisme dans le mouvement ouvrier français*. Paris: Éd. Ouvrières, 1981. 223p.

__________. *Féminisme et syndicalisme en France*. Paris: Anthropos, 1978. 326p.

Índice onomástico

ÍNDICE REMISSIVO

[Os termos seguidos de * remetem às rubricas do dicionário.]

32 Traduzido do francês "job" que significa trabalhos precários, sem estabilidade, sem direitos, temporários e corresponde, em português, a "bico".

33 Pesquisas de opinião é o equivalente usual em português do termo *sondage* em francês.

Sobre os autores

Alisa Del Re é professora na Faculdade de Ciências Políticas da Universidade de Pádua (Itália), diretora do CIRSPG (Centro interdipartimentale di ricerca: studi sulle politiche di genere) e correspondente no exterior dos *Cahiers du Genre*. Suas pesquisas abordam as temáticas de "representação política das mulheres" e "políticas sociais e familiares". É autora de La régulation sociale et l'État Providence: une lecture de genre des politiques sociales en Italie. In: Parini L., Balmer-Cao T-H., Durrer S. (dir.), *Régulation sociale et genre*, Paris, L'Harmattan, 2006; e dirigiu o número monográfico 160 (2008) da revista *Inchiesta* "Donne tra politica e istituzioni: questioni di genere e ricerca sociale". Publicado no Brasil: Práticas, políticas e binômios teóricos do feminismo contemporâneo. Recife: SOS-Corpo, 1993.

Anne-Marie Devreux é diretora de pesquisa em sociologia na equipe Culture et sociétés urbaines (CSU) do CNRS, e diretora de publicação dos *Cahiers du Genre*. Suas pesquisas abordam os temas "epstemologia das relações sociais de sexo" e "sociologia dos dominantes". Publicou, entre outros: Des hommes dans la famille. Catégories de pensée et pratiques réelles. *Actuel Marx*, n.37, "Critique de la famille", 2005; coordenou o n.36, 2004 dos *Cahiers du Genre*, "Les résistances des hommes au changement". Disponível em português: A paternidade na França: entre igualização dos direitos parentais e lutas ligadas às relações sociais de sexo. BuscaLegis.ccj.ufsc.br. www.buscalegis.ufsc.br/revistas

Annie Thébaud-Mony é socióloga, diretora de pesquisa no INSERM e membro do IRIS, diretora do "Groupement d'intérêt scientifique sur les cancers d'origine professionnelle" na Universidade de Paris 13, em Bobigny. Suas pesquisas abordam "trabalho, saúde, desigualdades"; "organização do trabalho e saúde"; a "construção social dos acidentes de trabalho e das doenças profissionais"; e a "produção do conhecimento em saúde do trabalho". Publicou: *ATM: L'industrie nucléaire. Sous-traitance et servitude*, Paris, INSERM-EDK, série "Questions en santé publique", 2000; *ATM: Travailler peut nuire gravement à votre santé. Sous-traitance des risques, mise en danger d'autrui, atteintes à la* *dignité, violences physiques et morales, cancers professionnels,* Paris, la Découverte, 2007. Publicações no Brasil: A Terceirização e saúde. *Cadernos do CRH,* n.26. 1993; Trabalho e saúde na nova ordem econômica mundial. In: Scavone e Batista (eds.). *Pesquisas de gênero: entre o público e o privado.* Edição Cultura Acadêmica – UNESP, Araraquara, 2000; com Scavone e Bretin, Contracepção, controle demográfico e desigualdades sociais: análise comparativa franco-brasileira. *Estudos Feministas,* v.2, n.2, 1994.

Béatrice Appay é socióloga, pesquisadora no CNRS, CERLIS (Centre de recherche sur les liens sociaux). Temas de pesquisa: "trabalho e transformações dos sistemas produtivos"; "autonomia controlada, individualização e democracia"; "sexuação da organização do trabalho e precarização nos Estados Unidos". Foi organizadora das "Jornadas Internacionais de Sociologia do Trabalho", Londres, 2007. Coordenou, juntamente com Annie Thébaud-Mony, a obra *Précarisation sociale, travail et santé,* Paris, IRESCO-CNRS, 1997. É autora de *La dictature du succès. Le paradoxe de l'autonomie contrôlée et de la précarisation,* Paris, L'Harmattan, 2005.

Bérengère Marques-Pereira é professora de ciência política na Universidade Livre de Bruxelas e correspondente no exterior dos *Cahiers du Genre.* Seus trabalhos abordam a temática de "Estado e cidadania". Publicou, entre outros: *La citoyenneté politique des femmes,* Paris, Armand Colin, 2003; e com Petra Meier (dir.), *Genre et politique en Belgique et en francophonie,* Louvain-la-Neuve, Academia Bruylant, 2005.

Brigitte Lhomond é socióloga e pesquisadora no CNRS, Laboratório Triangle, CNRS/ENS-LDH/Universidade de Lyon. Suas pesquisas abordam as "construções sociais da sexualidade e da homosexualidade" e os "comportamentos sexuais dos jovens". Publicou: com Marie Josèphe Saurel-Cubizolles, Violence against Women and Suicide Risk: The Neglected Impact of Same-Sex Behaviour, *Social Science & Medicine,* 2006, n.62; e coordenou com H. Lagrange, *L'entrée dans la sexualité. Les comportements des jeunes dans le contexte du sida,* Paris, La Découverte, 1997. Publicação no Brasil: Sexualidade e juventude na França. In: *Sexualidade. O olhar das ciências sociais.* M.L.Heilborn (org.), RJ: Zahar, 1999.

Bruno Lautier é professor de sociologia no IEDES (Institut d'études sur le développement économique et social), Universidade Paris I e membro associado do GTM. Suas pesquisas abordam "economia informal" e "políticas de luta contra a pobreza". Publicou *L'économie informelle dans le Tiers Monde,* Paris, La Découverte, "Repères", 1994, reeditado em 2004; e, com Jaime Marques-Pereira (dir.), *Brésil, Mexique: deux trajectoires dans la mondialisation,* Paris, Karthala, 2004. Também publicou, em particular na revista *Tiers Monde* e nos *Cahiers du genre,* numerosos artigos sobre as políticas sociais e emprego doméstico nos países do Sul. Trabalhos publicados no Brasil: Informalidade das relações de trabalho e cidadania na América Latina", *Cadernos CRH* 18, jan-jun, 1993; com Marques Pereira, Representações sociais e construção do mercado de trabalho: empregadas domésticas e operários da construção civil na América Latina. *Open Journal Systems,* Brasília, DF, 7.21, 05 12 2006.

Carme Alemany é sociológa e dirige o Centro de Estudos Mulher e Sociedade (CEDIS) de Barcelona. É correspondente no exterior para a revista *Cahiers du Genre*. Temas de pesquisa: "trabalho produtivo e reprodutivo" e "tecnologias e gênero". Ela é autora de: O assédio sexual no local de trabalho em cinco países da Europa do Sul. In: *Le harcèlement sexuel sur le lieu de travail dans l'Union européenne* (Comissão das Comunidades Européias-DGV), 2000; e, com V. Luc e C. Mozo Gonzalez, *El acoso sexual en los lugares de trabajo*, Madrid, Instituto de la Mujer, Serie "Estudios", n.70, 2001.

Catherine Quiminal é antropóloga, professora emérita na Universidade de Paris VII. É membro da Unité de recherche migrations et sociétés (URMIS), do Centre d'études africaines (CEA). Suas pesquisas abordam temas como "movimento associativo de homens e de mulheres em migração" e "migrações e mudança social". Dentre outros, publicou: com M. Azoulay, Reconstruction des rapports de genre en situation migratoire. Femmes réveillées, hommes menacés en milieu soninké, *VEI Enjeux*, n.128, "Rapports de sexe, rapports de genre, entre domination et émancipation", março de 2002; e Du contrôle colonial des femmes: unions, polygamie, sexualité. In: Nancy L. Green e Marie Poinsot, *Histoire de l'immigration et question coloniale en France*, Paris, La Documentation française, 2008.

Chantal Rogerat é socióloga aposentada, ex-membro do GEDISST, membro do conselho científico da revista *Travail, genre e sociétés*. Suas pesquisas abordam, principalmente, temas como a relação das mulheres e o sindicalismo (1960-1980) e a complexa relação das mulheres operárias e/ou assalariadas do terciario com o trabalho, o emprego, o desemprego e a precarização. Ela publicou, em especial com D. Senotier, De l'usage du temps de chômage. In: H. Hirata, D. Senotier (dir.) *Femmes et partage du temps de travail*, Paris, Syros, 1996; e em 2004, Les mobilisations sociales à l'épreuve du genre. In: *Quand les femmes s'en mêlent*, C. Bard, C. Baudelot et J. Mossuz-Lavau (dir.), Paris, La Martinière. No Brasil: O(a)s maltratado(a)s do emprego. In: Hirata e Maruani (orgs.), *As novas fronteiras da desigualdade: homens e mulheres no mercado de trabalho*. São Paulo: SENAC, 2003.

Christine Delphy é socióloga, diretora de pesquisa emérita no CNRS. Doutora em sociologia e filosofia da Universidade de Québec em Montréal, da Universidade de Southwest na Inglaterra e da Universidade de Lausanne na Suíça. É diretora e co-redatora responsável juntamente com Patrícia Roux da revista *Nouvelles questions féministes*, da qual foi co-fundadora em 1980. Dedica-se ao temas das "relações entre patriarcado e capitalismo", "construção social do gênero" e "feminismo pós-colonial e feminismo antirracista". Dentre outros, publicou: *L'Ennemi principal*: I. *Économie politique du patriarcat* (1998), II. *Penser le genre* (2001), Paris, Syllepse; e *Classer, Dominer: qui sont les "autres"?*, Paris, La Fabrique, 2008.

Claude Zaidman, falecida em dezembro de 2005, foi professora de sociologia na Universidade de Paris VII e diretora do CEDREF. Suas pesquisas abordam "gênero e socialização" e "coexistência entre os sexos ("mixité"), educação e democracia". Escreveu, em especial: *La mixité à l'école primaire*, Paris,

L'Harmattan, 1996; e coordenou, com Madeleine Hersent, *Genre, travail et migrations en Europe*, Paris, CEDREF -Publications universitaires Denis-Diderot, 2003. Publicados no Brasil: A administração escolar do regime misto na escola primária; e Institucionalização dos estudos feministas na França. *Revista Estudos Feministas*. número especial, 1994.

Claudine Legardinier é jornalista, membro do comitê de redação da revista *Prostitution et société*, revista trimestral do Mouvement du Nid (Clichy). Ela pesquisa sobre "prostituição" e sobre "violências". É autora de: *Les trafics du sexe, femmes et enfants marchandises*, Toulouse, Milan, "Les Essentiels", 2002; e, com Saïd Bouamama, *Les clients de la prostitution*, Paris, Presses de la Renaissance, 2006.

Daniel Welzer-Lang é professor de sociologia na Universidade de Toulouse-Le Mirail. Seus trabalhos abordam a "sexualidade e aids"e "construções sociais do masculino e relações sociais de sexo". É autor de diversas obras. Coordenou a publicação *Nouvelles approches des hommes et du masculin*, Toulouse, Presses Universitaires du Mirail, 2000; e publicou *Les hommes aussi changent*, Paris, Payot, 2004. Publicações no Brasil: A construção do masculino: dominação das mulheres e homofobia. *Revista Estudos Feministas*, v.9, n.2, 2001. Os homens e o masculino numa perspectiva de relações sociais de sexo. In: Schpun (org.). *Masculinidades*. SP: Boitempo, 2004.

Danièle Chabaud-Rychter é socióloga e pesquisadora do GTM (Genre, travail, mobilités-CNRS-Universidade Paris VIII e Paris X). Seus trabalhos abordam os temas de "inovação industrial e objetos técnicos domésticos" bem como "técnicas e gênero". Publicou: L'industriel et le domestique dans la conception d'appareils éléctro-ménagers, em *Cahiers du Gedisst*, n.20, 1997; com D. Gardey: La neutralité des tecniques à l'épreuve de la critique. In: D. Chabaud-Rychter e D. Gardey (org.); *L'engendrement des choses. Des hommes, des femmes et des techniques*, Paris, Ed. des Archives Contemporaines, 2002. No Brasil: com Fougeyrollas-Schwebel, Sobre a autonomia relativa da produção e reprodução. In: Kartchensky-Bulport et ali. *O sexo do trabalho*. Rio de Janeiro: Paz e Terra, 1987; cf. também "Inovação industrial em eletrodomésticos: concepção de uso e concepção de produção", in *Revista Latinoamericana de Estudios del Trabajo*, ano 4, n.7, 1998.

Danièle Kergoat é socióloga, diretora de pesquisa emérita em sociologia no CNRS. Foi criadora do GEDISST, atualmente GTM. Suas pesquisas abordam temas como as relações sociais de sexo, trabalho, o conceito de relações sociais, movimentos sociais. Suas duas últimas obras são: com Guenoveva Mihova, Maria Nikolova e Donio Donev, *Tempo de trabalho, condições de trabalho e comportamentos demográficos* (em búlgaro), Sofia, Edições acadêmicas, 2007; com Yvonne Guichard-Claudic e Alain Vilbrod, *L'inversion du genre. Quand les métiers masculins se conjuguent au féminin et réciproquement*. Rennes, Presses universitaires de Rennes, 2008. Entre seus artigos publicados no Brasil estão: Relações sociais de sexo e divisão sexual do trabalho. In: Lopes, Meyer e Waldow (orgs.) *Gênero e saúde*. Porto Alegre: Artes Médicas, 1996; Em defesa de uma sociologia das relações sociais. Da análise crítica das categorias dominantes à elaboração de uma nova conceituação. In: Kartchevsky et. al. *O sexo do trabalho*. RJ: Paz e Terra, 1986; "A relação social de sexo. Da reprodução das relações sociais à sua subversão", *Proposições*, Universidade Estadual de Campinas. Faculdade de Educação. Campinas, São Paulo, 13, n.1 (37), jan/abr. 2002; com H. Hirata, Novas configurações da divisão sexual do trabalho. *Cadernos de Pesquisa*, v.37, set./dez. 2007; com Hirata, Divisão sexual do trabalho profissional e doméstico: Brasil, França, Japão. In: Costa, Sorj, Bruschini e *Hirata* (orgs.). *Mercado de trabalho e gênero - comparações internacionais*. RJ: FGV, 2008.

Danièle Senotier é "ingénieure d'études" (engenheira de estudos) no CNRS, secretária de redação dos *Cahiers du Genre* e membro do GTM. Até o final dos anos 1990, trabalhou como assistente de pesquisa e produziu, com Nathalie Cattanéo, o catálogo *Sexes et sociétés. Répertoire de la recherche en France* (Paris, La Documentation française, Droits de femmes, 1998, 396 p.). Participou, juntamente com Dominique Fougeyrollas-Schwebel e Helena Hirata, da coordenação do n.35, de 2003, dos *Cahiers du Genre "La violence, les mots, le corps"*.

Danielle Juteau é professora emérita do departamento de sociologia da Universidade de Montreal, Quebec, Canadá, onde foi titular da cátedra de relações étnicas. Inscrevendo-se em uma perspectiva construtivista materialista, seus trabalhos abordam a articulação entre as relações sociais étnicas e de sexo, e a teorização da etnicidade no sistema-mundo. É autora de: *L'ethnicité et ses frontières*, Montréal, Presses de l'Université de Montréal, 1999; e Forbidding Ethnicities in French Sociological Thought: The Difficult Circulation of Knowledge and Ideas, *Mobilities*, v. 1, n. 3, November 2006.

Delphine Gardey é professora na Universidade de Versailles Saint-Quentin-en Yvelines. Historiadora e socióloga, especializou-se nos estudos de gênero e teoria feminista e interessa-se especialmente pelas relações técnicas-sociedade. Também especialista em história das sociedades de informação, publicou, entre outros: *La dactylographe et l'expéditionnaire. Histoire des employés de bureau* (1890-1930), Paris, Belin, 2001; e *Écrire, calculer, classer. Comment une révolution de papier a transformé les sociétés contemporaines* (1800-1940), Paris, La Découverte, 2008.

Diane Lamoureux é professora no departamento de Ciência Política da Universidade de Laval, Quebec, Canadá. Suas pesquisas abordam temas como "cidadania e democracia", e, particularmente, as formas atuais de "subjetivação política". É autora de *Citoyennes? Femmes, droit de vote et démocratie*, Montreal, Éd. du Remue-ménage, 1989; e de *L'amère patrie. Féminisme et nationalisme dans le Québec contemporain*, Montreal, Éd. du Remue-ménage, 2001.

Dominique Fougeyrollas-Schwebel é pesquisadora em sociologia no *Institut de Recherche Interdisciplinaire en socioéconomie* (IRIS-CNRS-Universidade Paris Dauphine) e membro do comitê de redação dos *Cahiers du Genre*. Realiza pesquisas sobre "relação de serviço: transformações do assalariamento e serviços domésticos" e sobre "feminismo e novas abordagens da violência". Publicou: Feminism in the 1970's. In: Ch. Fauré (ed.), *Political and historical encyclopedia of women*, New York, Routledge, 2003; Violences conjugales. In: M. Marzano (dir.), *Dictionnaire du corps*, PUF, 2006. Publicado no Brasil: As relações sociais de sexo: novas pesquisas ou renovação da pesquisa? e Formas de família e socialização. Novos desafios. *Revista Estudos Feministas*, número especial, 1994; Contabilizar as violências cometidas contra as mulheres. Contexto Institucional e teórico da pesquisa ENVEFF. In: Wolff, Fáveri e Ramos. *Leituras em rede: gênero e preconceito*. Forianópolis: Editora Mulheres, 2007; Trabalho doméstico, serviços domésticos. In: Faria e Nobre. *Trabalho das mulheres*. São Paulo: SOF, 1999.

Eleni Varikas é professora de teoria política e estudos de gênero na Universidade de Paris VIII e é membro do GTM. Seus trabalhos abordam questões como o "gênero na teoria política moderna" e "cidadania democrática e exclusões" e as categorizações hierárquicas. Entre suas publicações recentes estão: *Penser le sexe et le genre*. Presses Universitaires de France 2006; *Les rebuts du monde. La figure du paria*. Stock, 2007. Publicações no Brasil: Gênero, experiência e subjetividade: a propósito do desacordo Tilly-Scott. *Cadernos Pagu*, 3, 1994;; "O pessoal é político": desventuras de uma promessa subversiva". *Tempo*, Rio de Janeiro, v.2, n.3, 1996; Refundar ou reacomodar a democracia? Reflexões críticas acerca da paridade entre os sexos". *Revista Estudos Feministas*, v.4, n. 1, 1996. Naturalização da dominação e poder legítimo na teoria política clássica. *Revista Estudos Feministas*. v.11, n.1, 2003.

Emmanuelle Lada é socióloga. Professora assistente na Universidade de Lausanne, vinculada ao Centre en Études Genre da Universidade de Lausanne-UNIL, e é membro do GTM. Seus trabalhos, orientados por uma perspectiva de gênero articulada a uma interrogação sobre as migrações e as dinâmicas a elas relacionadas, abordam: "as formas sociais de inserção no trabalho em meios populares", assim como as "recomposições dos empregos no nivel inferior da escala de qualificações e a organização do trabalho nesses espaços". Está voltada, atualmente, em particular para as imbricações da divisão sexual e étnica do trabalho. Publicou, entre outros: Sélection à l'embauche et rapports sociaux de sexe, *Formation et emploi*, n.91, 2005; e coordenou, com C. Cossée e I. Rigoni, *Faire figure d'étranger: regards croisés sur la production de l'altérité*, Paris, Armand Colin, 2004.

Erika Apfelbaum é psico-socióloga aposentada; foi membro do GERS (Genre et rapport sociaux-CNRS-Universidade Paris VIII). Seus trabalhos concentram-se nos temas: "dominação, poderes, contra-poderes" e "identidade e cultura; memória e transmissão". Publicou, entre outros: Norwegian and French Women in High Leadership Positions: The Importance of Cultural Contexts upon Gendered Relations, em *Psychology of Women Quarterly*, 17, n.4, 1993; The impact of Culture in the Face of Genocide. Struggling between a Silenced Home Culture and a Foreign Host Culture. In: C. Squire (ed.), *Culture in Psychology*, 2000.

Evelyn Fox Keller é professora emérita de história e filosofia da ciência no Massachusetts Institute of Technology (MIT, Cambridge, Mass). Suas pesquisas abordam temas como "história e a filosofia da biologia" e "linguagem e ciências". Dentre outros, publicou *The Century of the Gene*, Harvard University

Press, 2000 (publicado no Brasil: *O século do gene*. Crisálida, 2001); *Making Sense of Life: Explaining Biological Development with Models, Metaphors and Machines*, Cambridge, Mass., Harvard University Press, 2002.

Fatiha Talahite é economista, pesquisadora no CNRS, no CEPN (Centre d'économie de l'Université Paris-Nord XIII). Trabalha sobre os temas de "reformas e transição econômicas no Magreb e na bacia mediterrânea" e sobre "normas, instituições e convenções econômicas no mundo árabe e muçulmano". Entre suas publicações recentes inclui-se, com R. Bouklia-Hassane, Marché du travail, régulation et croissance économique en Algérie, *Tiers Monde* n°194/2008. Na Maison des Sciences de l'Homme-MSH-Paris Nord, ela coordena um grupo de pesquisa chamado "Mediter" sobre o tema "Fluxos, intercâmbios e instituições nas relações transmediterrâneas". Publicado no Brasil: Por uma problemática do processo de trabalho doméstico. In: Kartchevsky et. al. *O sexo do trabalho*. RJ: Paz e Terra, 1986.

Françoise Collin é filósofa, professora em diversas instiuições universitárias, em Bruxelas e posteriormente Paris. Fundadora e redatora da revista *Les Cahiers du GRIF* (1973-96), é membro do comitê científico dos *Cahiers du Genre* e do conselho internacional de *Recherches féministes* (Universidade de Laval, Québec). Especialista na obra de Maurice Blanchot e Hannah Arendt, suas pesquisas abordam a questão do simbólico (escrita, arte, ciências) e as relações político/privado. Dentre suas numerosas obras destacamos: *L'homme est-il devenu superflu? Hannah Arendt*, Paris, Odile Jacob, 1999; *Les femmes, de Platon à Derrida. Anthologie critique*, com Pisier e Varikas. Paris, Plon, 2000. Publicações em italiano e em espanhol. No Brasil: Textualidade da liberação. Liberdade do texto. *Revista Estudos Feministas*, número especial, 1994.

Françoise Laborie é socióloga aposentada, ex-membro do GERS. Suas pesquisas abordam "os desafios sociais ligados ao desenvolvimento das tecnologias de reprodução humana" e "técnicas e gênero". Entre outros, publicou: Parents et médecins face à l'embryon: relations de pouvoir et décisions. In: B. Feuillet-Le Mintier (dir.), *L'embryon humain. Approche multidisciplinaire*, Paris, Economica, 1996; Construction conjointe des techniques procréatives et du genre. Comparaison entre FIV et ICSI. In: H. Dagenais (dir.), *La recherche féministe dans la francophonie*. Montréal, Éd. du Remue-ménage, 1999.

Gail Pheterson é professora de psicologia social na Universidade de Picardie-Jules Vernes, em Amiens e pesquisadora na equipe do CNRS-Universidade de Paris VIII: Culturas e sociedades urbanas (CSU). Seus trabalhos sócio--clínicos e sócio-políticos abordam, entre outras questões, a regulamentação da prostituição e a gravidez sob o ponto de vista das relações sociais de poder. Dentre outros, ela publicou: *The Prostitution Prism*, Amsterdam University Press, 1996 (com tradução espanhola: Madrid, Talasa, 2000; e francesa: Paris, L'Harmattan, 2003); e com Yamila Azize, o artigo Avortement sécurisé hors la loi dans le Nord-Est des Caraïbes, *Sociétés Contemporaines*, n.61, 2006.

Geneviève Picot é socióloga e pesquisadora na APRACTH-Hôtel Dieu-Paris (Association Pour l'Amélioration des Conditions de Travail Hospitalier). Suas pesquisas abordam a feminização e masculinização das profissões em saúde bem como as transformações do trabalho em hospitais públicos. Publicou: Cadres de santé: un encadrement individualisé à l'origine d'un rapport personnalisé avec les infirmières. In: *Les cadres hospitaliers: représentations et pratiques*, sob a direção de Ivan Sainsaulieu, Éditions Lamarre, 2008; com Marlaine Cacouault-Bitaud, L'intégration des médecins scolaires dans l'Éducation Nationale: valorisation d'une expertise ou dévalorisation d'une profession féminine. In: *Le développement de la sociologie des groupes professionnels en France*, Didier Demazière, Charles Gadéa (dir.), Paris, La Découverte, coleção "Recherches", 2008.

Helena Hirata é diretora de pesquisa em sociologia no GTM. Seus temas de pesquisa são "trabalho e divisão sexual do trabalho" e "mundialização e divisão internacional do trabalho". Coordenou com D. Senotier a obra *Femmes et partage du travail*, Paris, Syros, 1996 e publicou *Nova divisão sexual do trabalho? Um olhar voltado para a empresa e a sociedade*. São Paulo, Boitempo, 2002. Entre os diversos artigos publicados no Brasil estão: Por quem os sinos dobram? Globalização e divisão sexual do trabalho. In: Emílio e al (orgs). *Trabalho e cidadania ativa para as mulheres: desafios para as políticas públicas*. São Paulo: Coordenadoria Especial da Mulher, 2003; também coordenou, com M. Maruani, *As novas fronteiras da desigualdade: homens e mulheres no mercado de trabalho*. São Paulo: SENAC, 2003; e com Costa, Sorj e Bruschini (orgs.). *Mercado de trabalho e gênero - comparações internacionais*. Rio de Janeiro: FGV, 2008.

Hélène Le Doaré é aposentada, ex-membro do GERS. Seu trabalho investiga as divisões produzidas pela divisão sexual do trabalho e as diversas relações sociais em processos como os movimentos populares na América Latina, na guerrilha alemã ou na coordenação das enfermeiras na França. Ela publicou: Un écrit sur un paradoxe. Le "terrorisme allemand" et la démocratisation du rapport homme/femme, em Les rapports sociaux de sexe: problématiques, méthodologies, champs d'analyses, *Cahiers de l'APRE*, 1987, n.7, v. 2; e com H. Hirata, Les paradoxes de la mondialisation, *Cahiers du Gedisst*, no 21, 1998 (no Brasil: Os paradoxos da globalização, *Cadernos Sempreviva*. SP, SOF, 1999). Outros trabalhos publicados no Brasil: Divisão sexual e divisão internacional do trabalho: reflexões a partir das fábricas subcontratadas de montagem (México-Haiti). In: Kartchensky-Bulport et ali. *O sexo do trabalho*. RJ: Paz e Terra, 1987; Do poder político e poiético. Esquema de um raciocínio. *Revista Estudos Feministas*, número especial, 1994.

Hélène-Yvonne Meynaud é socióloga, pesquisadora em uma empresa privada e membro associado do laboratório GTM. Suas pesquisas abordam três temáticas: a crítica às metodologias de sondagens e sua utilização, sobre o que publicou, com Denis Duclos, *Les sondages d'opinion*, Paris, La Découverte, coleção "Repères", 4.ed., 2007; o estudo das categorias "étnicas", em trabalho que será publicado em 2009 com o título *Les racismes au travail*, Paris, La Dispute, coleção "Le genre du monde"; e o estudo da retomada oportunista de temas feministas, mediante um lugar no trabalho em troca de uma adesão incondicional aos valores do sistema financeiro liberal, no numero 2/09 de *Cahiers du Genre*, 2009.

Ilana Löwy é historiadora das ciências, pesquisadora no INSERM e associada ao CERMES-Centre de Recherche, Medecine, Sciences, Santé et Societé

(INSERM/CNRS/EHESS). Suas pesquisas abordam a história da biologia e da medicina nos séculos XIX e XX e as relações entre biomedicina e gênero. Publicou: *Between Bench and Bedside: Science, Healing and Interleukin-2 in a Cancer Ward*, Cambridge, Harvard University Press, 1996 (também disponível em francês, 2002); e de L'emprise du genre: Masculinité, Féminité, Inégalités, Paris, La Dispute, coleção "Le genre du monde", 2006. Publicações no Brasil: Universalidade da ciência e conhecimentos "situados". Cadernos *Pagu*, Campinas, n.15, 2000; *Vírus, mosquitos e modernidade. A febre amarela no Brasil entre ciência e política.* Rio de Janeiro: Editora Fiocruz, 2006;; A ciência como trabalho: as contribuições de uma historia das ciências feminista, in H. Hirata e L. Segnini (org) *Organização, trabalho e gênero*, São Paulo, editora SENAC, 2008.

Jacqueline Heinen é professora emérita de sociologia na Universidade de Versailles Saint-Quentin-en-Yvelines. Foi diretora da revista *Cahiers du Genre* e presidente da Conferência Permanente do Conselho Nacional das Universidades da França. Suas pesquisas abordam as políticas sociais na Europa do leste e Europa Ocidental e as questões de cidadania. É co-autora de *Gendering citizenship in Western Europe. New challenges for citizenship research in a cross-national context*, em conjunto com R. Lister *e al.* Policy Press, 2007; e Genre et politiques sociales en Europe de l'Est, com S. Portet, *Transitions* n.1, 2004.

Jean-Pierre Terrail é professor emérito de sociologia na Universidade de Versailles-Saint-Quentin-en-Yvelines e membro do laboratório PRINTEMPS-CNRS. Seus trabalhos abordam os temas de "gerações" e "escolarização". É autor de diversas obras, entre as quais: *La dynamique des générations*, Paris, L'Harmattan, 1995; e *École: enjeu démocratique*, Paris, La Dispute, 2003.

Josette Trat é socióloga, professora na Universidade de Paris VIII e membro do GTM. Seus trabalhos abordam as "lutas das mulheres, feminismo, movimentos sociais e sindicalismo" e "teorias da dominação masculina". Publicou, entre outros: Política familiar, igualitária e feminista. Folha Feminista, n.35, junho 2002. São Paulo: SOF; Engels et l'émancipation des femmes. In: G. Labica et M. Delbraccio (dir.), *Friedrich Engels, savant et révolutionnaire*, Paris, PUF, 1997; e organizou, juntamente com D. Lamoureux e R. Pfefferkorn, *L'autonomie des femmes en question. Antiféminismes et résistances en Amérique et en Europe.* Paris, L'Harmattan, 2006.

Jules-France Falquet é socióloga, professora na Universidade Paris VIII, membro do CSPRP (Centre de sociologie des pratiques et des représentations politiques) e cor-responsável pelo CEDREF (Centre d'études, de documentation et de recherches pour les études féministes). Suas pesquisas abordam os movimentos sociais na América Latina e no Caribe e as resistências à mundialização (movimento zapatista no México, movimento dos sem-terra no Brasil, ex-revolucionários em El Salvador, movimento de mulheres, feminista e lésbico do continente). Com a perspectiva da imbricação das relações sociais de poder, de sexo, "raça" e classe. Dentre suas publicações encontram-se: *De gré ou de force. Les femmes dans la mondialisation.* 2008, Paris, La Dispute, 214 p.; e com Emmanuelle Lada et Aude Rabaud (coord.), "(Ré)articulation des rapports sociaux de sexe, classe et "race". Repères historiques et contemporains". Cahiers du CEDREF. 2006, Paris, Université Paris-Diderot. Publicado no Brasil: Três questões aos movimentos sociais "progressistas": contribuições da teoria feminista à análise dos movimentos sociais. Revista *Lutas & Resistências*, Londrina, v.1, p.212-225, set. 2006.; Breve reseña de algunas teorías lésbicas. In: Lago, Grossi, Rocha, Garcia e Sena (orgs.) *Interdisciplinaridade em diálogos de gênero*: teorias, sexualidades, religiões. Florianópolis: Editora Mulheres, 2004.

Margaret Maruani é socióloga, diretora de pesquisa no CNRS, vinculada ao CSU (Culture et sociétés urbaines). Foi fundadora, em 1995, da rede européia de pesquisa "*Marché du travail et genre*" (MAGE) e dirige a revista *Travail, genre et sociétés*. Dedica-se, atualmente, a comparações européias entre empregos femininos e masculinos bem como à análise das fronteiras entre desemprego, subemprego e inatividade. É autora de diversas obras sobre sindicalismo, trabalho e emprego na França e na Europa, como: *Les syndicats à l'épreuve du féminisme.* Syros, 1979; *Travail et emploi des femmes.* La Découverte, 1° edição, 2000. Publicações no Brasil: Emprego, desemprego e precariedade: uma comparação européia. In: Costa, Sorj, Bruschini e Hirata (orgs.). *Mercado de trabalho e gênero - comparações internacionais.* Rio de Janeiro: FGV, 2008; com H. Hirata (orgs.). *As novas fronteiras da desigualdade: homens e mulheres no mercado de trabalho*. São Paulo: SENAC, 2003.

Maria José F. Rosado Nunes é professora da Universidade Católica e da Universidade Metodista de São Paulo, no Programa de pós-graduação em Ciência das Religiões. É pesquisadora do CNPq. Seus trabalhos abordam os temas de "gênero e religião: mulheres no catolicismo no Brasil" e o "discurso católico sobre o aborto". Trabalhos publicados fora do Brasil: Religion and Women's Rights: The Fundamentalist Face of Catholicism in Brazil. In: C. H. Howland (dir.), *Religious Fundamentalism and Human Rights of Women*, New York, St. Martin's Press, 1999; Women, Family and Catholicism in Brazil: The Issue of Power. In: S. K. Houseknecht et J. G. Pankhurst (ed.), *Family, Religion, Social Change in Diverse Societies*, NY-Oxford, Oxford University Press, 2000. Publicações no Brasil: Direitos, cidadania das mulheres e religião. *Tempo Social*. v.20, 2008; O impacto do feminismo sobre o estudo das religiões. *Cadernos Pagu*, v.16, 2001; Freiras no Brasil. In: Del Priore, *História das mulheres no Brasil*. SP: Contexto, 1997.

Marie-Hélène Zylberberg-Hocquard é professora aposentada de história no ensino preparatório aos cursos superiores (Grandes Écoles) e ex-membro do GERS. Seus trabalhos abordam as "mulheres no trabalho industrial no século XIX" e "sindicalismo e feminismo". É autora de *Femmes et féminisme dans le mouvement ouvrier français*, Paris, Éditions Ouvrières, 1981; e publicou: L'aiguille, outil du féminin. In: D. Chabaud-Rychter e D. Gardey (dir.), *L'engendrement des choses. Des hommes, des femmes et des techniques*, Paris, Éd. des Archives contemporaines, 2002.

Michèle Riot-Sarcey é professora de história contemporânea na Universidade de Paris VIII e membro associado do GTM. Suas pesquisas, no interior de uma equipe que trabalha sobre a História intelectual (Paris VIII), abordam temas como "a escrita da história política, entre continuidade e descontinuidade" e "o lugar das mulheres na história". Ela publicou: *La démocratie à l'épreuve des femmes, trois figures critiques du pouvoir, Désirée Véret, Jeanne Deroin et Eugénie Niboyet*, Paris, Albin Michel, 1994; et *Histoire du féminisme*, Paris, La Découverte, coleção "Repères", 2002, 2.éd. revue, 2008. Publicado no Brasil: A democracia representativa na ausência das mulheres. *Revista Estudos Feministas*, número especial, 1994.

Michelle Perrot é professora emérita de história na Universidade de Paris VII e membro do comitê científico da revista *Cahiers du Genre*. Suas áreas de pesquisas são a "história das mulheres" e a "história da delinquência e da prisão". Dentre as suas obras se encontram:: *Femmes publiques*, Paris, Textuel, 1997; *Les femmes ou les silences de l'Histoire*, Paris, Flammarion, 1998, reedição, Flammarion, « Champs », 2001 (no Brasil: As mulheres ou os silêncios da história. Bauru: Edusc, 2005). Outras publicações no Brasil: *Os excluídos da história*. RJ: Paz e Terra, 1988; *Minha história das mulheres*, SP: Contexto, 2007.

Nathalie Cattanéo é socióloga; foi membro do GERS. Suas pesquisas abordam a temática do trabalho das mulheres e, particularmente, o tempo de trabalho. Publicou: Qui partage et que partage-t-on? In: H. Hirata e D. Senotier (org.), *Femmes et partage du travail*, Paris, Syros, 1996; Le travail à temps partiel: entre rêve et cauchemar, em *Les Cahiers du Mage*, n.2, 1997.

Nicole-Claude Mathieu é professora na École des hautes études en sciences sociales (Paris) e membro do comitê científico dos *Cahiers du Genre*. Suas pesquisas, em etnologia e sociologia, abordam temas como "conceituação de sexo e gênero e opressão das mulheres" e "sociedades matrilineares-matrilocais". Além de sua obra *L'Anatomie politique. Catégorisations et idéologies du sexe*, Paris, Côté-femmes, 1991, entre seus trabalhos recentes, encontra-se a publicação coletiva que ela dirigiu e apresentou: *Une maison sans fille est une maison morte. La personne et le genre en sociétés matrilinéaires et/ou uxorilocales*, Paris, Éditions de la maison des sciences de l'homme, 2007.

Pascale Moliner é professora de psicologia do trabalho no CNAM (Conservatoire national des arts et métiers) e membro do Laboratório de psicologia do trabalho e da ação no CNAM. É redatora-chefe da revista *Travailler* e membro do comitê de leitura dos *Cahiers du Genre*. Ela consagra suas pesquisas às temáticas de "psicodinâmica do trabalho e relações sociais de sexo" e "gênero, trabalho e sexualidade". Publicou: *L'énigme de la femme active*, Paris, Payot, 2003; et *Les enjeux psychiques du travail*, Paris, Payot, 2006. Publicações no Brasil: Psicodinâmica do trabalho e relações sociais de sexo. Um itinerário interdisciplinar. 1988-2002. *Revista Produção*, v.14, n.3, set/dez 2004; O ódio e o amor, caixa preta do feminismo? Uma crítica da ética do devotamento. *Psicologia em Revista*, Belo Horizonte, v.10, n.16, dez 2004; A dimensão do *cuidar* no trabalho hospitalar: abordagem psicodinâmica do trabalho de enfermagem e dos serviços de manutenção. *Revista Brasileira de Saúde Ocupacional* (RBSO), v.33, n.118, 2008.

Philippe Zarifian é professor de sociologia na Universidade de Marne-la-Vallée, e membro do GTM. Trabalha sobre as "transformações dos modelos de organização" e sobre as "relações sociais e disposições éticas". É autor de diversas obras, em especial: *L'émergence d'un Peuple monde*, Paris, PUF, 1999; e de *À quoi sert le travail ?*, Paris, La Dispute, 2003. Publicações no Brasil: Trabalho e comunicação nas indústrias automatizadas. *Tempo Social*, v.3, n.1/2, 1991.; *Objetivo competência: por uma nova lógica*. SP: Atlas, 2001. *O modelo da competência: trajetória histórica, desafios atuais e propostas*. SP: Senac, 2003

Pierre Cours-Salies é professor de sociologia na Universidade Paris VIII e membro do Centre d'études des mutations en Europe (CEME). Suas pesquisas abordam "trabalho e relações de dominação" e "ação coletiva e movimentos sociais". Coordenou, com Stéphane Le Lay, *Le bas de l'échelle. La construction sociale des situations subalternes*, Ramonville, Érès, 2006. Dentre outros, publicou, em colaboração com Jean Lojkine et Michel Vakaloulis, *Nouvelles luttes de classes*, Paris, PUF, 2006.

Prisca Kergoat é professora na Universidade de Albi e membro da equipe do CERTOP do CNRS, Universidade Toulouse le Mirail. Suas pesquisas abordam, particularmente, as políticas de formação profissional e a socialização dos jovens de camadas populares. Sobre o tema, ela publicou: De l'indocilité au travail d'une fraction des jeunesses populaires. Les apprentis et la culture ouvrière, em *Sociologie du travail*, 2006, n.48; e Une redéfinition des politiques de formation. Le cas de l'apprentissage dans les grandes entreprises, em *Formation Emploi*, 2007, n.99.

Sabine Fortino é professora de sociologia na Universidade Paris X e membro do GTM (Genre, travail, mobilité). Suas áreas de interesse são especialmente relacionadas a "coexistencia entre os sexos ("mixitésocial") no trabalho" e a "feminização/masculinização dos empregos no setor público francês". Dentre outros, publicou: De filles en mères. La seconde vague du féminisme et la maternité, *Clio. Histoire, femmes et sociétés*, n.5, 1997; *La mixité au travail*, Paris, La Dispute, 2002.

Vivian Aranha Saboia é economista e pós-doutoranda no GTM. Seus trabalhos abordam as "políticas públicas de emprego e gênero" e "informalidade e gênero". É autora de Les effets ambivalents des politiques de promotion de l'emploi des femmes en France dans un contexte international:une recension de la littérature de 1970 à nos jours. In: C. Avril; C. Lomba; H. Serry. (Org.). *Formes d'emploi et pratiques de travail*, Presses Universitaires de Vincennes, 2009; As desigualdades de gênero na previdência social na França e no Brasil, *Cadernos do CRH* (UFBA), v.19, 2006.

Sobre a prefaciadora

Lucila Scavone. Professora e pesquisadora UNESP/CNPq. Especializada na área de Sociologias Contemporâneas, com ênfase nas questões de gênero e feministas. Publicou os livros Tecnologias Reprodutivas: gênero e ciência, (org) SP: EDUNESP, 1996; Gênero y Salud Reproductiva na América Latina (org) Cartago:

LUR, 1999; Dar a vida e cuidar da vida: feminismo e ciências sociais, SP: EDUNESP, 2004. Artigos recentes "Estudos de Gênero: uma sociologia feminista?" *Estudos Feministas* (Santa Catarina), 2008 e Gênero e Políticas Feministas, o lado sul. *Estudos de Sociologia* (São Paulo), 2008.

Membros do comitê científico*

Erika Apfelbaum, Danielle Chabaud-Rychter, Pierre Cours-Salies, Jacqueline Coutras, Sabine Fortino, Jacqueline Heinen, Helena Hirata, Danièle Kergoat, Françoise Laborie, Hélène Le Doaré, Danièle Senotier, Josette Trat, Claude Zaidman, Marie-Hélène Zylberberg-Hocquard.

* Grupo de estudos sobre a divisão social e sexual do trabalho (GEDISST), Gênero e Relações Sociais (GERS) a partir de 1º de janeiro 2001 e Gênero, Trabalho, Mobilidades (GTM) a partir de 1º de janeiro de 2005. GTM é uma equipe do Centro Nacional de Pesquisa Científica (CNRS) e da Universidade Paris VIII – Vincennes Saint-Denis.

SOBRE O LIVRO

Formato: 16 x 23 cm
Mancha: 27,5 x 49,0 paicas
Tipologia: Horley Old Style 11/15
Papel: Offset 75 g/m2 (miolo)
Cartão Supremo 250 g/m2 (capa)
1ª edição: 2009

EQUIPE DE REALIZAÇÃO

Capa
Andrea Yanaguita

Coordenação da tradução
Vivian Aranha Saboia

Revisão técnica
Helena Hirata

Edição de texto
Maria Silvia Mourão Neto (Copidesque)
Monalisa Neves e Alberto Bononi (Revisão)

Editoração Eletrônica
Eduardo Seiji Seki (Diagramação)

A.R.Fernandez